心理治療

—操作與會談

曾文星 ■ 編著

編著者簡介

曾文星

本籍：台灣省 台南人

經歷：國立台灣大學醫學院醫科畢業（1961）
國立台灣大學附屬醫院精神科住院醫師專科訓練（1961～65）
美國哈佛大學醫學院精神科進修（1965～68）

曾任：國立台灣大學醫學院精神科　講師（1965～72）
美國夏威夷東西文化中心　研究學者（1971～72）
夏威夷大學醫學院精神科　副教授（1972～76）
世界精神醫學會跨文化精神醫學分會　會長（1983～93）
美國文化精神醫學研究會　委員（1996～2006）

現職：夏威夷大學醫學院精神科　教授（1976～）

特任：北京大學精神衛生研究所　客座教授（1987～）
世界文化精神醫學協會　會長（2006～09）

榮任：世界精神醫學會跨文化精神醫學分會　榮譽顧問（1993～）
美國精神醫學會　卓越終生院士（2003～）

嘉獎：美國文化精神醫學研究會　學術創作獎（2002）
美國文化精神醫學研究會　終生成就獎（2008）
美國精神醫學會　亞洲精神醫學特別貢獻獎（2008）

[中文著作]

合著：《最新精神醫學》（水牛出版社，1980）
《現代精神醫學》（水牛出版社，1994）
《新編精神醫學》（水牛出版社，2003）

《文靜心理衛生叢書》（十二冊）（水牛出版社，1989～1996）

《心理治療：原則與方法》（水牛出版社，1981）

《心理治療：理論與分析》（水牛出版社，1994）

《心理治療：學說與研究》（水牛出版社，2005）

專著：《文化精神醫學：學理與運用》（水牛出版社，2006）

編著：《心理治療普及叢書》（十本）（北京醫科大學出版社，2001～2002）[簡體版]

《心理治療及輔導叢書》（十本）（中文大學出版社，2004）[繁體版]

《曾文星教授心理治療叢書》（六本）（北京醫科大學出版社，2008）[簡體版]

包括：《心理治療：操作與會談》

《心理治療：解析與策略》

《心理治療：督導與運用》

主編：《華人的心理與治療》（桂冠圖書公司，1996）

[日文著作]

合編：《移居と適應》（日本評論社，1996）

[英文著作]

合著：*Culture, Mind and Therapy*（Brunner/Mazel, 1981）

Culture and Family: Problems and Therapy（Haworth, 1991）

Culture and Forensic Mental Health（Brunner-Routledge, 2004）

Cultural Competence in Health Care: A Guide for Professionals（Springer, 2008）

專著：*Handbook of Cultural Psychiatry*（Academic Press, 2001）

Clinician's Guide to Cultural Psychiatry（Academic Press, 2003）

合編：*Adjustment in Intercultural Marriage*（University Press of Hawaii, 1977）

People and Cultures of Hawaii: A Psychocultural Profile（University Press of Hawaii, 1980）

Chinese Culture and Mental Health（Academic Press, 1985）

Suicidal Behavior in the Asia-Pacific Region（Singapore University Press, 1992）

Chinese Societies and Mental Health（Oxford University Press, 1995）

Culture and Psychopathology（Brunner/Mazel, 1997）

Culture and Psychotherapy（American Psychiatric Press, 2001）

Cultural Competence in Clinical Psychiatry（American Psychiatric Publishing, Inc., 2004）

Asian Culture and Psychotherapy（University of Hawaii Press, 2005）

共同作者

（提供個案資料並共同書寫之共同作者名單與簡介）

叢　中 教授	北京大學精神衛生研究所教授。主要從事心理治療的工作與教學，特別研究成語對本土性心理治療的運用。
田　峰 副教授	山西醫科大學第二醫院精神衛生科副主任醫師。從事精神衛生與心理治療工作。
朱金富 教授	河南省新鄉醫學院心理學系副主任，新鄉醫學院第二附屬醫院主任醫師教授。主要從事臨床心理諮詢與治療工作，特別是本土性的心理治療研究。
陳一心 所長、副教授	南京醫科大學腦科醫院副教授，兒童精神衛生研究中心所長。主要從事兒童心理治療工作。
林　紅 博士	北京大學精神衛生研究所兒童心理衛生副研究師及主治醫師，及北京大學臨床心理中心辦公室主任。主要從事兒童與青少年的心理研究與父母的輔導。
黃韋欽 醫師	台灣桃園療養院精神科醫師。主要從事住院病人與門診病人的心理治療，包括催眠治療。

前言

這是本人先後所著「心理治療叢書」裡的其中一本，主要重心是說明會談的要領，並討論心理治療的實際操作。因為許多精神科醫師、臨床心理學家，以及其他心理治療者，特別是初學者，雖然對於心理治療已經具備基本的知識，但對於如何實際進行會談往往沒有把握，開始治療的操作，深覺格外需要比較具體指導性的書籍來幫助他們。因此，本書就是根據這樣的需要與目的而書寫。可以配合本人所著系列叢書的其他書一起作為參考書籍之用。

目前社會上一般人士普遍對心理治療有所了解，並感到非常需要，而醫療教學系統也正在用心針對專業人員進行有關心理治療的訓練。值此之際，此書可提供初學者們學習實際進行治療的操作，包括如何適當且有效地施予會談的要領。

本書共分三大部分，第一部是關於心理治療的會談操作。開頭先說明：心理治療上如何選擇適當的病人，如何開始治療上的會談，並如何建立適合而有用的醫患關係。接著，連貫性的討論與解釋：會談的基本原則、方式、目的、技術、要領，以及如何進行病情解析，做心理診斷。也附帶討論跟會談有關的具體事項與需要考慮的各種專案。

第二部主要分別闡明心理治療操作上的各個問題，包括：如何根據病情解析而選擇治療上的策略，選擇輔導的模式，按階段進行治療工作，處理特別的問題，評審治療的效果，並如何結束輔導過程。在第一部及第二部裡大部分的各章，附帶有實例說明，使用一、兩個案例來簡單說明該章所討論的主題性要點。這些章後的案例短而簡單，把焦點放在該章所討論的主題。

第三部是整體性的各種案例，就各種病情與輔導的對象做有關心理治療操作上的綜合性說明與討論。這部分的例子比較長而詳細，每例都大致按：個案的選擇、問題的了解與解析、醫患關係的建立、會談的進行、治療上的操作與進行、特殊問題的處理、輔導的結果與結束等專題而做各個分別的解釋與討論。

這樣就實際個案而重複性的檢討並說明：在前面兩部各章所討論的各種主要專題；如此前呼後應一貫而成。

本書裡各章的案例，都是實際治療上所經驗的個案，用來做操作與會談上的說明與討論。過去本人跟中國大陸與台灣各地華人學者們共同從事研究或教學的工作，而近來有幾位年輕同道們，經由特別安排，先後來夏威夷大學醫學院精神科進修，共同學習心理治療。這些同道們以共同作者的立場提供這些實際治療過的個案，以便就個案做具體而詳細的說明與評論。在此特別感謝各位共同作者們的協助、合作與貢獻。

全書大部分的個案都是華人的例子，包括許多中國大陸與若干台灣的例子，中國大陸的案例來自北京、南京或其他各地；因此，其個案的書寫文辭，特別是會談的部分，常反映當地的言語、觀念與習俗，也表現各個共同作者文筆的不同。有些個案是在美國夏威夷臨床教學與督導所接觸的例子。雖然是夏威夷當地各個不同民族背景的病人，其生活方式與病情可能與華人略有所不同，可是很適合討論治療上的操作與會談上的問題。這些不同背景的案例無形中可督促讀者（或治療者）習慣如何應對，並透過病人的不同言語、文化或次文化的不同而體會病人。而且經由不同民族或文化背景的案例，可顯出文化因素對病人病情的形成及其輔導有何關係，相信對華人學者與臨床工作者也有所幫助。這些中外個案的私人性資料都加以適當的修飾，以便保護病人的隱私。

本書所書寫的篇章內容是本人數十年來從事教學或講學的累積經驗。雖然在過去出版過的「心理治療叢書」各書裡，或許曾經片段性地提出與討論過，但是在本書裡，針對會談的操作與輔導的進行，給予系統性的介紹與擴大說明，相信對心理治療的操作與會談感到需要學習的同道們會有所幫助。

心理治療者要施予治療，需要基本的知識與學理，懂得病情的解析，了解輔導的策略，累積臨床經驗，並能適當地接受督導。需要為了滿足這樣的各種條件，對於初學者建議最開頭閱讀本人過去出版的「心理治療叢書」裡的《心理治療：原則與方法》（二版）（水牛出版社，1991）與《心理治療：理論與分析》（水牛出版社，1994）這兩本書，具備對心理治療的基本概念與知識以後，進而閱讀《心理治療：操作與會談》本書，然後接著閱讀心理出版社將先

後出版的《心理治療：解析與策略》與《心理治療：督導與運用》這兩本，幫助獲得各個方向所需的綜合知識。假如還想更進一層有深度了解學理的話，還可閱讀《心理治療：學說與研究》（水牛出版社，2005），這樣就能熟悉既有的各種學說。總之，希望讀者們能先後參閱本人所著「心理治療叢書」各本裡所注重的各種專案，能把心理治療上所需的學術理論與實際操作合併運用，提供有力的治療工作。

最後，要感謝心理出版社林敬堯副總經理兼總編輯的遠見與熱心贊助，同意連續出版本人最近所著有關心理治療的幾本書，有系統地繼續提供有關心理治療的必讀書籍，促進心理治療水準的提高，推展我們社會的心理衛生。出版社的林汝穎執行編輯細心編輯這本書，以便能適合同道們與讀者的閱讀與運用。在此一併致謝。

曾文星

夏威夷 檀香山

2009 年 3 月 23 日

目錄

第一部 心理治療的會談操作

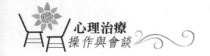

第一部

心理治療的會談操作

第 1 章

如何選擇適當病人而施予心理輔導

要進行有用的心理治療，首先要考慮如何選擇適當的病人而施予治療。這是很簡單的道理，即：有了好的開始，就是成功的一半。可是，怎樣才是適當的病人，那還得考慮許多因素。讓我們在此開頭的第一章裡做仔細的討論。

具有心理與情緒上的問題，需要輔導

這是最基本的事情。因為心理治療，顧名思義，是採用心理學的方法與途徑來幫助病人解除心理上的問題。因此，病人要有心理上的問題，想求幫助，處理與解決其所患的心情問題才行。所謂心理上的問題其範圍很廣，可包括心情不好、傷心、焦慮或操心等心情上的問題或症狀，或者是心理上的困苦，如：對事情難於做適當的判斷與合適的決定，對自己沒有信心，持有悲觀的態度，或者跟別人有來往上的困難，發生人際關係上的困擾，包括跟自己的家人、配偶、同事、上司、異性朋友等等。這跟非心理上的問題有所區別，譬如：家裡負債、沒錢還債，或者考不上自己希望的學校、找不到遺失的東西等等，都是屬於現實上所遭遇的困難，嚴格說來，不是屬於狹義的心理問題。可是為了無法還債而很著急，無法入睡，或者沒考上自己希望的學校而責備自己，導致心情憂鬱，可說是因為現實的問題而引發的（續發性）心情問題。心理治療不是、也不能幫助病人如何去找錢、去還債等這些經濟上的現實本身問題，但可以幫助減輕由於欠債而引起的煩惱、改善面對困難的態度、改進處理問題的方式與方向等等。同樣的，考不上自己理想的學校，治療者不能幫忙去念書再考，但可以幫助病人檢討自己準備考試的態度、對學校的期待與想法，或者如何減輕家人對考上好學校的壓力等等，去處理心理層次的問題。治療者不能幫助病人去找遺失的東西，但可以幫助病人面對失落的傷心、因為不小心而丟掉重要東西的自責，以及心理上的補救辦法等等。總之，各種事情都牽涉到心理的層次，能就心理的層次來尋找解救或改善，就變成是心理治療的目標，而有這些心理與情緒上的問題，便是施予心理治療的適當對象。

有一點卻需要說明的，並不是每個病人來看精神科醫師，想接受心理輔導時，一開頭就提出自己的心理問題。為了種種原因，病人來看精神科醫師時，其主訴可能是軀體性的問題，而要經過幾次的會談，才能經由輔導而認識自己所面對的是心理或情緒上的困難，需要接受心理上的輔導。有的可能是被家長帶來的青少年，他們認為自己沒有心理或精神上的毛病，是被家人勉強拖來的；有些成人是被配偶要求（甚至被威脅離婚）而來看病，但不認為自己有問題，只是應付配偶的壓力來看病，避免婚姻破裂的問題而已。為了這樣的情況，治療者要幫助病人去了解自己是否有心理上的困難，是否需要接受心理輔導。

對心理問題了解，且有求輔導的動機

病人不但要有心理上的問題，且能認識自己有心理上的困難，更重要的，還要有意願想接受治療或輔導，求其改善或解決。假如自己認為沒有心情上的問題，也不願意接受治療者的幫助與輔導，只會難倒治療者，無法著手提供輔導。俗語說：「可以把馬帶到水槽旁邊，但不能勉強馬去喝水。」

話雖如此，並不是每個病人都會一開始就很了解自己有心理上的問題，也不一定很願意接受治療，但可以經由治療的過程而逐漸幫助病人了解，得到對自己心理問題的認識，並且建立尋求輔導的動機。換句話說，如何幫助病人體會自己的心情問題，並且培養求醫的動機，其本身就是心理治療的一部分工作，

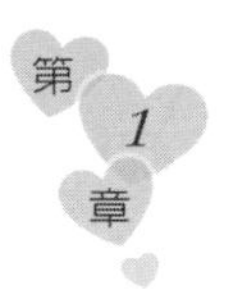

特別是早期階段的課題。

病人求治療的動機千萬不能被他人要求而建立，而是需要發自於自己的內心才有用。因此，心理治療有時要幫助病人認識自己的問題，並且由於問題的存在而讓病人內心感到焦慮不安，想去除自己的不安而接受治療。換句話說，心理治療，不是只是用心去體貼、照顧病人，支持病人，解除其焦慮，而是在適當地培養焦慮，病人才會感到有需要接受輔導，想辦法來排除其內心焦慮與不安的心情。俗語說：「單是給愛是不夠的！」父母對孩子只是一味去哄、去照顧、去愛並不夠，還得幫助自己的孩子認識自己的問題，了解所面對的困難，讓孩子有點焦慮，要努力想辦法克服問題，才是好的、成熟的父母。這樣的情況及其想法也可適用於心理治療。好的治療者要能讓病人時時保持若干的焦慮與不安，才會想去改善自己，克服困難。

建立病人求改善的動機，有許多途徑可循。最極端的 辦法是過去在監獄裡曾採用的特殊辦法。由於犯了行為問題的犯人，很少有動機在監獄裡接受心理輔導。他們不但不承認自己有問題，還不願意接受心理輔導，會認為接受輔導是「懦弱」的表現，不是男子漢大丈夫所該接受的。針對這樣毫無動機的犯人，心理學家倒是從經驗學到一些技巧與要領，即：他們向犯法的犯人宣布，假如他們接受心理輔導，就比較容易獲得提早被假釋的可能性。為了這樣「現實上的利益」，有些犯人便自動願意接受心理輔導。而心理輔導開始後，輔導者就有機會幫助犯人認識並了解自己的問題，並且培養起如何繼續接受輔導的動機。雖然其開始的動機只是想得到提早假釋的現實利益，可是一開始接受輔導後，就會逐漸建立想接受輔導，並改善自己問題的動機。雖然這並不被認為是很好的建立動機的通常程序與辦法，但此例卻說明，想接受輔導的動機是要去幫助病人建立的，並不是病人一來看輔導者，就已經具備足夠而完善的動機。

問題的表現：軀體與心理層次的問題

談到心情上的問題，有一件值得澄清的是：關於「軀體」與「心理」問題的區別與相關事情。我們的心理反應，特別是牽涉到心情的事情，都會有生理與心理的雙重反應。譬如：心裡感到緊張，心臟就砰砰跳，心跳增加；心裡煩惱或著急，頭部肌肉就緊張而頭疼；心情不好，感到抑鬱，胃口就差，這些都是我們所熟悉的事情，是心身一起反應的「心理與生理」的自然現象。可是針對這樣心身的總體性反應，有些人會比較注意心理層次的情況而訴苦：如緊張、擔心、煩惱或抑鬱等；然而有的卻比較注重軀體的不適，如：心虛、心跳、頭脹、頭疼、胃口差、腰痠、背疼等等。

至於為何注意心情的描述或軀體的不適，有各個的理由。年紀小時，認知能力還沒很發達，不會描述心理的情形，就只會訴說軀體如何不舒服。功課沒做好，心裡害怕上學會被老師懲罰，就只會向父母訴說自己肚子疼；父母吵架，心裡害怕，就只會哭，並不想吃飯，這是我們熟悉的日常現象。我們看到孩子說肚子不舒服，胃口不好，除了想是否有何軀體性的毛病以外，也得考慮是否心情不好。有些孩子知道自己向父母說肚子疼，就可以不用上學，還可以留在家裡看電視，受母親的特別照顧，就學會常說身體不好，來表達自己想多獲得母親關照的情況，無形中被鼓勵養成「慮病症」的趨勢與習慣，遇到困難，就只會訴說軀體的不適。當然我們也知道，有「轉化症」趨向的，一遭遇挫折，就以軀體的運動系統或知覺系統突然發生功能性障礙，而依靠這樣轉化的軀體症狀的發生，而處理無法招架的心理困難。

除了這些疾病性取向以外，還有社會與文化上的因素。假如，我們不好意思拒絕人家的邀請，就用「最近太忙」為由來婉轉拒絕，是文化上的禮貌性習慣。明白的人，就知道對方是客套性地在拒絕，也不會再去追究。有些人覺得向醫師描述自己心情不好、抑鬱或焦慮，好似在暴露自己性格上的弱點，也就改而說最近胃口不好，心總是跳得很厲害，經由身體不適的「理由」來適當提訴自己的不適。懂得的治療者，就可以馬上幫助病人超越其不好意思的情況，而協助病人去面對自己所遭遇的心情問題，不要過分追究到底心臟如何不好、胃有何生理上的毛病等等。

有些病人覺得既然來看「醫師」，就得先講身體如何不適（是被文化習俗所塑造的求醫行為的表現），然後才慢慢打開話匣子，談內心裡的話。有經驗的治療者就要懂得這樣的道理，幫助病人盡早談論病人的心理困難問題，而不

要停滯於軀體性的訴病儀式。

可是，有時會是相反的情況，有些病人一來看心理治療的醫師，一開口就說自己有心理上的情結，如：很痛恨自己的父母、有親子情結，也缺乏安全感、自我認識很模糊、對人生的意義不清楚等等，好似很會提出「心理性」的主訴，而對這樣的病人也需要很注意。因為這可能是病人從電影、小說或心理衛生的書籍裡，學到如何看心理的醫師，照著一套方式模仿而提出這些好似很有「心理病識」的問題；可是一追究，卻發現並不如此。有時是患精神分裂症的病人，提出這些哲學性的心理問題也說不定。

總之，病人在開頭時如何提出他們的主訴，要能以動態性的眼光去透視與了解，要考慮是否是文化上訴病的習慣表現，是個性與病情的表現，是否是受年齡或知識水準的影響等等，而要能超越這些因素去考慮與了解，病人所面對的是否主要為心理方面的問題，是否可以經由心理學的途徑來協助病人面對與處理問題。

病情的種類：精神病與神經症的差異

從臨床上來說，是否適合接受心理治療的，還要考慮病人所患的到底是哪類病情的問題。一般來說，器質性原因而發生的腦症，生物性病因而引發的精神病（包括：精神分裂症、妄想病，或雙相情感病等），要注重軀體性的、藥物性的治療，只提供補佐性的心理輔導。心理病因性的神經症（如：焦慮症、慮病症、憂鬱症、解離症、轉化症）或者是普通的心理問題（如：青春期的適應問題、創傷性心理打擊、環境適應障礙等），包括家庭或婚姻問題，可以提供心理上的輔導，而藥物治療可以並用，減輕症狀。至於性格上的障礙（如：被動性性格障礙、反社會性性格障礙、心性偽常等），通常而言心理治療的效果不佳。這是一般性的說法，但並非絕對的，還得考慮附帶的各種情況而決定。

譬如：按照普通情況來說，患精神病的病人主要依靠藥物治療，而心理治療只是補佐性的支持與輔導。可是有些比較輕度而有點病識感的病人，又有求醫的心理，除了藥物治療之外，還可以提供比較費心的心理治療（請參閱第十七章案例一：「妄想懷疑妻子不貞而煩惱的男人」）。基本上來說，針對精神病患者，其輔導的方式與原則需要調節，要考慮患精神病的病人對現實的接觸不良，自我的功能欠佳，因此，主要施予支持性的輔導，而盡量回避分析性的治療（請參閱第六章：「如何隨對象的不同而調節與更改會談的方式」）。

同樣是神經症的病人，也要看是何種病情而決定。比如：強迫症的病人，最近的研究發覺生物性病因的因素可能比較多，而且藥物治療對某些病人有相當的效果，至少可以減輕強迫性的症狀。因此，要考慮藥物的治療為主，然後配合心理治療來幫助心理與性格上的問題。至於患解離症或轉移症的，即所謂過去所指的「癔症」，心因性的成分多，主要依靠心理上的治療。即使使用藥物，也是暗示性的作用而已。

總之，簡單來說，心理問題的成分多，可多用心理上的輔導，但施用心理輔導，並不是就不能同時施用藥物治療，兩種可以合併使用而提高相互的作用。

年齡、智慧、言語、性別等因素的考慮

年齡因素

原則上來說，年紀輕其治療性比較高；年紀老了，治療性就比較低。理由是：年紀大了，其心理功能包括思考、行為、性格都已經固定下來，不容易發生很大的更改；至於年輕的患者，心理功能還在成長中，還富於伸縮性，經由輔導可以大大改變的緣故。可是要注意的是，年歲因素並不是絕對性的條件，還得考慮其他因素，並且隨年歲而更改輔導的方式與目標。

譬如，年紀大的中老人或老人，輔導上不要考慮性格上的更改，而只求心情上的改變，頂多考慮心理上的看法與態度上的調整就可以。提供一些支援與輔導，許多老人可以繼續發揮本有的潛在能力與既有經驗而重新適應。年紀很小的幼兒，認知上的發達還沒到達一定的水準，難於經由溝通而直接提供輔導。可是經由養育者的諮詢與輔導，卻可以間接性地發生很大的作用，得到好的效果。

雖然是中年，過去發病前曾有過良好的生活經驗與表現，表現性格上的基本成熟，而問題的發生是最近遭遇的一時性困難，則很值得提供輔導，處理面前的問題，恢復其功能。可是假如其問題是長年性質，是慢性而且已經形成性格上的部分問題，就比較困難（請參閱本章案例一：「一位認為什麼也靠不住的男人」）。

智慧因素

通常來說，知識水準比較高，可以討論心理有關的事情，施予輔導時就比較容易進行心理上的談論；腦筋不聰明或遲鈍就受限制，難施予輔導，會比較吃力，要多靠行為性的治療，而少用會談性的討論與分析。有些人看來很有智慧，也很懂得心理上的知識，可是假如只注重理智性的討論，而回避情感上的檢討與改善，也就不容易收效。一般而言，智慧中等的普通人反而容易接受輔導，並從治療者學習新的知識與要領，治療效果好。

言語因素

這的確是很重要的因素。假如病人與治療者之間無法使用通用且熟悉的言語來溝通，輔導工作就很吃力，有時幾乎難以進行。特別是要談論有關思維、情感的微妙問題，確實不容易。雖然可以使用翻譯者，仍然只能做比較具體事項的翻譯，要翻譯精細的心理問題，就比較有限制與困難。而且翻譯者的臨床經驗也會影響翻譯的工作情況。假如使用家人來做翻譯，也有其限制，無法一五一十地確實翻譯，常會受家人的過濾性選擇，無法得到好的譯解（請參閱第九章：「使用翻譯者的技術與要領」一節）。

性別因素

病人與治療者的性別因素也需要考慮。治療者不論是男或女，理論上都應具備治療者宜有的專業知識與基本經驗才對，可以應付男女不同性別的病人。不過有些情況，卻需要考慮病人與治療者性別上相配的問題。

最顯著的問題是，假如病人的主要困難是跟性本身有關係，而跟異性的治療者談話會感到很困難時，就值得考慮是否更換為同性的治療者。譬如，遭遇性虐待的女性病人，不習慣跟男性治療者袒露這些性有關的話題，只喜歡跟女性治療者談話，接受輔導。

可是，有時病人的問題是關於性的認同或異性間的人際關係時，由異性的治療者來施予輔導有其好處，可幫助病人從異性的治療者聽取「異性」的看法或感受，包括意見，可說是個好處。可是跟同性的治療者，就可得到跟同性學習與認同的優點。這些原則性的問題在開頭選擇病人與分配治療者時，就可以考慮的各種因素。

對心理治療熟習程度的問題

原則上來說，病人對心理治療是如何進行有一些初步的了解時，容易開始進行心理輔導的工作。起碼知道要把自己內心的煩惱告訴治療者，並經由討論而體會如何更改自己的看法、感覺與適應的行為，那麼心理輔導進行起來，沒有什麼困難。可是沒有這些知識的，經由治療者在開頭的解釋與說明而可以了解，也就容易隨從而接受輔導。年紀很小的，有時不需要知道輔導的性質，但只要肯跟治療者見面，並喜歡跟治療者談話，或一起做遊戲治療等輔導上的事情就可以，只要家長了解輔導的性質與過程就可以。

就算是對心理治療稍具知識的病人，對於一些專業性的原則，比如：保密的原則，治療者要跟病人保持專業性的關係（不能與病人發生私人性或社會性的來往，如：被請吃飯，或不給家裡的電話號碼等），都要隨機會而給予說明與澄清。對於特殊的心理輔導上的現象，如阻抗作用或者轉移關係，也隨著需要而提供解釋。可是臨床上經驗指出，病人對心理治療本質的了解只要普通程度就可以，不必太多。病人很單純、普通，越容易進行輔導的工作；反過來，對專業性知識了解太多的，懂得什麼是潛抑作用、阻抗現象、轉移關係等等的病人，反而不容易處理，得不到比較實在的心理反應而進行輔導。

避免對何種病人的治療

有些病人要小心，一開始就要好好考慮是否提供治療。最顯著的是，病人來接受心理輔導，其「醉翁之意不在酒」，而是有別的動機，是因為喜歡「治療者本人」，而找理由要求看治療者，是不適當的病人。有些女性病人喜歡男治療師，就想透過治療的關係而跟男治療師接近，這樣的例子偶爾可見。極端的例子是想誘惑男性治療師，然後告他性騷擾，獲取法律上的賠償金，是有事先企圖與計畫的病人。

假如病人在法律上想告人家，想經由接受心理治療的「事實」來證明自己的心情受了「損傷」，而來接受輔導（但沒有實際想接受治療的心意）時，這種情況可說是等於在浪費治療者給予輔導的精力，最好一開始就要考慮是否施予輔導。要知道病人是否遭遇心情上的創傷事件，而且是否預備循法律途徑去告對方加害者，是很需要早期澄清與判斷的措施。假如病人有如此法律上的意圖，就要劃分治療的目的，即：只做治療，而不給精神上受損傷的鑑定與證明，請另外精神科醫師擔任鑑定的工作，把兩者分開（請參閱本章案例三：「被鄰居的狗咬傷而心驚膽顫的女性病人」）。

假如病人想離婚（而且已經內心決定要離婚），只想應付配偶的要求而來接受夫妻治療，也可說是浪費治療者的輔導工作，沒有意義。假如離婚後想獲得孩子的養育權而特意來接受輔導，想靠心理治療者的意見而勸自己的配偶或法官，得到自己的要求，也是同樣的情況，不適合給予治療。總之，病人來接受心理輔導的目的，並不在接受輔導本身，而另有目的時，就值得慎重考慮，並決定輔導是否合適。

總結：須靠臨床經驗與初步結果而判斷

以上就各種層次與角度所討論的心理治療的適應性，只是一個原則性的考慮，並非決定性的。最要緊的是，可以嘗試進行診斷性的輔導會談兩、三次，經由結果而判斷是否合適心理治療。假如在開頭的兩、三次會談裡，可以讓治療者感到會談有進展的情況，那是好的徵兆，可以繼續進行輔導；假如感到毫無進展，停滯在同一個地點，不知如何進行，那是不太好的現象，是值得檢討的時刻。一般來說，有經驗的治療者在兩、三次的會談裡，就可以體會治療的適應性如何。因此，對於沒有把握的病人，從開頭就解釋說明清楚，可以試著提供二到三次的會談後，再決定是否繼續進行心理治療，或者只施予普通的精神門診治療。

實例說明

一位認為什麼也靠不住的男人。（田峰）

第一節　個案報告與治療經過

個案報告

劉勇（假名），男，四十三歲，大學畢業，從事法律相關工作。病人自述做事不積極，吃飯胃腸有不通暢的感覺，夜間睡眠不好，如此已經有好幾年。

病人自述小時候生活在農村，母親沒有受過教育，在家中務農，而父親是一位五〇年代（隨大陸當時的社會情況而）被下放在農村的大學生。他是家中的第三個兒子，上面有兩個哥哥，大哥比他大十三歲，二哥比他大七歲，下面還有一個小他四歲的妹妹。

小時候，父親在縣城工作，每週六、日才回到在農村的家中，記憶中父親對他很嚴格；母親只知道做農活。病人小時候大多跟隨母親在農村生活，家裡每個人都在忙自己的事。二哥有時會帶著他玩耍，但大哥很早就結婚了。大哥因為婚姻問題時常給家裡帶來麻煩與許多困擾，病人認為大哥很無能，而且因為一些事讓家人在村裡丟臉。

病人記得十一歲時，非常喜歡電器，有一次看到一輛汽車停在路邊，車門開著，車上沒人，病人就將車上的一個零件取下來，拿回家中使用。之後被車主發現，告訴病人的父母。當時父親痛打病人，病人感到非常自卑，認為家人和外人都靠不住，並認為他拿車零件的事情，村裡人都知道了，感覺很丟人，不能在村裡待下去了，於是想離家出走，但由於經濟條件不好，沒有路費，只好忍下來。

以後在青春期時，臉上長了青春痘，也讓他感到很自卑，沒臉見人。上高中後，經常感覺頭部很不舒服，睡眠慢慢也不好了。上大學以後，讀英語科系，畢業後分配在縣城工作。縣城的工作條件差，病人認為自己不適合在縣城工作，決定要改變命運，又考取了研究生，學習法律專業，分配在省城工作。但是病人自述經常不敢主動與人說話，對事物不敢發表不同意見，自卑感重，經常感到神經衰弱。就這樣，工作以後到了適婚的年齡，經人介紹與目前的妻子相識，自訴並沒覺得特別喜歡；只是到了適婚的年齡，應該結婚了，於是帶著結婚後可以改變睡眠的心理結婚了。

結婚三個月後，有一次在工作單位值夜班，由於存在睡眠問題，以為這一晚班不會發生什麼事情，便自作主張回家睡覺；但是偏偏在這個時候，省城的某一公園發生了重大事件。事情發生後，有人通知他所在單位，請單位派人援助，可是單位主管卻偏偏找不到值班的病人。病人由於擅離職守，受到了處分。但鑑於病人新婚不久，又有身體不適，病人自訴所受的處罰還很輕，認為這是單位主管對自己還不錯。就這樣，始終堅持工作，而病人回家後與妻子的交流很少，情緒一直比較低落，經常發脾氣，胃腸道開始有不通暢的感覺。

隨著時間的推移，由於病人的加倍細心工作，取得了一些工作成績，與社會上也建立了許多聯繫，農村的家人也靠自己的社會關係辦了許多事。

父親三年前患癌症去世後，病人的許多身體不適漸漸加重，胃腸道不通暢的感覺加重，開始懷疑患有不好的疾病，檢查了消化內科，證明沒有身體疾病後，慢慢認識到是否為心理問題，經介紹來到門診求診。

治療過程

會談二次，會談中幫助病人回憶小時候的經歷，及每次的情感體驗，但病人只注重改變身體狀況的想法，問他：「與母親的關係怎樣？」病人回答：「與母親很少交流，無論母親做過什麼，只因為母親養育自己，所以自己有義務對母親養老送終。」問及與家人的關係時，病人回答：「父親已在三年前患癌症去世，父親是個非常有才華的人，只是受到了不公平的對待，所以才會在農村成家生子。父親去世後，更加感覺到身體健康最重要，對以前的身體不良狀況不予重視是錯誤的。現在認為自己的事業還可以，也不再追求能夠升職，而且家裡的事大多靠他來幫忙，感覺到有一定的壓力，認為家裡所有人的事情都靠他解決，而家裡的其他人都靠不了。」問：「你認為目前最困惑的事情是什麼？」他回答說：「是胃腸道不通暢的感覺，如果解決了的話，自己會好一些；當情緒好一些的時候，胃腸道的感覺就減輕。」病人敘述：回到家裡心情煩躁，認為家人什麼事都靠他解決，而他自己如果生活上或身體上出現問題，誰也靠不了。情緒不好時，與朋友聊天會好一點，以前懷疑自己是不是得了不好的疾病，現在認為可能是自己心理出現問題。希望醫師能夠幫助病人找出心理問題，以解決胃腸道不通暢、工作不積極、睡眠不好的現狀（目前病人仍繼續接受治療中）。

第二節　心理治療「適合性」的討論

關於此病人是否很合適施予心理治療，是否可以得到輔導上的效果，可以就幾個方向來討論與評定。

年齡因素

此病人目前四十三歲，正邁入中年。通常，年紀越年輕，其治療性比較高；年紀老了，治療性就比較低。因為年紀大了，性格、思考與行為模式都比較固定，不容易變更；而年輕的，還富於彈性，可以大幅改變的關係。可是年

歲並不是絕對性的，還要與其問題的性質一併考量，再加別的因素才能判斷。特別是，過去的行為與適應如何、問題是慢性或急性的問題等等。此病人從年幼就患著自卑的心理，長久沒有改善。並不是目前到了中年以後，遭遇環境性的問題，而發生一時性的心情問題。因此，可說：其年齡再加上長年的性格上問題，輔導的效果將會比較有限。

知識水平

一般來說，具有基本的知識水準，比較可以討論心理有關的事情。不聰明或遲鈍會比較受限制；而反過來，太聰明，只注重知識上的討論，回避了情感上的檢討與改善，也不見得有利。此病人受過高等教育，大學畢業，是比較好的條件。

主訴病情

病人自述做事不積極，吃飯胃腸有不通暢的感覺，夜間睡眠不好，如此已經有好幾年。是心身性的症狀，缺乏心理層次的主訴，而且是慢性的問題，不是好的條件。

過去病史

病人在十歲多的孩童期，曾將別人車上的一個零件取下來，拿回家中使用，之後被車主發現，告訴了病人的父母。當時父親痛打了病人，病人感到非常自卑，並認為病人拿車零件的事情村裡人都知道了，感覺到很丟人，很早就發生自卑的心理問題。

接著在青春期時，臉上長有青春痘，也會感到很自卑，沒臉見人。而且上高中後，經常感覺頭部很不舒服，睡眠慢慢也不好，是長期性的問題，變成性格的部分困難，不容易短期內改善。

基本性格

病人自述：「經常不敢主動與人說話，對事物不敢發表不同意見，自卑感重。」「到了適婚的年齡，經人介紹與目前的妻子相識，自訴並沒覺得特別喜歡。只是到了適婚的年齡，應該結婚了，於是帶著結婚後可以改變睡眠的心理結婚了。」表現沒有強大的（自我）個性，而且被動性大；結婚的動機也是不對的。婚後三個月，上班值夜班時，自作主張回家睡覺，發生了重大事件，單位主管卻找不到值班的病人，病人由於擅離職守受到了處分，表示病人不夠負責任。可是他卻總是訴苦，說是：「什麼人也靠不住」，表示原本性格並不是很健康的中年病人。

治療動機

根據病人所述：「父親三年前患癌症去世。父親去世後，自己的許多身體不適漸漸加重，開始懷疑患有不好的疾病，檢查了消化內科，證明沒有身體疾病後，慢慢認識到是否為心理問題，經介紹來到門診求診。」動機並不強烈。

會談表現

根據治療者的觀察：「治療中幫助病人回憶小時候的經歷，及每次的情感體驗，（但病人）只注重改變身體狀況的想法」，還是把焦點放在軀體性症狀，難於誘導討論與檢討自己心理方面的事情，不容易獲得心理輔導的效果。

自我病識

病人對自己的問題的看法：「是胃腸道不通暢的感覺，如果（胃腸不通暢問題）解決了的話，自己就會好一些」，而且「回到家裡心情煩躁，認為家裡人什麼事都靠病人解決，而病人自己如果生活或身體出現問題，誰也靠不了」，很想依賴他人，不像是已經結婚成家立業的中年人心態。

治療課題

為了提供輔導，要有個可以輔導的心理課題。假如此病人是三年前父親去世後，發生心情不好，失去心情與生活上的重心，還可以就「喪失」的過期性「哀悼」而進行支持性的輔導。假如自己認為受了過分自卑的心理而影響自己

的工作或生活，可就其自卑的問題而進行治療。假如能跟治療者建立起可信任的關係，或許可以補償其「自卑、什麼也靠不住」的心理問題。

總結來說，本個案的治療性不很高，是需要長期性輔導的個案，才可解決其自卑與依賴的心理與性格問題。需要跟病人從頭就解釋並澄清輔導的目標。可是經由長期性的輔導，就很需要注意跟治療者發生依賴的傾向，也不要無形中鼓勵並維持其訴說軀體不適的「慮病症」傾向，而且變成難予以停止輔導、結束治療的個案。

一輩子什麼也做不成，怎樣的治療都沒效的老年病人。

第一節　個案報告與會談

個案報告

傑克是一位七十歲的男性病人，歐裔美國人（即白人），在精神科門診接受心理輔導已經有好幾年，先後被多位治療者輾轉輔導過；最近被分配給新近轉來的女性住院醫師治療，在科裡的例行個案討論會裡提出報告。在討論會中，照例也請病人來，由教授當眾會談，好了解病人，幫助大家討論。討論會的主要目的，是討論此病人是否適合施予心理治療；若是，要施予哪種模式的心理治療。

從病人的過去史得知：在年輕時，曾讀到博士班，但博士考試沒通過，對病人心理打擊很大，自稱是受了嚴重的心理創傷，影響他的人生。事實上，在他一輩子裡，不但未完成學業，工作也沒有成就，婚姻也不順利，先後結婚兩次都被妻子遺棄，因此，自己覺得生活無趣，曾企圖自殺兩次，但都沒成功。由於他年輕時曾經自願從軍（表現不好而提早退伍），獲得退伍軍人的身分，結果就靠其退伍軍人的生活補助金而過活，如此已經有數十年。目前跟一位六十多歲的女性同居，已有七年，但該女性三年前中風而半身不遂，病人一直照顧這位軀體殘廢的女人。

病人過去十年期間，在門診斷斷續續地看了好幾位心理治療師，每個治療者看了幾個月，就覺得病人難以輔導，不願意繼續治療此病人。幾位治療者曾經認為病人患的是抑鬱症，而叫病人服用抗鬱劑，但病人每次都以副作用大為由而不服用。結果，治療者覺得束手無策，就介紹病人接受各種特殊性的心理治療，包括：認知治療、群體治療、創傷後焦慮症的特別治療等等。可是病人認為各種特殊性的治療都對他毫無幫助而半途而廢，不繼續接受治療。

教授面談病人

病人看來比他的年歲老且憔悴。教授跟他會談時，病人表現很客氣，講話很小聲，但可以好好表達自己的思維。教授說明個案討論會的目的是幫助年輕的醫師學習如何治療病人。病人回應說，他被住院醫師安排來討論會，被教授面談，而能對年輕醫師的學習有所貢獻，覺得自己還有點用處，心裡感到高興。

在短短二十分鐘的會談裡，病人談起他目前感到的心情是，人生茫茫，不知有何用。在談話裡先後提起：相互依賴、自我破壞、人生的目的何在等「關鍵語」，反映他一生的特點，也是他心裡所想的事情。病人覺得他一生中，總需要依靠他人，而總是被遺棄（包括自己的父母、先後結婚而離婚的兩任妻子，以及過去十年來在門診看過的五、六位治療者們），覺得人生很孤單。

病人說明他自己並不是患著情緒不好的抑鬱症，認為抗鬱劑對他毫無幫助，只會受副作用的壞處，因此不願意接受藥物治療。他認為他所患的是哲學上的問題，即：對人生感到沒有希望。

他還敘述，目前跟他同住的女伴患了中風，半身不遂，而得依靠他的照顧，兩人相依為命。但是心裡又不滿意自己被此殘廢的女子纏著，無法脫離，感到很氣，有時想爆發自己積壓的情緒，做出一些毀滅性的行動（意指自殺企圖），心裡總覺得人生這麼活著有何意思。

第二節　關於心理治療適合性的討論

關於此病人是否值得施予心理治療，大家就各種考慮因素而有所討論。初步的印象是，此病人根本不值得施予治療；可是經由討論後，卻有點改變其看法。

年齡因素

很顯然的，病人已經七十歲。在此高年齡，性格已經很固定，不容易變化，因此，一般說來，不能要求病人對自己的行為與性格進行徹底性改革，而只能期待經由支持而維持起碼的生活方式。可是我們不能很死板地考慮年齡因素。因為許多年齡大的病人，還是可以善用輔導的作用而改善自己的心情與生活方式，有其潛在性的改進力量。

性格問題

看來此病人有明顯的依賴性格，總是感到需要依賴他人，卻總是被遺棄。目前跟殘廢的女性住在一起，表面上是以慈善心而照顧她，但實際上也可說是依賴她（是保證不會遺棄他的女性同伴）。可是又覺得被此殘廢的女人纏著，無法脫離，而感到不滿。對此病人來說，心理治療的主要課題之一，就是提供比較可靠的依賴者（即：治療者），好穩定其心理需要；而並不是要求經由輔導而建立自我獨立的心態與生活方式。

過去成就

病人雖然很聰明，但一生中樣樣事情都沒滿意的成就，包括求學、工作、婚姻，甚至是治療。這表示不能對治療期待很高，要求病人做什麼改善，甚至要預料病人對治療也不會有太多的成就，因此，要比較保守性地期待其療效。否則，治療者本身會感到失望，而失去治療此病人的動機。

目前困難

根據「心社會發展學說」（psychosocial development theory），一個人到了老人階段，其心理課題是「完整－失望」。也就是說，把自己一生開始做個整理，準備結束自己一生的奮鬥，有個心理上「完整交代」的階段。可是由於此病人一生沒有好的成就，到了老年階段，就只好懷著「失望」的心理狀態，是哲學性的問題。因此，對於此病人不要輕率地認定是心情上的抑鬱症，而企圖依靠藥物來治療。

輔導要領

雖然心理治療的目標是幫助病人去處理所面對的心理困難，改善其情況，可是針對此病人卻不要去要求做什麼巨大的改善。過去的治療者（受學術上與職業性「文化」觀念的影響），極力要求病人「改善」，而病人無法滿足治療者的期待與要求，而讓治療者失望，也覺得無能為力，於是到處介紹病人去接受更特殊的治療，等於是拋摔病人一樣。

也就是說，治療者本身要想好，對這樣的病人需要施予如何的輔導，其主要課題與目的是什麼，提供適當的、基本的支援性輔導工作，支援病人，提供可依賴的對象，穩定病人的依賴需要。然後，幫助病人能對自己的日常生活找點樂趣與希望。至少提供每兩週會談一次的機會，而在會談裡談些輕鬆有趣的事情，讓病人抱著想來看治療者的樂趣與希望。然後，有時可以談論一些需要討論而且需要去準備的心理課題，包括女性同伴的死亡、自己的死亡等對將來的準備。

總結來說，對此病人而言，起初印象是很難治療、沒有希望，也不值得治療的病人。可是經由討論與分析，我們了解：假如治療者對病人期待得適當、對待得適當，此病人將是需要而且是值得提供支援性治療的個案。

被鄰居的狗咬傷而心驚膽顫的女性病人。

第一節　個案報告與治療經過

個案報告

瑪娜是將近四十歲的女性，單身未婚，是從東南亞國家移居到美國，居住在夏威夷的亞裔美國人，在檀香山居住將近二十年，在某單位工作。兩年前，在自己家附近散步時，意外地被鄰居養的一條大狗攻擊，咬傷手與腳，曾住院數天，治療其傷口。可是出院後就因心情不好，沒恢復工作，一直待在家，靠意外保險金度日。

病人自述從被狗咬傷以後，一直心情不好，常感到害怕，也會哭泣，很氣自己遭遇這樣的不幸情況。病人的父母和姊姊們住在美國大陸，不在檀香山，平常靠電話聯繫。可是從意外事情發生後，跟自己的父母或姊姊們打電話時，病人常向他們發脾氣，結果也就得罪了家人。她雖然過去在本地交了一些女性朋友，但也不想跟她們來往，嫌自己情緒不好，會對自己朋友不禮貌。

由於這樣的情況，她的內科醫師曾經勸告她來看精神科醫師，可是她不喜歡被人說她有精神病，也就遲遲不想接受精神科的治療，只靠內科醫師開點鎮靜劑這類的藥，來安定她容易緊張的情緒。

一年前，由於其意外保險金的生活補助費已經到期，病人只好恢復工作，回到原來單位上班。可是病人自述她的病情還是沒好，終於經由她的律師建議，來精神科門診看醫師，並答應接受心理輔導。

治療經過

病人在門診接受住院醫師的心理治療，前後將近一年。開始時，常不就約定的時間來，說是公司的工作忙；也不想請假來看病，怕公司的同事知道她在看精神科的醫師。在會談中，病人常哭泣，說想到被狗咬了很倒楣。她還說，由於被狗咬了以後，自己的脾氣不好，把家人都得罪了。病人還後悔這樣的情況發生後，都沒法跟朋友們來往與社交，更談不上交男朋友。事實上，被狗咬的事情發生前，病人未曾交過男朋友；目前已經快四十歲，但仍是單身未婚。

擔任治療者的住院醫師很認真地治療此病人，採用行為治療，想辦法幫助她對狗咬傷的意外事件減敏；也嘗試認知治療，幫助病人改變自己悲觀的想法；並建議病人開始跟從前的朋友來往，跟自己的家人通電話，恢復從前常來往的關係，可是病人總說不敢打電話。因此，治療者還特意利用會談時間，幫助病人當場練習打電話給家人，如何跟家人談話；可是病人都不願意嘗試。

病人經常沒有按治療者的吩咐每週繼續來會談，頂多一個月來一、兩次；而且每次來會談，都是談她被狗咬的事情，還總是哭泣，絲毫沒有改善的趨向。

後來，病人的律師打電話來，說明病人準備循法律途徑去告狗主人，要求賠償金，要求治療者給律師寫報告，說明病人被狗咬傷後的心神影響。治療者和病人與病人的律師討論這件事情，說明按職業性的習慣，要把「治療」與為了法律所需 的「心理報告」做區分，由不同的精神科醫師來擔任，否則同時做治療也做心理報告，會影響治療的性質與過程。經由說明與討論以後，病人表示要繼續接受住院醫師的「治療」，而由上面的指導教授來負責提供「心理報告」。

可是，有趣的是，指導教授書寫好心理報告給律師以後，病人就沒再繼續來看住院醫師，停止了治療。

第二節　關於心理治療適合性的討論

心理創傷與心情問題

很清楚的，病人遭遇了被狗咬傷的意外創傷事件，不僅軀體受了傷，心理上也受了打擊，可說是創傷後焦慮症的典型個案，呈現焦慮、脾氣煩躁等心情上的症狀，很持久；而且也發生人際關係上的問題，影響其生活方式，照理是很需要心理治療，也是值得施予心理治療的個案。

治療經過、反應與效果

可是事實上，此病人並沒有成為很好的病人，善用提供給她的心理治療。病人常取消事先約定的會談，只偶爾來看治療者。口頭上說是很忙，沒法請假來看醫生，但後來發現，她還請假三個禮拜回東南亞的故鄉去遊覽，會見親戚。

病人每次會談都要哭哭啼啼的，好似很傷心，但對於治療者建議服用抗鬱劑來治療抑鬱的情緒問題，病人總說：擔心會得到藥物成癮的問題，不肯嘗試。雖然經由說明抗鬱劑絲毫沒有成癮的副作用，病人還是堅持不服用。

病人很後悔自己發脾氣，把家人都得罪了，也不敢跟朋友恢復來往。經由治療者的鼓勵嘗試打電話，恢復交情，但她總是不願意嘗試。總之，是不合作而且不肯配合治療者的提議嘗試改善。雖然經歷一年的時間，絲毫沒有進步。

傷害賠償金的因素

經過為期一年的治療以後，病人的律師忽然提出病人要循法律途徑去向狗主人要求傷害賠償。根據法律上的習慣，治療期間越久，越表示傷害嚴重，才需要治療那麼久。可是等到醫師將傷害心理報告給了律師，可以提出訴訟以後，病人就沒再來接受原本答應要接受的「治療」。而且很巧的是，有一天，治療者偶然在公共場所看到此病人跟她的幾位女性朋友們在一起，在商店裡購買東西，彼此笑嘻嘻地歡笑著談話，跟她在會談裡常哭泣的情況完全不同，煥然是不同的人；讓治療者不禁心裡省思，此病人當初來接受心理治療的動機是什麼。

第 2 章

如何開頭：了解主訴，並說明輔導的性質與規約

我們在上一章，討論心理治療的適應性，澄清怎樣的病人比較適合施予心理輔導以後，接著我們將討論如何開始心理的輔導。許多初學的治療者，常困惑如何開始心理治療，如何跟病人進行會談。因此，我們預定經由本章與下面數章來連續性地討論如何開始心理治療的工作，包括如何操作會談。在本章，先討論如何了解病人的主訴，並說明有關輔導開頭時就需要跟病人澄清與說明的各樣事情，以便進行順利的輔導工作。

開頭的初步印象

有長年經驗的心理治療者常說，在頭次會談的開頭幾分鐘裡，從病人的外觀與言行及其主訴，就馬上可體會病人是怎樣的人、有何主要的問題；而其初見面的印象很可靠，日後會證實確實如此，是可靠的初步印象，而且所得的此印象往往變成是整個治療過程的準繩，引導治療的方向，很有幫助。

雖然這是臨床上很對的事實，表示開頭所得的初步印象很有用，但是，治療者首先要有足夠而豐富的臨床經驗，才能善用其初步所得的印象，並適當地使用。這對還未有豐富經驗的初學者而言，是難以要求的臨床判斷能力。可是倒也說明，在病人開頭接觸時所得的各種資料，包括其穿著、外觀、表情、言

行、跟治療者的關係、對輔導的了解與態度等等，都值得很細心地觀察與領會。因為這些所表現的，都是日後可以用來作參考的可靠資料。

了解病人提出主訴的模式，體會其意義、動機與作用

按普通習慣，治療者要詢問病人所患的困難是什麼，來求醫的理由與目的為何，而病人把自己主要的困難提訴與說明，被稱為是病人的「主訴」。可是有能力的治療者，要費心去體會，並且動態性地去了解病人所提的「主訴」的性質與背後的目的。要了解，病人訴說的是否就代表病人所困擾的主要問題，或者只是病人想要治療者知道的初步原因，是否還有背後還沒說、不敢說、不好意思說的另一層次的問題等等。

一般病人最初會提出自己困擾的精神症狀，如焦慮、煩惱或憂鬱等等，也會附帶說明自己所遭遇的心情上的困擾。有的甚至還會提供自我解釋，說明問題發生的來龍去脈。作為治療者，針對這些病人所提示或說明的，都要一一去分析與了解其本來的意思是什麼，弄清楚病人所指的是什麼。

對於病人自己描述的症狀，治療者毫無意見的，只要接受為：「病人所患、所訴的」痛苦與症狀；但也得很注意，確認病人是否使用確實的詞句或言語，來表達自己所困擾的精神症狀。有時，病人自己說他患了「抑鬱」，可是其實是在說「焦慮與煩惱」；而訴說「強迫性問題」，可能是在說明長期性患同樣的焦慮問題而已。

病人對自己問題的發生造成心情上的困難，也要注意去澄清。「因為聽到天空打雷聲，把心嚇壞了，就發生精神錯亂」，「自己沒常在家，妻子就發生婚外情」，「小時父親總是罵我，我現在頭腦就記憶力不好」，「我手淫過多，因此心就虛了」等等，只不過表示病人所想、所解釋的因果關係，事情發生的來龍去脈，不一定完全採取與聽信，但要記得病人是這麼想、這麼說，可供日後輔導上的治療材料。

有經驗的治療者還得去思考，病人提出的主訴的性質與意義是什麼。是否很單純地表示是病人目前最感到痛苦的問題，或者只是一個「開場白」，準備

隨後還想提出另外層次的問題；是否是病人從別處學到的有關心理治療的知識，或者按社會的一般「求醫行為」的影響而提出的苦訴；是否等待治療者協助病人去揭發內心所困擾難堪的心理問題等等。

總之，病人所提出的主訴是很重要的資料，是輔導要開始的出發點 ，但是，也不能很單純只就表面上的意思而接受，還得考慮其動機是什麼，有何作用；或者是否還沒有開門見山地提起自己很想提出的內心困擾的問題。

澄清病人對輔導的了解與期待

接著，就得大致探討病人對心理輔導的了解程度，並且期待的結果是什麼，是否符合現實的合理性期待，或者是不切實，甚至是空虛的幻想等等。假如病人說想得到治療者的幫助與指導，獲得了解如何減除自己的心理困難，那還很合適，是嘗試接受心理治療的好理由。假如病人說，不熟悉心理治療是幹什麼的，也不知道可以期待什麼，那也沒關係，經由解釋說明，得到了解以後，就可進行輔導。假如病人期待治療者可以替病人把問題解決，譬如：把不想念書的孩子變成很用功的學生，把功課的成績提高，甚至考上理想的學校，那麼就得解釋，治療者可以幫助孩子與家長去了解孩子不想念書的原因，並尋找改善的途徑，但畢竟還是孩子自己要努力才可以，沒人可以保證一定會考上理想的學校。假如有對夫妻希望治療者化解他們的婚姻困境，那也得說明，治療者只能幫助夫妻認識他們夫妻關係上的問題的性質是什麼，如何改善，但是還得靠他們夫妻本身努力嘗試，沒有擔保可以保得住他們的夫妻關係的。

總之，要從頭就幫助病人對輔導有個確實的了解，並保持適當的期待，要準備自己去努力，採取行動改善；治療者只不過是個協助者，不會有任何魔術可以看透病人的心事，了解病人的問題，並且替病人化解問題。否則，實際的情形與後果跟病人所期待的不符合，招致不滿意就不好。

說明輔導的性質、目的、過程與期間

除了澄清對輔導的了解與期待以外，進一步的，要幫助病人了解輔導是怎樣進行的。當代的心理治療不像過去傳統的分析治療，即：病人躺在沙發，自己隨意談話（進行所謂的「自由聯想」），治療者坐在後面，讓病人看不到治療者的臉，也很少說話；也不是像催眠術似的，治療者給病人催眠，讓病人進入精神恍惚的狀態，然後給予暗示。目前現代化的心理治療是病人與治療者面對面坐著談話，經由會談的方式去了解病人的病情，包括過去的成長經過、家庭的背景、性格上的特點、人際關係，有時甚至還要探討內心的幻想或所做的夢等等，主要從各種層次與方向來了解病人的心理與病情，並且檢討病人自己處理問題的模式，考慮怎樣的適應方式比較合適且成熟，進而嘗試建立新的、比較合適的適應，把困難減少或去除。

要向病人說明心理治療的目的，是經由認知上的檢討而改善不適合的觀念與態度，提供所需的情感性支援，協助實際行為的改變，提高適應的情況，從而減除所面對的心理困難或障礙。並不是很特殊的心理操作，也不是魔術性的把戲，而是實實在在地更改心理與行為的治療工作。治療者只扮演協助者的角色，還是要靠病人本身的努力。

除了說明心理治療的性質與操作方式，有些病人還很想知道治療還得經過何種過程、需要治療多久，以及是否可獲得治療的效果等等。這些都是很合理的要求，比較聰明的病人會向治療者提問問題，可是並不是容易回答的問題。由於一個人的心理與行為並不那麼容易預測或推斷的關係，治療者不能很隨便地開口確定。可是，反過來，有些沒有經驗的治療者，往往給病人模稜兩可或含糊性的回答，讓病人感到不清楚而不滿意或失望。

為了避免這樣的情況，一般來說，治療者可以就一般的情況而給予比較原則性但肯定性的說明與回答，好讓病人有個概念性的期待。譬如，針對害怕老師處罰沒做好功課而不敢回學校的孩子，我們可以向家長說，這樣的問題通常要趕緊在一、兩個星期裡就去解決不回學校的問題；對任何人都不信任、有性

格上問題的病人，治療者可以說，這是牽涉到性格的問題，通常要嘗試治療三個月到半年，才能建立將來要繼續改善的方向與要領。同樣的，夫妻鬧感情問題的，治療者也可以說，至少嘗試三到五次的夫妻會談，看其進展情況才可以判斷夫妻關係是否有改善的可能性等等。雖然這些都是善用臨床上的經驗而做一般性的推測與說明，可是至少可以給病人有個比較具體性的說明與交代，幫助他們對心理治療保持比較客觀的準備與期待。

商討輔導有關的規約

根據過去的臨床經驗，治療者要施行心理治療，最好能請病人遵守若干規約；而這些規約最好在開頭的階段就向病人說明，並要求病人能遵守，這樣才能比較有效地進行治療，達到治療的效果。這些治療上的規約可有幾種，可隨其需要而找適當的機會做解釋。

會談的時間與次數安排

從實際的經驗我們得知，每次的會談最好以四十到四十五分鐘最為理想，至少可以比較有充足的時間開始開頭階段，然後進入中間階段，談些重要的話題，再留點結尾階段可以結束。這個時間再加上十分鐘左右的時間書寫病歷記錄，然後接著看下個病人，如此按每小時的時間給病人會談的約定，方便治療者的時間安排。這是實際的經驗，也是現實上的條件。假如病人好轉以後，只是回來做簡單的追蹤會談，可縮短為二十到三十分鐘的時間，減少其治療費用。

至於每次會談相隔的期間，在開頭最好是每個星期一次，這樣病人跟治療者雙方都還可以記得上次會談的結果，可以接著繼續會談，有其持續性的效果。同時在一週內發生的事情，可以馬上回憶並討論，不會隔太久。假如日後病人的情況已經大致穩定，而且治療的方向已經很清楚，病人不需要常來時，可改為兩週來一次，如此把時間拉長，最後停止治療。這是基本的方式，但可就各種因素而考慮更改與調節（詳細請參考第九章：「施行會談時要注意的各種具體事項」）。

約定會談的取消或更改

由於心理治療的施行是採用事先約定的方式進行，但是由於實際上的各種因素，有時病人無法按約定時間來參與會談。這時，最好請病人能事先打電話來門診，要求更改預定的時間，而治療者可事先知道，改看別的病人，不會白浪費時間在門診等待。這些規定可以事先向病人說明，並請病人盡量遵守。同樣的，萬一治療者有特別事情，無法按約看病人時，也盡可能跟病人聯絡，並請在更改的時間來會談，免得病人來了，找不到治療者，浪費來回的時間。如何建立預定時間的制度是很重要的。可是有時交通不方便，又沒有手機可以聯繫時，只好諒解其困難。

會談的保密及其限制

比起一般的醫療工作，精神科的工作要特別注意為病人保密。因為基於職業上的需要，我們才涉及病人很私人性的資料。特別是心理治療更是如此，治療者有義務替病人保守私人性的祕密。除非事先得到病人的同意，不會向其他治療者或醫師報告病人的情況，包括個案討論會等。因此，在教學機構，要開始就讓病人知道，病人所談的資料可以在教學的場合跟別的醫師或醫學生討論，好幫助醫學教育。假如治療者想把病情做醫學上的報告，發表於公開的雜誌或書籍時，要很小心把病人的私人性認同資料消除或更改，以保護其隱私。

不但如此，沒經由病人本身的同意，也不能把病人的事情向病人的配偶或家屬報告，要替病人保密。假如是未成年的小孩病人，可以向父母報告。但是小孩到了社會規定的法定成人年齡後，就得尊重孩子的意見，也得替病人保密，不能說父母要求，就擅自跟父母報告，沒替年輕人保守祕密。這些措施就是要鼓勵病人能向治療者盡量揭露自己的私人性資料。不這樣替病人保密，病人就不肯向治療者透露自己內心的心思了。

可是這些保密的規約並不是絕對性的。當治療者從病人所提供的資料裡，知道病人有傷害自己的意圖時，治療者可以破約而告訴醫療機構，並勸導或強制病人住院，得到所需的保護與醫療。假如病人所提供的資料是想傷害他人時，

治療者有義務馬上通知可能被傷害的對方人士，或者告訴有關單位來防止傷害事件的發生。這些可以破約的情況，要讓病人事先知道，好有所了解。

治療者的專業性界限

在普通的醫療工作裡，醫師跟病人之間要保持專業性的關係，才能施予適當的醫療工作。關於心理治療更是如此。因為心理治療所處理的，是私人性的、內心的心情材料，況且治療者要跟病人很接近，才能進行心理方面的輔導。也就因為如此，治療者跟病人之間從頭至尾，都很需要一貫性地保持其專業性的關係，維持適當的職業性界限，不得有私人性、社會性的來往，而影響其客觀而有效的心理治療工作。這一點要開始就告訴病人，並且遇到情況就得時時提醒。譬如，治療者不能接受病人的邀請而一起外出、吃飯、遊樂，有社交性的交際。特別是異性的治療者跟病人更需要格外注意，不要引起誤會。醫學界很嚴格規定，就是輔導工作結束以後，仍得繼續保持其職業性的界限，不能有私人性的來往，發生男女之間的交際。（否則治療者對病人有私人性的興趣而停止治療關係，而更改為私人性的男女交際與來往，利用職業性的關係而轉換為私人性的關係，被認為是違反醫德的行為。）

可是按照社會的習慣，病人給治療者送禮物時，可以斟酌其禮物的貴重程度以及其動機而做適當的決定。特別是治療結束後，病人想向治療者表示謝意的禮物，比較沒有問題。可是在治療當中，病人突然向治療者送禮物時，要小心考慮其意義如何而做判斷（請參閱第九章：「施行會談時要注意的各種具體事項」）。

治療費用的繳交

病人來進行治療，要按原先的規定按時繳交治療費。從醫療系統或社會的觀點來說，這是理當如此；從心理與治療的立場來說，病人自己要負擔治療費用，才會好好運用治療的工作，否則效果不好。免費的治療對心理治療的效果會比較差，會減低病人想努力去更改與改善的動機。至於治療費的多少，要看醫療機構與系統的規定而收費。假如能就病人的經濟能力而有所調節會比較好。

對經濟條件比較差的病人，要負擔龐大的治療費，並不是很適當。

治療的結束與停止

經過治療一段時間後，假如病人的病情有所好轉，就要開始考慮什麼時候要結束治療。就算是沒有好轉，也得研究是否繼續或停止治療。通常，治療開始後，經過三、四次的會談，就可以大致知道治療是否可以繼續，可獲得若干的療效，或者不用繼續。因此，最好跟病人從頭就說明，要嘗試三、四次的會談後，再相互檢討，是否繼續治療的工作，免得無限期的延續。

有些病人，特別是跟喪失比較敏感而對離別比較困難的病人，要在輔導過程結束前，就趁早讓病人知道，並且開始做結束輔導的心理準備。最主要的是，治療的結束是要治療者與病人雙方相互討論後，才做決定。病人要了解，不要自己擅自停止輔導，不了了之，沒有個結束的過程。這是應該向病人說明，並且請其遵守的規約之一（詳細參閱第十六章：「如何準備輔導的結束」）。

如何增加病人對治療的動機與信心

在心理治療的開頭，最需要注意的是，如何增加病人對治療的興趣與動機，願意繼續接受需要的輔導工作。如何做臨床上的診斷、心理解析，都很重要；但更重要的是，如何留住病人，讓病人有動機繼續來看治療者，接受連續性的治療。而為了達到這個治療初期的主要目標，治療者要注意許多要點如下：

治療者對病人表示關心

這是最要緊的事情，治療者要注意傾聽病人的訴病，表示很關心，並且有意想協助病人解除其問題。這是態度上的問題，表現在其言行，病人可以體會，會影響病人是否想繼續來看病的主要原因之一。

建立醫患間的良好關係

治療者要從一開始就和病人建立良好的關係，讓病人感到治療者是親切、

關心、可信任、可依託治療的治療者。有了好的醫患關係，彼此能溝通、能了解，並且願意共同謀求改善問題的途徑，就是好的治療的開始。

保留病人適當的焦慮

雖然治療者的治療目的，是讓病人解除其所患難的心情上的痛苦，恢復通常的心理與情緒狀態，但是為了治療的目的與效果，不必馬上完全除去其心情上的痛苦，可以保留若干，足夠督促病人想繼續接受治療，改善自己的動機。病人太快地覺得很舒服，就會感到沒有需要接受治療，缺乏改善自己的動機。

了解分析與治療的配合與並行

初學的治療者開始時，往往容易過分注重診斷上的問題，專注於病情的分析與了解，只多想獲得病人的資料，而忽略病人所需的治療與輔導工作。要記得，病人猶如「顧客」，每次來會談要有點收穫，感到有點幫助，否則「顧客」就沒興趣繼續來診治。除了提供情感上的支援與鼓勵，也要提供適當的治療上的建議，引導病人改善的方向，這樣病人才會覺得每次來看病都有些收穫。否則，只被治療者詢問聽取病情或過去史，而絲毫沒有得到即刻的作用與效果，就沒有意願繼續來接受治療。有些治療者在開始的時候，總是說還得多知道情況，得到足夠的資料，才能開始「治療」。其實，在開始見面的那一刻，就可以開始發生治療的作用與效用，讓每次會談都會使病人感覺得到一些治療上的操作與效果。

提供患者適當的希望

整個治療操作過程，從頭至尾，都要幫助病人能持有「希望」，能善用自己的潛在能力去改進自己的問題。治療者在最開頭時，特別就要注意這一點，幫助病人能培養對自己的希望，啟發其自我改善的慾望。這種希望不能是空虛而跟現實脫節的希望，而是可能性高而符合實在的希望才可以。

總結：適當地執行與顧及這些要點

雖然我們把心理治療在開頭就需要顧及的各種事情與要點都一一說明，但並不是說在每個輔導的開始，就要很硬性且呆板地去處理這些各個要點，樣樣去處理這些課題，才能開始輔導。治療的操作要有彈性、有動態性，要看情況而做必需的措施。譬如，病人表現有點猶豫，不敢談比較私人性的、祕密性的資料時，治療者就要看情況而隨時說明與提供保密的規約，希望能讓病人放心而揭露內心的私人性資料。假如病人想請治療師吃飯，表示好意，並拜託多多關照，或者向治療者要家裡電話，好隨時聯繫時，便要向病人解釋與說明有關專業規約的問題。假如病人嫌治療的過程含糊，也不知道需要治療多久時，治療者就需要予以說明輔導的性質，並且給予大致上需要的期間，讓病人內心有個打算，而不要只是說「輔導需要長時間，要慢慢來」，這些話無法幫助病人有個了解與打算，難以滿足病人的心理。

其實，輔導的開頭還有許多更重要的事情要馬上去關心與照顧，即：如何跟病人盡快建立好的初步關係，能趁早穩定病人的情緒，減輕其所患的症狀，並且如何引導會談的進行而按治療的策略進行輔導工作。這些都是下面幾章要依序討論的各種要點。

實例說明

膽怯不敢發表意見，但又常跟同學發生衝突的小男孩。（林紅）

第一節　個案簡介與會談過程

個案簡介

小陸（假名）是個五年級的小男孩，因為與同學關係不好，經常發脾氣，由爸爸陪同來治療。小陸看起來有點緊張，說話時總是習慣看爸爸的態度。爸爸則很健談，能言善道，也很習慣指點兒子。以下是第一次會談的經過。

會談過程

治療者：小陸，你好！你認為自己有什麼困難需要我的幫助嗎？

小　陸：也沒什麼。（轉過頭看著爸爸）

爸　爸：想怎麼說，就怎麼說，沒有關係。

小　陸：困難就是有時候生氣，不會處理同學之間的關係，有時候發脾氣。也沒什麼。

（治療者注意到小陸邊說，邊一次次扭頭看著爸爸，於是提出小陸是否要單獨與治療者會談的問題）

治療者：現在有一件事我要徵求小陸的意見。我是做兒童心理治療工作的，所以，你是我的「來訪者」，是我最關注的。在我們的會談時間，我所做的一切都是為了幫助你解決問題。現在請你來做出決定，咱倆單獨會談，還是和爸爸在一起談？

小　陸：哪個都成，在也成，不在也成。（猶豫不決，仍不時看著爸爸）

治療者：爸爸在或不在，你自己選一個，由你做主。（看小陸還在看著爸爸）不要考慮爸爸是否高興，既然爸爸帶你來找「阿姨」（治療者），說明爸爸也希望阿姨能幫助你。你自己認為怎樣合適，怎樣對你好，爸爸都會支援的，是吧？

爸　爸：（點點頭）你自己決定吧！

小　陸：（爸爸）在這兒比較好。

治療者：有什麼好處呢？

小　陸：好處？在這兒的好處？在這兒的好處？（一臉茫然，一再重複這幾個字）

治療者：選擇爸爸和我們一起談，那麼一定會有一些好處，比如爸爸比較了解你的情況，可以做一些補充。但是，有好處的同時，也會有一些壞處，比如，也許有些話你不願意當著爸爸的面說出來，或者有些事不願意爸爸知道。那麼，你現在決定和爸爸一起談，說「在這兒比較好」，你認為有什麼好處呢？

小　陸：沒有什麼好處。

治療者：那有什麼壞處嗎？

小　陸：也沒有什麼壞處。

爸　爸：這很正常，肯定有什麼好處。這多簡單啊，好處也沒有，壞處也沒有，這怎麼可能啊？

（治療者示意爸爸不要再埋怨和指責了）

治療者：好，我提一個建議：爸爸以聽為主，盡量少發言，好嗎？（爸爸點頭表示同意）看得出來，小陸不太習慣明確表達自己的意見。你說你的煩惱是不會處理同學之間的關係，那麼，和同學在一起，你表達自己的意見嗎？（看小陸一頭霧水的樣子）比如說，你和同學意見不一樣的時候，你說出來嗎？

小　陸：就是與同學意見不一樣也不說。

治療者：為什麼呢？

小　陸：討論問題都是（班上的）班長說了算。

治療者：啊，看來有班長在的情況下，你不說，因為班長說了算。那麼，有沒有在某些情況下你會說呢？（小陸再次稍稍瞥著爸爸）

爸　爸：（沒好氣地）你不用老看著我！（轉向治療者）他希望我提醒。（再次轉向小陸）你要獨立起來。

小　陸：比如較重要的情況下說。

治療者：怎麼是較重要的情況？舉個例子。

小　陸：比如期末評德育分時，有人寫了四百字，有人寫了一千六百字。小組內選一個同學上去當著全班同學讀自己的德育評價。老師要求最少八百字，但是有同學說低於那個字數也沒關係。但我的意見是必須八百字以上，按老師的要求。

治療者：我同意你的觀點，我認為你說的有道理。看得出，你是個守規矩的好孩子，你提出來的是合理化的建議。我想知道的是，你的合理建議被採納了嗎？

小　陸：沒有。

治療者：你是怎麼在同學面前提議的呢？

小　陸：我一般不發表意見。那天我就說了一句。

治療者：對你的意見，別人怎麼反應的？

小　陸：當時大家挺亂的，他們可能都沒聽見。

治療者：你提了這麼好的建議，同學們沒有聽見，也沒有被採納，那麼，你是什麼心情呢？

小　陸：他們說寫得好就行，字數不夠也沒什麼。

治療者：我想知道的是，你這麼好的建議卻沒有被採納，你的心情？

小　陸：那天生病，有點兒發燒。

治療者：你的意思是因為生病，影響了心情？

小　陸：心情還是那樣子，平常什麼樣，還是什麼樣。

治療者：如果是我，提出這麼好的建議卻沒有被採納，我可能會有點不高興，至少會影響一點我的情緒。你說你容易生氣、發脾氣，我看不是這樣吧。

小　陸：因為班長找老師說了，老師同意寫得好就行。

治療者：你非常聽老師的話，和老師的關係一定不錯吧？

小　陸：（有點遲疑）也不是。反正我們班主任特別地不一樣。

治療者：怎麼不一樣？舉個例子，好嗎？

小　陸：比如期中考試後，我們班主任不斷地找我。她就是這樣，本來一天能處理完的，她要處理一個星期或半個月。她讓我每次下課都去她辦公室，這樣堅持了一個月。

治療者：讓你去幹什麼？

小　陸：沒說讓幹啥，就說讓去。先讓我說過程，是怎麼回事，再問家長說什麼，然後就開始行動，比如給我換座位啊什麼的。沒事兒她都得找出事兒來。比如，沒事兒，今天也會找你。

治療者：看來老師對你很費心啊。是和同學發生了什麼事情，讓你生氣、發脾氣，也因此讓老師費心嗎？說說好嗎？

小　陸：從哪件事開始說？

治療者：你自己決定，你認為最重要的事情。

小　陸：（看著爸爸，徵求爸爸的意見）從下雪那天開始說，行嗎？那天下雨，地又濕又滑，體育課改在班裡上。正好那天上完課，我們班要去學校外面參加唱歌表演，就利用體育課排位置，班長叫到誰，誰就到教室後面排隊。我和鄰桌兒的同學（馬新）打起來了。

治療者：怎麼打起來了？

小　陸：叫了好多人名兒，其中也有我和馬新。在排隊的時候，兩個人就撞上了。

治療者：是他故意撞你的嗎？

小　陸：我也不知道。

治療者：那當時是怎麼撞上的？

小　陸：我倆座位挨著，一前一後叫到我倆的名字，我倆幾乎同時走到教室後面排隊。他先撞了我，我就打了他，他又踩了我。

治療者：我沒聽明白。你說你倆幾乎同時走到了教室後面的隊伍中，你是怎麼判斷是他先撞了你，而不是你先撞上了他？在我看來，不存在誰先撞誰啊？我認為關鍵的問題是，你認為他是故意撞你的嗎？

小　陸：是，沒打上課鈴的時候他先撞了我。

爸　爸：是這樣的，他沒說清楚。在上課之前課間的時候，他和這個孩子剛打了一架。

治療者：當時是怎麼回事？

小　陸：他先撞了我。這人被撞了，就可能倒。但我沒倒，就是往前大跨了幾步。我就打了他。

治療者：你的意思是他撞到了你身上，撞得你趔趄了幾步，差點摔倒，是嗎？你才動手打他了。

小　陸：他先撞了我的，就在上課之前打預備鈴的時候，我倆發生了矛盾。他打我這條腿（手指右腿膝蓋部），如果打其他的地方都沒關係，但是這個地方不行，他用腿踢我膝蓋。

治療者：他為什麼踢你？

小　陸：我也不知道。他和我後面座位的張明（另外一位同學）打呢，他撞到我了，我又回手打他。

治療者：他和張明當時在打架嗎？

小　陸：他們好像鬧著玩呢，馬新的身體都傾斜得要倒了，腳踢我膝蓋了。如果打其他的地方都沒關係，但是這個地方不行。

治療者：你當時心裡怎麼想的？你認為他為什麼踢你？

小　陸：我倆以前沒有發生過矛盾，我倆無怨無仇，我也不知道他為什麼撞我。

治療者：你認為他是故意撞你的嗎？

小　陸：他特別使勁兒。

治療者：他特別使勁兒，所以就是故意撞你的，是這樣嗎？

小　陸：好像不是。

治療者：他當時怎麼撞上你的？

小　陸：對啊，他怎麼就撞上我了？

治療者：你想想，他為什麼撞上你了？

小　陸：我也不知道，除非他是斜著……

治療者：他斜著怎麼就撞你了？有關係嗎？

小　陸：他身體傾斜得都要倒地上了，腳向後伸出去老遠，就踢著我了。

治療者：在他腳伸出去的時候，他看到你在後面嗎？

小　陸：應該沒看到，他倆當時都要摔倒了。

治療者：你有沒有這樣的經歷。兩個同學打著玩，不小心碰到了另外一個同學。這時候，如果你是不小心被碰到的這個同學，你會還手嗎？

小　陸：有的人就會還手，有的人就不會還手。

治療者：你呢？

小　陸：如果是故意的，就會還手。

治療者：這件事是故意的嗎？

小　陸：是故意的。

治療者：怎麼是故意的？你是如何判斷的？

小　陸：我又沒有和他打架。

治療者：現在你的判斷是什麼？不管當時的想法。

小　陸：如果不是故意的，怎麼可能踢青了？

治療者：你認為故意和不是故意的可能性各自有多少？

小　陸：百分之五十。

治療者：請告訴我你的傾向性啊？

小　陸：整個事情連著看的話……

治療者：不能連著看，現在就看最開始的這一件事。

小　陸：應該不是故意的吧。

治療者：為什麼？

小　陸：因為我們兩個沒發生過矛盾，他和那個人打，也沒和我打。

治療者：以你現在的判斷，怎麼去反應這件事比較合適？

小　陸：考慮老師的處理嗎？

治療者：不用。

小　陸：他踢了我一腳，不管是否故意，他都應該道歉。

治療者：如果他意識到了他踢了你一腳，他確實應該道歉。但是，我認為問題的關鍵是，他意識到了嗎？讓我們來想想當時的過程。當時，馬新和一個同學正鬧著玩呢，兩個人玩得熱火朝天，正到了最關鍵的時刻，馬新的整個身體都要倒地上了。這時，他抬起的一隻腳不小心踢到了後面的小陸同學的腿上……

小　陸：他可能當時都沒感覺到踢到我的腿了。

治療者：好！越來越接近事實了。在這種情況下，你怎麼辦？你怎麼對這件事做出反應？想想……

小　陸：我應該告訴他，他踢了我了。

治療者：太好了！如果你告訴他，他知道了就可能向你道歉，你也就不生氣了，是嗎？當時你是怎麼處理的？

小　陸：他踢了我，我打了他。

治療者：現在請「換位思考」。假如你是馬新，你正和張明玩得高興呢，卻不知為何被小陸揍了一頓，你會怎麼辦？

小　陸：我會打他。

治療者：對了，如果我是馬新，我也會打你，因為在我看來，是你先動手打我的。馬新他並不知道他曾經不小心踢到你小陸了。

小　陸：後來老師要求寫事情的經過，馬新說他就打了我一下，沒說他先踢我的那一腳。

治療者：看來他確實沒有意識到最開始的那一腳。

小　陸：呵呵。

治療者：我記得你剛進來告訴我，你的困難是有時候生氣、發脾氣，不會處理同學之間的關係。從你自己的角度，同學踢了你，就要還手。但是，我們還要學會站在對方的角度考慮問題，這樣才比較全面。他是故意踢我的嗎？如果他還不知道自己踢了我，我一個人在這兒生半天氣，又有什麼意義呢？動手去打同學，同學又打自己，鬧得老師也不高興，還要經常挨批評。所以，遇到事情，先不要著急，先想想是怎麼回事，特別是要換位思考，很重要。換位之後就會發現，其實有很多事情都沒有必要生氣的。

小　陸：馬新不知道踢到我了，我告訴他，他就知道了，還會說對不起，我倆就不會打起來了。

治療者：是啊。如果沒有這最開始的隔閡，你也不會認為他排隊時故意先撞你，這第二架也就避免了，班主任也不會在後面給你惹那麼多麻煩了。其實，你才是給班主任惹了太多的麻煩呢。一個班主任老師要管幾十個孩子，每次下課她都要和你談話，這樣持續了一個月。班主任老師，太不容易了！如果每個孩子她都這樣費心，一定會累壞的。

小　陸：呵呵。

第二節　如何開始會談的諸樣課題

馬上要決定單獨跟患兒會談或跟家長一起會談

當父母帶小孩來就診時，這是即刻需要決定的事情。有許多因素要考慮：小孩的年歲（是否還需要依靠父母，離開父母而自己單獨跟治療者會談是否有安全感）、小孩的社會化經驗與習慣（是否習慣跟生人談話）、跟家長的關係（是否跟家長有矛盾）、父母的心理（是否放心讓自己的孩子跟治療者單獨談話）、需要談的內容是什麼（是否牽涉到隱蔽性的話題）。最後還得考慮治療者的性別（男孩跟女性治療者是否會習慣談話）等等。

徵求孩子的意見是個好辦法，但有些孩子初次來接受心理輔導，不知程序與意義，難以自己決定，是個比較困難的要求（只能用來判斷孩子跟父母的關係，是否願意跟父母離開），只好由治療者本身自己做判斷與決定，頂多爭取

父母的意見。一般臨床習慣是：首先跟父母談一下，大致了解問題的情況以及求醫動機的目的，然後跟患兒單獨會談，可做心理上的觀察，看看孩子如何能自己處理會談的情況，自己對事情與問題的看法是什麼。會談後，再跟父母會談一下，說明治療者對問題的看法，以及提供處理問題的策略與途徑。

在本會談裡，治療者曾要求患兒表示自己的意見，並且要患兒說明單獨會談或跟父親一起會談的「好處」與「壞處」，可是小孩腦子裡感到有點困難，不知如何反應。假如治療者能不提「好」與「壞」的字句而求其做區別，而使用哪種方式比較「有幫助」或「不方便」，或許孩子比較容易表示他的選擇。

判斷患兒的言行特點，做心理診斷

治療者能注意並觀察到孩子回話之前，總是要看著父親的臉才敢回答，而且總是做模稜兩可或含糊的回答，表示這個孩子平常就比較受有強烈意見的父親的管制與影響，因此，即使有好的想法與意見，還是比較膽怯，不會很清楚去表達，顯示性格上的特點。不僅在會談的場合是如此表現，在學校也是同樣的情況。因此，下面對話就表現這一點，即：

小　陸：我一般不發表意見。那天我就說了一句。
治療者：對你的意見，別人怎麼反應的？
小　陸：當時大家挺亂的，他們可能都沒聽見。
（之前，此孩子說）
小　陸：就是與同學意見不一樣也不說。
治療者：為什麼呢？
小　陸：討論問題都是班長說了算。

從上面的會談，顯示此孩子缺少堅強的「自我」能力，難以表現自己的意見，也缺少此習慣，是問題發生的一個根源。即自己難得到他人的看重與尊敬，還得拚命去掙扎跟同學對抗，保護自己的存在。

注意「含糊」而談的地方，也是問題的關鍵地區

當我們在進行會談時，要注意病人談到哪些段落，其所使用措詞變得比較含糊（聲調也變得低，或者變得比較遲疑等），表示是病人感到很尷尬，不好意思好好說的事情，是情感上感到困難的地方，而也正是值得去探討與幫助處理的話題與要點。下面的會談段落就是表現這一點（畫底線的字句，就是表現含糊的「關鍵語」）：

治療者：你非常聽老師的話，和老師的關係一定不錯吧？

小　陸：（有點遲疑）也不是。反正我們班主任特別地不一樣。

治療者：怎麼不一樣？舉個例子，好嗎？

小　陸：比如期中考試後，我們班主任不斷地找我。她就是這樣，本來一天能處理完的，她要處理一個星期或半個月。她讓我每次下課都去她辦公室，這樣持續了一個月。（內容說得不很清楚，有點含糊）

治療者：讓你去幹什麼？

小　陸：沒說讓幹啥，就說讓去。先讓我說過程，是怎麼回事，再問家長說什麼，然後就開始行動，比如給我換座位啊什麼的。沒事兒她都得找出事兒來。比如，沒事兒，今天也會找你。（同樣的，內容還是說得含糊，不很清楚）

這表示，他在班上總是發生行為上的問題，但病人並沒有說明（隱藏起來），而只拚命想講被老師處罰的事情（是屬於問題發生後的「後果」），而忽略並回避去說明：到底自己發生了怎樣的問題，才被老師叫去（被隱蔽的重要話題）。因此治療者就趁機去追究，即：到底你做了什麼，老師還得特別叫你去。

如何指揮與引導討論的話題與方向

當會談進行時，治療者要時時考慮如何幫助病人往哪些話題進行談話，可幫助分析，也可進行治療上的操作。可是要進行談話的方向很多，如何選擇並引導，是個技術上的判斷；要依靠治療者想往哪個方向去幫忙病人而做引導。讓我們再看會談裡下面一段落：

治療者：你的意思是他撞到了你身上，撞得你趔趄了幾步，差點摔倒，是嗎？你才動手打他了。

小　陸：他先撞了我的，就在上課之前打預備鈴的時候，我倆發生了矛盾。他打我這條腿（手指右腿膝蓋部），如果打其他的地方都沒關係，但是這個地方不行，他用腿踢我膝蓋。

治療者：他為什麼踢你？

小　陸：我也不知道。他和我後面座位的張明（另外一位同學）打呢，他撞到我了，我又回手打他。

治療者：他和張明當時在打架嗎？

小　陸：他們好像鬧著玩呢，馬新（踢他的同學）的身體都傾斜得要倒了，腳踢我膝蓋了。如果打其他的地方都沒關係，但是這個地方不行。

治療者：你當時心裡怎麼想的？你認為他為什麼踢你？

小　陸：我倆以前沒有發生過矛盾，我倆無怨無仇，我也不知道他為什麼撞我。

治療者：你認為他是「故意」撞你的嗎？

小　陸：他特別使勁兒。

治療者：他特別使勁兒，所以就是故意撞你的，是這樣嗎？

我們可以體會治療者的用意，在幫助此病人提高了解：別人是否是「故意」撞了他，或者不是，而想幫助病人去體會，事情要比較客觀地判斷，不要直覺性地過早反應，缺乏理智。可說是想從「理性」的層次，去幫助並說服病人，是「認知性」的輔導取向與方式。可是，假如治療者是採取「分析性」的取向，側重分析「情感」，並想了解病人內心裡的情結的話，會注意到此病人在這短短的幾句會談裡，曾經重複提了兩次的話，即：「如果打其他的地方都沒關係，但是這個地方不行」，而去探討對此病人來說，被打到這個地方（右腿膝蓋部）為何就特別不行的道理，為何那麼在乎，會很生氣而馬上還手。在某些方面來說，病人所說的：但是這個地方不行這句話，是屬於「關鍵語」（詳細參閱第七章：「進行會談的各種技術與要點」）；即從這句話裡，或許可以引導出一系列的心思與情結問題（譬如，這個地方是代表男孩很重要的器官，有什麼連帶的聯想與感覺，或者跟過去曾發生的事情有何連帶關係也說不定）。

選擇要輔導的課題

除了了解問題，還得提供治療，而治療的方向也有許多選擇，是策略上的決定。針對此病人，治療者繼續其理性的取向，注重經由「換位思考」的方式，來幫助病人不要馬上認為別人都是故意撞他，而衝動性地反攻擊，造成問題。這繼續是遵循理智的途徑，就認知的層次與取向，來幫助此病人達到心理成長的。可是，假如採取分析性取向的話，還得考慮，為何這個膽怯的男孩子，還得時時保持防禦性的態度，處處認為是別人攻擊了他，而非得反擊不可；到底這種防禦性的態度與其心理根源在哪裡。是否跟自己的父親有關係？即：時時都要指點他的父親，需要時時抬頭看了父親而才敢發言（缺乏自我信心）的兒子，有何連貫的問題。或許多了解一下早期經驗裡家庭的情況，特別是父親跟兒子的關係，了解其情況以後，然後注重如何請父親多支持他，培養兒子的自我信心，是另外可採取的輔導途徑。因為，總是被自己的父親壓抑而缺乏自信（變成膽怯）的男孩子，在外面就反而感到需要時時表現自己，跟同年歲的男孩之間發生相互競爭、防禦性相鬥的行為。改善父親對待兒子（多支持、多鼓勵，好培養信心，變得不膽怯），也許就是比較根本的治療途徑，有其長期性的效果。

一位感情受挫而想法偏激的年輕士兵。（黃韋欽）

第一節　個案報告與治療經過

個案簡介

病人是一位年紀二十出頭的男性，在台灣服役中的年輕士兵，由軍中的心理輔導官帶來精神科門診要求診治。病人向來是：可以遵守軍中紀律，執行勤務，跟長官及軍中弟兄皆有說有笑，能保持良好人際關係的軍人。可是最近主訴：內心常有偏激想法及強烈情緒，而且在心情痛苦時，會用頭撞牆來發洩。病人最近忽然覺得這個世界很醜惡，人與人之間都是虛情假意且勾心鬥角，因此「自己想要用核子武器毀滅全世界」。並且表示自己到三十五歲時，一定會先殺掉女友全家人，然後自己再自殺。據病人說，他交了一位女朋友，而且跟自己曾有山盟海誓的承諾，可是最近女朋友變了心，不要跟他再來往，覺得被對方背棄而很憤慨；曾跑到女友家，對著女方家人面前說出要殺他們全家人的狠話。他認為：「自己說到，就一定要做到；不然會被人瞧不起。」由於病人公開地說這些偏激的言語，令軍中同仁感到不安，看到他心裡痛苦而用頭撞牆的自虐行為，也令大家不忍。軍中的心理輔導官曾試著給予開導，但成效不佳，故帶來醫院求治。精神科門診的初診醫師施予初診，經過評估後，診斷病人患心理障礙，但無持續性憂鬱或焦慮症狀，暫時無需給予藥物，而轉介給心理治療師，考慮是否可以進行心理治療。

首次會談

病人在門診初次跟治療師見面，會談開頭時，表情冷漠，表現戒心，而且保持與治療者疏遠的防禦態度。病人自述：「自己在三十五歲以前要努力念醫學院，當醫師賺錢，等賺錢足夠，能籌出一大筆『安家費』給母親後，就要去實現殺人及自殺的計畫。」病人還說：「所有知道我這個殺人計畫的人都得死，以免祕密外洩！」病人也承認自己內心有掙扎的困苦，說：「有時候走在路上，會希望自己被雷劈死或被車撞死，以免以後還得真的去實現殺人的誓言。」會談中，對治療師相關的詢問及試探性的解釋，病人表現情感激動，而且顯露敵意，還說：「你（治療者）說的話有些地方（不妥當），讓我想要打你一頓。」但實際上還可以克制攻擊性的衝動，並沒有動手的行為。

跟這樣情緒很激動的病人會談，讓治療師當時覺得：自己好像是當「獸醫師」而面對一頭「不時怒吼而又悲鳴的受傷猛獸」，不知如何是好，有些進退兩難的困苦感覺。治療師一方面內心提醒自己的職責是要對病患有所幫助；同時，另一方面，治療師自身的內心也湧起各種不同的感受與思考。包括：覺得不安全的恐懼（可能會被此激動而失掉理智的病人打傷，或甚至被謀殺）；擔心自己有沒有足夠能力去應付這樣困難病人的焦慮（對這樣開口威脅人的患者施予心理治療，會不會成功）；以及「見獵心喜、躍躍欲試」的興奮（想要克服挑戰這樣困難而危險的病人，而去達成任務的喜悅）。治療師一邊趕緊評估病患的情形，也一邊衡量自己是否有應付的能力及處理困難的信心。

治療師及時跟病人表示「同感心」，說明被心愛的女朋友背叛且遺棄，一定很難受，難怪有許多不滿而憤慨的感覺，是可以理解的痛苦情況；需要心理上的幫助，來化解內心的痛苦。接著，治療師說明有關心理治療的進行過程及相關規定後，詢問病人是否願意接受治療。出乎意料地，病人明確表示想接受心理治療的意願，並同意跟治療師配合時間，定期來會談。這時，治療師內心裡的緊張頓然鬆懈下來，而感到放心去治療此病人。

治療師在腦子裡思考：治療此病人雖然有相當的難度，包括：情感創傷的經驗、固定性的非理性想法、強烈的攻擊性思維與慾望、對人對事安全感與信任感的缺損等；但同時也有一些好的條件，即：病人年輕、聰明、口語表達清楚，能從心理的觀點去體會事情，對衝動的慾望還有實際的控制能力，而且，過去跟軍中朋友們曾能維持友善關係等等。於是同意接受此病人，並提議與約定進行六個月左右的治療歷程，治療目標擺在針對內在衝突感受的了解與整合。

治療經過

病人按期來接受心理治療，並且在治療師的引領下，透過心理治療的會談，病人逐漸能重新檢視自己情感上的挫折憤怒，並認識與體會到自己對女友的過度情感依賴及寄託。病人也了解到，其實是自己讓對方可以如此影響到他自己的情緒起伏，體會到主要理由其實仍在自己身上。當病人意識到：自己的快樂與否，不需由他人的行為來決定，而自己的幸福與否，其實自己可以主動做主操縱時，病人說：他頓然覺得「自己像被雷劈中，想通了海闊天空，感受完全不一樣」。病人被鼓勵去體會：「知錯能改」，是比「將錯就錯」有更高的勇氣與智能；而且「大丈夫提得起，放得下」。經由這樣的談論與體會，病人最後也不再堅持將來要殺人且自殺，放棄了要互相毀滅的想法。如此進行心理治療數月後，病人的情緒穩定下來，攻擊與破壞的慾望也消失。在彼此同意後，終於順利結束輔導。

第二節　如何對這樣困難的病人展開治療

趕緊做臨床上的判斷

這的確是很不容易開始的個案，不僅威脅要殺害女友全家人後自己要自殺，還聲言不讓知道他計畫的人（意味包括治療者）活著而洩漏他的祕密，也當面威脅治療者說話不妥當，要想動手揍治療者。難怪會讓治療者心裡擔心：如何應對此猶如受傷而難去碰觸的「猛獸」。

針對這樣的情況，治療者要發揮精神醫學臨床上的知識，趕緊判斷病人的精神狀態是否是受了精神病的影響，或者是情緒不穩定的結果。除了自己用頭去撞牆以外，尚未有其他奇異行為表現的報告，也沒有自言自語的情況（亦沒有幻聽的情形），看不出是患了精神分裂症的可能性。可是無法馬上判斷並除去患（破壞）妄想病的可能性，以及受藥物濫用而引起精神病的可能性，需要戒備。跟這樣的病人會談，要像在埋著地雷的陣地行走一樣，要很謹慎，不要

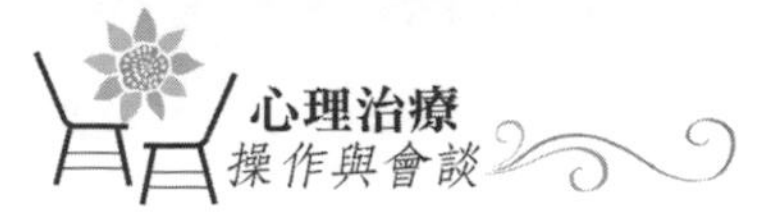

犯錯而踩到地雷。

了解病人的情感表達與言行模式

除了臨床診斷以外，要趕快做心理診斷，包括了解病人的情感表達方式與行為的表現，了解病人的心理與性格上的情況。很顯然的，病人自己說出一些令人很擔憂害怕的極端話，但值得注意的是：公開而說給旁人聽的（比較不像帶有隱蔽性的妄想症病人）；而且所說的內容，是比較富於戲劇性的計畫：要殺害女友及（可能得罪了他的）女友全家人，然後自己自殺；也想「用核子武器毀滅全世界」（但他並不是管理核子武器的軍人）。特別是公開性地陳述自己的內心困難，表現失戀的痛苦，宣布要報復的「祕密」計畫，（同時很矛盾地）也要殺害知道他「祕密」計畫的四周人。可說是行為言談很富於誇張與戲劇性，是典型的戲劇性性格的年輕男子。

最要緊的，也是治療者已經注意到的一點，即：病人承認自己內心有掙扎的困苦，有時會希望「自己被雷劈死或被車撞死，以免以後還得真的去實現殺人的誓言」。這種自我矛盾的心理，也就是表現病人的內心裡還有部分比較健康的精神功能，希望能阻止自己的野獸性報復心，是可以運用來治療病人的一個關鍵點。

緊接處理情感上的痛苦

對於心情受了創傷的人，最需要的是給予安慰與同情。此病人所需要的也就是這一點。在不輕視年輕人自尊心的基本條件下，站在病人的立場表示同感心，表示病人所面對的是很痛苦的事情，希望能趕緊恢復，減少心情上的痛苦。讓病人傾訴內心裡的不滿、被拒絕的痛苦、氣憤的情緒，好幫助他能早日度過這段經歷並結束情感上的創傷，做個結尾。

治療者所提的：任何人都可以由自己來控制自己的快樂與否，可以主動做主操縱，給予病人有個不同的觀點與希望，是個很好的認知性治療。因此，病人得到了領會，頓然覺得「自己像被雷劈中，想通了海闊天空，感受完全不一樣」。對於富於戲劇性（而帶自愛傾向）性格的人，說他自己有潛在能力去處

理自己的問題，是很適當的鼓勵，好滿足自愛的需要，也提供了解決問題的途徑與希望。

判斷病人對輔導的初步反應

在首次的會談裡，不但要迅速做心理診斷，還得提供治療上的建議；並且同樣重要的是，要評估病人對治療的初步反應，好決定是否值得繼續提供輔導。病人得到了領會，頓然覺得「自己像被雷劈中，想通了海闊天空⋯⋯」，其反應不但是表現富於戲劇性，又證實了心理診斷；最重要的是：也表現了此病人有其能力，能從心理的觀點來體會事情，同時得到領悟而改變看法，是值得治療的適應性的象徵性表現。

建立關係，定規約

跟這樣看似很危險而富於戲劇性的病人，除了趕緊建立好的關係（讓病人知道，治療者喜歡病人，不害怕病人，可以幫助病人去控制他的衝動，是有權威與經驗的人）以外，還得盡早說明心理治療的各種規約。最重要的是：病人在會談中不能過分動感情，也不能用軀體行為來表現感情，只能透過談話而表達思維與情感。同時，不能對治療者有任何威脅性的言語與行為，否則，就得請病人離開會談室，而且會考慮停止治療。有了這樣具體規約的說明，可請病人遵守，加強病人自我控制自己衝動的作用，也可保護治療者的安全問題。

提供改善的「藉口」與「希望」

病人接受治療，往往有許多各種不同的意義。除了接受輔導來解除困難、改善問題這些基本的目的以外，還有別的作用與功效。對此病人而言，來接受心理治療，無形中可以讓他自己（以及對別人）有個具體性的交代與藉口，即：「自己失戀，心情嚴重受了創傷（也亂說了話），但經由醫治，把情緒改善，恢復正常，不用去執行病態情況時所提出的非理性計畫。」否則，病人心裡覺得：「自己說到，非做到不可；不然會被人瞧不起」，很難下台階。換句話說，治療的目的，就是給病人一個很好的理由與藉口可以下台階，不用再去執行（目前已經後悔當時一時生氣而提出的）「無理計畫」。針對戲劇性性格（包括自愛性格或癔症病人），常需要考慮這一點，幫助病人能脫離難以脫離的處境。

談話配合病人的思維與口氣

最後要提的是，治療者很懂得如何配合病人的（戲劇性）性格而跟病人談話，也能採用病人（年輕男性軍人）的思維與口氣而會談溝通。比如，使用：「『知錯能改』，是比『將錯就錯』有更高的勇氣與智能；而且『大丈夫提得起，放得下』」等各種「武俠似的」常用俗語，可說是很適當的技巧。

總之，如何開始會談，如何建立治療過程開始的階段，是很重要的。有了好的開始，事情就已經成功一半了。

第 3 章

如何與病人建立初步的關係

我們在上章談到：從治療一開始，治療者要注意跟病人建立良好的醫患關係，才能得到適當的醫療工作。換句話說，如何建立良好的醫患關係是治療操作上很重要的、關鍵性的課題之一。可是，什麼樣的醫患關係才是適當的、是治療性的，讓我們在本章裡做個基本性的說明，好讓治療者能從頭就注意如何與病人建立適當的關係。

保持輔導者與病人的基本關係

治療者要跟病人能有良好的關係，這是最起碼的要求。可是心理治療者對病人保持怎樣的關係才是適當而良好的呢？

會體貼、關心、支援的關係

許多病人都喜歡治療他的醫師會對病人體貼、親切、關心。這是所有醫療系統裡，不管是哪一科的情況，包括內科、外科、婦產科，可說都是一樣的，精神科也不例外；而心理治療時，更特別重要。一般來說，來找心理治療的求醫者（即病人）在心理上已經有許多痛苦與煩惱，心情不佳，很需要治療者能關心他且體貼、照顧，並能提供心情上的支援，好容易應對自己內心的煩惱與痛苦。而這些最需要的醫療者的體貼、關心、支持，都要表現在治療者的一舉一動、一言一詞，從頭至尾，要讓病人可以體會而感受。

富於「同感心」的關係

其次的條件就是：治療者能透過個人的隔閡去體會病人的心理與情緒，能了解病人內心裡的煩惱與痛苦，能站在病人的立場去認識病人所遭遇的困苦情況，運用同感心去了解與體會，而接著還能提供病人感到需要的體貼、照顧與支援。當然治療者對病人的體會是屬於專業性質的同感心，而不是陷於個人性質的同情心。否則無法提供客觀性的、職業性的輔導。所謂「同感心」（empathy），是比較理智性地去體會病人的感覺，但還可以保持客觀性的立場，治療者不會受病人的情感而影響心情；而「同情心」（sympathy）是情感上的感應，會受私人性情緒上的感染，而失掉其客觀性。

配合成長階段的關係

治療者向病人表現的相處關係，要配合病人在認知與情感上的成熟程度，恰恰適當。特別是針對年幼的孩子、年輕人，或者是年老的病人，都特別要注意這一點。治療者所考慮、所談、所溝通的事情，要剛好配合病人的心理成長階段，讓病人能感到很適合並容易去接受與認同。具體來說，治療者可以去碰年幼的孩童病人，但不能跟成人病人（特別是異性的病人）有體膚的接觸。可是對年紀很老的病人，卻不用擔心這樣嚴格保持軀體上的隔閡，而可以比較親切些，表示親近。

會誘導「成熟」的關係

可是治療者的水準不能跟病人一模一樣，要能時時比病人的情況稍微高一些，比較成熟些，這樣才能步步誘導病人往比較成熟的方向成長。所謂「成熟」指的是，對事情有比較全盤性的考慮，不會只是情感性而帶有理智性的評判，對人能有同感心的體會，對事情能負責，能與人適當地相處，適應實際的現實，並對人生能保持比較認真與誠實的態度的狀態。

一般來說，有不少病人心理上比較不成熟，而治療者照理比較具有成熟的本質。在治療過程裡，治療者要懂得如何調節對病人所要求的成熟程度，這是治療上的要領與技術。但無論如何，治療者要引導病人朝比較適應性、成熟性的方向進展，是治療上的基本性目標。治療者與病人要建立的關係，就要反映這些基本性的性質。

選用輔導者與病人的「治療性關係」

治療者對病人除了要保持其所需而基本性的關係以外，還得跟病人特別建立並發揮某種特殊的來往關係，依靠其特殊的關係而無形中去輔導病人，並可以發揮其治療的效果，稱是「治療性關係」。至於什麼是治療性的關係，可以有幾種：

彌補過去所缺少的關係

假如男性病人從小就失去父親，沒有機會跟父親接近、學習、模仿與認同，治療者就扮演病人曾經缺少的父親角色，讓男性病人能學習如何建立自己男性的認同，促進男性性格的形成。假如是女性的病人，從小就喪失母親，缺少跟母親接近，並從母親那裡學習如何成為女性的話，治療者就可以提供母親的角色，協助女性性格的建立。

提供過去所得的相反而可抵消的關係

有些病人從自己的養育者（即父母）那裡，很少得到被關懷與體貼，或者被誇獎與鼓勵的關係，而治療者就刻意扮演相反性質的養育者，可以提供關懷、體貼或誇獎與鼓勵，彌補病人過去所缺少的被體貼或鼓勵的心理需要。

假如過去的養育者只顧自己，是自私本位，缺乏同感心，那麼治療者就要扮演富於替人著想、會體會病人的「養育者」，去彌補病人過去所缺少的會照顧他人的養育者。

假如病人自己的父親或母親很嚴格，處處都過分管束並批評，很少提供自由發展的機會，那麼治療者就針對這樣的情況而扮演比較寬鬆、會提供誇獎，並鼓勵自主自立的角色，讓病人受惠，抵消過去被過分批評與管束的毛病。

提供成熟性人際關係的新經驗

不管過去的父母或主要人物如何，治療者隨時都提供一種比較成熟穩定的人格榜樣，所思所做都比較成熟，讓病人無形中去學習與模仿，成長為比較成熟健康的人。

發覺並體會病人的「轉移關係」，並適當地處理

轉移關係的定義

當一個人在過去幼小時候跟自己重要養育者（或權威者）所建立或經歷的「關係」，包括情感、態度、角色的扮演，以及對待的行為方式，往往會無形中（潛意識地）「轉移」到類似性質的別人身上（包括帶有養育職責或象徵權威的人）。在心理治療上，往往跟治療者表現猶如對待自己父母或其他重要養育者的關係，被稱為是「轉移關係」。

轉移關係的表現

這種轉移而表現的關係，跟治療者與病人所發生的實際相互關係，並沒有直接的關係，而是經由「轉移」而來的。是基於病人過去對其主要養育者（父母）的情結而轉移到治療者身上來的。因此，跟治療者如何實際對待病人並沒有聯帶性關係，而是令人無法就實際的情況而去了解的「特別」情感、關係或行為表現。比如，治療者並沒有責罵病人，但病人總好似被（治療者）責罵似地對待治療者，而表現防禦性的反應，甚至是對抗的行為；或者，治療者並沒有要遺棄病人，但病人總認為治療者會遺棄他而感到害怕並生氣等等。

轉移關係的處理

假如轉移關係的出現沒被注意，會嚴重影響治療的過程，發生挫折。因此，治療者要提早發覺，並依需要向病人說明與指點，讓病人了解病人對治療者所表現的關係是轉移性質，而不是針對實際上的治療者而所表現的反應與關係。譬如：病人小時候曾被父母虐待，便總認為治療者也會虐待病人，而處處表現預防、恐懼、保持距離，唯恐又被虐待。治療者要向病人說明，這是病人轉移而來的感覺與關係上的反應，治療者並沒有意思去虐待病人。而且根據上面所說的原則，治療者要刻意扮演相反的角色，不但不虐待，還要特別對病人好、照顧與關心，讓病人體會別人並不會總是虐待他的，不用過於提防，或者過分小心與防備，要能建立可信任他人的心態。

要避免跟病人發生不妥當的關係

雖然治療者與病人的關係很重要，是治療上的重要關鍵之一，但是治療者如何跟病人保持關係，還有個基本上的規約，不得超越。要保守與職業性關係有關的禁忌，否則就不符合醫德的標準。

不能過分親近，有體膚的接觸

雖然內科、外科，甚至婦產科的醫療工作裡，醫師跟病人可以發生體膚的接觸，這樣才能進行身體檢查，包括診斷與醫療上的工作；但是精神科的醫療就有點不同，特別是心理治療的操作裡，治療者要盡量避免跟病人有軀體的接觸。其理由很簡單。因為在心理治療的工作裡，治療者要很深入病人的精神與心情境界，包括私人性的情感，再又發生體膚的接觸，那就太過分，容易會有私人性的反應與結果。跟病人保持適當的軀體距離是很需要遵守的規矩。

當然我們還得考慮社會的一般習慣，是否要握手打招呼，表示親近；是否拍肩膀，表示關切等等，還要區別是否是小孩或老人等。跟小孩或老人有軀體的接觸，比較沒有特別的聯想，是社會上比較被容許的社會性行為。可是跟青少年或成人的異性病人，就得特別注意，不要有親近的軀體接觸，免得被病人、家屬或旁人有所誤會。

比如，女病人在會談室裡哭泣、流眼淚，治療者可以遞給衛生紙擦眼淚，但男性治療者千萬不能去握女病人的手表示安慰。最好不要遞給治療者自己的手帕（私人性的物品），發生帶有私人性質的關係。

不能處罰性地對待病人

根據行為治療的原則，正性的行為要嘉獎，而負性的行為要處罰，好引起適當的條件化作用，更改行為。可是原則上，治療者可以給病人嘉獎，包括口頭上的誇獎，或者請家屬給予物品上的獎勵；但是，反過來，治療者不能用口頭上的辱罵來處罰病人，也不能提議由家屬給予任何處罰性的行為，只能請家屬消除嘉獎而代替處罰。否則任何心理或軀體性的處罰，都容易被解釋是對病人的虐待，無法免除醫德與法律上的追究。

不能超越職業界限的關係：在第二章我們已經提過，在治療過程中，治療者要保守治療者的專業性界限。也就是說，治療者跟病人之間，不得有私人性的、社會性的來往關係。具體來說，治療者不能接受病人或病人家屬的邀請而一起外出、吃飯、遊樂，有社交性的交際。特別是異性的治療者跟病人更需要很注意，不要引起誤會。換句話說，治療者跟病人之間，不能有男女間的約會行為，當作男女朋友的交際。不但治療期間如此，連治療結束後也一直如此。一開始醫患關係，就一輩子要保持醫患關係，不能有所更改。其理由很簡單，病人是透過治療關係而跟治療者接近，並傾吐自己內心的心思與情感，而治療者不能把此關係轉變為私人性的關係，是職業關係的誤用。這好比婦產科醫師藉由與女性病人的身體檢查，而跟女性病人發生軀體的親近關係，利用其職業性關係而誘惑女性病人，是相似的道理；只是心理治療上，是心理上的親近，不得誤用其職業性的親近關係，否則是不負責而沒道德的醫療行為表現。

醫學界很嚴格規定這樣的私人性關係，就是連輔導工作結束以後，仍得繼續保持其專業性的界限，不能有私人性的來往，發生男女之間的交際。不然就是有些治療者對病人有特別情感時，就趕緊停止治療上的關係，改而開始私人

性的男女交往。利用職業性的關係而轉換為私人性的關係，是被公認為違反醫德的行為，會面臨法律上的處罰的。反過來，有些女性病人卻故意去誘惑男性的治療者，發生私人性的關係後，就循法律途徑告治療者超越職業界限，侵犯了女性病人，如此求犯了醫德的賠償金，不得不慎。

總結：注意如何與病人建立有治療作用的關係

在心理治療的工作裡，有許多課題要從事，包括如何了解病人的問題、解析病情、策劃治療的方向、如何進行適當的會談等等，而許多治療者往往把最重要的一樣事情遺忘或忽略了，就是如何跟病人建立適當的、良好的、治療性的關係。而治療者跟病人所建立的「關係」，包括相處的情況、相互的情感、所扮演的角色、所產生的人際關係與作用，卻往往是幫助病人改善的最重要因素之一，不能忽略。至於什麼是比較合適、良好，或者「治療性」的關係，我們也簡單做了說明。希望治療者能從治療的一開始，就能注意與病人建立良好的醫患關係，才能得到適當而且有效的醫療工作。

實例說明

抱怨治療者不夠親切，也沒幫助，而要求更換治療者的病人。

第一節　個案報告與治療經過

個案報告與治療經過

派克是將近四十歲的美國（歐裔）白人男性病人，單身，同性戀者，患愛滋病。因為情緒不佳、憂鬱、對人生感到沒有目標與希望，在夏威夷教學醫院的心理衛生門診接受心理輔導已經有數年。按教學醫院的系統與習慣，病人都是分配給精神科住院醫師負責施予心理輔導，並由教授擔任督導的任務。由於住院醫師須每年換訓練的課程，在門診看外來病人只會有半年或一年的時間。一到期間，要繼續接受治療的病人，就安排給新轉來的住院醫師接下去繼續提供治療。

由於派克在門診接受治療已經有兩、三年，因此，先後接受過三位住院醫師的轉接治療。開頭是一位同樣為白人背景的男性住院醫師。根據派克的說法，這位住院醫師很好，很體貼他、關心他，總是引導他往積極的方向改善。因此，他總算能脫離當時很低沉抑鬱的情況，也脫離了幾乎企圖自殺的危險性邊緣。

根據派克的描述，他從年輕的時候就是同性戀者，曾和同性的（男）朋友交往過。由於這樣的關係，無形中被傳染了愛滋病。起初，當他發覺自己得了這樣的絕症時，曾感到人生已經沒有將來，而有自殺的企圖。可是後來，經由內科醫師提供的醫藥治療，其愛滋病並沒有惡化，沒有顯出症狀，只變成是帶病毒者，因此他的心情比較好些。

當他的第一位治療醫師接受住院醫師在門診訓練的期間到期，將離開時，派克被門診的主任安排看另外新調轉來的住院醫師。此第二位住院醫師是女性，是日裔美國人。一開始，派克跟此女性亞裔住院醫師相處得不好，批評這位新的醫師並不關心他、不了解他，而且看不起他，並且氣呼呼地想「開除」此醫師，並不想看她。此女性住院醫師也拿他沒有辦法，心裡很討厭此「無理要求與亂批評」的病人，要求門診的主任把派克此病人調換給別的住院醫師治療。

在這樣的情況下，經由門診主任的提醒，負責督導的教授跟病人與住院醫師會談。在這樣的共同會談裡，派克敘述他目前跟一位比他年長的日裔美國女性朋友交往。雖然他們並不是「男女朋友」，是相互以同病相憐的情況下，保持「普通的」朋友關係。派克說，他們彼此保持這樣純粹的「朋友」關係已經有一、兩年，但最近情況不好，陷入僵局。雖然派克經濟情況不很好，這位年歲大的女性朋友可憐他而有時提供經濟上的支援，但同時對派克總是喜歡批評，並要求他要改這個、改那個，讓他有點受不了。

根據派克的說法，目前治療他的女性日裔住院醫師也是一樣，總是批評他

每天都過著沒有目標的生活，毫無改善，讓派克覺得受不了。他說，他想要的是能比較了解他、體貼他的治療者，而不是總是批判的治療者（猶如他目前所依賴的女性朋友一般）。經過這樣的討論，此女性住院醫師因而改變她對待派克的關係與治療方式，盡量口頭上不要求他去改善，只談論他的情緒如何、如何支持他等等。豈知，經過這樣的調節，派克與治療者的關係就發生顯著的變化。他們在會談裡，開始總是有說有笑，在愉快的氣氛中進行。派克對住院醫師的態度明顯地改變，變得比較隨和；而住院醫師對病人也不感到那麼討厭。結果不但醫患關係改善了，派克的病情也有顯著的改善。沒經醫師的提示或指點，派克自己開始跟從前的朋友恢復來往，開始社會生活，不會總是待在自己一人住的公寓。

最主要的，派克能放心地向住院醫師揭露自己內心的困苦，特別是他對自己父親的不滿。派克的父親住在美國大陸，而派克住在夏威夷，兩個人隔得遠遠的，幾乎十多年來沒有打過電話或想辦法會面。根據派克所說，他的父親是感情上很冷漠的人，對派克從來沒有表現親近的感情。當派克小的時候，父親一開口就總是批評他，說他不好，讓他沒有自信心，也很懼怕父親。可是經由治療者的鼓勵，派克終於決定寫封信給父親，開始聯繫。結果，父親就邀派克到他那裡，趁機參加父親的生日派對。

就在這個階段，治療派克的女性住院醫師門診治療的期間到期，要調到別的單位接受訓練，因此，也跟派克告別，並請一位夏威夷當地新來的男性住院醫師接任。這位夏威夷背景出身的男醫生，長得個子很高，而且很帥。孰料，派克跟這第三位住院醫師開始治療以後，就很不滿意，寫信給門診的主任，抱怨此治療者不夠親切，也沒幫助，而要求更換治療者。

這時，督導教授又跟派克及住院醫師進行三者的會談，討論到底是什麼困難而要求換治療者。派克說，這位新的男性住院醫師感情冷漠，而且根本就不懂病人的心情，只會板個死板的臉，毫無體貼的心情。

派克舉例說：最近他剛到美國大陸和他長年沒見到的父親見面，可是父親在他生日派對的場合裡，當著許多客人面前批評派克這一輩子毫無出息，讓派克感到害羞、尷尬與生氣。派克說，當他向此新的住院醫師敘述這些令人感到害羞而難過的過程，並且滿臉流淚時，治療醫師卻沒說一句安慰的話，也沒馬上拿衛生紙給他擦眼淚，毫無同情的表現，令人很失望。至於此住院醫師說，他體會到派克內心裡的痛苦，但也想多知道後來派克如何應對這樣難受且尷尬的處境，也就沒有馬上給予安慰。經由這樣的討論以後，督導的教授提議，住院醫師可以比較開放性地表現其同感心，好滿足病人的心理需要。可是，派克並沒有滿足這樣的建議，翌日就寫封信給門診的主任，說明他不想繼續看此住院醫師，要求安排比較有經驗而會體貼病人的醫師來醫治他。

第二節　關於醫患關係上發生了問題的討論

影響醫患關係的各種因素

顯然這是一位難以應付的病人。情感戲劇性的性格，自卑的心理，依賴的需要，同時又對別人對他的態度很敏感的病人，很不容易處理。頭一位治療者，跟此病人卻配合得還可以，病人很喜歡；第二位治療者，開始曾發生困難，但經由雙方的相互更改，後來有所改善；但是第三位治療者卻沒有好的結果，停斷了治療關係。到底是哪些因素讓這病人跟這三位治療者發生不同的醫患關係，很難確實了解，只能做個推測。

治療者與病人的民族與文化背景是否相配，是首先要考慮的。第一位醫師是跟病人同樣白人背景的治療者，第二位是日裔美國人，而第三位是夏威夷人（有些白人看不起、也不喜歡夏威夷人）。這些民族背景有何影響，是值得考慮而不能否認的因素之一。

性別也是要考慮的。此病人是同性戀的男性病人。對漂亮而年輕的女性醫師（第二位治療者），是否有「又喜歡而又討厭」的矛盾心理，不得而知。對於高大帥氣的男性醫師（第三位治療者）是否感到性的刺激，而找藉口停斷治療，不敢繼續接觸，也是要考慮的可能性。

治療者的性格也要考慮。第三位治療者的確是比較不表露情感的醫師，對希望被人安慰的病人來說，或許比較不適合也說不定。第二位治療者比較能表露自己的情感，也善於提供安慰，能有技巧地提出意見，不讓病人感到威脅，也就適合此病人。此病人不喜歡被直接批評，被當面評判，因此能有技巧地提供建議的治療者就比較適合他。

病人的轉移關係問題

在不同的層次要考慮的是轉移關係。第二位日裔女性治療者在開始的時候，多批評了病人，而病人就發生不悅的反應，可能跟他所交往的年歲比較大而喜歡批評他的日裔女性朋友有關，受轉移關係的影響。至於第三位比較不表露情感的夏威夷民族背景的男性治療者，可能讓病人想起對他感情向來冷落的父親，而發生負性的轉移關係，難以接觸與相處也說不定。

治療者對待病人的模式問題

每個治療者都有自己的性格，難以改變。但是，要練習在可能範圍裡，如何稍微調節自己對待病人的態度與應對方式，包括如何溝通表達自己的意見或建議、如何表露自己的情感與同理之心、如何建立相互的關係等等，而多少能適合病人的心理需要，是很重要的。否則，就不能符合病人的性格與心理，也不能滿足病人的心理需要，而不容易建立比較令人滿意的醫患關係。這是治療者要自己注意的地方。

第 4 章

如何進行會談：技巧上的基本考慮

我們在開頭三章裡，已經分別說明：心理治療開頭時，如何選擇適當的病人，如何準備治療工作的開始，並如何從頭建立有用的醫患關係。接著，從本章到第九章為止，將連貫性地討論與會談有關的各種要點，包括會談的基本原則、方式、技術、要領，以及各種模式等。在本章，讓我們先說明如何考慮基本的技巧而進行會談。

注意傾聽、觀察、分析、反應與處理：進行綜合性的會談工作

所謂「會談」，指的是治療者跟病人經由接觸而面談的操作與過程，是心理治療上的主要工作與運作，是用來作為心理上的診斷，建立醫患關係，並且從事心理輔導的工作。因此，可說就是治療的一部分，也是其全體。

有用的會談每次都要包含綜合性的功效，包括：傾聽、觀察、分析、反應與處理各個成分，幾乎同時並行。

傾聽

在會談裡，病人會向治療者敘述自己所患的困難、想改善的問題。而隨著

治療者的誘導，也會報告自己的過去、家庭背景、生活環境，好了解困難與問題發生的來龍去脈。最重要的，病人還得讓治療者知道自己內心的思考與心情、過去處理問題的方式，好共同商討將來處理問題的方向與模式，開始嘗試更改，並時時獲得治療者的督促與鼓勵。而在這一連貫的會談工作裡，治療者要能傾聽，能透徹了解病人的心境。

如何去聽，如何了解，並適當地誘導病人去談、去體會、想改變，是會談的基本要領。最主要的是，治療者要表示關切，用心去聽，並且時時作適當的反應，讓病人知道你在細心聽取，並能體會，這樣病人才能被鼓勵去傾訴自己內心的心思與煩惱，願意接受治療者的輔導。

觀察

在會談裡，治療者不但要傾聽，還要用心觀察，觀察病人的表情與動作，了解聲調，觀察眼神，體會情緒反應，這樣才能配合病人口頭所說的話，綜合性而有深度地知道病人想跟你溝通什麼。特別要注意病人所談的話題，與表現的情緒是否相配合。比如：病人說他對某事的發生很「生氣」，或者很「傷心」，其表情與音調是否相配合地表達生氣或傷心，或者有脫節。當病人說心裡很「滿意」或「高興」，而其眼神與臉上表情是否也一致，或者另有別的情緒與感覺等。換句話說，要時時注意，口頭講的跟心裡的感覺是否一致，是否在程度上相配合。俗語說，口頭上講的是經過「腦子」（比較經過思考與道理的篩選），而臉上所表現的是經過「心」（比較是反映情緒與情感上的真實）而表現，的確有其道理。有經驗的治療者因此就很注意觀察病人談話時的表情與動作，好品審所談的話的意義及心情上的價值。

治療者特別要注意病人很想講的話題，或不太想講的話題。假如病人特別花費精神與時間想去敘述的話題，到底為何、有何目的或動機；而特別是躊躇不想說的，就要考慮到底是什麼遲疑不想揭露，是否需要趁機去探討，或者等以後再探問為何猶豫等等。一般而言，病人躊躇不想說的，有時就是表現有阻抗的話題，值得去處理阻抗現象而再追究，以便做分析性的了解與處理。

分析

根據傾聽與觀察的資料，治療者在自己的腦子裡，就要隨時趕緊進行資料的整理，進行所謂「病情解析」的工作。也就是說，利用獲得的所有資料，經由整理後，用來推測並說明病人的問題或困難是如何形成的。「病情解析」（case formulation）要從生物、心理、社會與文化的三個角度而綜合性地做解釋，要就病人的先天因素、早期的心理發展、生活上的遭遇、目前的困境或挫折，做個可了解性的解釋，為何病人會發生目前的困難，其所遭遇的問題的理由。這樣，才可以進而考慮如何改善情況，以應付目前的挫折或壓力。可說這是「心理診斷」工作，好別於只關心疾病診斷的「臨床診斷」。

為了比較有深度地進行心理診斷，治療者有時還得去探討與分析病人所提供的潛意識性精神材料，包括：自由聯想的心思、夢或幻想的內容，反映潛意識層次的精神思維與慾望等。這是分析性治療的特點。

反應

治療者不但經由傾聽與觀察而蒐集所有的心理資料，內心加以整理與分析，構成個案的病情解析，初步了解問題的來龍去脈，最重要的，治療者在會談裡，還得時時給病人適當的反應。最起碼，要時時經由口頭或臉部的表情與動作表現反應，表示治療者在聽取，並且了解，還得時時做適當的反應，來引誘需要病人多揭露的心理資料，一方面誘導會談的方向，得到治療性的會談結果。

受過醫學教育的醫學生，或初學的精神科醫師，往往把全部精神放在如何聽取與蒐集病人的主訴、病情與病史，並且費心做筆記，準備寫病歷，而忽略了會談裡最重要的一環，即：跟病人相互的「會談」，隨時給病人適當的反應。會談是治療者與病人的互動性會談、溝通與討論，也是提供治療的場所與機會。治療者要很積極且主動地操作會談的進行，提供反應，隨時進行治療上的工作。

處理

所謂會談上的處理包括很多，除了對病人的會談表示反應以外，還得提供治療者聽取後的想法，對於問題的分析與解釋，以及供給病人宜如何處理的方向與方法，並且鼓勵病人改善自己適應的模式。這是從開頭的會談就宜如此，到輔導結束為止，都需要如此一貫性地進行。有些初學的治療者往往比較猶豫，不敢馬上提供自己的想法與意見，以病情資料還不夠，無法做仔細的了解為理由，而延遲給予治療上的反應。然而我們要了解，病人越是在開頭，越是想馬上知道治療者的意見與反應，包括治療的方向等。治療者要練習如何在各個會談中，或者會談結尾之前，總要隨著機會，就題材而提供適當的反應與建議。

譬如，治療者可以就話題而說明病人所面對的困難性質是什麼，最好是如何處理、需要改善其適應的模式、考慮比較適當的應付方法，並且討論要改變應付方式時可能遭遇的困難等等。這樣，病人在每次會談裡，心裡上有點收穫，能體會會談的好處與作用，才會想繼續來接受輔導。

治療者特別要了解，由於種種原因，病人下次不見得會繼續來接受輔導，而每次會談的結束總有個交代，起碼對病人需要改善的方向與要領有個大致的交代。

總之，會談不僅是去聽取病人的訴病，而是個整體性的治療工作，要包括聽取、觀察、了解、分析、反應、處理的各樣成分，完成綜合性的輔導作用。

基本形式的選擇採用：結構性的引導會談，或開放性的自由隨談

對於會談的進行，為了蒐集並傾聽病人的敘述與提供心理上的資料，基本上治療者可以採用兩種形式；即：結構性的會談與開放性的會談。讓我們分別說明這兩種形式的各個性質、目的、優缺點，以及其採用的理由。

主動性、結構性、引導性的會談

這是醫療系統裡所採用的通常形式，即由醫師或治療者採取比較主動性的方式，按需要蒐集的病情資料而引導會談的形式，依序詢問關鍵性的病情資料。譬如：有什麼難受的問題、是何時發生的、如何發生的、以後的經過如何、如何去處理、經過情況如何等等。是配合醫療上的病情了解而去詢問，並請病人敘述。

這樣的形式能在有限的短時間裡，蒐集診斷與治療上需要知道的資料，很有功效。特別是在門診或急診處，特別需要這樣的形式去進行，爭取時間。在心理治療的會談過程裡，隨其需要也常採用。特別是當心理治療剛開始，病人還不熟悉會談的形式時可以採用。或者病人心情比較抑鬱，個性比較內向的病人，在開頭時，也需要多使用這樣的形式進行會談。

特別是在治療剛開始，需要病情資料的蒐集，要詢問病人的家庭背景、父母的情況、兄弟姊妹的情形、早期的成長經過、就學或工作的情形、結交異性或婚姻的情形等等，可以採用這種形式的會談，才能比較有系統、結構性地蒐集相關的心理資料，不會遺漏。

要做精神檢查時，要探問病人的思維內容、情緒狀況、定向力如何、記憶能力如何、是否有特殊的幻想或幻覺、對自己病情的病識感等等，可在短時間內完成基本而有系統的精神檢查工作，幫助臨床上的診斷。

有時，還可以主動詢問病人最近做了什麼特殊的夢，或者比較奇特的白日夢或幻想等，可以幫助深層心理的探討，進行分析性的治療工作。

可是，這樣結構性的會談有點機械化、理性化，只容易蒐集病人在腦子裡所「想」、所「知」的心理資料，而比較不容易接觸到病人內心的情感或深層內心的思維或慾望，可說是比較浮淺。因此，有時要配合另外的形式，讓病人能比較開放性、自由性的談吐與聯想，隨便談談，好蒐集比較不同層次與性質的心理資料。

被動性、開放性、自由性的會談

這種形式的會談，就是在會談當中，治療者要讓病人有個暫短的時間與機會自己隨意談，就他（病人）自己的心思、意想、興趣或情緒而隨便說說，讓治療者能仔細傾聽，了解病人自己想講的是什麼，或者什麼事是回避不想講的。特別是當病人很有興趣談某個話題，興高采烈地談述時，治療者要注意保持比較被動性的姿態，只稍微用表情或姿態表示在聽取，頂多說個一、兩句話（如：「為什麼？」「後來呢？」「再說說吧！」等反應性詞句）表示在傾聽，讓病人繼續聊談。有時，病人好似腦子裡在思索什麼似的，注意到這樣的剎那，可以詢問病人剛剛腦子裡想到什麼事，以多方面探討病人的心思。

這樣的談話有其好處，即可以知道病人心裡所關心的事情是什麼，所連帶的情感是什麼，可以比較脫離邏輯性的思考與道理，而有深度地去體會情感的層次，以便處理問題的核心。特別是牽涉到核心性的問題，比較富於情感的話題，或者本來不太想講的話題時，如此就讓病人比較可以有隨便談的機會。可是，這種形式的會談比較花費時間，要能適而可止地使用。

可是要注意的是：有些病人頭腦不清楚，喜歡亂講話，表現「回轉式思維談話障礙」者，就不能讓病人如此自由隨意去談。在治療開始時，病人還不熟悉會談的形式時，也不要馬上讓病人如此自由隨便地談，否則病人不知道如何去談而感到緊張。當然，患躁症的病人喜歡多談，而且談得無止境，治療者要適當地控制，不要讓躁症病人隨意多談，而要主導性地引導病人就結構性的話題而會談。

總之，會談的形式基本上可有兩種，何時特別需要結構性的會談、何時可以偶爾進行開放性的會談，治療者要有個了解，並且隨其需要而選擇與施用。

有先後程序地進行會談：開頭、主段、結尾

每次會談的進行，還得注意如何開始，如何進行主要的階段，達到高潮，然後結束，對會談的進行程序有個概念與採用。

開頭

會談剛開始時，總要花費幾分鐘的時間先打招呼，猶如一般的社會性談話，寒暄一下，包括詢問最近的情況如何，可說是會談的「序曲」。有時，還可以把上次會談的要點溫習一下，詢問從上次的會談後，有什麼想起的事情，或者對上次的會談有何反饋性的意見，然後提起這次會談需要繼續討論的話題或要點，幫助每次會談的進行有連貫性、持續性。

主段

這是每次會談的主要部分，可用來談論跟上次會談有關的連貫性話題，或者是就新的話題來探討與討論，並做建議。不管是什麼話題，要準備如何引導開始進入其話題，然後逐漸達到會談的高潮時刻，接著逐漸降低或穩定情緒，準備結束。所謂「會談的高潮」指的是談論某話題的最要緊時刻，是情緒上的強度表現（可能是高興、傷心、氣憤、後悔、難過等等）的時候，也是治療者要提供指點或解釋，要求病人特別費心深思與反省，並做具體性選擇或決定處理問題的關鍵時期。因此，是最重要的會談過程階段。這個高潮，時間上說來，最好是在主段的後面三分之一的時刻裡發生，不用太早，也不要過遲。因為通常來說，要花費若干時間去準備並培養其氣氛，讓病人可以發生情感上的表達，然後恢復情緒狀態。在會談將結束時，病人的情緒還很激動，是不太合適的事情。

結尾

每次會談將結束時，要有個結尾的階段。除了讓病人有機會從會談的高潮階段而逐漸恢復情緒以外，治療者還可以整理性地敘述這次會談的要點，提起病人要繼續注意更改的方向，並且稍微討論下次的會談是否有特殊的話題要繼續會談，或者還沒談到的重要話題等等，保持連續性地進行治療工作。

會談的機動性與調整性：配合病人的認知、性格與病情而會談

雖然我們具體討論了一下如何開始會談，如何進行會談，以及哪些是基本上要考慮的技巧與要點；但是我們也要知道，人與人之間的會談，不能很刻板或機械化地進行，要配合各個病人的情況，就每次會談的情況隨時機動性地做適當的調整。

例如，病人一進會談室就表示很不高興或傷心，就不要來個序曲性的寒暄，而要馬上進行探討什麼事讓病人很難受，或特別興奮。假如病人的病情從頭就很清楚，性格上的特點也表現得相當明白，就不用按精神醫學的臨床習慣而去做有系統的精神檢查，更不要花費會談的時間叫病人做心理檢查有關的問卷的回答。這樣只會浪費時間，也把心理治療的氣氛沖淡了。

假如發現病人的思維很有條理，會自己按情況敘述自己的病情相關資料，就不用採取太積極的形式去詢問，可以讓病人自由發揮地多談論他想敘述的心事，然後才稍微的引導就可。可是反過來，喜歡樂滔滔聊天的病人，就得採取比較主動性的控制與引導，讓病人能就焦點而談話。這些就是臨床上的技巧與經驗，要能做即刻性的判斷，就病人的認知、性格、病情等各種因素而做適當的判斷與調節。是否調節得適當，是否符合機動性的進行會談，是很重要的基本考慮。

診斷與治療的並行：適當蒐集所需病情資料，並隨時提供支援與輔導

最後要強調的是：為了心理治療的工作而進行的會談，不只在做診斷性的操作、蒐集所需要的病情資料，而且也在於提供輔導與治療。這是從頭一次的會談就該如此，而且隨後的每次會談也都宜如此，這樣才能達到治療的效果。治療者自己不要按一般醫療上的觀念與習慣去想：做完診斷後，再做治療；而

要考慮：隨時診斷，隨時治療。雖然隨著治療的進行過程，治療者對病情的了解可能逐漸增多，對病人的病情解析要時時更改與修正，但是總沒有最後的、最完整的解析與診斷，而是動態性的調節。因此，每次會談就得根據當時能建立的病情解析與心理診斷而進行適當的提供支援，提供建議，提供治療的方向，督促病人如何改善自己，以達到治療效果。

如何引導會談的進行：各種目的與課題

我們在上一章說明了有關會談所需要考慮的基本事項以後，接著在本章將討論如何進行會談，特別是如何引導會談的方向。換句話說，也就是要闡述會談的目的與課題，好讓治療者明白，心裡要有什麼準繩，宜把會談往哪個方向引導與進行。

會談可以幫助了解病人所患的困難是什麼

這是很顯著的目的。治療者跟病人會談以後，希望能了解病人所患的病情與問題是什麼、是怎樣來的，以便接著研究如何幫助病人改善其問題。

病人的主訴

這是最主要的課題與工作，即要從病人本身了解在他的心裡，到底認為自己所患的困難是什麼。是否關心自己難受的症狀，如焦慮、恐懼、操心、抑鬱，或者生氣等等，或者自己的軀體不適；是否不滿意自己的行為表現或者人際關係上的來往；是否對自己本身的看法不滿意，牽涉到自我的信心等。抑或是擔心自己的功課學業成績，操心自己在工作上的表現；或者是煩惱自己的婚姻或家庭問題等等。

要想知道病人所患的痛苦是什麼，很簡單，主要依靠病人自己的敘述。只要提供時間與機會，表現有興趣去聽取，並且適當地誘導，病人就會自然而然地描述自己心裡的煩惱或擔心的事情。可是有時，病人只會告訴你表面上所關心的症狀，卻不會那麼輕易地告訴你他心中所思、所煩、所慮的事情。因為，他不願意跟還沒熟悉的治療者，一見面就開門見山敞開自己的胸懷，讓你知道自己內心裡的煩惱與痛苦，要等到跟你熟悉、跟你認識、相信你，才會透露自己腦子裡的心思。因此，治療者的課題便是盡早跟病人建立良好的關係，讓病人覺得可信任且依靠你，並經由你的誘導，好讓病人願意跟你敘述他心裡所患的困難是什麼。

可是病人自己的敘述有時會受其限制。因為病人自己根本就不認識自己的問題，沒有病識感，或者根本不認為自己有問題。有些病人只會表述自己感到的痛苦或煩惱的心情症狀，但沒有辦法站在更高一層次的角度來敘述他自己的心理問題。比如：自己性格上的問題或待人接物上的缺點，或者對事情的哲學性看法與態度等等。因此，治療者再努力，也並不容易依靠病人本身來提供他所患的心理問題。因此，有時就要依靠別的方式來獲取所需的資料，包括跟病人的家屬或親友的會談，而得到旁觀者不同來源的資料。

家屬或親友的描述

照理，家裡的父母或兄弟姊妹可以提供客觀的資料。特別是年幼的孩子，就很需要父母的描述與報告。家屬或親友可以告訴你病人的行為與態度，包括表現的情緒與脾氣、在作業或工作上的表現，或者對家人和配偶的態度與行為等。可是這些雖然是客觀性的觀察資料，畢竟是外人的觀察與印象，還是無法知道病人本身內心裡所思、所憂的心理問題，有其限制，只能當作補佐性的資料。

治療者的了解

最後的工作還是要依靠治療者本身的分析與了解，要把獲得的資料做個有系統且綜合性的了解，並且依靠學理上的依據，以及臨床上的經驗，去判斷各

種層次的問題。不僅是病人所患的症狀性痛苦，還得了解病人本身性格上的問題、心理結構上的毛病、與人相處的情況、處事待人的態度，以及對生活本身的看法等等。要考慮在意識層次裡的問題，也要思考在潛意識境界的情結，如此，比較能完整性地了解病人所患的困難是什麼。會談只是這些資料的來源，但要經過治療者腦子裡的整理、綜合、組織與判斷才可以。

會談可以讓病人宣洩內心積壓的煩惱

會談的目的，有時不僅在向病人索取所需的臨床資料，了解病人，而是利用會談的場所與機會，幫助病人能把內心裡所積壓的煩惱與痛苦的心情能透露與發洩。

煩惱積壓的理由

為什麼病人會把一些心裡煩惱或痛苦的事情積壓在內心，不敢或無法表達呢？其理由包括：有關的煩惱是屬於尷尬或者祕密的事情，難以向人申述，表達自己內心裡的煩惱、掙扎、後悔或痛苦，只好積壓在自己的內心裡。譬如，發現自己的配偶有越軌的行為，但不便向自己的父母或朋友談；自己把公司裡的錢挪用了，但很後悔，不知怎麼辦，也不敢跟朋友或同事商量，或向上司報告；自己跟外人發生性關係而得了淋病或愛滋病等，不願意跟任何人說，而自己悶在心裡等等。這些性質的問題，只好把許多難受、痛苦的事情累積在心裡，無法向別人訴說，得不到他人的同情與了解，感到很懊惱或有壓力。另外一種情況是自己四周沒有親人或可靠的朋友，無法坦露自己內心的心思，總是悶在心裡積壓著。比如，丈夫在國外工作，孩子又小，作為妻子的遇到心情上的困難，不敢讓在外地辛苦工作的丈夫知道，也無法跟自己年幼的小孩訴說，而且當時是面對父母的反對而結婚的，也不願意跟自己的父母談自己的苦惱，只好獨自一人把心理上的痛苦積壓在自己的內心，很是煎熬；或者自己長年的配偶患了嚴重的疾病，隨時都可能去世，而又不敢向生病的配偶敘述自己內心的害怕，也是這類問題發生的理由。

如何幫助情緒發洩

假如病人有這些積壓的情緒問題，經由會談的過程，而幫助病人能把其積壓痛苦的情緒發洩或把煩惱的心思說出來，並且得到了解與支援，是會談的目的與功能之一。

治療者要首先察覺到病人有其內心積壓的情緒問題，然後要向病人說明積壓心情上的痛苦對心理不好，鼓勵他能把內心的煩惱或痛苦述說出，而且要製造適當的氣氛，以很關心的態度去詢問，有技巧地誘導病人向治療者敘述自己內心裡掙扎、積壓的心理痛苦或情緒上的情結。

而最主要的，不僅幫助病人把所累積心情上的痛苦發洩出來，解除其心情上壓力，還得趁機會適當地提供支援，不但表示了解，還得幫助思考如何處理所面對的困難。譬如，懷疑自己配偶有婚外情的可能性時，是否向配偶直接詢問；挪用了公款的，是否跟上司說明，找解決的辦法；得了淋病或愛滋病時，不要那麼害羞，要趕緊接受醫治；自己心裡有煩惱，是否考慮讓國外的丈夫也稍微了解，共同去面對並考慮如何處理；自己長年的配偶得了嚴重疾病時，還是可以跟生病的配偶談日後的預備與計畫，得到配偶的建議，至少共同負擔對將來的計畫等等。總之，要幫助病人能把其內心的心情痛苦揭發與發洩，但同時要幫忙思考有什麼途徑可採取，使用比較積極性的方式去處理內心的痛苦。當病人陷於自己情緒上的痛苦時，往往失去理智性的考慮和勇氣去採取比較積極性的適應辦法，而作為第二者的治療者要能幫助病人超越情緒上的糾纏，尋找比較合適而有用的處理辦法，不但把痛苦減輕，還可以消除。這是會談的功效之一。

可是，要幫忙病人把自己內心積壓的心理痛苦揭露與發洩，還得注意一些事情。有些事情是比較敏感的，必須幫助病人保密，未經病人的同意，不要向他人報告。還有，有些人不習慣或不喜歡在別人面前表露自己內心的情感，特別是尷尬或難為情的事。尤其有些男病人，自己認為是男子漢，不可以有情感上的懦弱，而需要很小心地幫助他們揭露內心難為情的心思。否則，反而讓病人覺得在治療者這樣的生人面前透露自己的「弱點」，還哭泣或難過而感到羞

恥，得到反效果。

會談可以幫助了解問題發生的因果關係

了解了病人所患的困難以後，接著，我們就想知道這些困難是怎麼來的，問題的發生有何因果關係。因為照道理說，了解了問題的來源，也就容易知道解決的途徑。可是，有一點需要先說明，了解了問題發生的原因，不見得就多能順著解除其問題本來的根源。譬如，知道自己目前很自卑，是從小總是被父母過分的訓罵與低貶而來，可是目前病人已經長大，無法也不可能再去要求父母更改過去訓罵與低貶的養育方法，何況父母早就去世了。因此，現在能透過治療而做的工作，就是要把「在自己腦子裡還存留的，只會訓罵與低貶他的父母管教的印象、回憶與影響」加以更改，在腦子裡更換為「會鼓勵與誇獎他的父母的形象」。實際上，就是要練習「自己」去鼓勵與誇獎自己，牴觸與取消自卑的心理。換個例子來說，自己長年生活在一起的配偶去世以後，因為喪失了重要的人生伴侶，而發生抑鬱的心情，其原因很清楚，但無法根除其抑鬱發生的原本理由，讓去世的配偶復生，但卻能幫助病人尋找替補性的對象，或者從事自己覺得有用的事情，來彌補自己心裡的空虛。也就是說，照問題發生的理由，去尋找適當而可解救的途徑與辦法。

病人自己的說明

要了解問題發生的理由，原則上問本人最好。許多問題的發生，其來龍去脈，本人最知道。特別是喪失了長年的配偶而心情抑鬱，病人本身很清楚；自己心理自卑，可能是小時父母總是低貶他，沒有鼓勵他培養自信，病人也會曉得。因為，這些都是很清楚地發生了某種事件後，或者遭遇某種經驗以後而發生的後果，通常人都可以知道，憑常理可做解釋。

可是依靠病人本身的解釋，有時有點困難與限制。假如問題的本質是比較複雜的問題，由各種因素匯合而發生時，就不容易那麼簡單地去推論，無法依靠病人的說明。譬如：為什麼小孩子被送到幼稚園以後，就總是抱著自己的娃娃而不放棄，黏密在替代性的物體。是否是第一次離家到幼稚園，對陌生的地方與人物不熟悉，而發生離別反應與對新環境的適應問題；或者，更小時，母親生病，屢次更換保母來代替照顧，曾經發生離別與喪失的痛苦經驗的關係；或者最近父母鬧情感問題，父親跟母親都無法專心照顧小孩，讓剛上幼稚園的孩子感到沒有情感上的支持等等，可說是各種因素都湊合起來的結果也說不定。因此，病人也無法很合理而又單純地提供簡單的說明。

有時問題的發生並不是來自於可觀察與考慮的因素，而是根源於潛意識或被潛抑下來的情結，那麼，病人也就無法很清楚地給你做個說明。比如，自己總是無故地懷疑妻子不貞的男人，無法自己意識到自己這樣不信任自己的妻子，是根源於自己幼小時對性蕾期所經歷的親子三角關係上的情結沒有處理與解決，而發生的後果。這樣的情形，只好依靠治療者來推測其因果關係了。

治療者的了解

治療者並不是病人本身，因此有其限制，沒有親身經歷事件的發生，無法意識到病人本身的主觀性心理經驗。可是其好處是，可以運用學理的依據、臨床上的經驗，再加上治療者的敏感性觀察與推論，可以得到相當正確的推測。不過，畢竟還是第二者的推測，要很小心去接受並運用治療者本身的推測，要嘗試跟病人解釋，看病人的評估與接受性如何，才能比較肯定。

會談可以發覺病人的病態行為模式，並幫助病人去認識

會談的目的，不只是要了解問題的性質與來源，另外一個很重要的課題，就是緊接著要幫助病人發覺並認識他對問題的適應途徑，處理困難的方式是如何，這樣才可以進而討論如何改變。因此，治療者要問病人，面對自己的困難，過去是如何處理、如何應付，而其效果如何。大致上來說，一個人對壓力、挫折、創傷或困難的應對方法有兩大類，即：對內塑造適應及對外塑造適應。

所謂「對內塑造適應」（autoplastic adaptation），指的是當一個人面對困難時，往往想辦法「向內」去處理，改變內在精神的自我感覺、看法、思考的

方式、對問題的態度，或者無意識地採用各種自我防禦機制等，間接地處理對外環境中所遭遇的挫折、壓力或困難等。譬如：被外人打了，無法招架，就採用阿Q精神的辦法，自己內心裡就想：「今天倒楣，給『自己兒子』打了」，把自己抬高為「對方的父親」，而稍微自我安慰。吃不到樹上看來很好吃的葡萄，心裡卻心想那是「酸葡萄」而自我安慰，也是同樣的「對內塑造適應」的例子。這樣的對內塑造適應，有時是很有用的處理辦法，但有時太過分或過多，就變成是消極性的應對辦法。

至於「對外塑造適應」（alloplastic adaptation），指的是一個人面對問題時，就「往外」處理，企圖改變外在的現實條件。譬如，去念好的學校、去補習，提高學業成績；跟女朋友交際，想找到合適的結婚對象；帶孩子出去玩，幫助在家辛苦的配偶等等。這種對外的適應，也包括衝動性的動手打人、把自己困難的情緒以行動表現（「行動化」），或者採取破壞性或犯罪性的行為來解除所面對的困難。

通常來說，病人對困難的處理方式不是不得體，就是不適當，沒法有效且適當地處理所面對的困難，或者採取的是過分或極端的內塑或外塑的適應模式，是所謂病態性或非適應性的應對方法。

會談的目的，就是幫助病人去發覺並認識他所採用的這些非適應性，甚至是病態性的適應途徑與方法，接著討論如何更改為比較有適應性、正常性而有效的處理方式。

會談可以協助病人領悟處理困難的要領與方向

什麼是比較有適應性、正常性而有效的處理方式？治療者要透過與病人的談話過程，幫助病人自己去發覺，或者由治療者提醒。譬如：小孩子沒做好作業，害怕老師的處罰而不敢上學，以身體不舒服的理由待在家時，要幫助孩子做好作業，免得被老師處罰，是比較好的、有用的處理辦法。要父母幫助督促孩子做作業，並請老師諒解，給予關照，也是補佐性的辦法。自己對自己沒有信心，不敢跟異性朋友交往，而不社會化的年輕人，就得逐漸練習跟朋友來往，結交一些知己的同性朋友，取得自信，並且學習如何與人交往以後，逐漸擴張，結交異性的朋友，是比較妥當的適應途徑。年老生病，行動不方便，總是向家人或親友訴苦，把自己的家人或朋友都驅走，沒人理會他的話，就得改變適應的模式，自己注意自己的身體情況，而少跟家人囉嗦，只談些會令人喜歡的話題，才是可以得到家人關心他、喜歡他、願意接近他的好辦法。

這些比較有效、有用、適應性的辦法與途徑很多，但不見得適合病人馬上採取與試驗。還要考慮哪些辦法是比較容易，病人可以首先去嘗試；哪些是病人本身有意去嘗試，可以試試看的。這些就要經由會談的過程，治療者跟病人協商討論的話題，以建立改善思考、情緒、行動與行為的動機，而逐漸去嘗試。治療者只能從旁提供意見，但是要改的還是病人本身。俗語說：「可以把馬拉到水槽旁邊，但不能勉強馬去喝水。」培養病人想改善的動機是很重要的工作。迫使病人去改良是下策；讓病人自己感到很需要去改變，才是上策。

會談可以加強病人行為的改變

就是病人有動機，想去改變自己的適應模式，改良自己處理困難的方法，但還得靠病人自己的毅力，而且還要得到治療者的時時鼓勵與督促才可以。透過每次的會談，檢討病人嘗試的結果如何，是否有何困難、是否順利、是否發生什麼枝節，或者意想不到的問題，都是可以談論並且繼續研究如何去處理的話題。

有些事情看來很簡單，比如，想到餐廳去吃個飯，練習到外面與人接觸的機會；回到學校，繼續上學；回到單位繼續工作，練習如何跟主管商談自己的困難或不滿；跟孩子或配偶談話，提供對家人的關心。這些都還得花費許多精力與意志才能執行與嘗試，需要治療者逐步的支援與鼓勵。

有些事情就不那麼簡單。跟吵了一架，甚至還動手打過架的朋友，很不容易克制不高興的情感而再來往；對你不貞的配偶，或者欺騙了你的多年好同事，情感受了創傷以後，也就不那麼容易靠講講話就可以恢復感情。自己內心裡有長年的情結，更是要花費時間才能逐漸更改。如何判斷需要更改的輕易難度，

需要多快或慢，都要病人去嘗試，治療者給予輔導，才能逐漸進行，也是需要花費時間的工作。可是俗語說「知難行易」，知道要改什麼，往哪個方向去更改以後，日後如何去更改，也就比較容易。會談的目的，起碼要幫助病人知道往哪個途徑與方向去改，然後去嘗試，還得依靠病人日後長期的練習才能得到比較滿意的結果。

總結：朝向各種目標，連貫性、進展性地執行各種課題

總結來說，心理治療上所操作的會談，有各種不同而一貫性的目標與課題，要綜合性地進行，並且希望能每次的會談都可以引來下次的會談，逐步而有進展性地進步。因此，心理治療不僅是依靠每次的會談，還要依靠連續性的會談，這樣才能發揮進展性的結果。心理治療是個過程，正是這個意思。

實例說明

為父母和同學關係而煩惱，上課也走神的高二女孩。（林紅）

第一節　個案報告與治療經過

個案報告

葉子，十七歲，高中二年級女孩。老師反映葉子上課經常走神，注意力不集中，剛考完的期中考試成績一場糊塗。同時跟父母的關係緊張，葉子也感到非常煩惱，主動要求媽媽帶來就診。

葉子在小學期間學習成績中等。升中學時，家長託關係進入一所比較好的中學。用媽媽的話說：「結果一下子壓趴下了（意指情況掉落），國中三年期

間，一直墊在底兒上。」不得已，高中葉子上了一所一般的私立高中。媽媽認為葉子的學習效率低，作業一多就完成不了。反應慢，又不肯多花時間學習。數學思維沒有建立起來，在她腦子裡像亂碼一樣，葉子從內心裡就懼怕理科。還有一年多就要參加大學考試了，能否完成高中學業？大學考試時數學能否過關？葉子信心不是很足，媽媽對此也深表憂慮。期中考試成績很差，葉子自己也承認這段時間確實沒有好好學，家長為此採取了一系列管教的措施，不讓她做別的任何事，只要求她念書。葉子對此表現得很叛逆，跟家長頂撞，親子關係更加緊繃；結果，葉子卻一直也沒有進入學習的狀態，家長非常著急，不知如何是好。

葉子是個很有思想也很特別的女孩。她有自己的愛好，即使在學業壓力極大的高中二年級，葉子還是抽出了三分之一的時間與精力，放在自己感興趣的事情上。她的興趣廣泛，愛好服裝設計、時尚編輯，喜歡心理學。她說「在畫畫兒時，我的思維特別自由，喜歡畫和哲學、宗教相關的畫」。媽媽也發現葉子的數學思維好像根本沒有建立起來，她從內心裡就懼怕理科。這樣一個很特別的孩子，在適應教育的體制之下，本身已經苦不堪言了；再沒有家長的理解、支持和引導，她怎麼可能有勇氣繼續向前走？

治療過程

該個案只經過兩次會談。

第一次會談

主要給葉子理解、支持和鼓勵，引導她與家長多溝通，學習主動解決問題。對媽媽的輔導，則把重點放在客觀分析孩子的現狀，正確認識孩子的長處和局限性，理解孩子的心情，指導家長多與孩子溝通，學習表達家長對孩子的關心，兩全其美地解決葉子聽音樂的問題。

下面的會談過程是第一次會談時，治療者與葉子的單獨會談記錄。

治療者：聽媽媽說，是你自己要求來尋求心理醫生幫助的，是嗎？

葉　子：是的。雖然有點彆扭，但還能來。

治療者：為什麼彆扭？

葉　子：這裡是精神科門診，而我沒有精神病。

治療者：我能理解，很多來訪者都有你這樣的疑問。不知你是否注意到了，我說你是我的「來訪者」，而不說病人。我是精神科的醫生，從事兒童青少年心理治療工作的。所以，我的來訪者並不是精神病患者，而是在學校和家庭遇到了一些困難，需要幫助的孩子和家長。

你還很不簡單啊，主動要求尋求心理醫生的幫助，這樣的孩子還不多呢。你覺得自己有什麼問題需要幫助呢？

葉　子：最近一段時間容易分心，不能安心學習；還有談戀愛的問題，也影響學習。期中考試一塌糊塗，還有一個多月就期末考試了，我特別著急，但是學不進去，不知道怎麼辦。

治療者：你很著急改變現在學不進去的現狀，是嗎？好，我們一個一個地說。你說自己「容易分心，不能安心學習」，能具體一點說嗎？

葉　子：從小學五年級以來，我就養成了邊寫作業，邊聽音樂的習慣，現在如果不聽就很彆扭。

平時回家第一個習慣就是鎖上門，聽音樂，寫作業。

治療者：為什麼要鎖上門？

葉　子：老覺得關上門的感覺特別舒服。期中考試前，怕影響我的學習，爸爸把我的「隨身聽」（CD 機）拿走了，不讓我聽音樂。我覺得特彆扭，反而更學不進去了。

治療者：為什麼期中考試前，爸爸突然拿走你的隨身聽呢？爸爸媽媽管你很嚴嗎？

葉　子：那段時間我看雜誌看得太猛了，和同學也有矛盾，所以，那段時間狀態很糟糕，可以說精神很混亂，期中考試考得也一塌糊塗。爸爸媽媽工作特別忙，顧不上我，沒人管的感覺。但是他們不管，就應該尊重我，比如聽音樂對我來說，就是一種心理壓力的發洩與情緒上的享受。可是他們不理解，就這麼簡單的都不行！

治療者：我也喜歡聽音樂，特別在我心情不好的時候，我喜歡聽憂傷的音樂。沉浸在音樂之中，邊聽邊流淚，慢慢地情緒就會好起來。每個人都有自己的習慣，這麼多年，你已經養成了這樣的習慣，不管是否是好的習慣，要一下子改變，都很難。你可以向父母要求少聽一點時間啊？

葉　子：其實父母只要稍稍滿足我一點，哪怕聽十到十五分鐘，也能好點。可是他們一點兒也不讓我聽，我現在幹事兒太消極了。

治療者：怎麼消極呢？

葉　子：比如虎頭蛇尾，開始好，後來狀態就不好；注意力易分散，容易分心；做事不能做到位，做到八成就不想做了。

治療者：看來音樂對你真的很重要。邊聽音樂邊學習，對你有多重要哪？

葉　子：邊聽音樂邊學習，感覺很放鬆。環境寬鬆，沒人逼著的感覺，這樣我自己反而可以多查資料，多揪細節。

治療者：你沒有和父母溝通你的感受嗎？

葉　子：沒法溝通，溝通就是有障礙，也不知該如何拿掉。打橋牌和出去遛彎兒（散步），這是爸爸緩解壓力的辦法。做這樣兩件事，他就會很舒服。對於我來說，沒有音樂，我會很壓抑、很彆扭。聽聽音樂，跑跑步，一種很簡單的方式就可以調節了，這是我生活中不可缺少的部分，但是他們不理解。最近我媽把我喜歡看的（服裝設計）雜誌也拿走了，我很煩，根本學不進去。現在我對他們（父母）怎麼說也沒辦法。

治療者：你說得有你的道理，在你這樣的年齡，完全靠你自己說服爸爸媽媽，可能有一定困難。我願意幫助你說服你的父母，使他們也能理解你的心情。

葉　子：謝謝阿姨（治療者）。

治療者：我想他們也有他們的顧慮，他們不會是故意為難你，他們是擔心影響你的學習，但是沒有考慮到你的感受。

葉　子：我肯定不能完全說得對，他們的出發點我也能理解。但你不能總是擺出一副家長的樣子，教條的；擺的位置、高度和我不一樣，他們應該和我站在同一個高度。有些就是小事，一點點在影響你。但他們關注的只是粗枝大節，我告訴他們了，但他們也不能理解。

治療者：為什麼不能理解？

葉　子：因為（我們之間）一直關著門，中間隔著一道牆。

治療者：看來這道「門」不能一直關著，還是應該在適當的時機打開一會兒啊，主動和父母之間多一點溝通，讓他們也能夠了解和理解你的想法。這樣，對你和父母都有好處。

葉　子：我知道了。

治療者：這是在家裡的情況。在學校怎麼樣？你剛才提到還有談戀愛的問題，影響了學習。

葉　子：學校壓力也很大，有很多煩惱。有一些人追我。

治療者：追你是好事啊，給你帶來了什麼樣的煩惱？

葉　子：我是在人際關係上比較被動的人。我比較尊重別人，心裡真實的意思不會直接表達出來。有些人追我，我不好意思拒絕。

治療者：你的意思是你想拒絕，但是卻不好意思拒絕，是這樣嗎？

葉　子：是。

治療者：為什麼想拒絕？沒有你看得上的男孩嗎？

葉　子：有我看得上的，但覺得現在不是時候；也有一根筋的（專門鑽牛角尖）的男孩，難對付。

治療者：你還真是很有自己的主見啊，面對你看得上的追求者，還能夠把握得住自己，不簡單！

葉　子：我有時立場也不太堅定，不好意思拒絕，但本意又想由著自己的心走。

治療者：你能夠有自己的主見，還能夠真的把握住自己，不在現在這個學習的關鍵時期涉入感情，這是你成熟、有智慧的體現。我相信，由著你自己的心走，堅持做你自己，將來你一定會很有成就的。

葉　子：（難以置信地，有點驚喜）真的嗎？我經常也很困惑。

治療者：我能理解你，在你這樣的年齡，能做到這樣，已經很不容易了。接下來要學習的是怎樣既堅守住自己的立場，堅定地拒絕，又能夠做到不傷害他人的情感和尊嚴，妥善處理好與同學的關係。

葉　子：說起來可笑。期中考試之前，有一段時間，男女關係的問題真成我的負擔了。不是一個人追我，追求的男生很多。

治療者：你覺得為什麼那麼多男生追你？

葉　子：可能越是自己得不到的，越有挑戰性吧。第一個我不答應，就有第二個想試試。愛情幻想會比較多，尤其高中男生，會比較衝動。

治療者：面對家裡和學校這麼多問題，你真是夠不容易的，怪不得情緒不好，容易分心。沒有多向媽媽取取經嗎？

葉　子：我從小和媽媽關係好，我媽原來是挺能理解我的人。但我媽工作忙，工作壓力比較大，平時不經常回家，住單位。我媽回來一次，我很多煩的事，她都不可理解，比如有人追的事。我想由著自己的心走，我不想被人控制。我舉步維艱，在夾縫中走。

治療者：這麼多的煩惱靠你一個人扛著確實太不容易了。我認為媽媽工作再忙，在你現在這個關鍵的成長階段，也要擠出一些時間來多關心你。這是至關重要的。孩子的成長只有一次，錯過了就沒有機會彌補了，而工作還有機會再來。我相信媽媽只是沒有意識到這個問題的重要性，如果意識到了，她會有辦法的，我來和媽媽談。當然，你也要打開房門和心門，主動多與家長溝通。說服家長理解你，接納你的觀點，這也是一種能力。

葉　子：謝謝阿姨。

與葉子會談後，治療者馬上跟母親談，說明葉子內心裡的煩惱，需要父母的關懷與理解。特別要按葉子她自己的習慣，讓她聽音樂，好學習。也囑咐母

親要跟葉子多談她在學校裡被男同學追得不知如何是好的事情，幫助她度過這樣多煩惱的青少年階段。

第二次會談

三週後，爸爸和葉子來進行會談。葉子的情緒明顯好轉，告訴治療者與父母的溝通多了，學校的事也和父母說了，一家人開開玩笑，感覺好多了。爸爸還給她聽音樂的 CD 隨身聽了，但是限制她只能聽古典音樂；葉子很滿足，每天聽得陶醉不已。父母仍然很忙，但是「他們現在用做好吃的來討好我，我誇他們的飯菜好，挺高興的」。學校裡男女生交往的煩惱還在，但是葉子說：「慢慢變淡，暫時放那兒吧；現在我最大的煩惱是學校功課講得快，負擔重。以前學習也偷過懶，現在感到學習的難度大。覺得自己精力不夠，不知精力該怎麼投入。想把全部精力放在學習上，又想不耽誤自己喜歡的書。」

葉子還是很喜歡服裝設計的書。期中考試之後，父母不允許她看了，把這些書都放在一個大箱子裡，就放在她臥室的門外邊。葉子心裡特別戀戀不捨，每次經過都能看見這些書，她說「真想痛快地看一個晚上」。明顯看出，葉子已經開始把精力放在學習上了，當然，她也仍然有困惑。我鼓勵她不要心急，慢慢來，學習是要一點一點努力的。對於葉子「想把全部精力放在學習上，又想不耽誤自己喜歡的書」這樣的困惑，我首先肯定她有自己的愛好，對未來有自己的設想，這是很難得的。她希望做服裝設計師，那麼，服裝設計書對她來說已經不僅僅是娛樂，而是應該作為一種專業來看待了。我指出人的精力都是有限的，如何根據不同階段的主要任務來約束自己的行為，優先保證最重要目標的實現，這是一種大智慧。葉子領悟了，她說：「我把現在學的功課看作是未來實現自己心願的通行證、敲門磚，雖然不一定要學得太精，但是一定要學到。」葉子認為自己心中的結已經解開了，現在狀態很好。葉子打算全力以赴準備期末考試，待期末考試結束之後，當晚她就要痛快地看一個晚上的服裝設計書！葉子父女開開心心地與我道別。

半個月之後，正趕上耶誕節。葉子的媽媽送了一張賀卡給治療者，上面寫的是：「您出色的醫術給孩子帶來生活的希望和學習的勇氣。您挽救了一個孩子，更挽救了整個家庭！」讓治療者看了，覺得兩次會談就取得了非常滿意的效果而高興。

第二節　會談的各種目的

幫助了解病人所患的困難是什麼

會談的進行，就是要首先了解病人所患的心理困難是什麼。有些病人年歲太小，認知性發展還沒成熟，無法自己敘述觀念性的問題，只能依靠家人的描述。青少年雖然心理比較成熟了，可是許多年輕人不喜歡把自己內心裡的事情，告訴初次見面而還沒熟習的生人（治療者），特別是異性的治療者，需要首先建立關係，然後緩慢探討心事。可是此病人不但頭腦聰慧，還願意敘述自己內心的煩惱，再加上治療者的技術，表現同感心，也就讓此病人能很快地訴說自己內心的煩惱與所面對的心理困難，可說是事情已經成功了一半。

讓病人吐露內心積壓的煩惱

此年輕病人內心有許多煩惱積壓，其理由是父母不聽她的話，不理解她（也沒企圖想了解她），只顧嚴格地管制她關於念書的行為（反而妨礙她有效念書的結果）。母親也忙於自己的工作，少給予時間來聽聽女兒有關男朋友的事情。再加上學業上的壓力，也就讓此病人更感到煩惱，而沒有出路可發洩。治療者提供了好的機會與場所，也製造了好的氣氛，讓此年輕女病人能把內心裡的所有煩惱都一口氣宣洩，是很有幫助的事情。治療者願意傾聽，能同理，並且適當地表示了解，願意幫忙，都是幫助病人能放心吐露自己內心煩惱的要領。

提供病人所需的支援與鼓勵

自己覺得很對的事情，可是別人不理解，也不想去理解，還施加壓力與管制，是很煩惱的事情。對年輕人來說，就擾亂了自己是否正確的判斷與想法，

增加疑惑的困擾、煩惱的情緒。因此，適當地提供支持，對年輕人的想法認可，表示了解，是很重要的輔導技術與要領。千萬不能批判他們的父母，要幫助他們了解父母的心意，其出發點是好的。否則，批判了自己的父母，會增加年輕人心裡的不安，感到背叛自己父母的錯誤感，反而增加其心情上的煩惱。

幫助選擇處理問題的方向與要領

可是，除了幫助病人能把內心積壓的煩惱宣洩，減低其心情上的壓力，並且適當支持病人以外，其實最重要的，還是接著要考慮如何去除其煩惱的根源。對此病人而言還好，很簡單：請父母准許她邊聽音樂邊學習功課，或者讓她有輕鬆的活動，來配合與調治念書的壓力；而很幸運地，她的父母能聽進去治療者的說明與建議，即刻更改他們管制的方法，是有了解性的父母。

每個人要學習的方式有所不同。有的要在很安靜的環境裡，沒有別的刺激，能專心念，才念得好；而有的卻相反，需要在心情輕鬆的狀態才能念得好。聽音樂、看喜歡看的雜誌，反而能念得好。但是有不少大人（父母）不了解這個情況，以為只有「專心」念書才是唯一的念書方式，也就一味地要求孩子如此「專心」念書，反而妨礙子女有效念書的方式，適得其反。

協助跟家人溝通與建議

有些情況，要幫助孩子如何能跟自己的父母溝通，養成解決問題的技術與途徑，但有時卻由治療者幫助病人向他們的父母做說明與提議，比較有效果。至少，可以爭取時間而做及時的改變。同時，治療者比較懂得如何有技術性地向父母做解釋，可免除親子間的誤會，增加矛盾。治療者決定跟父母直接做說明與解釋，是適當的決定，而且其效果也比較迅速。

關於此病人在學校與男同學來往的異性問題，只要母親能跟女兒談，聽聽她的想法，並且適當地表示關切，問題就解決，會讓此病人感到有人支持，而放心去應付這些男女間的微妙事情，是年輕人在心理發展過程裡，需要經歷的經驗；也是同性父母（即母親）的重要職責與功能。幫助母親能注意到這個職責，也就解決了問題。這樣便完成了輔導的各種主要課題，可以短期治療而及時結束。治療結束後，家長能給治療者來個日後（表達感謝）的反饋反應，也是能令治療者高興的事情，知道自己施予了適當而有效的輔導工作。

第 6 章

如何隨對象的不同而調節與更改會談的方式

我們討論了會談的一般性目的與課題以後，接著讓我們進一步討論宜如何隨不同的對象而調節與更改會談的方式。因為，畢竟每個人的心理多少有所相異，對會談的反應也有所不同，除了個人的性格、知識、年齡與性別因素以外，還得看他們所患的病情如何，而需要做若干調整與適應。讓我們就各種對象來分別說明會談上需要調節的要領及其理由。

對精神病患者的會談

按定義，以精神分裂症為代表的精神病之特點是：病人的人格（包括思維、情感、知覺、行為等功能）失去其完整性，跟外在實際的「現實」脫節，表現聽幻覺或妄想等精神病性的精神症狀，情感的表現往往奇異，思考形式也表現障礙，內容不符合邏輯性的道理。最重要的是，從心理學的角度來說，「自我界限」發生了障礙，跟外界的實際現實發生了部分性的脫節，其思考、情感與行為跟現實不符合，而患者缺少自己患著精神疾病的病識感。由於其自我的功能發生障礙，表現心理與人格上的退行，思考的方式採用比較幼小時曾使用的「原本思考程式」（primary thinking process），猶如夢裡的思考似的，忽略邏輯性的道理，主要隨內在情感與本能而思考，多採用魔術性、幻想性的思考，表現片段性而非連接性的思考方式，失掉我們長大成熟以後大人們使用的「續發性思考程式」（secondary thinking process），喪失邏輯性的理智，表現胡說八道或語無倫次等思維性的障礙性症狀。

以上這些描述是指病情嚴重的情況，但是病人的病情輕微時，上述情況就不那麼厲害，其自我的功能障礙也沒那麼嚴重。因此，除了藥物治療以外，當病人在復癒或病情輕微的階段時，可以趁機提供補佐性、支持性的心理治療，加強其自我的恢復，盡量避免病情的再惡化。

對精神病患者的會談，最主要的課題與要領是針對並幫助其比較健康的部分性的「自我」，發揮還正常的功能，而影響與控制比較病態性的「自我」。換句話說，精神病患者的腦子裡並不完全（或全部）變成是病態，還有部分的腦子可以行使比較正常的功能，而心理治療的目的，就是去支援那比較健康的自己，來管制或影響失掉正常功能的自己。

比如說，病人有了幻聽，被幻聽所影響而做出奇異的言行，而在會談裡，治療者可以嘗試幫助病人體會，他所聽到的幻聽只有他自己才聽到的，是腦子裡的神經系統沒有聯繫好才發生的幻聽，但自己要知道是腦發生了毛病的現象，盡量不去聽那些幻聽；並且一起研究，怎樣可以比較忽略幻聽的干擾。譬如：除了服用藥物，減輕對幻聽的情緒反應以外，工作或者跟人談話等，把注意力集中在現實上的接觸，或許可以減少受幻聽的影響。假如病人所聽到的幻聽是在批評他自己，就幫助病人去了解自己並沒有什麼不好，要有自信，不受幻聽的批評。

同樣的，病人患了妄想，譬如：女病人相信自己的陰部是黑猩猩的陰部（因為自己有「野獸性」的性慾望而不知如何是好）時，可以幫助此女性病人了解，有性的慾望是（人人）普遍會有的事情與現象，不要責怪或覺得自己不該有性的慾望（還得推想自己的陰部是野獸的陰部），只要不隨便跟男人發生性關係就可以。

從這些例子裡，我們可以說，對精神病患者的心理輔導，主要是幫助病人對現實能保持接觸，並且維護自我，能跟實際的現實好好接觸，同時維持對自己的功能，能面對與接受自己。這好比一個人從噩夢驚醒過來，腦子還沒很清

醒，噩夢裡所做的夢跟現實還沒有區別，而腦子混亂又害怕時，旁人要幫助他清醒，安慰他，並讓病人了解所經歷的是噩夢，不是現實裡實際發生的情況。當然，如何跟家人相處、跟朋友來往，找些事情做，都是現實上的功能，都是要幫助病人去適應的課題。

針對精神病患者的會談，可說是支持性心理治療的會談，再加上認知行為治療性質的會談。通常來說，要避免分析性心理治療模式的會談，催促病人揭發自己潛意識的精神材料（如夢、幻想、錯語等的內容）。主要的理由是，精神病患者的自我功能有缺陷，無法很適當地區別自己意識層次的思考與潛意識境界的思維，容易混亂（就好比無法區別是自己做的噩夢，還是現實裡實際發生的事一樣的混亂情況）。談到潛意識的精神材料，如原本性的本能與慾望，病人無法面對與處理，好似自己有很可怕而不能接受的慾望或思維，而害怕、恐懼或感到很難為情，擾動自己內心的平衡，為已經不穩定與不完整的人格加上更多的動搖，有時還使病情惡化。

譬如，有位病人敘述在他的幻聽裡，聽到批評說他很氣自己的父親，想把父親殺掉，或者要去強姦自己的妹妹等，而感到很害怕時，治療者要幫助病人的是：讓病人知道這些是腦子發生了毛病而產生的事情，要想辦法忽略，不受其影響；而在現實裡，要注意並鼓勵病人跟父親保持良好的關係，而跟自己的妹妹卻要保持適當的距離，不要過分親近。換句話說，雖然治療者根據動態精神醫學的學理或分析性治療的專業知識，知道這些幻想的內容是病人自己本身潛意識慾望或本能的暴露，經由幻聽而出現到意識的層次，可是千萬不要就給病人指點或分析，讓病人驚訝自己還有這些可怕的慾望或衝動。治療者要超越並回避其指點或分析的操作，而直接幫助病人如何處理那些可怕的慾望，彌補現實裡如何跟自己的父親或妹妹相處的要點。這就是利用分析的知識，而進行支持性的會談與治療。

患了精神病的患者，雖然其思考、感知與情感發生了障礙，失去其統一性，但畢竟還是人，還是很需要別人的關心，跟他人接觸。當他們住院期間，不管病情多嚴重，最好還是每天和他有短時間的接觸，建立良好的關係，而等到出院以後，在門診時，起初還是每週看一次，隨後改為每兩週看一次，繼續保持關係，提供支援性的輔導，然後逐漸減少會談的頻次；但是最後仍要繼續長期性的支持治療，幫助其生活與心理上的適應，減少病情的復發。

當病人幾乎恢復正常時，對一些自我能力比較好的病人，有時可以嘗試幫助病人檢驗自己內心裡的原本性慾望或本能，但這是需要很小心與慎重去嘗試的操作。通常不要輕易去嘗試，影響病人病情的穩定。

患邊緣性格障礙的病人，嚴格說來，所患的疾病並不屬於精神病，但從自我結構的角度來說，跟精神病患者類似，缺乏穩定性與清楚的自我界限。因此，從治療與會談的立場來說，其模式要跟精神病患者相似，不做分析性的治療，而專注於支持性、認知性的輔導。

與神經症患者的會談

跟精神病患者顯然不同的，是神經症患者。所謂神經症，或者神經官能症，按定義指的是面對心理的壓力、挫折、創傷而個體無法承受，因而產生焦慮、操心、恐慌、害怕、抑鬱等心情上的反應，或者發生精神解離的狀態，發生軀體轉化性（功能性）障礙，或者強迫性思考或行為等特殊性症狀。神經症患者對現實的接觸大致還好，並沒有像精神病患者那樣，明顯發生部分性的現實接觸障礙。也就是說，其人格大致上保持其完整性，一般的思維、情緒、行為的表現還可以，其自我能力也比較健全，只是為了過分的心理壓力或創傷，而發生局部的自我功能障礙的現象。因此，心理治療的方式與會談的模式也就有所不同。

具體而言，會談的目的就是提供支援，幫助病人的「自我」能去應對所遭遇的心理壓力或創傷，能恢復本來的自我功能。同時一起探討病人應對心理困難的途徑與方式，考慮採用比較適應性的方法去處理心理困難。

比如：最近病人的親人生病或事故而死亡，而病人不但很難過，還自己責備自己，增加其憂鬱的心情。輔導的重心將提供情緒上的支持以外，還要幫助病人了解所經歷的是「哀悼的心理反應」，面對親人的死亡而發生驚訝、氣憤、自責的階段，容易責備自己，覺得對去世的親人沒有足夠的照顧，而自責不已

的心理狀態。病人需要減少對自己的責備，並盡早度過哀悼的心理過程，恢復自己的原來狀態。

假如是面對學習或工作上的壓力，感到無法應付，而產生焦慮的病人，要幫助如何處理外在壓力的情況，包括減輕作業或工作等負擔。假如壓力是來自於家人，要跟家人協調，減少心理壓力。但是假如心理壓力是來自於本身，是自己對自己有過分的期待，總覺得自己沒有做好，沒有優秀的表現，時時有壓力時，就要去探討為何自己要對自己那麼過分地要求，增加壓力，反而無法發揮自己的功能。

假如病人所患的是比較特殊的神經症，如：解離症或轉化症時，由於心理的壓力、挫折、創傷，病人無法承受，而發生解離或轉化的症狀來應對，病人往往對於自己所面對的心理困難或壓力，經由「潛抑作用」而遺忘或沒意識到。因此，治療者要採用臨床上的技術，針對症狀發生當時前後的情況、四周環境或人際關係裡有何變化或壓力，經由推測而了解所面臨的心理困難，並且間接性地幫助病人減除這些困難。假如要求病人意識性地去認識那些引起症狀反應的心理困難，有時病人無法接受而發生「阻抗作用」，不願意去面對尷尬或難受的情感。有時，因此反而恢復其症狀，甚至惡化。如何處理病人對心理困難的潛抑作用，處理阻抗現象是技術上的挑戰與要領。

對於強迫症此特殊性的神經症的發生，過去曾有許多動態性的病理推測。即：病人無法面對與接受自己內心裡的慚愧或尷尬的心理，使用「轉移作用」、「理智化作用」、「隔離作用」、「反向作用」等心理防禦機制來應對。所謂自我的「心理防禦機制」（defense mechanism），指的是自我經由潛意識性操作，採用一些心理上的機制或方法，把自己對外界的關係稍微更改，以便可以應對或接受壓力或挫折的心理功能。心理防禦機制有好多種。「轉移作用」就是把對某種人或物體的感覺無法表達，轉移到別的人物或客體的現象。譬如，對老師的不滿無法（或不敢）表達，就把生氣的感情轉而向狗發脾氣等。「理智化作用」是使用講道理的方式來做解釋，隱藏實際的內心感覺。「隔離作用」是對一樣事情的感覺、想法隔離分開，只表現其情感（但不知為何）或只表現思維（但沒有附帶的情感），以便處理不能接受的情感。「反向作用」是比較特殊的防禦機制，把自己本來想表達的情感，由於無法表達，或者表達了以後不會被他人或社會所接受，就採取相反的方向來表達。譬如，對某人很討厭與生氣，卻表現是很喜愛、很照顧；對某人是很愛，但不可發生愛情與表現，就反過來表現得不愛，甚至是討厭的情形。

這些自我心理防禦機制，再加上「壓抑作用」、「退行作用」以及基本的「潛抑作用」，都被歸類為神經症性的防禦機制。這跟精神病性的防禦機制，如「否定作用」、「投射作用」、「曲折作用」有本質上的不同，是透過心理上的操作，而把局部的現實（及對現實的看法或感知）做個稍微的變更與處理，好讓自我可以面對與應付。至於精神病性的防禦機制，就完全忽略、否定現實的情況，來保護脆弱的自我情況。

有時，病人面對的心理困難並不是外在的，而是源於內心的情結，可是經由「潛抑作用」或其他心理防禦機制而被保護著，病人本身表面上沒有意識到（即是被潛抑下去）。這時，治療者還得幫助病人去探詢，分析這些內在性的心理困難，經由意識化以後，才能研討如何去處理與應對。這樣的探討與分析，就要熟悉心理防禦機制的道理而去推測，也要能懂得如何解釋所得的遵循原本思考程式而表現的精神材料。這就要牽涉到分析性的治療與會談，嘗試不同的輔導途徑（詳細請參考第十一章：「隨治療模式的不同而採用不同的會談形式與治療方法」裡的分析性會談）。

對患有心理或心情問題的患者會談

通常人在其日常生活裡，難免有時會遭遇心理上的壓力、挫折、創傷等等，而個體無法承受，結果發生一時性的焦慮、操心、恐慌、害怕、抑鬱或發脾氣等心情上的反應，需要專業性的心理輔導。除了接受支援與關照以外，還可以討論如何採用比較適當的途徑與方法，來處理所面對的心理困難。這些治療的原則與會談的方式，幾乎跟神經症的病人大同小異，沒有區別。

由於一般人的性格比較穩定且健全，而且在生病前曾有適當的人生經驗與成就，因此比較有處理困難的自我能力與經驗，其預後比較好，可以短期內就

恢復。

可是，假如一個人面對的心理打擊或創傷很嚴重（如目睹親人被殺傷、自己遭遇生命危險，或者遭遇軀體或性的強暴等），發生重大的心情反應，便是患了「創傷後壓力反應」，其症狀可能長久繼續，不容易消失。針對創傷後壓力反應的心理治療，是否只提供支持性的輔導，或者幫助病人重新面對遭遇的心理創傷，而企圖糾正其強大的心情反應，臨床工作者有不同的意見與經驗。有的認為重新揭發過去遭遇的痛苦創傷，只不過是再度經驗其心情上的痛苦，沒有什麼幫助，而有時還使病情再惡化；可是，有些治療者卻認為，沒有面對過去的創傷而經歷重新經驗，並把情緒反應減敏化，總不會好。可見各自有見仁見智的看法。

事實上，許多神經症的病人在早期幼小時，可能曾遭遇過心理上的創傷，才會發生神經症的症狀反應。因此，治療者在治療過程想探討其病因，尋找早期的創傷時，無形中就讓病人又重新面對舊的創傷痛苦，才會發生阻抗現象，來保護至今仍無法面對的自我。因此，我們要了解其道理是一樣，只是心理創傷發生在幼小時的早期階段罷了。

假如一個人面對的困難是跟人際關係有關，是夫妻情感與關係上的問題，或者包括親子在內的家庭問題，就要依靠夫妻會談或家庭治療的模式來進行心理上的輔導。這是治療上的著眼點與會談的方式會有點不同，注重在夫妻或家人間的互動關係、表達的情感、所扮演的角色、相互的聯盟關係等等，並使用系統學的觀念來了解並調整夫妻或家人的關係。在會談的技術上要多注意目前的事情，少去挖掘過去的舊創傷，採用「換框重解」（改觀重解）的方式，幫助放棄從負性或不好的方式而去批評或責難對方，而能改為從正性的角度去做解釋，並多鼓勵相互幫助的實際行為。

跟心身症或疑病症患者的會談

當一個人面對心理上的困難，而少描述與苦訴心情上的煩惱或關心，是將重心擺放在陳訴自己的軀體不適時，臨床上被歸類為「心身症」。其所訴的軀

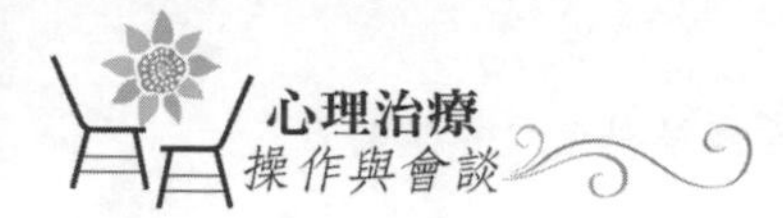

體症狀包羅萬象，包括副交感神經系統所屬的生理系統。心身症也稱「體化症」，強調把心情上的問題透過軀體的不適而表現。心身症也好，體化症也好，通常是慢性的，跟轉化症不同。「轉化症」通常是急性，是針對所面對的心理創傷而發生屬於隨意肌肉系統的運動系統或感覺系統的功能性、短期性的障礙。心理上的困難被解除的話，其轉化的軀體症狀可以消除，是比較戲劇性的軀體反應。至於「疑病症」，又稱「慮病症」，主要是態度上的問題，即：面對心情上的困難時，卻很擔心自己是否身體不佳，憂慮或懷疑自己是否生病了，而且使用身體不適為藉口而避免面對現實上的困難或要求，如學習或工作的職責（請參閱系列叢書《心理治療——解析與策略》第二十四章：「一個滿腹牢騷、抱怨親人都不理解自己的妻子」第三節：理論探討與學理說明）。

對於這些由於心情上的問題而表現在軀體的症狀時，在心理治療上說來，其治療技術與模式可有兩個方向。一個方向就是不跟病人要求直接面對與認識心情上的困難，但間接幫助病人解除心情上的問題；而隨著心情上問題的解決，而間接改善其軀體性的症狀。換句話說，就是不去打破病人的防禦機制，只間接性地協助病人原本的心理問題。

另外一個方向就是幫助病人認識所表現的軀體症狀跟心情問題有關，而鼓勵就其心情問題而求其解決，是直接處理心理問題的方式。這兩種治療模式各有其好處，也有其缺點。有些病人不喜歡被認為自己的軀體症狀是和心理問題有關，阻抗力很大，越要求其認識心理方面的困難，就更顯現軀體的症狀；可是有些病人了解自己的心身問題的本質，就能依循心理的途徑而求其改善（請參閱第二十章案例二：「擔心自己有心臟病而常跑急診處的年輕男子」）。因此，就要判斷病人的阻抗力程度以及願意考慮的方向，而進行適當的治療性會談。

對不同性格之病人的會談

每個人都有自己特殊的性格，而隨性格的不同宜採取適當的會談模式，包括治療的要領。讓我們就幾個比較特殊的性格，來討論如何配合性格的模式而

進行適當的會談。

自愛性格

所謂自愛型的性格也稱「自戀性格」，指的是一個人在性格上具有自我中心的趨勢，一切從自己的角度與立場而看待對人處事的事，比較缺少同感心，不會替人著想；只要為自己，是比較幼稚性的性格。這樣的人在幼小的時候，常被養育者過分寵愛，缺乏學習如何負責、體會他人、建立同感心的能力，自己無法面對困難的經驗，而依賴他人的心理比較強。對挫折的忍耐度比較低，遭遇困難時，只會依賴他人的幫忙，自己缺少毅力與能力去克服。對於帶有自愛傾向的病人，最好不要當面直接指出病人有毛病或問題，這是自愛的人最不喜歡聽的，是傷害他們的自尊心（自愛心）的語句。最好要站在病人的（自私）觀點，以共同的立場來討論，怎樣才對他「自己」有好處。

戲劇性性格

也稱是「癔症性格」。其特點是比較富於情感，而且情感善於改變，很受四周人的影響而有起伏，甚至是戲劇性的表現。其行為主要依靠本能，相對地比較少依賴邏輯性的道理。喜歡得到別人的關心，這一點跟自愛性格相似。會談的目的，就是幫助病人能穩定情緒，不做戲劇性的表現，能多思考，善用道理，來彌補其缺欠。病人往往會想辦法討好治療者，而且想得寵。治療者要盡量保持專業性、客觀性、中立性的態度跟病人接觸，提供道理上的思考，並幫助情緒上的控制。

邊緣性格

主要特點就是，有時跟現實的接觸不好，產生過分懷疑或不信任他人的態度。情感與行為的表現容易突然變化，難以預測，而且常做些對自己不利的破壞性表現。治療者要以對待精神病患者同樣的方式而接觸，隨時幫助病人跟現實有好的接觸而不脫節。不要冒險去分析原本的慾望，擾亂了自我的穩定性。

妄想性格

其特點就是對人缺乏信賴感，容易懷疑，保持警戒的態度，因此，有時其思考或推測與現實不符合。治療者對這樣的病人要保持坦白的態度，盡量爭取並建立病人對治療者的信賴感，提供現實的情況，減少過分或敏感性的解釋。在會談上要避免跟病人爭論，只督促病人能從比較高一層次且廣闊的角度去思考，不要只依自己的本能性直覺或局部性的事實而做判斷。

依賴性格

這樣的人在性格上缺少自我的獨立性，喜歡依賴他人，沒有自己的意見與處事的毅力。治療者在開始時，讓其依賴，然後逐漸鼓勵並訓練病人能自己獨立自主，不要太依賴他人，包括治療者。

與不同年齡對象的會談

兒童

治療者要能職業性的退化，降低到幾乎是兒童的階段去思考，並使用兒童的語話來溝通，幫助彼此的談話與交流；但治療者要隨時比治療中的兒童稍微成熟些的程度，這樣才能適當地幫助並誘導兒童成長。

青少年

治療者要能使用青少年常用的詞句與想法而溝通，表示親近可解，是同類同黨的青少年朋友；然後要比所治療中的青少年稍微成熟些的程度，幫助青少年去思考現實的情況，如何選擇比較有功能性的適應。要注意跟青少年保持可信賴與要好的關係，扮演可以模仿與認同的大哥或大姊的對象角色。

老人

能配合老人的喜好，一起談與聽老人過去的事情，同時了解老人目前的處境，並多提供支持。避免過分批判的態度，讓老人家覺得被批評，喪失長輩的尊嚴。但提供商討性的提議，讓老人自己選擇喜歡嘗試的方向與方法，不要太勉強。

跟不同性別對象的會談

隨著治療者的性別與病人性別的配合，要注意如何跟病人保持關係，並如何進行會談。譬如，男性治療者跟男性病人會談時，要避免過分對立性、衝突性、教導性的言談與關係，免得男性病人覺得被男性治療者所挑戰或威脅。男性治療者跟女性病人會談時，要注意保持適當的專業性關係，特別是談到比較敏感的話題，包括跟性有關的問題時，要特別保持職業性的關係，避免引起私人性的誤會。

假如是女性治療者跟男性病人會談時，不要過分批評男性病人，讓男性病人覺得被女性看不起、被認為是弱者，而感到羞恥或反感。特別是對於不習慣表露情感的男性，不要過分要求表露內心的感覺（包括哭泣），讓病人感到很尷尬。女性治療者跟女性病人會談時照理有其好處，可以從女人的角度來了解女性的問題；可是有時女性病人卻會跟女性治療者發生競爭、嫉妒等心情上的問題，產生困難，要小心處理。

與不同知識水準對象的會談

假如病人的教育背景低，或者腦子並不很聰明時，治療者跟病人談話，要注意使用適當的詞句，多舉具體性的說明，容易幫助觀念上的了解。盡量避免職業性的專門用詞，多使用平常大家都熟悉的話，好讓病人了解。同時要注意保持尊敬病人的態度，不要讓病人覺得治療者看不起病人。

對語言不同對象的會談

假如病人所使用的語言跟治療者不同，幾乎無法使用共同的語言來交談時，進行會談將有所困難。假如病人還可以聽得懂一點治療者所講的話，那麼治療者要很注意使用淺易的詞句，文句要短，而且每次講完一句話後，就試著探討病人是否正確地了解了。

假如心理輔導者跟病人所使用的語言很不同，在語言上的溝通有所限制，實在沒有辦法，就需要依靠翻譯的人來幫忙。問題是找什麼樣的翻譯者比較適當？有時，可以利用家人或朋友擔任翻譯者，是比較方便的途徑。可是認識的人有其基本上的缺點，就是有些話病人不願意在自己親友面前講，而有所限制；或者家人不好意思照病人的原來意思翻譯，也是個困難。有時，使用念了書，懂一點通用語的病人的孩子擔任翻譯時，那更有問題。孩子年歲小，無法做適當的翻譯，特別是關係到心情或觀念上的事情；孩子也無法向自己的父母傳達與翻譯治療者所說的屬於批判性的文句，有其限制。因此，照理找職業性的翻譯者來執行翻譯的工作，可以減除經由自己家屬親人擔任翻譯的缺點。

可是，職業性的翻譯者不但要懂得治療者與病人兩方的語言，還得具備有關心理治療的基本專業性知識，否則也難發揮其功能。假如醫護人員懂得病人的語言，那是比較妥當的選擇，不僅比較中立，而且有醫療上的知識，比較適合擔任其翻譯的職責（參考第九章：「施行會談時要注意的各種具體事項」）。

雖然經過翻譯者而進行會談的情況讓我們體會：語言的確是溝通上很要緊的條件，可是也提示我們：即使是使用通用的語言，也很需要注意，到底自己所講的對方是如何聽到，是否了解得很準確，有沒有發生曲折或誤解等。同時也說明，會談要時時考慮對方的情況，包括病情、性格、知識水準，以及語言的熟悉程度等個人的因素，做適當的調節。

第 7 章

進行會談的各種技術與要點

我們把會談的基本技術、目的與課題闡明以後，還談論會談需要如何針對病人的個人因素與病情，而做適當的調節。接著，在本章繼續討論會談上若干技術上的要點，幫助能順利進行心理診斷，引導治療性的會談工作。

會談重點首先要放在病人所關心的主訴問題與求醫動機

毫無疑問的，會談的首要目的就是要了解病人的心理問題是什麼，然後討論如何幫助病人面對與處理心理上的困難。而要了解病人的心理問題，最主要的，就是依靠病人本身的敘述，再加上治療者的觀察與判斷。可是，如何才能讓病人仔細且真確地敘述他心理的困難或問題，最重要的一個要領就是：一開始就要讓病人自己去談他目前最關心的事情，包括他自己所面對的問題，或者是他認為是主要的困難。簡單且扼要的說，要好好利用病人求醫的動機，讓病人談他自己最關心的事情。千萬不要過早打斷病人敘述他的主訴，讓病人談夠了，治療者才可以打岔，引導病人去談跟主訴有關的話題，逐漸擴張需要了解的各個方面。也就是說，開頭的會談很重要，治療者先多聽，然後接著再問問題。

俗語說：「可以把馬拖到水槽邊，但無法勉強馬去喝水。」但是我們也可以說：「當馬開始喝水的時候，就不要打斷，要讓馬口乾的時候多喝點水」，否則以後再要馬去喝水，馬不一定肯喝了。

當病人忙於敘述主訴時，治療者可以同時仔細觀察病人的言行特點，特別是情感的表現，也開始考慮病人的心理問題到底是什麼，是怎樣產生的，什麼動機而想來求治，有哪些事情需要逐漸去探問的；並可以開始初步的病情解析工作，建立初步的心理診斷。

必要時要解釋會談為何談那些話題，其目的何在

隨著時間的過去，大致了解病人主訴，在適當的時候，治療者就可以採取比較積極的方式，去探聽需要知道相關的心理資料。可是有時需要探聽的資料比較特殊，超越一般人的醫學常識，就需要事先向病人解釋，為何治療者想要知道那些方面的事情，讓病人有所了解，獲得病人的合作與協助。否則病人會覺得很奇怪：為何治療者要他談訴一些特別的話題，跟他所主訴的事情好似沒有關係。

談過去小時候的事情

對於受過精神科專業訓練的人，這並不是很特殊的話題，可是對一般的病人而言，有時會覺得很奇怪，為何治療者要他談他小時候的早期經驗。譬如病人目前的主訴是：頭昏腦脹，但為何治療者要他談他兩、三歲時是如何長大的事情，會覺得莫名其妙，不會很積極地為你回述他幼小時如何長大的情況。治療者要好好解釋：雖然目前病人的主訴是軀體性的症狀與不適，但有些人患了軀體性的毛病，跟性格與心理有關，而要了解性格與心理，要了解一下小時候是如何長大的，因此，要請病人描述他自己幼小時的成長經過。經過這樣解釋，病人就會比較用心去報告他早期成長的經驗了。

談父母或其他家人的事情

這也是同樣的道理，讓病人知道一個人的心理與性格，往往和從小的心理

發展有關，特別是跟父母的關係與父母養育的方式或許有關，因此，需要探聽這些資料。要很小心不要讓病人認為是要向父母批判或推責任，認為他們的養育方式有欠妥當，而只是要了解父母如何管教與養育病人，以及其他家人如何對待病人的情況，可間接幫助了解我們病人的目前心理問題是否跟過去有何根源上的關係。

檢查內心的情感或動機

心理治療者最關心的是病人的情感如何，但是，有不少病人不習慣如何描述自己內心的感覺，或者不知道如何說明自己所經驗的感情。比如，治療者問病人，當被同學無理批評時，自己內心是如何感覺，有些病人就會回答：「我認為同學不該隨便批評別人」（只做理由上的說明），而不會說：當時很生氣，氣得手都發抖，很想動手打批評他的同學（自己當時的心情反應）。或者，治療者問當時發覺自己的配偶有婚外情時，心裡感覺如何，而有些病人可能回答：「覺得自己的配偶不該違背自己而做出對不起的事情」（也是只說明道理），而不願意描述當時發覺這樣的事情時，情感上的衝擊很大，幾乎昏倒過去，後來還很傷心，也很生氣等等。由於引發病情的是情感上的衝擊或痛苦，需要去檢驗並面對所發生的情感反應是什麼，也好聯繫病情的來龍去脈，而且經由情感的表露才能進行情感的矯正與補救。因此，治療者要向病人說明，並且練習如何檢驗自己的感情而敘述。

談夢、幻想或做自由聯想

這是治療者想進行分析，了解病人的原本性精神思維時，有時會對病人提出的特別要求。可是，大部分的病人不曉得為何治療者要求病人做這些「奇怪」的事情，跟治療他有何關係與作用。因此，治療者一定要向病人好好做事先的解釋，說明是為了了解病人的潛意識思考或慾望，幫助了解可能與病情有關的情結，而需要去檢查這些特殊的心理資料。並且要病人嘗試，獲得習慣才可以。千萬不要很唐突地突然要求病人報告所做的夢，或者叫病人談腦子裡所想的任何自由聯想的事情，或者胡思亂想的思維材料，把病人嚇壞了。

協助病人能揭露敘述自己的煩惱與問題：基本要領

有些病人不願意談自己的煩惱與問題，而有些卻不知道如何談，或者膽怯猶豫，不敢隨便開口談。因為畢竟是私人性的心理事項，而且是尷尬不好意思的精神材料也說不定。因此，很需要治療者的協助，讓病人能揭露敘述自己內心的煩惱或困擾的事情。至於治療者如何協助病人，在技術上有以下幾個要領。

要專心傾聽，表示關心

這是最重要的一點，要表示很關心，表現出細心在傾聽，想了解病人的心情痛苦。從動作姿勢與表情都要表現專心想聽取病人的訴苦。有人認真想聽，才有人想敘述，這是很簡單的道理。千萬不要去翻病歷、接聽電話，或者喝茶，看窗外的風景，好似不關心似的。要把軀體趨向病人，兩眼注視著病人，兩個耳朵豎立著去聽，病人才會認真敘述他內心裡私人性的心情痛苦。

要能時時給予反應，適當表現同感心的了解

要病人繼續談自己所關心的事情，或者治療者想知道的事情，治療者要時時表現認真在傾聽，並且很了解。而要病人知道你在傾聽，並且能夠理解，就要時時給予口頭與表情上的反應，隨著病人所說的，隨時反應說：「是嗎？」「後來呢？」「那真是麻煩了！」「那你怎麼辦呢？」等這些答腔，提供信號，表示你在聽，讓病人知道你在聽且了解。這些短的答腔不會打斷病人的思路與繼續談話的趨勢，但會鼓勵病人繼續說下去。「那真是不得了！」「一定很難過吧？」「那你怎麼辦呢？」等這些話，可以讓病人知道你能以同感心去體會，並可以了解他所說的事情。只要有知心人，人們就比較願意談他自己的心事給你聽，並獲得你的了解與支持。

有技巧地引導會談的進行與方向，並提升其了解的層次

要能適當地「指揮」會談的內容與方向

治療者不能只是被動地傾聽，還得比較主動地指揮病人要多談的話題，引導會談的方向。治療者要如交響樂團的指揮一樣，拿著指揮棒指揮樂團團員的演奏。我們都知道，好的指揮會引導誰（拉琴的）要大聲一點，哪些（打鼓的）要小聲些；哪一段落大家要演奏快些，或者慢些，而另外一段要盡量演奏得平靜些，或者要激動些等等。同樣的，操作會談的治療者也要像樂隊的指揮者一樣，有技巧地引導病人的會談，哪些要多敘述些，哪些可以少談些，哪裡要詳細談，或大略談談就可，要很積極但很順利地引導會談的進行才可以。

對於關鍵性的事情，要求多說明與解釋

假如治療者發覺病人所談的是很重要的話題，治療者要懂得向病人要求多說明一下。治療者可以說：「你剛才談的事情，看來很重要，是否仔細說說看」；或者說：「你剛說的，我不太聽懂，請你再說明一下」，這樣可以督促病人多詳細為你解釋。有些治療者雖然聽懂，但為了病人多詳細說明，就故意「裝糊塗不懂」，好讓病人多說明，讓病人經由敘述表達而自己更能明白並且意識化，達到治療的效果。

譬如，病人談到他父母的情況，說「父母」對他都不關心時，治療者可以插嘴問：「你說是『父母』，到底是父親或母親？是誰對你不關心？」因為父母畢竟是兩個人，不可能都是同樣的，因此如此要求分別描述，會比較清楚到底是父親或母親，他們有何異同，不會把兩個人混在一起談。有時，病人不好意思特別指定是父親或母親，就說「父母」（兩人），而不會特別指出是父親或母親的關係。同樣的，病人說「孩子們」時，也可以請病人述說到底是老大或老二，弄清楚是在講哪一個孩子，不要群體性的指稱。

假如病人說：「他（丈夫）對我很『好』」時，可以請病人說明丈夫是如

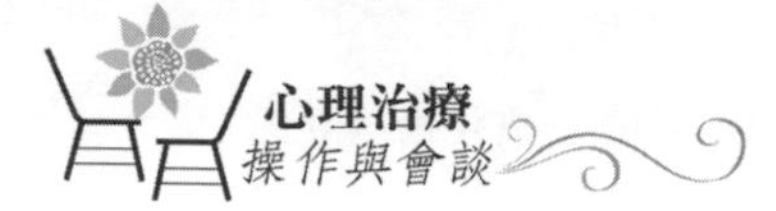

何對她「好」，請舉出一些具體的例子來說明，才會知道丈夫是如何對妻子好。是常常（晚上到外面去喝酒）半夜很晚才回來，回來時，會買些東西送妻子的「好」；或者，下班就回來，跟妻子一起吃晚飯、聊天，也關心家裡的事情的「好」，這有天大的差異，也有不同的意義，要能澄清才好，不要讓病人很籠統地說，「丈夫對我好」，無法確實知道丈夫對待妻子的情況。

當然，治療者不能請病人把每句說的話都澄清說明，但是有些比較關鍵性的事情，就得仔細探問，不要讓病人含糊或籠統地帶過去。

隨機抓住病人所提的「關鍵語」而開展會談的方向

當治療者聽病人講話時，不僅要去聽所敘述的談話內容，還得用腦子注意病人在談話中所提的關鍵語，而好好利用，不要錯過機會。所謂「關鍵語」就是病人所關心而強調的詞句，常附帶表現其所連帶的背後情感，是跟病人所患的病情可能有連帶關係的字句，在病人談話中會出現；而且有時重複性地出現。因此，治療者要能把握住病人所說出的關鍵語，並且不要錯過機會，要就病人所說的關鍵語而請病人再詳細敘述，特別澄清連帶的情感情況。這樣就可以幫助病人能更進一步有深度地揭露內心裡重要的心思，也會幫助治療者把病情的來龍去脈弄清楚。

譬如：一位七十多歲的男性病人，在他一輩子裡，學習也沒有完成，工作也沒有成就，婚姻也不順利，先後結婚兩次都被妻子遺棄，自己覺得生活沒有樂趣，曾企圖自殺兩次都沒成功；目前跟一位中風而半身不遂的女人同居，照顧這個軀體殘廢的女人。跟他會談時，在短短二十分鐘的會談裡，就談起「相互依賴」、「自我破壞」、「人生的目的何在」等詞句，而這些各個詞句都是關鍵語，反映他一生的特點，可說是他人生的「反照性風景」，也是他目前腦子裡所想的心理事情，每句話都可隨時抓住，並用來請他進一步敘述而澄清，並說明這些詞句的背後意思是什麼。透過這些關鍵語（或者反照性風景），我們可以了解此人在他一生裡，總覺得需要依靠他人，而總是被遺棄（自己的父母、兩任妻子，以及五、六個曾經看過他的治療者），覺得人生很孤單。目前卻找到一位殘廢需要依靠他的女伴，相依為命（也可說是跑不掉，可以讓他依

賴的對象），但自己內心裡又很氣自己被纏著，無法脫離，感到很氣，想爆發，做出一些毀滅性的行動（猶如從前的自殺企圖），心裡總覺得人生這麼活著有何意義（詳情請參考第一章案例二：「**一輩子什麼也做不成，怎樣的治療都沒效的老年病人**」）。可見病人所說的一、兩句話，就如透過小窗子而可往外看的「反照性風景」似的，可以一目了然看出此人的心思。因此，會談中就要去注意這些關鍵語，並用來引導病人的會談。對此老病人，治療者可以說：「剛才你提到『相互依賴』這句話，是指什麼？是否可以談談你內心裡想到什麼事，而提起這句話？……」這樣就很順利可以誘導他去敘述說明他一輩子依賴父母、妻子、治療者，而都被遺棄的情況，也可以接著跟此病人談將來結束治療時，不要覺得又被治療者「遺棄」了的準備工作（請參閱第十六章：「**如何準備輔導的結束**」）。

要去體會字裡行間的意義

當病人談話時，治療者不僅要去聽病人所講的話，還得用腦子去思考，並且很注意病人講這些話的含義如何、背後的意思在哪裡，探討字裡行間的意義。有經驗的治療者常說：「要用第三個耳朵去聽」，也就是這個意思。即：除了用我們腦袋上有的左右兩個耳朵去聽對方講的話以外，還得用（象徵性的）第三個耳朵去聽且體會病人內心裡想說的含義。

如何使用第三個耳朵去聽且體會病人所講的話呢？可以注意幾個要點。要注意病人的表情，因為表情往往能表露內在的情感。病人口頭上所說的，常是透過腦子而談的比較理性的話，而臉上表情、聲調或動作比較是表現實在的感覺。譬如一個人雖然嘴巴上說：「被同事當眾批評了，也習慣了，並沒有什麼了不起」，可是其表情卻顯得很不愉快，就知道還是採取表情的表現而判斷病人的內心反應。假如病人口頭上說：「配偶去世，雖然難過，但我還可以應付」，可是病人的眼淚就要奪眶而出，還是要去了解，病人心情上仍是很在乎的。假如病人花費很多時間與精力來說明，雖然被上司批評了自己的表現，並沒有很在乎時，治療者就要考慮為何病人不那麼在乎，但還得花費許多精神來解釋，自己不在乎的心理反應。

陰陽兼顧：要注意表露談吐的資料，也要探討隱藏沒提起的話題

這是比較不同層次的技術，不但要聽病人向你敘述的事情，腦子還得去思考應該可以談的事情，病人一直回避而還沒談的人物或話題。譬如：病人滔滔地敘述他的父親如何對他很凶、管教很嚴、常低貶他時，治療者在腦子裡就要想，父親這樣對他不好，而母親到底在幹什麼，有沒有保護他，或者因為母親過分保護與偏袒病人，才讓父親更特別反應，嚴格管訓且對待他。或者，一直談父親多不好，但都沒談母親的事情，是否有特別的原因？是否母親沒住在一起，母親毫無性格，沒對病人有所影響，或者母親對病人過分寵愛，而病人不好意思提起母親對他的情況？總之，治療者要提問：「你談了許多關於父親的事情，是否也談談你母親的事情」，幫助病人去談論沒提出且敘述的人物或話題。

當病人談到夫妻關係，而把時間都用在你說什麼、他說什麼這類的事情，而沒談起夫妻間的親密程度，包括性生活如何，都要去注意，並且考慮是否幫助病人去談這些還沒談的話題等。

要能連接先後所提的要點，焦點化，並襯托出其連貫性

治療者要全副精神去思索，病人開頭說些什麼，後來話題轉換為什麼，什麼話題還沒談到，而且在每個段落的會談裡，到底提出了什麼要點，透露什麼關鍵性的事情；然後，想辦法綜合性地把要點連貫起來。這樣也就順理成章的會知道下一步宜把焦點放在哪裡，有個連貫性與整體性的了解，也好幫助完成病情的解析工作。不僅是每次的會談宜如此，先後的會談要注意這樣連接，一次接一次有所連貫性地進展。譬如，上次會談花費了時間談他的父親，而這次的會談，就可能把焦點放在接著談母親的事情，或者順著談父親的事情以後，談論他對男性權威者的來往關係等等，要有個策略性的選擇與考慮。

要能分別話題的輕重而去探討：從輕的問題逐漸進入比較嚴重的問題

技術上來說，要讓病人從比較簡單的話題開始談，比較沒有困難的事情較容易談，然後，逐漸遷移到比較嚴重且困難去談的話題。這樣病人才能對會談習慣以後，可以克服其覺得尷尬或害羞的感覺（處理阻抗作用），而逐漸面對比較嚴重的話題。譬如：先談談他過去在學校的適應如何，跟老師相處的情況以後，然後準備談最近為何被老師處罰，或者被開除的情況。談男女間的矛盾也是一樣，可以先談他們開頭是如何見面而相識，是為了什麼因素而喜歡對方，而後來怎樣才逐漸發生衝突，而這次為什麼鬧得那麼厲害，對方還要鬧自殺等等。如此，從輕而逐漸往難的話題進行，可以幫助了解事情是如何發展的，也比較容易幫助病人逐漸縮小範圍，去面對最要緊而尷尬難談的事情。可是，萬一病人表現很難為情或不舒服去談的時候，就得適可而止，不要過分緊迫追究。特別是病人要求以後再談時，就得聽取病人所提供的信號，停止繼續追問。

要懂得處理阻抗現象，幫助病人能揭露內心的煩惱

這是會談上很重要的關鍵性技巧，如何認出病人所表現的阻抗現象，並且判斷與決定如何處理其阻抗現象。所謂「阻抗作用」，指的是：當一個人內心意識到會令他覺得尷尬或難為情，或者情感上不好受的事情時，自我會發生阻擋的作用，不讓其難受的事情浮現到意識狀態，是自我的保護作用。在治療過程裡，假如治療者要病人回想過去曾經遭遇的痛苦創傷或難為情的事情時，病人的情緒就開始不穩定，不肯去回憶，想辦法回避，是阻抗現象的表現；或者治療者要向病人指點分析內心的情結時，由於讓病人感到尷尬或不舒服，也會發生阻抗的現象，拒絕接受治療者的指點與分析，間接妨礙治療的進行。

至於表現的阻抗現象，可以經由各種方式出現。譬如：直接反對治療者的指點或分析的內容，評論治療者不了解病人或是不對的解釋；或者病情變得不穩定，甚至惡化，表示無法接受其刺激並傷害自我的指點；或者採取行動化的反應，不來接受治療或者停止會談一段時間，然後再恢復會談等。這些阻抗現

象的表現，示意著病人的自我沒那麼堅強，無法接受過去創傷的回憶，或者治療者的指點過早，讓病人無法招架與接受。

針對這樣的情況，治療者要事先向病人做解釋，並且要求病人能跟治療者合作，假如會談中任何話題的討論或治療者的指點讓病人不舒服時，要隨時讓治療者知道，好提供支援，穩定情緒，或者停止過分或過早對病情情結的指點與解釋等。否則，病人發生阻抗作用，採取行動化的反應，自己停止治療時，就不太妥當。因此，治療者要很敏感地時時觀察病人的心情反應，不要一味地要病人回述過去的所有事情，過於追究，讓病人發生嚴重的阻抗現象，影響治療工作的情形。如何適當地考慮時機，斟酌指點的輕重程度，是治療者要能好好判斷的技術。

總結：會談要朝向終能指點、提議、輔導的方向推行

會談的目的不僅是要施行心理資料的蒐集，以便進行病情解析，完成問題的心理診斷；最要緊的，還是要能提供輔導，幫助病人能處理與適應所面對的心理困難。因此，所有的會談操作從一開始就要考慮此目的而進行，能配合適當的時機，提供指點、輔導改善的方向，這才是會談的真正目的與課題。總之，會談的進行是要有其目的，是為了治療的操作而有策略性地進行。

第 8 章

如何依靠會談而進行心理診斷與病情解析

臨床診斷、心理診斷、病情解析

為了了解病人的問題，好施予適當的心理治療，治療者需要能完成三種診斷上的課題，即：臨床診斷、心理診斷，與病情解析。讓我們澄清說明一下，這些不同的課題各是什麼。

臨床診斷

這指的是精神醫學上的疾病診斷，如：精神分裂症、強迫症、創傷後疾患、邊緣性格障礙等。根據既有的診斷系統，按照疾病的定義與診斷條件而下診斷。這是醫學上的習慣，認為每個病人要下個臨床上的疾病診斷，有了疾病的診斷，接著就可以決定如何施予治療。譬如，診斷為盲腸炎，就要開刀治療，而胃潰瘍又如何治療等等。可是，在精神科的領域裡，並不像外科或內科似的那麼單純與具體。雖然精神疾病有診斷系統可依據，可是精神病的臨床診斷，頂多對藥物治療的藥物選擇與病情預後的推測有點幫助；可是對心理治療本身的施行，幫助並不太大。為了心理治療，需要的是另外的心理診斷。

心理診斷

所謂心理診斷，是要從心理的立場去判斷病人所患的心理困難是什麼。雖然心理診斷並沒有系統性的診斷歸類可依據，只能就病人所患的心理問題或困難做描述，但可以幫助治療者在腦子裡使用，並且也可以用來向病人說明與交代，作為治療的準繩等。

心理診斷的範圍很廣泛，可以就症狀性說明病人目前患著焦慮、抑鬱狀態；也可以就所面對的心理困難而說明，如：學習的困難、對環境的適應困難、人際關係的不熟練、夫妻間有情感問題等等；也可以就性格方面的問題而說明，如：病人對自己信心缺乏、性格不成熟、缺乏自我的認同等等。有時可以就情結而說明問題的性質，如：沒有解決親子三角關係情結問題等。總之，用來形容病人所面對的核心性心理問題，也是心理治療上的輔導課題。

病情解析

除了心理診斷以外，治療者還需要能對病人的病情做個整體性的病情了解，稱為病情解析。要能動態性地做個解釋，為何病人會發生這些心理上的問題，以及所患的心理問題的性質是什麼，其來龍去脈是什麼，提供可解釋性的說明。通常，我們要對病人進行整體性病情了解，要從病情發生的生物學因素、心理因素和社會文化因素此三層次來探討與解析。

生物學因素的探討

要考慮病人是否有軀體性、器質性、生理性、遺傳性的病因等生物學因素，譬如：腦炎、癲癇、頭部外傷、甲狀腺障礙、物質濫用、家族遺傳傾向等等。並且要了解這些生物學因素對目前病情的影響情況，以及病因上發生的作用。

原本性病因——這主要說明所發生的生物性疾病，就是精神病狀發生的原本理由。譬如：得了腦炎就隨後發生智能方面的障礙；得了頭部外傷後，半年左右就出現性格上的變化；患了甲狀腺的障礙而兼有出現情緒焦慮，並且容易

激動的脾氣；物質濫用後，就發生精神狀況的障礙，附帶發生行為上的問題；或者家裡有許多患抑鬱症的家族史，而沒有特別的理由，病人也出現憂鬱的病情等，都是生物學因素為主而發生精神疾患的情形。

補加性因素——生物學的因素，把原本精神疾患的情況變本加厲，把病情複雜化。譬如，患了精神分裂症，情緒不會控制，容易發生暴躁的行為，跟人打架，導致挨打，頭部受傷，發生腦部的器質性變化，呈現附帶性的腦症狀；患了抑鬱症後，開始物質濫用，結果附帶且連貫性地發生物質濫用而帶來思維與行為上的問題，如產生幻視或妄想等，把抑鬱的病情複雜化，不容易區別何者是先來的原本問題，而何者是後來的補加問題。

後果性現象——很清楚的，精神疾患在先，而後來引發生物性的問題，兩者間有先後相互的關係。譬如，得了妄想病，發生誇大妄想，相信自己有特殊的身分，攝食特殊的物質，如：包括含汞的成分，結果腦部受汞的影響，續發中毒性的腦障礙；或者患了精神分裂症，流浪在外，沒有適當的飲食，患了維他命的缺乏，間接發生缺乏維他命的腦症。

併發共存現象——精神上的疾患跟軀體的生物性疾患同時發生，但少有相互的影響關係。譬如，患了焦慮症，但也得了胃潰瘍；得了強迫症而也患了肝炎等。兩種疾患並沒有可說明的連貫性關係。

心理因素的分析

關於心理因素，可以從幾個方向來著手進行解析，探討對病人心理問題的性質與來源。

早年經驗與過去創傷——特別是在嬰兒或孩童階段裡，可能遭遇過的挫折、壓力，促成心理上的打擊，或被養育管教的方式不妥當，形成心理或日後性格上的毛病。譬如，在嬰兒階段，母親去世，而由奶奶帶養，可是奶奶沒多久也去世，日後由幾個不同的保母帶大，經歷數次的「喪失」（養育者）經驗，發生對依賴感的威脅，對代替性客體（如玩具、乳頭，或被單等）發生黏密性的行為，對日後跟人離別時，就容易發生強烈的抑鬱反應。在孩童階段，總是被繼父嚴格管教並處罰，出現日後對男性權威者（包括老師、員警等）總是抱

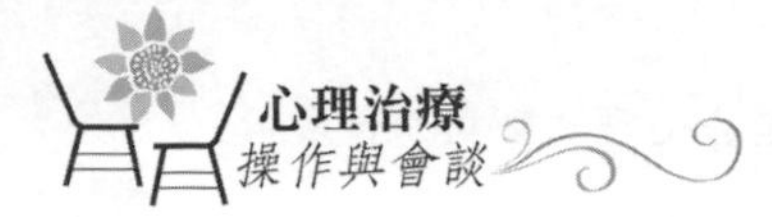

著敵對、警戒與反抗的心理。

不僅是早期的經驗，在青少年或青年的成長階段所面對的各種挫折或創傷，包括和父母的親子關係上的問題等，也可以構成心理問題的原因。比如：從小父親就去世，而由單親的母親撫養，但到了青春期，就開始討厭母親過分跟他親近的關係，產生對母親的反感，極端時，還動手打母親，表現行為上的問題。

發病前引發因素——在病人這次發病前，是否遭遇哪些心理上的打擊或困難，導致疾病的發生。時間上的相關因素，內容上的連貫性因素說明其先後的因果關係。譬如：在工廠辛苦工作數年，期待升等的年輕男性工人，當工廠裡有空缺，可以升等的時候，卻沒有獲得升等，而由比他年輕的其他工人升等，心理打擊很大；同時由於這樣的緣故，跟他交往數年的女友認為他是沒有出息的男人，而跟他斷了關係，更是增加心理的打擊。結果發生躁症似的精神狀態，自己以為將獲得諾貝爾工業獎金，並且知名的女性電影明星是他的女朋友，表現誇大妄想。而這些妄想的發生不但跟打擊產生有時間上的關係，而且其內容也有所關係，可讓我們推測很有因果性的關係。

發病後的症狀內容表現——另外一個途徑，就是經由病人所表現的精神症狀而倒過來推測其心理問題。譬如：前文中所提的病人其誇大妄想的內容，即：誇大相信自己將獲得諾貝爾獎金（跟他沒獲得升等是相反的情況），而且妄想知名的女明星是他的女朋友（跟他被自己的女朋友遺棄是相反的結果），而可以推測這些症狀的背後，乃表示病人所患的是工作與交異性朋友的失敗，再加上自信心的缺乏所發生，是依靠誇大的妄想來彌補自卑的心理。

發病後所得的續發獲益——有些情況所表現的精神症狀，不但有其心理意義，反映所面對的心理問題，還會給病人帶來「續發獲益」。特別是患癔症或疑病症的病人，其所發生的精神症狀或現象有其續發獲益，而從病人所得的獲益，可以知道其病情發生的原來問題是什麼。譬如：小孩發生了癔症後，可以不用上學的話，他本來所面對的問題是跟上學校有關的問題；大人發生了癔症後，就不用上戰場，就是本來害怕上戰場而發生了癔症。可反過來去了解其所面對的心理困難是什麼。

社會文化因素的剖解

這要考慮周遭社會環境與文化上的習俗與價值觀，如何促成病人目前的病情。

社會環境裡遭遇的現實上壓力——比如：到外國移居，難以適應語言與生活習慣全然不同的新環境而發生困難；從鄉下搬來大都市，不習慣大都市的學校與跟同學們的來往關係等；或者被人以少數群體或低劣民族對待，影響自卑的心理狀態等。

社會環境對病情發生的引誘因素——受四周的同伴誘惑而一起沉溺於物質的濫用行為；跟大家吃喝賭，被引誘發生犯法的行為。面對自然災難、戰爭的影響而喪失自己家人，引起心情上的打擊等。

文化習俗觀念對病情發生的左右影響——相信民俗性的觀念而產生某種恐懼心理；或者信奉特殊的宗教而相信脫離現實的思維，也表現奇異的行為等等。譬如，相信性行為過多，會影響陰陽的平衡，過分喪失陽氣，而發生縮陽症；產後沒有滋補，就容易患產後抑鬱症等；被鬼神嚇壞了，就精神恍惚，失掉靈魂似的；被鬼神附身，就發生不由自主的解離精神狀態等。

結合學理與經驗，推展診斷與解析的方向

要進行有意義而有用的病情解析，需要依靠既有的學理上的知識，以及累積的臨床經驗，才能分析得快而且方向適當。精神醫學與臨床心理學中既有的學說很多，讓我們略舉若干，做個說明。

分析學說

心性發展學說——這是精神分析家所提供的最重要的學說之一。主要說明一個人的心理是隨年歲與成長而經歷階段性的發展，即：口慾期、肛門期、性蕾期、潛伏（同性）期、青春期、生殖（異性）期，而且在各個階段有其特殊的心理課題。假如在某階段發生了發展上的挫折或困難，就無法完成其心理上的課題，而且會影響下階段的心理發展；是依序按階段而成長的。

潛意識學說——也稱「人格層次學說」。這也是精神分析家所提供另外一個重要學說與觀念，認為我們的精神活動並不只是在意識層次進行，還包括潛意識層次。在意識層次不容易被接受的思維、慾望或情感，會經由潛抑作用而被潛抑到潛意識層次，並經由阻抗作用而存留於潛意識境界，以保護自我；但經由阻抗作用的減除，可以浮現到意識的層次，而且經由「意識化」後，可面對而用來施予治療。

人格結構學說——跟人格層次學說相配而有所不同的學說，就是人格結構學說。此學說認為：我們的人格包括：「原我」、「自我」以及「超我」的三個部分，相互發生作用而表現我們的思考與行為。原我是比較原本性的自己，包括本能、慾望與感情，是精神活動的原動力。超我負責對思考、情感與行為表現的評判性功能。至於自我司掌自己精神功能的執行，對下滿足原我的慾望與需要，對上接受超我的評判與管理，而對外適應現實的情況。這三種觀念上的人格部分要相互平衡，假如失掉其平衡，某部分過分表現，忽略其他，就容易發生人格上的非平衡問題。

動態學說——這是精神分析學說的基本觀念，認為我們的精神活動都是動態性地發生運作與變化，目的在適應整體的生活與環境；即使是病態性的現象可看成是一種適應，其症狀往往有其目的與作用。

轉移關係的觀念——這是分析性心理治療上的觀念，認為病人對治療者所發生或表現的關係，往往是跟他自己幼小時，對自己重要養育者（即：父母）的關係（包括情感、態度、角色扮演）的轉移，也是治療上需要去觀察與發覺，並了解過去對養育者的關係是如何，需要如何更正或修改。是治療上的診斷，也是可以用於治療的資料。

壓力學說

這是心理學上對壓力的學說，認為一個人對壓力的反應受幾種因素而綜合決定其反應結果。首先是壓力本身的性質與嚴重程度；越是嚴重，個人就越難以招架與應對。其次是本人對於壓力的感知，如何看待壓力，隨其感受而得到壓力的反應；越看成是嚴重，其反應也就更大。接著是接受壓力以後，是否能

得到四周人的支持而去應對壓力的來臨；假如有足夠的支持，就比較容易去應付壓力，否則就比較吃力。最後的因素是個人本身的因素，就自己的心理與性格，包括應付壓力的自我能力與防禦辦法；自己有適當的方式去處理，壓力也就比較容易被應對。這些因素統合起來，動態性、綜合性地決定對壓力的總結性反應與適應結果。除了所面對的壓力本身以外，別的因素（如對壓力的看法、處理應對的方式）都可以經由心理輔導而加以影響與更改，左右對壓力反應的總結果。

學習學說

這也是心理學上的學說，認為我們的思維、情緒與行為，是透過學習的過程與條件化的作用而形成的。經由其心理與行為的反應，在適當的時機提供適當的條件化因素，就可左右其學習的方向與結果，更改我們的思維、情緒與行為。換句話說，提供正性的條件化因素（即鼓勵），該行為反應就容易繼續發生且被維持，而提供負性的條件化因素（即處罰），該行為反應就容易消除。因此，如何認定需要更改的行為，而提供適當的條件化因素，來左右其行為的變化，達到比較適應性的行為表現，便是心理輔導的要領。

認知學說

為了方便，心理學家把我們的心理與人格劃分為：感知、認知、情感、本能、慾望、情緒、態度、意志等各種不同性質的功能。其中所指的「認知」，是關於我們對各種事情的認識與知曉。認知學說乃說明，我們所認識與知曉的事情會連帶性地影響我們的情緒與感情；而且許多非適應性的心情與行為，是根據非適應性的認知的結果。因此，經由認知的層次去調整更改，也就可以連接性地更改情緒與感情。由於認知就是表現在思考的方式，因此，也就容易就思考的層次下工夫，更改糾正其認識、知曉與思考，接著就連帶性地調整情感與情緒，包括態度。這是認知治療所依據的基本學理。在病情分析裡，就著重去探討哪些是非適應性的認知性思維，而就其思維進行輔導的工作。

系統學說

關於人與人的關係，不管是男女朋友、夫妻，或者家人或小群體，個體都時時跟對方或別人相互接觸，並發生互動性的反應。因此，跟個人自身的反應有不同，是群體性的反應。而當群體發生反應時，群體的反應會遵循系統的原則而進行，即個人所採取的反應，都會連鎖性、反應性地發生到對方或群體成員，而且群體企圖保持其平衡與穩定性，需要很特殊的力量才能更改其整體的系統。這種觀念常被用於與夫妻或家族治療的工作裡，以了解夫妻或家族的相互反應，包括非適應性的關係、來往、角色的扮演、聯盟的形成等等夫妻或家庭的人際關係。

以上簡單敘述的是各種學理，治療者熟悉這些學理的話，就比較容易運用其觀念來了解病情，是治療者宜熟悉與知曉而懂得運用的各種基本學說（詳細參閱系列叢書：《心理治療：學理與研究》）。

就片段資料而做連接性、系統性、連鎖性探索

經由會談的過程，治療者將會從病人身上得到初步而片段性的各種臨床資料，包括主訴與片段的過去史或現病史；治療者要注意如何把這些片段性的資料湊合起來、連接起來，形成比較有連貫性的總體資料，達到初步病情解析的目的；並且繼續會談、探討與了解所需的其他資料，完成有系統而完整性的了解與體會。為要將這些看來片段而毫無相關的資料企圖把它們連接時，就得運用既有的學說，再加上臨床上的經驗，發覺各個片段性的心理意義，這樣才可以把它們連貫起來，達到整套性的說明、整體性的解釋。

比如：一位十二歲左右的青少年男孩子，原本是個很乖的兒子，最近不知何故，常對自己的母親很粗暴、不耐煩，甚至有時還動手打母親，而以此主訴被帶來就診。從此男孩的發展史上得知，父親常忙於工作，很少跟母親或兒子在家相處，而寂寞的母親就把全副精神投注於自己的兒子。結果，這個男孩子從小就被母親溺愛。小時候被母親寵愛並沒有問題，但從進入青春期以後，就

開始有所不同。此男孩不但體型長大，猶如小大人了，但脾氣也變得很大。假如母親對他說些什麼關心他的話，或者對他發生體膚過分親近些，他就發大脾氣，讓母親不解，也很擔心。

這些片段性的臨床資料，初步看來，不知如何去連貫起來，但假如我們使用心性發展的學說，就可以了解。也就是說，此男孩雖然一直被母親寵壞，但在早期的發展階段，即：口慾期或肛門期，都沒問題的。甚至到了性蕾期也沒什麼太大問題的表現，因為父親常不在家，沒有形成親子三角關係的情結衝突性問題（即父親、母親與兒子三人間的感情上競爭與嫉妒性關係）。可是此孩子到了同性期，情況就不同。因為同性期（也稱作潛伏期）通常是兒子需要跟自己異性的父母（即母親）逐漸離開，而跟同性父母（即父親）親近與模仿的階段。可是由於父親常不在，得不到跟父親親近、學習、模仿與認同的機會，使這男孩感到缺乏男孩子的信心，內心掙扎，感到需要表現男人氣概。可是在此階段（是男孩需要跟自己母親逐漸疏遠的階段），母親卻仍偏偏照舊還想跟他很親近，結果此男孩就受不了，也就藉著發脾氣，甚至動手等暴行，來驅除對他過分接近的母親。也就是說，我們從心性發展階段的角度可以了解：青春期的男孩對跟他過分親近的母親發生反抗性行為的理由。而且最重要的，就是根據這樣的病情解析以後，我們可以知道對此個案需要輔導的方向是：要幫助母親跟青春期的兒子保持適當的距離，避免過分的體膚親近；而相對的，要鼓勵父親跟兒子接近，讓男孩子有機會跟父親學習與認同，達到青春期的心理需要。

隨輔導治療而發覺連帶性新資料，隨時修改病情解析

通常，只依靠首次的會談，不一定能獲得所需的全盤性病情資料，而可完成病情解析；常需要經由一次次的會談，並依靠治療者的適當引導，病人才會繼續提供新的或者補充性的資料，讓治療者能根據這些新的或補充性的資料繼續進行整理與解析，做必要性的病情解析。因此，病情的解析可隨其增補的資料時時進行繼續性修改；逐漸趨向比較完整的解析結果。可是一般來說，假如

從頭就得到所需的主要資料，並能進行適當的解析，其基本上的解析日後並不太需要更改或修正 ，而只需要增加說明與澄清而已。

讓我們舉例說明，如何經歷三次的會談，而逐漸更正、修補與完成病情解析的經過與結果。病人是三十歲的男性，因為動手打繼父，家人報警，以家庭暴力行為而被員警抓，可是員警發現他的言語有時不符合道理，也就讓他住進精神病醫院，以便進行精神檢查。

首次會談

病人說明他五歲時父母離婚，於是他跟妹妹就跟母親住，而當他九歲時，母親跟繼父再婚。病人還說，從小繼父對他嚴格管訓，而且常批評與低貶他，讓他覺得很自卑。也因為如此，病人對繼父很不滿，也有反抗心。這次，繼父又說些壞話，讓他很生氣，控制不了情緒，因而動手打了繼父，甚至找到一根鐵條，揚言要打死繼父；繼父害怕，就叫了員警。

除了這些主要的問題，關於過去史，病人自動提出他在十二歲時，曾經在商店裡偷女人的內褲而被發現，判了偷竊的罪。他承認自己有戀物症的毛病，喜歡女人的內褲。經由詢問，病人說他從沒結婚，曾經跟一位女友來往，但女友心臟有毛病，突然去世，曾對他造成心理上的打擊。

在談話當中，病人有時說些話，其內容離題，或說的話並不容易讓聽者了解。治療者推測因為是首次會談，病人跟治療者並不很熟悉，再加上有點精神病思考上的障礙，也就沒再繼續過問許多事情。但從初步所得的資料，卻可以讓治療者做個大致的推測，包括初步的病情解析。即：病人跟自己的生父離異，得不到父親的關照與親近，而跟繼父關係不好，難以認同，對自己性別的認同可能有問題，因此，不敢跟女性有正常的來往，而依靠迷戀女性的私人性物品（內褲）而獲得性的刺激。

第二次會談

病人跟治療者已經比較熟悉，因此談話也比較能放心地談。在治療者引導下，他談起關於他的戀物症的經過。他說明，最早是當他十二歲，青春期發育

後，開始偷母親與妹妹的內褲，拿了她們的內褲，用來手淫，刺激自己性慾。由於他十五歲時被母親發現偷了妹妹的內褲，在母親安排下，搬去跟生父住在一起一段時間。當時父親已經再婚，繼母很年輕，他們三人住在一起，看到年輕的繼母，常讓病人感到性的刺激，結果也想辦法偷繼母的內褲，可是被父親發現而被趕出，無法再跟他們住在一起，只好又回來與母親及繼父住。

病人還說他一出生就患脊椎瘤，壓迫膀胱，尿失禁，在小學時常控制不住而尿失禁，濕了褲子，老師就叫母親送來褲子，被同學笑是「又濕了褲子的孩子」、「媽媽的孩子」等，讓他感到很害羞也自卑。

他從沒有自信交女朋友，一直到二十五歲時才認識了一位年紀比他大兩、三歲的女性朋友，但不算是親密的「女朋友」，只是相識而已。可是有一次，此女朋友心臟病突然發作而去世，讓他很震驚。也因此，日後沒再嘗試跟女性朋友來往。

這次的會談增加了一些資料，好修補病情解析，即從小常尿失禁的情況，更使他失去對自己的信心。而被繼母刺激，偷了繼母內褲，卻被父親發覺而處罰（被趕出家），是個閹割性的創傷，嚴重影響他的心性發展。

第三次會談

經過兩次會談後，病人跟醫師比較熟悉，也更放心談他的心性問題。病人說，由於他總是「母親的兒子」，受母親的特別照顧，繼父對他很不滿，而且對他很凶，結果讓他很膽怯，沒有自信，養成內向的性格。青春期發育後，不敢跟女生來往，總認為女生都不會喜歡他，因此，自己夜裡常幻想「不好的念頭」，常想跟自己的妹妹發生不倫的關係，又覺得很不對，也就想辦法去偷鄰居曬的女人的內褲，用來滿足自己的性刺激；就這樣經歷長年時間，無形中養成喜歡偷女人內褲的習慣。

如此，經歷三次的會談，我們就比較能完整性地了解此病人所患的心性問題的情結，也明白治療的方向，即如何鼓勵與培養他的男人信心，練習跟女性來往，而不用依靠女人的私人性物品來滿足性的刺激。

實例說明

案例一 搬去跟父親與繼母住在一起後發生抑鬱的年輕女性。

第一節 病情報告

個案報告

病人是十九歲，單身，念專業學校的女性學生。她的父母雙雙來自於菲律賓，婚後移居美國後生下病人。因此病人算是菲裔美國人。病人最近幾個月來，感到很抑鬱，自己來門診求心理輔導。

根據病人的敘述，她的父母從結婚後關係一直不好，感情不睦，而當病人在四歲左右，終於分居；到了病人九歲時，他們才辦理了離婚手續。父母分居後，病人就跟母親住在一起，直到最近；數月前，才跟母親分開，搬去跟父親住在一起。父親已經快六十歲，幾年前就再婚，娶的是三十多歲的年輕妻子，因此，繼母比病人只大十多歲。

病人敘述她幼小時就過得很不好。因為自己的父母感情不和，母親常哭泣，而且向病人說，假如病人沒生下來，早就跟對她不好的丈夫離婚，說生下病人變成是個累贅。因此，讓病人常覺得自己是不該生下來的人。當父母鬧離婚的時候，父母就曾為了她（病人）而吵，父親跟母親都不想負責養育病人，讓病人覺得自己是沒人要的孩子。

父母離了婚以後，按理父親要向母親按月付贍養費，好讓母親與病人過活；但父親常不按期交付，而母親就叫十幾歲的病人到父親那裡去要，並且按母親的吩咐說，需要贍養費來繳病人的學費、買衣服等等；而父親卻總是罵病人，說：那是母親該負擔的事情，不該是他的責任。由於父親跟母親兩人彼此都不直接談話，病人就被迫擔任父母兩人的「傳話筒」，而且也變成父母雙方

的「出氣筒」，讓病人覺得自己很難做人；沒人喜歡她、要她。

還好，病人自己聰明，學業還可以，念完中學後，總算是考上專業學校，希望將來可以做事獨立生活。可是專業學校的學費很貴，病人的母親說她無法負擔，而父親說，除非病人搬來跟他與繼母一起住，並且幫忙繼母做家事，否則不肯替她負擔學費。就這樣在不得已的情況下，病人離開長年住在一起的母親，搬來跟父親與繼母一起住。

可是這樣搬來跟父親住在一起沒多久，雖然生活條件比較好，不像從前跟母親一起住的時候，還得時時很節省，不敢花費，可是病人的心情卻逐漸不好，發生抑鬱。病人說她抑鬱得無心上課，晚上在自己臥室裡常躲在被窩裡哭泣，半夜也睡不好。病人解釋說：一方面是感到跟長年住在一起的母親離開，想念母親，也覺得有點遺棄了母親，心裡難過。另一方面是看到父親對繼母（只比病人大十歲，猶如大姊似的）很好，常體貼照顧繼母，給她買禮物，甚至還替她買新車；而讓病人想到過去要向父親要點錢，都很難；發覺父親對自己的親生女兒實在很吝嗇，沒有一點關心，而很偏愛繼母。現在還叫病人來他家做家事，服侍繼母，照顧繼母，感到自己被欺負，被自己親生父親冷落，而特別感到悲傷。

第二節　病情解析與治療上的建議

病情解析

這個病情很清楚，是心理因素而引發心情抑鬱的例子。也因此很容易做病情上的解析，特別是從：早年經驗、過去創傷、發病前引發因素各個層次都可以做說明，而綜合性地解釋為何發生心情問題。因此，讓我們就本章所討論心理因素的幾個方向來進行病情的解析。

早年經驗

病人從幼小時，自己的父母感情不和，病人一直就過得很不好。沒有獲得穩定與溫暖的家庭環境和氣氛，缺乏基本的安全感。而且常被母親指責，說她是個「累贅」，讓病人常覺得自己是不該生下來的人。因此，使病人覺得自己是這個世上不被歡迎的人，缺乏對人生的基本信賴感。

過去創傷

雖然沒有遭遇特殊的創傷事件，可是總是面對許多難受的事情與「狀態」，連續不斷而且累積為心理上的痛苦。即：由於父親跟母親兩人彼此都不直接談話，病人就被迫擔任父母兩人的「傳話筒」，而且也變成父母雙方的「出氣筒」，讓病人覺得自己很難做人；沒人喜歡她、要她。

發病前引發因素

最近為了經濟問題（要繳學費上大學），只好離開母親而跟父親住。結果一方面是感到跟長年住在一起的母親離開，想念母親，經歷「喪失」；另一方面是看到父親對繼母很好，相對的發覺父親對她自己（親生女兒）很吝嗇，不關心，而切身體會是被父親冷落（遺棄），而特別感到悲傷。

發病後的症狀內容表現：覺得遺棄了母親，心裡難過；也發覺自己一生被親生父親遺棄、冷落，而感到很悲傷。

總之，這是本來對自己存在感有疑惑的年輕人，最近經歷重複性喪失而導致情緒抑鬱的例子。

治療上的建議

對此病人提供支持性的心理輔導，幫助病人應付目前因喪失而發生的痛苦情況。同時採用認知性治療，幫助病人感知體會並不是自己的不好而被別人不要，問題的根本在於父母彼此的婚姻有問題，作為孩子的自己是受害者，不用自己看不起自己，責備自己。要鼓勵自己能依靠己力應對自己的將來，包括學習、工作與結交異性朋友。因為自己的父母有婚姻上的困難，有時會影響孩子長大後結交異性朋友與結婚的適應，因此需要這方面的早期且預防性的輔導與注意。

病人經由短期的輔導，會有所改善，而且效果可預期，但要提早準備治療結束的工作，不要讓病人感到被治療者「遺棄」，而重複發生抑鬱的情況。短期治療後，接著提供比較長期性、間歇性、追蹤性的輔導，對此病人將會有很大的幫助。

出門怕碰到女士的中年男人。（朱金富）

第一節　個案報告與治療經過

個案報告：病人的自述

我目前是四十五歲的中年男性，在銀行界工作。我出生為家裡的長子。父母三十多歲年歲大些時，才生我。因此，小時候父母非常疼愛，連爺爺奶奶都特別對我嬌生慣養。但是我本身是一個乖孩子，從不惹是生非。大人們經常誇獎我，說我上學非常用功。我上課時，注意力集中（同學們經常說我上課盯著老師從不分神），學習好，記憶力很強，街坊鄰居都很羨慕。我上小學時，經常參加一些文藝演出；而且登台表演活動時並不感到怯場。

可是，記得有一件事對我心理的觸動很大。大概是在我十四或十五歲的時候，有一天到鄰居家去找一位比我大五、六歲的朋友玩，玩了一會兒，我發現他用手玩他自己的小生殖器官，然後他也讓我玩我的小生殖器。因我當時還小，還不懂事，我不同意，但在他的威逼和強迫下，他幫我一起玩，興奮後還泄精。這可算是我的第一次手淫。回家後感到這事丟人，心情沉重、鬱悶。而且從那一天起，感覺到每天晚上睡著後，小生殖器就會起硬，睡不著。夜裡常夢遺，早上起床後犯睏，也不敢告訴家裡人，怕挨罵。以後嗓子開始變粗、臉上出青春痘，越來越多，遇事臉紅，有害羞感。有時感到走路時眼睛總是不能直視，不自主地瞟路邊的樹，眼睛很累。

也是在這個年歲時，還有一次，在學校裡老師問誰丟了五角錢。我一摸我

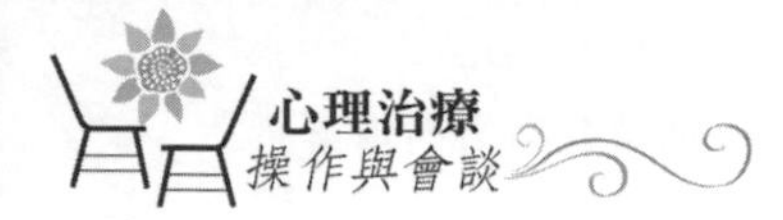

自己的兜，發現自己的錢沒了，就舉手說是我丟了五角錢，老師就給了我。可是後來，我發現我的錢沒丟，趕緊把錢還給老師。可是這件事情的發生，隨後總讓我擔心老師或同學會說我迷財，愛占小便宜，心裡一直忐忑不安。假如老師碰巧一講到小偷、財迷、占小便宜的事，就總覺得是說我自己，臉就紅。

我大概是在十六歲左右感覺注意力開始不集中，眼睛總是不自主的瞟同桌，自己不能控制自己。上課老師提問問題時，臉紅、心跳加快、出汗，無論是批評還是表揚，只要一提我的名字都出虛汗，很苦悶，遇到難題也不敢問老師。與別人一起走路散步，眼睛不是向前看，總是不自主地瞟同行者；看電視不敢與別人並排坐（怕總是瞟視並排坐的人，讓人覺得尷尬），無奈總是自己站到最後一排。有時在與別人並排坐時，為了不讓旁邊的人尷尬，我不得不用一隻手捂住臉，擋住自己眼睛的視線，眼睛非常疲勞。而且很明顯的，遇事很容易緊張、出汗、心跳加快、講話困難。如果和女同學同桌，那更是不能控制自己的眼睛，只有費心用手擋住自己的視線，搞得胳臂痠，眼睛很累。

對於側視別人，當時感覺是眼睛有毛病，去幾家醫院看了眼科大夫，有的大夫說眼睛沒毛病，有的給點藥吃，也沒有效果，結果對治療沒信心。常去看醫師，覺得丟人；反正病情不影響吃喝，我就沒繼續看。

總之，越是不願意看什麼越不當家；越是別人有缺陷的地方，越不能控制自己看；越是別人敏感的地方越不當家；更怕別人說自己透視，是個流氓。特別是到了夏天，不願出門，出門很怕碰到女人，特別是女熟人。明知道作為一個有紳士風度的男人，和人講話時應該看臉部，但總是不能左右自己，要把視線擺開，非常痛苦。有時看到熟悉的女人，不得不繞道走，怕和她講話，怕別人尷尬，怕別人恥笑自己。

我除了側視別人的毛病以外，在上班的路上常數路邊的樹，數樓層，數廣告上有幾個字， 在開會時數人數。同時側視的問題也越厲害，特別是有女人或上司在場的場合，越是不敢看對方，越是不能左右自己，自己非常痛苦，搞得別人也不好意思。

後來，當我三十歲左右，因工作需要，公司讓我講解心算及珠算，以培訓員工 。我當時知道自己的毛病容易緊張、好出汗，不敢接受，但公司主管再三

勸我，我就答應下來。後來到醫院將遇事緊張、好出汗的毛病講給醫生聽，醫生給我開了一瓶安定片，建議每次有要緊事情之前半小時吃兩片，結果效果非常明顯，我當時心情非常好。遇到需要當眾講話等事，就事前吃兩片安定片；但隨著次數的增加，感覺兩片效果不佳，便自己增加了藥量，一次吃三片，效果還可以，能控制緊張。後來吃四片效果也不好，就繼續增大劑量。

不到十年期間，當我已經是四十歲時，吃安定藥已增加到七、八片，但隨著講話次數的增多，吃八片藥講話還心慌，磕磕巴巴，出汗；因此，沒請教醫生也就自己增加到九片才感到有鎮靜作用。再過兩、三年，需要吃十五片才能鎮靜，但吃藥之後剛講完話，就昏昏沉沉，有時就睡過去，幾天後仍感覺昏昏沉沉。

由於不吃藥無法發言講話，吃了過量安定藥才可睡，在此萬般無奈之下，我終於兩年前到精神病醫院就診，並對精神科醫生簡單敘述了自己的病情。即：強迫性地數數：經常數字數或人數，以及數道路兩旁的樹的棵數。注意力不集中，無法注視對方：當與許多人在一起時，總是注意旁邊的人，而不能集中精力看前邊的人，特別是有女人或主管在場時，越是不願看，越是不能左右自己，自己非常痛苦，搞得別人也不好意思。過分焦慮：每當遇事或在人多說話時，心跳加快，大汗淋漓，以至於自己的想法不能表達，影響了自己的形象，總感到自己膽小。結果精神科醫生診斷為：「神經質性質的強迫恐怖症，表現為社交恐怖、餘光恐怖」。

總之，我患了這些毛病已經將近三十年左右，現在越來越嚴重，影響了自己的生活和工作，花費了幾萬元的藥費，病情也不見好轉，已嚴重影響了工作和生活，心情非常痛苦。

治療師的印象

患者是中年男性，身材較胖，進來時手裡拿著手機和手帕，滿頭大汗，說話誠懇，語速適中。自述工作能力很好，在市內一家銀行做襄理，人際關係好，工作肯吃苦耐勞，所以能夠靠自己當上襄理。主要痛苦如病人所述。患者堅持認為自己的病需要藥物治療，來找精神科醫師主要目的是看看能否調整什麼藥物，可以控制出汗和心慌，以及強迫症狀。對心理治療，患者基本上認為沒有效果，同時覺得自己也沒有時間去做。

第二節　如何進行病情解析與診斷，並同時策劃治療的方向

病情解析

早期經驗

根據病人的自述：「小時候父母非常疼愛，連爺爺奶奶都特別對我嬌生慣養。但我本身也是一個乖孩子，從不惹是生非」；而且最重要的是：「經常參加一些文藝演出；登台表演活動時並不感到怯場」，表示並沒有什麼特別重大的心理問題，包括社會化的行為。

因此，頂多我們可以說，由於被嬌生慣養（沒有具體的資料可以佐證），但可以推測：「自我」可能不夠堅強（或厲害），沒養成可以應付外在的現實，或對內的慾望的能力。另外還提示：病人的性格是比較認真的，因此「上課盯著老師從不分神」。

過去創傷

病人自述到了青春發育後，經由朋友的誘導，開始手淫的習慣。這個事情本身並沒什麼，可是病人卻感到：「事情丟人，心情沉重、鬱悶」。同時對於自己出現第二性徵（嗓子變粗、臉上出青春痘）感到害羞，遇事容易臉紅，也就開始有「走路時眼睛總是不能直視，不自主地瞟路邊的樹」，有不敢直視人的毛病。我們並不知道當時在馬路不能直視什麼（過路的路人？怎樣的人？），可是我們的確知道，這些都表示病人從青春期發育以後，隨著性慾的出現，不知如何處理，而隨著對自己的信心更發生問題，表現自己無法適當地接受自己是男人的角色。換句話說，對自己的性心理的認同有缺陷。（通常是

男孩子幼小時跟母親過分親近，而缺少跟父親親近、學習與認同的機會的結果。但是從病人本身的自述裡，並沒得到這樣的佐證性資料。是否經由會談而可引導發現這類資料，就不得而知。）

至於自己以為丟了五角錢而向老師要了，後來發現自己沒丟的事件，讓病人擔心：老師與同學是否會說他是「財迷、愛占小便宜，心裡一直忐忑不安」，而且「老師一講到小偷、財迷、占小便宜的事，總覺得是說自己，臉就紅」，也表現是「自我」不夠堅強，過分敏感，是自己對自己缺乏信心的趨勢。

發病前引發因素

雖然從過去史裡，我們可以注意到病人有缺乏自我信心的趨向，特別是對自己性別上的認同有些缺陷，但在病發前，卻沒發覺特別的引發性事件，是緩慢而逐漸發病且嚴重化的。因此，我們並不能很肯定地說，這是心因性的心理疾病，而要考慮是青春期開始出現的精神疾患。換句話說，病人的發病，無法單靠過去的心理問題或創傷就能做「可解釋性」的說明，而要考慮生物學性的、內因性的發病因素。過去的性格與心理問題只不過是潛在性的因素，而非病因性的因素。

發病後的症狀內容表現

病人發病以後，其病情大致相同，只是變得比較嚴重，即其緊張的程度變得更厲害，除了緊張、臉紅、心跳加快以外，還會出汗。還是繼續害怕跟人直接接觸，直視別人（不知是顧慮什麼？看了別人內心裡會有何受不了的感覺？）。而不敢接觸與直視的對象，以女性對象更為嚴重，顯示是自己無法控制與處理對女性的性刺激，因此只好不敢看，或者乾脆看到熟識的女人就不得不繞道走，怕和她講話，怕別人尷尬，怕別人恥笑自己。問題是，他是已婚的人，對自己的妻子如何？性生活如何，我們沒有任何資料可做關於這方面的推測。

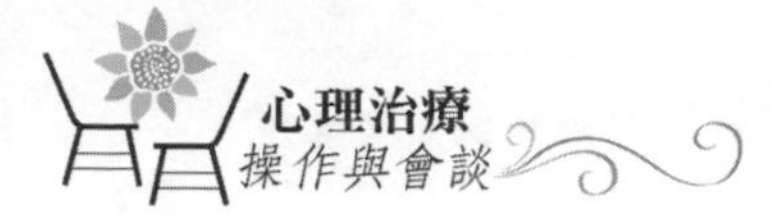

心理診斷

從病人自述的資料看來，很清楚的，病人的自我不夠堅強穩定，心裡容易敏感，容易譴責自己，唯恐做錯事。超我功能過強，對自己的評判多而自我不夠堅強去應付。也無法接受與面對內心的慾望（認為是不好的，是害羞、尷尬的慾望），自我沒法應對，結果容易緊張，產生不敢正視人的行為表現。而這些社交恐懼趨勢跟別的強迫性症狀並行存在，而且是長年的慢性趨勢。

從病人自述的資料裡，我們尚不知道他為什麼無法直視別人，而需要側視。在路上要強迫性地去數路旁的樹，可以考慮是跟側視一樣的防禦措施，是在避免專心注視前面的人物。靠強迫性的數東西、數人、數路旁的樹，就是在把注意力「轉移」，不用去注視人，跟轉移視線是同樣的機制。至於要避免去注視的，不僅是女性，而且好像也包括男性。因此，讓我們懷疑並去推測此病人是否是雙性取向的人（即：同時有同性戀與異性戀的趨勢）。特別是病人所描述的，年輕時跟比他年紀大的朋友發生一起手淫的事情，讓我們考慮當時是否有同性戀的反應（即對男人發生性的刺激），而讓他覺得很害羞與不該。這些都是值得去推敲的事情。換句話說，他無法看女性（覺得被女性誘惑而無法處理，還得想辦法避開）；但也無法看男性（受男性的性的誘惑），但在工作環境裡，很難避開男性同事。因此到處都覺得無法跟人接近，感到很緊張。

也就是說，從動態的觀點說來，病人並不是受了過去某種創傷而發生心理打擊，而是自己性格上有性的取向的問題，因此長年無法改善。假如是年輕時遭遇過的心理打擊的話，不會持續三十多年那麼久，而且還越來越厲害。只有是性格上的問題，才會維持那麼久，而毫無衰退的情況。

臨床診斷

就如精神科醫師所下的診斷，病人患的是：神經質性質的強迫恐怖症狀，表現為社交恐怖、餘光恐怖。附帶的表現性格上的問題，對自己缺乏信心，特別是與心性慾望無法處理；而且可能患性取向的問題，是雙性取向的男人。

治療上的建議

此病人的治療有困難。病人只想靠藥物治療；而且還有自己去調節藥量的毛病，甚至發生了抗焦慮劑的成癮現象，需要很注意。考慮到病人患的是嚴重的強迫症，可以嘗試使用高量的抗鬱劑（特別是屬於 SSRI 的抗鬱劑），但要事先跟病人說明並囑咐，要使用高量來治療，而且要服用二到三個月以後才能判斷是否有藥效，不可以自己擅自決定並改變藥物治療。

除了藥物治療，還可以嘗試心理治療，作為補佐性的治療，處理其心理與性格上的問題。可是對於心理治療，病人的看法有成見，態度也不積極，這是值得探討的。自己長久花費那麼多藥物費用，而以沒有時間為藉口，不肯嘗試心理治療，可能對心理治療不熟悉與了解，或者害怕心理治療後，需要揭露自己的難堪、尷尬的事情（病人有此躲避問題的傾向）。因此，要以藥物治療為主，心理輔導為輔而進行。換句話說，要以接受心理輔導為條件而提供藥物治療。

至於心理治療的重心，將在探討與分析病人自己心裡認為是尷尬或無法接受的慾望是什麼，包括對性的慾望與刺激，或者讓他緊張的理由是什麼。然後，進行認知性的輔導，改變自己對這些認為是尷尬無法接受的事情之看法與態度，並經由行為治療的方式而改變其反應方式，以便處理這些心情與行為上的各種問題。

第 9 章

施行會談時要注意的各種具體事項

要想進行比較適當的會談，達到有效的心理治療，還需要注意一些具體性的事情。讓我們在此就若干比較具體且實際性的事項大致談論探討。

會談場所與隱私性環境的考慮

要具備與布置有隱私性的會談室，是很顯然的事情與要求。能給病人提供舒適且有隱私性的會談場所，可以說是心理會談成功的一半。會談的場所最好是小型的房間，治療者與病人可以比較接近但保持適當距離而坐。會談室最好有桌子、椅子，有如小型的會客室，牆上可以掛一些看來輕鬆的圖畫，桌上擺些花或其他裝飾物，把房間布置得比較像是有家裡味道的場所；而避免冷清清或死板板的氣氛。假如有窗子，最好擺放紗窗簾，從外面看不進房間。跟房間隔壁或外面有好的隔音，在房間裡談話，不會被外面的人聽到。假如是門診的話，最好在門外面可以掛個牌，說明是「會談中，請勿打擾」的牌，避免別的等候的病人開門進來，打擾會談的情況。有了這樣具隱蔽性的會談室，病人就比較容易放心吐露自己內心裡的私事。

保密的許諾與遵守

除了提供適當的會談室、有隱私性的會談場所，還得注意能給病人保證所談的是「保密」的。必要時，可找機會而向病人解釋，並且許諾遵守。

隱私與保密的需要——很顯然的，有了隱私與保密的許諾，病人就能比較放心談，談自己會覺得尷尬、害羞或難為情的私人性心理資料；而不用顧慮別人會知道，包括自己的家人、配偶、父母或親友等。這樣的許諾與操作，可以保證並鼓勵病人能比較放心談自己內心裡的私事。就算是夫妻間，有些事情不希望配偶知道的話，治療者要幫助保守；假如是年輕的孩子，不希望父母知道，或者父母不想自己的孩子知道，也得遵守他們的願望，替他們保守需要保密的事情。答應了，就得遵守！

保密的程度與範圍

可是替病人保密並非是絕對的，而是有條件的。假如病人有想自殺或傷害自己的想法時，治療者可以打破其保密的許諾而讓家屬知道，或者有關醫護人員知道，以便採取必要的措施，防範傷害自己或自殺事情的發生。假如病人有意想攻擊或傷害他人（包括家人、朋友、鄰居或同事等），治療者需要馬上通知有關人員，讓對方知道，可以採取必要的保護措施，同時可以讓病人住院，防範、避免不幸事件的發生。這是法律上的規定，治療者要遵守且執行，而且病人要一開始就由治療者說明其保密的程度與界限，其目的是在保護病人不採取對自己不好的行為，也保護病人不採取犯法的行動。

保密的遵守與力行

治療者除了依約替病人保守私人性、隱私性祕密，遵守其諾言以外，有時，卻需要採取若干變更。譬如，治療者從職業的角度認為：病人的祕密最好讓病人自己的配偶、家長或子女知道，對病人有好處時，可以考慮幾種措施。

最好的辦法，就是鼓勵病人自己直接向家人或配偶說明，開口說出需要溝

通的私人性祕密。必要時，在會談當中由治療者幫助，讓病人本身進行這樣揭露祕密的事情。譬如：妻子在外有情人，想跟丈夫說明，並要求離婚，可是不知道如何啟齒，也不敢向丈夫開口，需要治療者的幫忙時，可以請夫妻一起來會談，並在治療者保護下，由妻子直接向丈夫開口說明情況。或者，年輕孩子不敢向父母說明自己是同性戀，難以開口向父母說明時，可以在家庭會談的場合，由治療者協助之下，向父母說明自己是同性戀的事。

其次的辦法，就是由治療者替病人開口說明祕密的事情。譬如，幫助年輕人向父母說明自己曾被強暴的事件，或者自己暗戀班上女同學而不知怎麼辦，不想繼續上學的事情。當然，治療者要事先獲得病人的同意與許可，才可以向家人暴露私人性的保密，而且最好是在病人面前向家人說明，讓病人可以知道家人的反應，以及如何處理的情況。

萬一病人犯了刑事上的問題，司法單位向治療者要求病人的資料時，治療者要知道如何處理這樣的事情。這種情況隨各國的社會情況而有不同法律上的規定。一般來說，治療者須提出病人的病歷資料，讓司法單位參考，而不能以保密的理由而拒絕。因此，治療者平時書寫病歷，就要事先考慮到這樣的情況，只書寫重要的病情記錄。

總之，治療者替病人保守祕密，並不是絕對性的，有其範圍與限制。遇到極端的情況，就得打破其保密的許諾，好保護病人、他人，或者是社會的安全。可是，除了這些極端的情況以外，臨床上治療者大致都可以替病人保守私人性、需要隱私的資料，以保護病人，並鼓勵病人能比較放心地向治療者揭露自己內心的煩惱，獲得所需的協助與輔導。

保持治療者與病人間的職業性關係與專業界限

治療者要注意如何替病人保守祕密的同時，還得時時注意自己如何與病人保持職業性的醫患關係，避免陷入私人性的情況。這是施予心理治療工作上很需要注意的職務與課題。

病人是為了求得心理輔導的理由而來看治療者，為了得到治療者的協助與

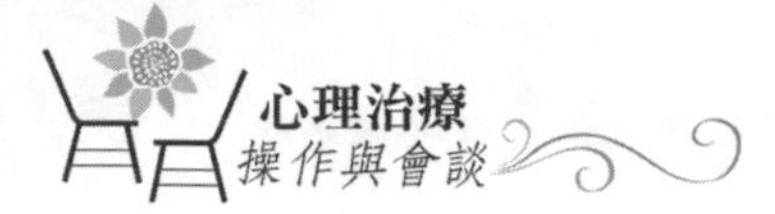

引導，而把自己內心私人性、隱私性的心情資料透露給治療者，希望治療者能幫助病人了解問題的真相、處理的途徑與要領，以解除自己的心理困難。而在這樣的情況下，治療者要扮演職業性的角色，來協助病人、引導病人，符合治療者的角色與職務。千萬不能利用病人跟治療者所形成的親近關係，所暴露的私人性情感或心思，而用於對治療者本身有利的情況。比如，對病人發生私人性的情感，有私人性的來往，打破專業性的界限。非職業性醫患關係的發生，不但是醫德上的問題，也是法律上的問題，需要受法律制裁的，因此，治療者要很謹慎，並注意避免非職業性醫患關係的發生（請參閱第二章與第三章有關職業性醫患關係之內容）。

會談要考慮的一些具體項目

跟一般門診不同，心理治療的會談最好有時間上的保證，要能在事先約定的時間長短範圍裡進行會談；並且按事先約定的時間會面而進行會談。這樣有時間上的約定，病人才能心理有所準備，能利用所給予的時間討論自己想談的事情；不用著急，好好利用時間談論。

會談的時間長短問題

每次時間宜多久，並沒有硬性的規定。可是按經驗，最好每次會談大致為四十五分鐘到五十分鐘；留下十分鐘時間可寫記錄，並休息一下，好接著跟下一個病人會談。這樣每次準備分配一個小時的時間，可以說，也是配合我們的鐘錶所劃分的時間來運作。依臨床經驗，假如時間太短，不好進行有用的會談。因為每次會談要有起碼的時間，能把氣氛培養起來，談到會談高潮的境界，然後還得留下一點時間可以收尾。假如是夫妻會談或者家族會談，需要比較多的時間，大致要一個半小時（即九十分鐘）的時間。

各個會談的間隔

至於每隔多久時間才進行下次的會談，根據臨床經驗，最好每週會談一

次，等到病情穩定後，可以考慮每兩週會談一次。換句話說，要進行比較積極性的治療，通常還是至少每週會談一次為宜。這樣的安排，不僅配合我們現代生活裡按週而安排活動的習慣，也比較容易遵守其規律。但主要的是，一週的期間通常還可以記得上次會談的情形，可以連接而會談，保持其持續性與連貫性；而且在一週內所經歷的時間還可以記得，趁記憶猶新的時刻，在下次的會談裡可以提出討論。同時，也有相當足夠的時間由病人嘗試宜在家嘗試的事情，以便回來檢討其結果如何、是否有何困難等等。假如積極進行治療的中間階段過了以後，就可以在後期階段逐漸把會談的間隔拉長，改為每兩週來會談一次。最後甚至改為每月才來一次，進行追蹤式的會談。因此，多久來會談，要看病情，也要考慮治療進行的情況及現實的條件（是否會影響學習或工作、來往的距離與方便的情況、經費的負擔等等）而綜合決定的。

會談的約定時間與遵守問題

最好每次會談結束後，就約定下次會談的時間，期待並要求病人能按約而進行會談。可是，有時為了各種原因，包括生病或工作上的問題，病人無法依約來會談時，治療者可以要求病人盡早通知治療者關於會談的取消。這樣治療者還可以把時間安排給其他的病人，不會損失時間上的問題。現今社會使用電話或手機的情況比較方便，因此，可以向病人做事先的說明與要求，請病人保守約定的時間來參加會談，而萬一必須取消時，要事先通知門診，好幫助治療者可以另做安排。

會談的記錄問題

按醫療系統的習慣與規矩，也應法律上的要求，醫師看了病人後，需要做醫療的記錄，建立病歷的系統。這是現代醫學的基本習慣與要求，施行心理治療也不能例外。可是由於其治療性質的不同，心理治療的會談記錄，卻需要考慮其特殊的情況而進行。一般來說，每次會談的記錄只能簡要。基本上記錄病人的病情與醫藥治療的記錄以外，對於會談的情況只做大致的記錄，不做仔細的病歷記錄。其理由是，實際上無法把會談的經過仔細記錄下來；其他的理由在於，有些資料是屬於隱私性的資料，不方便記錄下來。因此習慣上，病歷中只要簡單記錄會談進行的大致情況，而不用書寫會談的仔細內容。

有些治療者會另外做筆記，書寫會談的內容，以作為參考，了解每次會談的進行與先後連貫性的問題。可是在法律上，這樣的筆記是否屬於醫療記錄的部分，就不同的社會有不同的看法、規定與處理方式，治療者自己要弄清楚與明白，而做適當的處理。

會談錄音或錄影的問題

隨著現代技術的進步，有些治療者把會談的情況錄音或錄影下來，這樣的會談實際記錄，可用於教學或研究之用。可是一定要獲得成人病人或未成人孩童病人的家長的事先同意，並獲得同意書的書寫為依據才可以。同意書上要說明清楚，錄音與錄影的用途及其限制，只能由治療者負責用於教學或研究之用，不能對外公開性地播放、洩漏隱私性的資料；而且錄音或錄影以後，假如病人或家屬發覺其被錄下來的會談內容不願意被記錄而留存時，可以要求銷毀其記錄。假如同意保存其錄音或錄影，治療者要負責保存於可靠的地方，不讓這些記錄被外人使用。

使用翻譯者的技術與要領

在治療操作時，偶爾會遭遇的特殊情況是：病人跟治療者沒有共同的語言，無法直接溝通，而需要使用翻譯者的問題。這種情況不僅是語言的溝通問題，還同時牽涉到不同文化背景的情形，因此，是超越語言溝通的層次，而還得考慮了解文化上不同的想法與觀念等因素。

翻譯者的選擇與考慮

首先要考慮的是，請誰來擔任翻譯者的問題。一般來說，假如家屬或朋友可以替治療者提供翻譯，可說是最方便的方法。然而，心理治療跟普通的醫療

情況有所不同，不僅要談病人有何症狀（如：頭疼、胃口差、哪裡疼等），還得談些有關心情的問題（如：害怕父親的處罰、擔心母親會自殺、憂慮自己的性慾望如何發洩等等），牽涉到私人性的、情感性的資料，不方便經由家人來翻譯。不但病人不容易開口說，翻譯的家人可能經由自己的感覺而擅自篩選或曲折性的翻譯，治療者得不到實在的資料，得不到實際的溝通結果。

假如能請到專業性的翻譯者當然最好，可以避免這些家人的私人性關係上的麻煩。可是專業性翻譯者有時不容易找到，而且有些專業翻譯者只懂得語言上的翻譯，缺少專業的知識與經驗，無法進行比較理想的翻譯，幫助心理治療的進行。最好是翻譯者跟治療者有相互工作的經驗，合作無間，才是比較好的情況。此外治療者要跟翻譯者討論並了解，在何種情況使用何種方式進行翻譯的方式，可以得到時間上的效率和結果上的好處。

翻譯工作上的若干要點

翻譯者進行翻譯的方法有幾種：

逐句翻譯

在會談中，當關係到很重要的話題時，要請翻譯者向治療者與病人兩方所談的文句逐句翻譯，把重要關鍵性的話做一五一十的翻譯，這樣才能將兩方所談的很確實地翻譯給對方，沒有遺漏。譬如，談話的內容牽涉到病人的感情，內心裡的重要思維，包括是否有自殺的意念等，治療者要很詳細知道時，就請翻譯者把病人所說的話做逐句翻譯。同樣的，治療者想讓病人知道的，很重要的事情，比如：需要不需要、為何要來做心理治療、下次什麼時候來等，也要逐句翻譯。

摘要性翻譯

逐句翻譯很費時間與精力，因此，有些會談的內容可以請翻譯者做主觀性的判斷，而只進行摘要性的翻譯，把治療者或病人所說的話大意翻譯就可。這牽涉到翻譯者的判斷能力，因此，要有職業性的知識與經驗比較好。否則，把重要的資料刪除，或者把要緊的事情過分或做曲折性的解釋與翻譯，失掉原本的意思。這樣的摘要性翻譯可以節省時間，讓會談進行得比較快些。

解釋性翻譯

當治療者或病人的談話對方聽不懂時，翻譯者施行適當的解釋，好讓對方更了解一些。但是，這樣的情況要依靠翻譯者的判斷，是否解釋得恰當，是否過分或曲折性地進行了翻譯者本身的意思，是否更改了會談的方向。比較講究的方法，就是請病人聽了以後，再重述所聽到或被解釋的資料說明一次，好確定是否了解得真確，至少沒有發生誤會。

在整個會談裡，這些不同的翻譯方式要隨情況而適當選擇與採用，隨時可以就需要而更改。可是，治療者跟翻譯者要有個事先的妥協與諒解才進行。因此，治療者跟翻譯者不但要相互了解會談的目的與方向，而且還要彼此很熟悉才好。

總歸來說，要透過翻譯者來進行臨床診斷還可以，但是要進行心理治療，就有許多困難，並不是很容易。可是，有時卻不得已，只好依靠翻譯者來輔助心理治療的進行，而在這樣的特殊情況裡，要注意各種要領，減少溝通困難的問題。

治療費用的支付與送禮的問題

按一般的醫療習慣，心理治療的操作也要收治療費用。可是，心理治療的收費往往要克服若干困難。不像外科醫師，給病人施予手術，可以有具體而快速的效果，心理治療的療效是緩慢而且抽象的，沒有具體而即刻的效果可見。因此，要收比較高的治療費用，病人比較不樂意。再者，根據病人的了解，心理治療的進行，只不過是口頭談談而已，並沒有動手開刀、使用儀器治療，也不一定開藥醫療，認為是不太值得花錢的醫療工作，因此對於繳交治療費，並不很熱心。不僅是病人跟家屬如此，連醫療系統本身就是不很願意讓治療者收比較高的心理治療費用。不像外科醫師只要動個刀，就可以收多少手術費；皮

膚科醫師看一眼，花上幾分種，就可收多少診治費。心理治療的治療者——花費一個小時的時間，只能收若干診治費，從時間上來說，是比較不合算的醫療工作。只能依靠治療者對於工作的興趣，而滿足其醫療工作。

治療費用的意義與作用

不管如何，接受心理治療的病人一定要向治療者繳交治療費用，繳交之治療費有其特別的意義與作用。俗語說：「撿來的東西，不發生作用。」假如病人接受心理輔導是免費，不用繳費的，對病人說來，接受治療的動機就不大，療效也就相對減少。按臨床經驗，我們得知，病人自己繳治療費，即使只是交部分的費用（主要由保險系統負擔），病人對治療也會比較認真而治療效果比較好。

治療費用的決定

雖然病人要繳治療費，但是最好繳多少的問題，是另外的事情。整個醫療費的總額，要受各種因素的影響與左右。包括醫療系統是否是公家的醫療機構、是私人性的診所、是否由保險制度負擔、治療者希望能受多少的要求等等。但是從心理治療的立場而言，病人本身要自己負擔若干的治療費，而其費用的多少，要跟病人的收入多少有個比例。換句話說，經濟條件好的，多繳些；經濟情況比較差的，繳少些。這樣在心理上的負擔就比較配合經濟上的情況，可以發生比較有效的治療作用。也就是說，根據病人的經濟能力而調節收費的多少，讓病人感到自己花費相當的負擔，才對治療有幫助。這是單從病人的角度而說的；還得考慮治療者本身的立場，要看治療者的時間、經驗、支出負擔等現實上的各種因素而綜合決定。

病人送禮的意義及其處理要領

有時，病人為了感謝治療者，會送治療者禮物。一般來說，按我們社會的習俗，假如禮物的經濟價值並不很大，治療者可以收取。但是，要考慮病人送禮物的動機、意義、目的是什麼，好決定如何處理。譬如：年歲大的老太太想

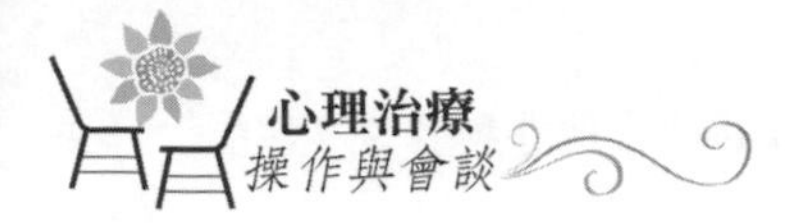

感謝治療者給她的幫助，讓她脫離孤單、憂鬱的心境，而把自己養的雞所生的雞蛋，或者自己做的小東西送個治療者，那麼治療者要很感謝地接受，可讓年老病人高興。假如是有錢的病人家屬，想向醫師或治療者送很高貴的禮物，企圖要求治療者特別照顧他們的病人的話，治療者要三思而考慮，是否會有何種結果。還有，假如女性病人想要送領帶（或其他有特別意思的私人性禮物）給男性治療者，表示想跟男性治療者發生親近的關係（或者，潛意識地想把男醫師用領帶套上）；或者男性病人送香水給女性治療者，帶有私人性的意味時，治療者要再三考慮，並且決定是否接受。不管情況如何，治療者要先向病人感謝送禮的心意，但要解釋治療者按規矩不向病人收取有私人性性質的禮物，會影響輔導的進行，而不收取病人想送的禮物，以保持職業性的醫患關係。

總之，我們提出在心理治療上可能遇到的各種具體情況，並且簡要說明其處理的原則與要領。我們無法把所有的特殊情況一一列出與說明，但希望從這些例子的討論，可以得到一個基本的概念，即：心理治療是很特殊的醫療方法，是針對心情問題而在心理的層次去處理與協助。這牽涉到醫患關係、溝通問題、如何保密、如何進行會談才比較合適的問題等等。總歸而言，是如何保護並尊重病人的問題，而治療者要能舉一反三地去注意，並考慮這些基本的原則而去處理各種各樣的情況。

第二部

心理治療的治療操作

第 10 章

如何決定治療的策略與方向

我們在第一部裡，詳細討論與說明有關會談的各種事情。因為「會談」是心理治療工作的基本單位操作，是依靠一次次的會談而綜合累積地執行整體性「治療」的。而在此第二部將接著討論，如何把每次的會談結合起來，去進行全體性的治療操作，包括：治療策略與方向的決定、輔導模式的選擇、如何處理治療上所遭遇的特殊問題、如何按治療階段與過程而進行治療、如何判斷治療的效果而適時地結束輔導工作等。本章裡，將先闡述討論如何決定治療的策略與方向。

我們已經說過，心理治療的施予是：透過跟病人一次次舉行的「會談」而進行「治療」。可是先後舉行的會談要有個整體性的概念、目的與策略，才知道如何連貫性地引導每次進行的會談，有個全盤性的方向；能夠後浪推前浪似的逐漸進行，有策略性地施予及連貫性地操作，導致最後期望的目標與結果。這也就是我們將要討論的「治療策略」。一般來說，隨著治療的先後進行，有大致上需要考慮的重心與焦點。讓我們說明這些策略上的基本原則，可供臨床上的參考，並做適當的策略上考慮。

建立適當的「病情解析」，動態性、概念性地了解病人的主要問題

首先，要從病人獲知所需臨床資料，了解病人所面對的問題概況，接著趕緊就其資料建立適當的「病情解析」，企圖動態性地體會問題的來龍去脈，完成初步的「心理診斷」工作。但是，隨著日後資料的增多或修改，病情解析也可以隨時更改增修（詳情請參閱第八章：「如何依靠會談而進行心理診斷與病情解析」）。

心理診斷還得包括對病人人格的探討，特別是自我能力與強度的評估（是否有能力去應對問題與處理壓力、對現實的接觸與了解情況等），過去對困難的適應方法與常用防禦機制等。不但對整個人格結構與功能有所了解，也知道四周的實際情況與條件，包括面對問題的嚴重程度，與家人或周遭人可提供的支援來源等。

從病人目前最關心的迫切問題著手

有了初步的病情了解，趕緊要就病人本身目前最關心的問題協助處理。也就是說，要針對病人提出的主訴進行工作，以幫助解決病人當前所遭遇的痛苦。當然，還得從頭就關心如何建立好的醫患關係，拉住病人想繼續接受治療的動機。可是要小心的是，病人所提出的主訴，不見得就是病人最關心的困難，只是就醫療習慣的了解與習慣，先提出「開場白」似的問題而已，真正困擾病人的事情，病人還不好意思提出。因此，治療者要注意建立好關係，獲得病人的信賴，並且能幫助病人處理阻抗力，陳訴自己內心所感到的困苦。這樣，治療者才能針對病人最關心的問題提供協助。

幫助病人減除目前最難受的症狀與所關心的問題

假如病人有難受的精神症狀，比如很焦慮、心情苦悶、無法睡覺，或者軀體感到不適等等，煩擾病人時，宜想盡辦法幫助病人減除這些困擾的症狀，好讓病人能過比較舒適的日常生活。必要時，供給藥物治療，或者提議改變環境，但是主要還得依靠心理的輔導，要提供解釋、支援，建議應付困難的途徑與方法；並且最重要的是，幫助病人栽培「希望」，充分動用病人既有的潛在力量與動機，改善自己，處理所面對的問題。

千萬不要太過分拘泥於診斷的過程，認為獲得資料還不夠，病情還不很清楚，得繼續接受會診，把提供病人所需協助的課題延遲。治療者要一邊蒐取資料，探討問題；但另一邊就得隨時提供治療性的工作，包括解釋、說明、建議，提供支持、培養希望等等。

逐漸把治療重心放在關鍵性的問題與癥結

等到病人能把困擾他的難受症狀或面對的問題，加以初步減除或解決後，緊接著就要把治療的重心移放到對病人說來比較關鍵性的癥結或問題上。要打鐵趁熱，趁病人對自己的問題還很關心的時候，治療者就要能順水推舟似的，把治療的焦點移放到比較根本的情結或問題上。譬如，一到外面跟異性接觸後，就會很緊張的人，甚至因而回避外出社會化的病人，除了幫助他不那麼緊張，而能外出與人接觸以外，還得及時探討其懼怕跟異性接觸的心理情結是如何而來。是否過去曾受過心理上創傷性的經驗，或者是缺乏被鼓勵跟異性來往，還是缺少異性接觸的機會等等。要就其根本問題著手解決或改善，而不能只停滯於表面的症狀處理與治療。

建立「治療性」的醫患關係

所謂「治療性關係」，指的是治療者與病人在治療過程中，除了建立「基本性」的醫患關係，即：屬於正性而有相互信賴的關係以外，還要能進一層地刻意建立某種「特殊性」的醫患關係，而且經由其特殊性的、治療性的關係，而產生並獲得治療的效果。具體來說，治療者要根據病情的獲知與解析後，了解到病人過去曾受心理上某重要人物（如父母等養育者，或老師等成長上的影響者）的負性影響時，治療者要扮演相反的角色，來剔除或更改其負性的影響。譬如，父母對病人過分溺愛並占有，治療者就扮演鼓勵病人自我獨立的養育者，幫助病人能自主自立，並且可以獨立生活；反過來，假如父母總是不關心病人，不提供支持，治療者就要提供並彌補關心與支持的角色，來彌補病人所缺少或甚至沒有過的基本人際關係。

關心並幫助病人更改應付困難或處理問題的模式

治療病人，不是只在了解病人、解析病人的毛病，而最重要的是要幫助病人改善。治療者的功能就是：督促病人從事有效的適應。具體來說，就是要幫助病人採用比較適當且有效的適應方式，去應對自己的困難或問題。站在專業性的角度，就是要幫助病人提高自我防禦機制的成熟性與有效處理困難的自我能力。因此，治療者要協助病人檢討自己過去處理問題的方式與途徑，並且共同探討是否有比較合適而有效的應對模式或機制，並且練習改善。

要更改應付困難的行為模式並不簡單，治療者要幫助病人建立想更改的動機與決心，要支持其改善的努力，隨時提供鼓勵，幫助病人逐步改進。

兼顧並調整病人基本性格上的問題

經由症狀的消除，適應行為的改善以後，治療過程中還得注意到最後留下

來的課題，即如何協助病人逐漸獲得心理與人格上的成熟。所謂成熟的人格需要一些要素，包括：人格的統一與完整性、人格的伸縮與適應性、人格的積極與進展性，並保持適當的人生觀與世界觀。這並非是理想的、完整性的人格，而是一般人宜有的基本心理要素，可以應付日常的生活與人生的課題。可是通常來說，有不少病人覺得自己的症狀已經消失，自己面對的困難已經多少解決，就不想去注意自己人格上的問題，更不想更改並促進自己人格的成熟性。況且人格的改善需要花費長久時間，因此，由於各種原因，包括實際上的因素，不少病人並不想接受長期性的治療。因此，治療者可以提供針對這些方面的基本提議及治療方針，由病人去自己嘗試。

實例說明

跟誰都合不來的中年婦女。（林紅）

第一節　個案報告與治療經過

個案報告

小伊（假名）是四十一歲女性，已婚，有一個十六歲的女兒。小伊曾擔任公司職員，目前失業。病人的主訴牽涉到許多問題：多次換工作，最近剛失業。她的問題均因與上司、同事關係處不好而離開。主要理由是她性格上軟弱，與他人來往時她不會拒絕，不會表達和應對。有時一味忍讓，被人欺負卻忍讓，忍氣吞聲，生悶氣；為別人的一句話來來回回生半天悶氣，怕起衝突，不會應對。可是有時火氣特別大，像是有人踩了一腳，卻大發雷霆。認為自己處事「也卑也亢」，患得患失，不滿意，不快樂，怯懦。

夫妻關係也不好。丈夫九年來一直沒有上班，在炒股票，可是輸了不少錢。丈夫最近才好不容易上班一年，在公司做倉庫管理，看不出有未來。認為

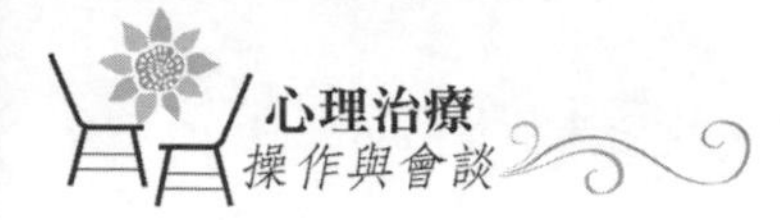

丈夫輸掉的不僅是金錢，而且是自信。

病人有個女兒十六歲，很肥胖（一百六十多斤），課業學習辛苦而且吃力，成績也不好。目前上高一，學習壓力大。在家欺軟怕硬，不敢和爸爸衝突，只是欺負媽媽。因此母女衝突多，有時還跟媽媽拳打腳踢。

小伊跟她自己的母親之間老有誤解。小伊的媽媽生病躺在床上，小伊去母親家，給媽媽做飯，做魚、牛肉等好吃的，但自己心裡認為媽媽（一定）會嫌自己是因為帶自己的女兒來了，才做這麼多好吃的。雖然實際上媽媽什麼也沒有說，也沒有表現出來，但小伊堅持認為：「根據以往的經驗，相信她（自己的母親）心裡一定這麼想的」，所以她就告訴她的母親：「一會兒做完飯，我們（她跟女兒）就走，不在這兒吃。」媽媽聽了會很生氣，責備小伊事兒多，想問題過於複雜。

小伊有一個哥哥，但跟哥哥和嫂子的關係也不好。

小伊說，她四周人給她的評論是：多疑，小心眼，神經過敏，好生悶氣。而她自己對自己的評價是：想法多，辦法少，敢想不敢做，不知怎麼對付。不會維持友誼，沒有一個人可以傾訴。

根據小伊自己的敘述，她從沒有過神清氣爽的時候，痛快的時候沒有，從來沒快樂過；高興是瞬間的，牽絆在與人的關係上，如何和人說話，如何應對，她不知道。

小伊認為自己自卑性格的形成與家庭有關，跟父母的教養有關；但父母至今不承認。她的父母從小否定多，批評與約束也多，直到現在仍然如此。比如，做飯時媽媽會說：「為什麼用這個鍋而不用那個鍋？」但是下次用另一個又說不對。小伊說：「我媽太約束人了，無論怎麼做都是錯，反正我怎麼做都不對。」但是，如果不當著外人，對媽媽的意見還說不出口；當著外人的面，才能說出自己的不滿。

小伊描述，假如她與一個人有矛盾，別人拉幫結派，自己最後把中立的人也得罪了，所以陷入無人理睬的孤獨境地。有人說：「全公司的人誰還理你呀？」

總之，小伊不知道將來找什麼樣的工作。厭煩了這種生活方式，胸口永遠

是堵著的，從沒有天是藍的、心情快樂的時候。腦子裡總想著事情，從沒有空著的時候。從裡到外都是渾濁、污濁的感覺。她自己覺得：做起事沒有頭腦，沒有人生目標，看不到未來。

小伊說：她只有和孩子在一塊兒，才會高興一點兒，但與女兒也經常有衝突。餵女兒吃蘋果，女兒不想吃，用手捶打了她一下。要是平時也沒什麼，但那天正好心情不好，不知為什麼捶了女兒一下，女兒反手打自己，母女相互扭打起來。女兒說：「你跟誰都合不來，你跟自己的女兒都合不來，你活著還有什麼勁？你這輩子完了。你到哪都把哪兒攪得一鍋粥。」

小伊自己說：「母親擔心我自己失去工作，自己卻擔心失去媽媽，竭盡所能為母親付出。但還不行，周圍人不給我做好人的機會。我怎麼表現都不行，那就活該吧，我就破罐子破摔。」

治療經過

來門診接受輔導，共會談兩次。主要是描述她自己所面對的困難，各方向都有問題，不知怎麼辦，而治療者也正在思考採用何種策略來治療此問題繁雜的病人。

第二節　如何決定治療的策略與方向

即刻建立適當的「病情解析」

根據兩次會談所得資料，趕緊建立初步性、動態性、概念性的病情了解，弄清楚病人的主要問題。即：病人有基本上的性格問題，而其問題表現在跟家人（自己的配偶、女兒、母親、兄嫂等）與工作單位（同事與主管）的人際關係上，是範圍廣泛性的人際關係問題。其性格上的問題，可能源之於早期被母親過分批評、常低貶而來的信心缺乏。結果就如自己對自己的評價：想法多，辦法少，敢想不敢做。不知怎麼對付事情，也不會維持友誼，可以說是患了「缺少應付能力」的性格問題。

從病人目前最關心的迫切問題著手

從這些諸多萬象的問題裡，如何開始著手進行治療工作，是策略上的問題。不能在開頭階段還花過多時間去探討分析：幼小時的過去經驗，去歸罪母親的過錯（對目前的「現在」毫無用處）；也不能花費時間去分析夫妻間的關係，做夫妻問題的輔導（並非馬上可以解決的問題，何況也不是病人面臨離婚而來求診的理由），而要趕緊確定病人當前最需要幫助的是哪些事情。假如病人（按她的性格及作風的話）自己沒有特別的主張時，治療者可以考慮與推測病人是因為最近才剛失業，而來就診接受輔導。因此，可以打鐵趁熱，針對目前最煩惱或痛苦的事情幫助病人談論，即：將來要找怎樣的工作，如何跟同事相處，而能維持工作的問題。很可能要建議病人去找人際接觸比較少，至少比較單純的工作，而且較不會受上司直接且時時監督的工作，這樣可避免暴露自己人格關係上欠佳的性格缺點。

幫助病人減除目前所關心的症狀與問題

根據病人的描述：「由於自己不知道將來找什麼樣的工作；厭煩了這種生活方式，胸口是堵著的，從沒有心情快樂的時候」；而且自己覺得：「做起事沒有頭腦，沒有人生目標，看不到未來」，是處於抑鬱與悲觀的情緒狀態。因此，治療的重點需要擺放在如何提高她低落的情緒，去除悲觀的情緒。治療者要以比較樂觀的態度對待病人，並且共同尋找出路，提高病人的情緒。

最主要的，治療者要提醒自己扮演跟病人母親相反的方式，不但不批評她、低貶她，還要找機會誇獎她（如：自己知道來求醫、想改善自己的生活方式等），這份心還不錯，只是沒摸到要點而已。病人所需要的是培養希望，並依靠正性的反饋來建立自己的信心與情緒。這是整個輔導過程裡最需要維持的、很要緊的輔導模式。

逐漸把治療重心放在關鍵性的問題與癥結

等到情緒有點穩定，可以檢討自己的行為方式時，逐漸開始分析病人的行

為模式，讓病人不但知道，還考慮如何去更改。就病人所描述，病人對人的反應方式是：「不會拒絕，不會表達和應對；有時一味忍讓，被人欺負卻忍讓，忍氣吞聲，生悶氣」，可說是很典型的「被動—攻擊性」的性格模式，很吃虧，很可能是被母親常批判、約束，無法應對的結果而形成的性格。因此，治療者不僅要病人知道自己性格上的缺點，也要她練習改變。就在跟治療者會談時，要督促病人能向治療者有信心地隨時表達自己的意見，而且病人能如此向治療者表達她的見解時，治療者要即刻給予肯定，提供正性的條件化，督促行為上的改善。

病人的母親對病人是：「太批評與約束；無論怎麼做都是錯，反正（病人）怎麼做都不對」，而治療者要扮演的是：「少批評、沒約束，做了對的事就誇獎與鼓勵」，可以牴觸過去的負性經驗。也就是說，要建立並維持所謂的「治療性關係」，即：治療者要刻意扮演某種角色，可以抵消過去給病人病態性影響之人物的負性作用。

關心並幫助病人更改應付困難或處理問題的模式：除了工作上跟上司或同事間的相處有困難以外，很顯然的，病人跟她自己的母親之間也「老有誤解」。雖然病人本身已經是四十歲的中年婦女，也已經是十幾歲女兒的母親，心理上還很深深地受她年老母親的影響：總是認為母親還在批評她，嫌她做不好事。治療者要提醒病人，對年老有病的母親孝順是一件事，但心裡還總是害怕並擔心母親會說她不好是另外一件事，要想辦法脫離在她「腦子裡」還存在著而「約束並批評她的」母親的影像。要提醒她的母親再活也沒多久，自己要能獨立，並自己約束自己，自己評判自己，不要還總受年老生病的母親的（負性）評判與（過分）約束，而因此自己變得沒有自信，還很被動與消極。

要提醒她如何跟自己的女兒保持良好的關係，也是很重要的。因為就如病人自己所說的：「目前跟自己的女兒在一起，還有點快樂的時刻」，因此要注意不要把跟自己的女兒的關係搞跨了，是很重要的事情。不要自己心情不好，而女兒捶打了她一下，就也捶了女兒，把母女的關係糟蹋掉了。

至於跟她丈夫的事情，我們沒有太多的資料，似乎也沒有跟丈夫過不去的樣子。因此，不知是否需要花費時間與精力去輔導夫妻關係上的問題。治療者可以探聽看看。畢竟一輩子要相處的是自己的配偶。年老的母親總會去世，而目前青少年階段的女兒，再過幾年也會離開家；如何得到丈夫的輔助是很重要的，可是看來從丈夫那裡好似不能期望太多。因為就病人所說：「丈夫九年來一直沒有上班，在炒股票。最近才上班一年，在公司做倉庫管理，看不出有未來。認為丈夫輸掉的不僅是金錢，而且是自信。」可見丈夫並不是很可靠的伴侶，否則病人不會說：「沒有一個人可以傾訴」，也不會搞到現在那麼頹喪。一般來說，性格很被動的女人，往往不是找到過分主動的男性配偶，總是管她（形成互補性關係）；就是找到跟她一樣，也是很被動而毫無作用的丈夫（形成平行性關係）。

兼顧並調整病人基本性格上的問題：一般來說，輔導病人時，比較表層的心理問題與症狀解決後，就可以看出底層所存在的性格上的問題，而需要接著去處理協助改善性格上的問題。可是針對本個案來說，情況卻不同，即：其性格上問題早就浮現在表層，是從開頭就需要去輔導的重心。性格上的若干改善，就可間接地多少改良她對人際關係上的問題，也可以改善她對自己的看法與信心。

總結來說，希望以上這些討論可以給治療者提供一個線索與指向，幫助輔導策略上的考慮，而依其順序進行輔導的工作。雖然病人的問題看來很複雜又廣泛，但是假如能和良善而會循循善誘的治療者接受半年以上的長期性、鼓勵性輔導的話，透過其所謂「治療性關係」的形成與維持，可以逐漸獲得可觀的改善。

渴望遊歷四方、浪跡天涯而不想上學的高一女生。（林紅）

第一節　個案簡介與會談經過

個案簡介

鄭緣（假名），十六歲高一女生。理應上高中二年級，然而，去年高中一年級開學一個月後就休學，在家裡待了將近一年。其間，母親多次帶鄭緣到醫院就診，在綜合醫院未發現明顯的器質性疾病，精神科醫生診斷為「情緒障礙」，一直服用調節情緒的藥物。在這中間，媽媽也曾多次帶孩子尋求心理醫生的幫助，但是孩子認為和心理醫生說了也沒有用。所以，雖然換了很多心理醫生，但是沒有能夠堅持下來治療的。新的一個學年開始了，鄭緣回到原來的學校重新讀高一，媽媽非常高興。但是對於上學的事情，她非常不情願，媽媽又很擔心，這次特別來找治療者接受治療。

鄭緣在小學和中學時，學習成績一直很優秀。上高一時，學習也沒有問題。究竟為什麼在上高中開學一個月之後，突然不去上學了，最開始不去上學的時候，究竟發生了什麼？鄭緣淡淡地說，家裡和學校都沒有什麼特別的事情發生。那天是國慶日放假之後第一天上學，學校要學生參加每月一次的考試。不巧，鄭緣遲到了，她到學校的時候，已經考完第一科了，正好是課間休息時間。她進教室之後，發現一位與她關係特別好的女同學沒來，鄭緣沒有坐下，就離開學校了。上午她在外面逛，打電話給這位同學，下午終於聯繫上了，見了面，這位同學說不想上高中了，因此和媽媽吵了架。因為沒有伴兒，鄭緣也不想再上學，在家裡斷斷續續待了一年多。

會談經過

第一次會談

在媽媽的強烈要求下，約好了治療的時間。媽媽本來很擔心孩子不肯來，但總算由她陪同一起來了。在會談剛開始時，治療者詢問鄭緣希望與治療者單獨談，還是和媽媽一起談。鄭緣表示媽媽在場沒有關係，她說媽媽對她的情況很了解，她也沒有什麼特別要避諱媽媽的。

媽媽看起來脾氣很急躁，當著孩子的面，迫不及待地主動要求先開口，介紹孩子的情況。與心急的媽媽相比，鄭緣看起來非常冷靜，有點近乎漠然的樣子。媽媽非常難以理解的是，當初並沒有發生什麼特別的事情，為什麼孩子不再上學了？在治療者追問最開始不去上學時的細節時，鄭緣很不耐煩，說不願回想過去的事情了，而且很多事情都想不起來了，想起來就心煩。

媽媽在一旁有點沾沾自喜地告訴我：「回學校上學一個星期了，最近的一次英語考試考了第一名。現在學習的主動性不錯，不懂就問，學習能力挺強的。」當著鄭緣的面，我提醒媽媽，由於一年多沒有上學，孩子需要一段時間的適應，希望家長不要對孩子的學習成績寄予過高的期望和施加過多的壓力。而且學習並不是孩子在學校裡面唯一要做的事情，與同學和老師的關係等也是孩子要學習應對的，直接影響到她在學校的適應情況。當初因為沒有伴兒，鄭緣就不想再上學，是值得家長深思的。媽媽同意我的看法，告訴我孩子在學校確實有很多煩惱，只要周圍有早戀的，或者誰喜歡誰等事，就心煩。鄭緣也經常問媽媽：「隔壁班有一個女生特別漂亮，我特別喜歡她，我是不是同性戀？媽媽，是不是我只要不抑鬱，精神不分裂，就可以了？」媽媽表示，不知該如何回答這些微妙的問題。

看她的情緒很不好，於是我問鄭緣，在她看來，有哪些困擾希望得到我的幫助？她說最大的困難就是不想上學，覺得自己可能無法堅持下去上高中。我告訴鄭緣，看得出來她內心一定有自己的想法，那麼，她究竟想幹什麼呢？她說不想走大家都走的路，想走自己的道路。想出去遊歷，想到處走，邊拍照，邊寫作，過這樣的生活，但是父母特別不能接受。因此，她很矛盾。雖然現在

她又回去上學了，但是，鄭緣無奈地說：上學是為了媽媽和爸爸。我有意不解地問：「上學為什麼是為媽媽和爸爸呢？」媽媽接過話，比較滿足地說：「孩子一不上學，她爸爸老罵我，說都是我慣的，這個日子沒法過了。一上學，父親也安心了，家庭也幸福了。」我問媽媽：「看來，你們家庭幸福的基礎是建立在孩子上學的基礎之上，也就是說，父母一定要孩子上學，但是，孩子卻不想上學。這是你們家庭的主要矛盾。」媽媽和孩子都表示同意我的看法。我把目光轉向鄭緣，用理解她的語氣說：「看得出，你是個肯為媽媽和爸爸著想的好孩子，承受著很大的壓力。雖然你自己並不想上學，但是，為了媽媽和爸爸，你還是勉強自己回到了學校，是嗎？」鄭緣看著我，點了點頭。我問媽媽，她和爸爸是否能理解孩子的心情。媽媽說，原來孩子沒有休學時，她不能理解；經過這段時間不斷求醫看病，她能理解一些了。但是，爸爸仍然不能理解。爸爸過去經常動手打孩子，自從鄭緣不上學後，父女間幾乎不說話。爸爸不願理睬孩子，孩子也不願理睬爸爸。爸爸也經常埋怨媽媽，認為孩子不能上學都是媽媽造成的。因此，媽媽也很痛苦，左右為難。媽媽埋怨鄭緣：「去年不經過父母同意，她擅自弄回一條狗，她爸爸氣得夠嗆。」我（治療者）提出孩子這麼大了，喜歡並且決定養條狗也並不為過。但是，不能只是喜歡，只是逗弄小狗，也要承擔餵養的責任，比如給小狗洗澡、遛狗等，這樣也能培養孩子的責任感。媽媽說：「她才不管呢，想逗了就逗一會兒，都是我伺候，所以她爸爸也說我是自找。她說不上學，我就告訴她，如果你不上學，我也要離開你，不給你遛狗了。」一家三口矛盾和牽制的關係，清清楚楚呈現在我們面前。

第一次會談就要結束了，我提出儘管孩子已經回去上學了，但是，不願意回去上學仍然是孩子的最大困難，也是媽媽所擔心的，怕孩子堅持不住。為了解決父母要孩子上學，而孩子不想上學這一主要矛盾，需要家長和孩子雙方都能站在對方的角度考慮問題。家長要能站在孩子角度考慮，孩子為什麼不想上學？她是怎麼想的？孩子也要能站在家長的角度考慮，家長為什麼要我上學？他們是怎麼想的？在彼此能夠理解對方的心情之後，雙方還要創造性地想辦法解決這個矛盾。為了解決矛盾，雙方都要適當做點讓步。我也指出，父母和孩子都需要專業人員的幫助，孩子需要學習如何處理同伴關係、師生關係和親子關係等，父母也需要學習如何處理親子關係。心理治療需要一個連續的治療過程，也需要治療者與家長和孩子的共同努力。介紹了我的專業背景之後，我表示作為治療者，我願意繼續幫助他們，請媽媽和孩子做決定。媽媽表示只要孩子願意，她希望能夠繼續接受治療。但是鄭緣沒有明確表態，只是說再說吧，就離開了診療室。媽媽表示非常遺憾，說已經帶孩子看過太多的醫生了，她總是這樣不很積極。我向這位母親建議，家長的改變也很重要，媽媽可以先學習如何與孩子相處，以自身的改變來帶動孩子和爸爸的改變。然而，媽媽沒有接受我的建議。

第二次會談

半個月之後，鄭緣的媽媽要求再約一次治療，表示孩子同意來。由於來訪者比較多，時間約在距第一次治療一個半月之後。距離約好的治療時間還有兩週的時候，有一天媽媽打來電話，語氣非常急迫地要求提前來治療，說最近鄭緣上學三天打漁，兩天曬網的，學校老師非常有意見，都要下最後通牒了。所以媽媽非常著急，擔心孩子再次重複第一年上高一的經歷。而且爸爸與孩子的關係也更加惡劣，更變本加厲地埋怨媽媽。媽媽很無奈又有點氣急敗壞地說，她打算告訴孩子，如果她再不好好上學，媽媽就要離家出走了。我問她要去哪裡？媽媽說她也不知道，但是，她覺得自己就要崩潰了，她實在撐不住了。我對媽媽的心情表示理解，但要她一定得冷靜下來，想想後果，如果媽媽真的離家出走，對孩子和整個家庭會有怎樣的影響？

第二次會談，媽媽埋怨說鄭緣每週總有不去上學的時候，上週的五天中有四天沒去上學，媽媽非常生氣。鄭緣向我傾訴了很多內心的想法：「我的心願是想到處走一走，以遊歷的方式生活，走到哪兒算哪兒。我認為邊走邊了解一些東西，比在學校坐著要有意義得多。只要是我想過的生活，就會覺得很好。即使遇到很多不好的事情，只要是自己選擇的，就好。能讓自己心裡比較舒服，自己選擇自己喜歡做的。但是，家裡人都會反對，不讓我去做，除非我離家出走。我不想過正常人的生活，不想跟隨普通人一樣做普通的事。我覺得我跟普通人不一樣，我沒法接受這個世俗，這個世俗也無法容納我。我想隨時可能會

有意外發生，我也可能會因自己受不了而自殺，覺得自己活不下去，沒法在這個世界上勉強活著。做不了自己想做的事，不能達到自己的心願，又必須勉強去做自己不想做的事。我覺得我活不了那麼久，沒有辦法按部就班去做這些事，我要去做我喜歡做的事。拿起刀子想要割腕，想過跳樓，也去過二十九層的天台。就是想上去，覺得活著挺沒勁，想過，但是沒跳。」

鄭緣是我所治療過的孩子中非常有特點的一個。在我看來，父母長期對孩子約束過多，孩子沒有機會為自己做主，而她又無法與父母進行溝通，是導致她如今強烈地要去做自己喜歡做的事的主要原因。也不排除她原本就是一個很特別的孩子，她有屬於自己非同世俗的生活。她堅持只有離家出走才能夠達到自己的心願，而她為了父母，又沒有離家出走。她的矛盾和痛苦我能夠感受得到，如何給予她理解和支援、如何適當滿足她內心的心願，是治療面臨的重要課題。我引導她思考變通的解決辦法，比如利用假期時間出去旅遊等，但是，鄭緣說她要的是遊歷，而不是旅遊，這是不同的概念。她堅持只有現在就去遊歷四方、浪跡天涯這一條路，對於我提出如何面對生存的難題，以及有可能遇到的危險等問題，她表示自己有辦法解決，她說她已經想過這些問題了。「經濟上有我自己解決的方法。邊走邊生活，遇到不痛快了，再想辦法繼續往下一步走」。媽媽認為孩子完全是幼稚的想法。但是，在我看來，鄭緣很執著，又很冷靜，她也有比較現實的一面。

治療該何去何從？我感到有一定難度。我向媽媽建議，不管孩子的想法是否幼稚，但畢竟是孩子真實的想法，而且一時難以改變，強制她服從家長不會有好的結果，理解和尊重孩子才是當務之急。鄭緣已經是高中生了，她有權利選擇自己想過的生活。在保證孩子安全的前提下，幫助鄭緣去實現自己的心願，我相信在這個過程中，她會有新的感悟和改變。家長也要理解，其實，校園生活也只是大多數人所走的路，但並不是唯一的路，也許鄭緣所選擇的真的是一條適合她的路。

第二節　治療策略與輔導方向的討論

需要盡早完成適當的「心理診斷」與「病情解析」

這是個因「病情不太清楚」而很顯著突出的個案。也就是說，沒法照一般的道理與推論來了解此個案病情的來龍去脈，因此，在結果上，就無法找到輔導的方向與建立治療策略的例子。基於此，讓我們就所有的臨床資料，重新再仔細分析與探討看看，特別去研究「隱」而未「顯」出來的資料，好做病情的解析。

首先要認識的，此病人向來很好，在小學和中學時，學習成績一直很優秀。上高一時，開頭的前一個月也都沒有問題，然而問題是在高中開學一個月之後「突然」不去上學了。可是，為何突然不上學？究竟發生了什麼？根據病人本身淡淡地說：「家裡和學校都沒有什麼特別的事情發生。」也就是說，跟「家庭」裡的情況（跟父母的關係、父母的夫妻情況等），以及跟「學校」本身的情況（即功課、老師、跟一般同學的普通關係、成績的好壞），都沒有關係。因此是什麼原因？剩下的我們只好推測是關於她「自己本身」的事（是內心裡的問題，或者本身遭遇到什麼特殊的事情），以及跟「某特殊同學間的特別事情」了。

我們再更仔細去分析事情最開始發生的情節。事情發生的那天，是國慶日放假後的第一天，學校舉行每月一次的考試。不巧，鄭緣遲到了（一個向來很認真念書的學生，為何考試遲到？做什麼事情去了？）。她進教室之後，發現一位與她關係特別好的女同學沒來，鄭緣沒有坐下，就離開學校了。到底那位跟她「關係特別好的女同學」是誰？（我們還沒去追究）鄭緣打電話給這位同學，聯繫上，見了面。這位同學說不想上高中了，覺得沒有伴兒；而鄭緣也就不想再上學（陪她做伴？）。也就如此，在表面上毫無理由下（但實際上卻有特別而且強烈的理由），居然不上學，在家裡斷斷續續待了一年多。

結果，媽媽非常難以理解當初並沒有發生什麼特別的事情，而孩子卻不再

上學了？治療者也在會談裡追問，但病人很不耐煩，說不願回想過去的事情，想起來就心煩。到底什麼事情有那麼大的力量（動能很大），會驅使她做如此劇烈性的決定與變化，而且又不願意去回想（阻抗力很大）？我們就這些既有的資料，只能推測鄭緣跟她「關係特別好的女同學」有特殊的情感關係，而且很困擾著她。

治療者有點推測到（而向母親提起）：孩子在學校確實有很多煩惱，只要周圍有早戀的，或者誰喜歡誰等事，就心煩。而很顯著的話（即關鍵語）卻出現了。鄭緣也經常問媽媽，「隔壁班有一個女生特別漂亮，我特別喜歡她，我是不是同性戀？」（媽媽表示不知該如何回答）

我們知道，媽媽曾多次帶孩子去尋求心理醫生的幫助，但是孩子認為和心理醫生說了也沒有用。所以，雖然換了很多心理醫生，但是，都沒有能夠堅持下來治療。孩子知道是「自己的問題」，是不方便跟別人談的；跟母親嘗試提過，也沒得到什麼回答（父親只會向她發脾氣，沒有了解女兒心事的能力）。

鄭緣很清楚地說了她的問題（可是我們卻沒聽清楚她所表白的關鍵語）：「我不想走大家都走的路，想走自己的道路」（意思是說：她跟大家「不同」，只能照自己而生活，走自己的路）。因此，她想出來的辦法是：想出去遊歷，想到處走，邊拍照，邊寫作，過這樣的生活（但是父母特別不能接受）。過去有些女人就在這樣的情況裡，選擇進寺廟，跟塵世斷離關係。

澄清並認定關鍵性的問題

治療者要用第三個耳朵去聽病人所說的話，並且特別要用心去聽「關鍵語」，同時用第三個眼睛去看「反照性風景」（意思是說，不要只聽聽到的話，而還得去注意並想字裡行間的意思；不要只看看到的事情，還得費心去看隱藏著、沒讓你正視而看到的情景）（請參照第七章：「進行會談的各種技術與要點」）。

此病人很清楚的，已經用她含蓄但很明白的語氣說：「即使遇到很多不好的事情，只要是自己選擇的，就好。能讓自己心裡比較舒服，自己選擇自己喜歡做的。但是，家裡人都會反對，不讓我去做，除非我離家出走。我不想過『正常人』的生活，不想跟隨普通人一樣做普通的事。我覺得我跟『普通人』不一樣，我沒法接受這個世俗，這個世俗也無法容納我。」

同時，病人也清楚地表白，她內心裡很掙扎痛苦，痛苦到憂鬱。她說：「我想隨時可能會因自己受不了而自殺。」我們（治療者與家長）要了解什麼事情會那麼嚴重（是否是針對自己同性戀的傾向而煩惱），而治療者要趕緊採取需要的輔導措施。

治療策略上的考慮與選擇

治療者首先要跟病人單獨會談，細心討論她的內心問題；並且解釋，同性戀是常見的情況，並沒有社會所想像的是那麼不好或不對的事情，只是變異的情況，可以去適應；不用採取極端的方式去「遊歷四方，浪跡天涯」，而可以在現實的環境裡生存與適應。並且，答應要給她父母做心理上的輔導，希望他們身為父母的可以了解、接受，並支持女兒。

父母只注意孩子上學三天打漁、兩天曬網的表面上問題。治療上接著需要幫助父母去認識與面對女兒的內心掙扎的問題。爸爸根本沒有心思去思考自己的女兒心裡有什麼重大的煩惱，只會責怪母親、埋怨母親；而母親很無奈，認為孩子再不好好上學，她（媽媽）就要離家出走。這個家庭就在這樣瀕臨崩潰的邊緣。因此，治療者要即刻進行的工作是，請父母一起來，坦白說明他們女兒所面對心裡的煩惱是什麼（同性戀的煩惱），幫助他們了解。

如何向父母提供解釋與建議：這是個很重要的輔導工作。最好跟父親與母親當面一起說明，免得他們父母私自相傳消息而發生誤解。不但要好好向他們解釋，去除他們的誤解或疑惑，還得處理他們的心情反應。因此要安排數次會談，幫助他們心情反應的過程，協助他們能逐漸穩定下來。估計父親比較困難，只會埋怨母親，認為孩子不能上學都是媽媽造成的。除了了解女兒的問題以後，還得督促他們應如何去幫助與支持他們的女兒。

如何跟病人討論目前與將來，這是輔導的核心工作。除了幫助病人能坦白面對她自己的內心問題以外，還得趕緊糾正她對自己問題的看法與態度。病人的腦子裡有「正常」與「非正常」的觀念與區別，也有「普通人」與「非普通

人」的強烈區分，並且設想自己無法在這個普通的社會裡生存；而這些觀念上的問題要經過認知性的輔導，同時配合支持性的工作。能夠減除其目前抑鬱性的態度與悲觀的看法，是很重要的課題；如何適應社會是其次的輔導項目。

最後的提醒與考慮

治療這樣有同性戀傾向的病人，可以探討並研究其情況是一時性的、階段性的、雙性的情況，或者是比較固定性的情形，進行對於同性戀的鑑別診斷（詳情請參閱系列叢書《心理治療——解析與策略》第十一章：「女兒『戀』女老師問題」）。治療者要根據情況而進行不同的輔導。假如是固定性的同性戀，不要根據治療者自己本身的企圖，想去更改病人本身的心性取向的問題。

在進行此個案的整個輔導工作裡，治療者本身要多了解當前社會（女性）同性戀的情況，包括他們適應的情形、被社會對待的情況等，要具備這些適當的知識，才能利用這些社會性的知識背景提供適當的輔導。而且最重要的，要檢討治療者自己本身對同性戀的看法與態度，要能以比較客觀而中立的態度來處理與輔導有這樣傾向的病人，否則會受到治療者本身對這樣情況的價值觀與態度而影響其輔導工作。

第 11 章

隨治療模式的不同而採用不同的會談形式與治療方法

從學理的角度而言，心理治療可有幾種基本上不同的治療模式，如：支持性、分析性、認知性、行為性、人際關係性治療等；而隨著基本模式的不同，其會談的進行方式與要領也有所不同。治療者要熟悉這些各個不同的模式，才能適當地採用與進行治療的操作；不但符合治療的適應性，也能獲得比較好的療效。因此，讓我們就個別的治療模式做大致上的介紹與說明。

支援性治療模式的會談與治療方法

支援的目的與作用

支援性的目的，就是給予患難中的病人提供所需的情感支持，幫助病人能發揮自己的潛能，去適應所面對的困難階段，解除其問題，恢復原來的穩定情況。因為一個人處理壓力、挫折、困難時，除了要依靠自己的能力去應對以外，是否有外在的支援，可以提供安慰、鼓勵等「支持」，會左右其應付困難的結果。許多病人沒有適當的支持資源，從自己的家屬、配偶、朋友或同事得不到所需的心情上的支持，或者種種理由得不到適當的心理支持，就得依靠專業性治療者的支持來應付其難關。再者，治療者所提供的支援是職業性的，是比較客觀而沒有任何私人性的企圖，是沒有批判性而無條件的支持，而且是幫助病人成長性的支持，跟家屬或親友所提供的私人性或客套性的支援，有性質上的不同，而且帶有專業且權威性，其效果比較好。

支持性治療的適應性

支援性治療可說是基本的輔導模式，適合任何情況。特別是病人遭遇重大的創傷、面臨巨大的挫折、遭遇難以應付的困難時，在其急性狀況下，特別需要。譬如，家屬去世、考試不及格、婚姻將破裂、事業破產、被人強暴等等，都是需要即刻施予支援性輔導的情形。假如病人的精神狀態總是脆弱，隨時容易崩潰時，也需要長期性地提供支援，想辦法減少病情惡化與崩潰的可能性，需要長期而間歇性的支持性輔導。

提供支援的技術與要領

跟病人建立良好的醫患關係，讓病人感到可以依靠治療者的協助與引導而處理問題，樹立可以適當解決問題的「希望」，是最基本的支持性要領。能體會病人內心的痛苦，透過「同感心」來體貼病人所遭遇的困難與痛苦，是其次的要領。幫助病人能宣洩積壓的苦悶情緒，減輕負擔，也是個辦法。但是，同時要跟病人一起尋找處理問題的途徑，並且在治療者鼓勵與督促下，逐步嘗試與應對，是最後的要訣。假如病人缺少所需的知識，而提供適當的知識；或者病人需要時時的提醒與鼓勵，好保持其康復的方向，也是附帶的輔導作用。

支持的適當與限度

提供支援性治療時要特別注意的是：不要毫無限制地提供支持，過分保護病人，讓病人沒有自己復癒的機會，去建立自己適應困難的能力與經驗。因此，支持的程度要適當，不可過分。怎樣才算為適當，是專業性的判斷。提供支援，務必要避免私人性的、情感上的牽涉，發生非職業醫患關係，否則反而把情況複雜化，影響病人的復癒。

分析性治療模式的會談與治療方法

分析的目的與作用

分析性治療的目的，就是幫助病人尋找影響病人心情與行為的情結，希望能透過對情結的意識性認識，而糾正其非適應性的情感與慾望，改進精神狀態與適應的方式。其所注意的精神層次比較廣，包括潛意識的境界，並且比較注重原本情感與慾望的層次。

分析性治療的適用性

比較適合運用於過去患有特別情結問題的病人，並以輕度精神疾患（如神經官能症等）的方式表現其臨床症狀者。比較不適合患較嚴重精神疾患（如精神病或邊緣性格障礙），其精神狀態並不很穩定而跟現實接觸不良的病人。因為他們的自我不夠堅強與穩定，無法面對自己的原本慾望與感情，而有時容易精神崩潰。

基本要領：三個軸上的來回與聯繫性探討

要把病人的病情做個整體性的了解、有深度的體會，治療者要有心理診斷上的要領，即要在：「過去與現在」、「理智與情感」、「意識與潛意識」這三個軸上做來回探討與聯繫，廣泛進行盤旋式的檢討，分析性的思考與整理，以獲得比較完整性的病情了解。

「過去」與「現在」的聯繫

這是基於一個動態性的假設，認為過去發生的事情會影響日後的結果，而目前的情形往往根源於過去的經驗。因此，在會談過程裡，要企圖從過去了解現在，去查問幼小時的發展情況，特別是跟心情創傷有關的事件。

要探討病人的早期經驗，要考慮到幼小時的回憶不容易。是本人認知上還

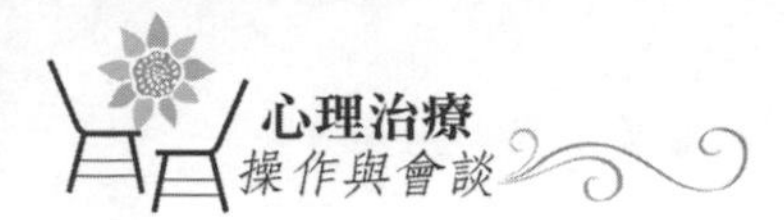

比較幼稚，再加上言語還沒很發達，不容易經由言語來描述小時候曾經歷的情況。況且本人不一定記得，或者不容易回憶或不肯回想，特別是牽涉到情感上痛苦的事情。因此，在技術上要先向病人說明其追究過去幼小時事情的目的，然後，請病人合作進行回憶並敘述早期的經驗。

在技術上，可請病人回想腦子裡還記得的印象性事件，特別是屬於特殊的情況，如：上幼稚園是誰帶的，有沒有哭；小學的老師是誰，有沒有被誇獎或罵過；最要好的同學是誰，有沒有一起玩，或者最討厭的朋友是誰，有沒有吵過架等。經由這些標記性事件而逐漸聯想有關的各種事情。也就是說，讓病人憑自己情感上還有印象的事情先談起，逐漸聯想到別的情況，包括跟自己父母或兄弟姊妹的關係等等。

最主要的不僅是談過去的事情，還要病人去思考，這些過去發生的事情對目前的情況是否有所影響，包括跟目前所面對的困難與處理問題的方式，是否有何連帶關係。

反過來，也可以請病人去思考，目前的情況跟過去有何因果關係，是根源於何種事情而目前如此表現的。換句話說，從過去與現在的聯繫，可以幫助病人了解自己的思考、情緒與行為的來龍去脈，不但有所了解，還可以進一步考慮如何更改或糾正的問題。

「理智」與「情感」的聯繫

有些病人比較喜歡講道理，把事情理智化，而回避或忽略情感的層次，需要治療者協助了解，到底背後的感覺與情感是什麼。譬如，自己的配偶去世了，就一直說自己要很堅強地養育孩子，以單親的身分負責孩子的管教等等，而實際上內心很傷心，喪失了長年在一起生活的伴侶，感到很寂寞。可是，有些是相反的情況，只注重情感的表達與敘述，而缺少理性的思考。譬如，知道自己的孩子生病了，緊張得很，一直哭泣，但沒想好到底是否應該帶孩子去看病，到哪個醫院比較好。這時治療者就得幫助病人就理智與情感的軸上去探討，得到整體性的平衡情況，而不要病人只談理智而忽略或隱藏重要的情感，或者只知表露情感，而沒法在理性的層次去思考到底是為什麼、怎樣才好。

「意識」與「潛意識」的聯繫

我們的精神活動在意識與潛意識的不同層次存在與活動。而在不同層次活動的精神內容不見得相同，有可能是不相同的，甚至是相反的。因此，我們要在意識與潛意識的軸上探索，就不同層次同時探討，幫助我們能全盤性的了解。譬如，繼母嘴上可能說很喜歡繼子，很想愛護他，但是潛意識裡卻很討厭，想把繼子弄得不高興而離開家，就可以不用生活在一起。或者相反的，父親總是對自己的親生女兒很凶，時常批評她而表現得不喜歡，可是內心裡，潛意識卻很喜歡，只是害怕過分親近不好，就反過來對自己女兒很凶，保持距離。因此，單靠意識的層次去了解，就了解不到整體性的真相。

特殊方法：深層精神境界的探討與分析

按定義，潛意識層次的精神活動與內容通常是本人不會意識到的；是由於意識到時，會感到尷尬而經由「潛抑作用」被潛抑到潛意識境界裡，免得因意識到而難受。因此，要病人敘述與報告潛意識境界的精神材料，幾乎是不容易的，會遭遇「阻抗作用」，以避免意識到。因此，只有依靠特殊的方法，減輕其阻抗力，才可讓某些資料透露出來，浮現到意識的層次。精神分析學家就採用某些特別的技術來探討病人的潛意識精神材料。

自由聯想

分析家，提出某字句，請被分析的病人隨便地思考，腦子裡聯想到什麼就說什麼，就這樣在隨便思考與談述中，沒有防備性地任意透露自己的思維，好讓分析家去了解病人比較容易聯想到什麼事情，在其阻抗力減少的狀態下，去探討被透露的精神材料。

夢的分析

當我們做夢的時候，在夢境的思考是依循「原本思考程式」而思考。也就是說，不遵循邏輯與道理，只就原本的慾望而表露感情，採用魔術性、象徵性、動作性的方式而表達其慾望。經由這樣夢的內容的分析，可以探詢深層境界的精神材料，是發覺潛意識精神活動的探索途徑之一。譬如：一個人總是夢到自己的父親死亡，很可能就表示擔心喪失自己的保護者；或者相反的，是很討厭自己的父親，希望父親遠離，不再干涉妨礙到他。

錯語的分析

當一個人在會談中說錯了話，卻可能表示腦子裡確有其想法與慾望，但腦子沒注意，一下子透露出來，而趕緊去自我解釋是說錯了話，打消所說的錯誤的話。因此，不要只當成是講錯了的錯語而忽略，可以費心去推究，或許可以發覺其講錯的話，卻是表露潛意識境界的心思也說不定。

我們從日常生活裡都知道，當一個人喝酒醉時會「亂講話」，可是這些亂講的話，卻往往是內心裡的心思，是比較接近本心情感的真實話；只是喝醉了，腦子沒有好好控制時（失去阻抗力的時刻），把平時不好說的話都毫不顧慮地說出來。同樣的道理，精神分析學家就特意等病人在不注意的時刻，讓病人隨便說，或者把病人所做的（所謂奇異內容的）夢加以分析，或者探討一時（不留心而）講錯的話，來發覺比較屬於內心裡的思考，潛意識境界的情感、慾望等「原本性精神材料」，以擴大探討思潮的內容，有深度地了解精神狀態。

可是，在一般的心理治療裡，假如治療者忽然採用這些特殊分析技巧，要病人進行自由聯想，或者報告自己做的夢，病人會不懂得其用意，會覺得莫名其妙，不肯合作。因此，不要唐突地要求病人進行這些分析的活動，需要好好事先說明，並求得合作。況且，有些病人其自我能力不夠堅強穩定（包括患精神病或邊緣性格障礙的患者），不適合進行這樣的分析與探討潛意識境界的原本精神慾望與情感。因此，要做適當的判斷，並且要有經驗，才可以嘗試。一般的治療者只要知道這些分析技巧的道理，並懂得如何比較有深度地了解病人所表現的各種精神資料的需要就可以，不要茫然嘗試這些特殊技術。

治療途徑

從治療的角度來說，分析性的心理治療注重幾項重點，即：

著重情感、慾望的改善

精神分析的基本觀點是，我們的原本情感與慾望是指使與操縱我們的行為，是基本的原動力，理性的思考或道理只是其續發性的產物。因此，治療的重點要放在其原本的情感與慾望。假如情感被壓抑，容易以病態的方式而透露，需要給予適當的發洩與表現；假如有創傷性的情結，要正式面對，在意識層次裡處理與解決。

創傷性事件的處理

過去發生的（特別是早期經歷的）心理創傷，假如沒有處理好，會繼續影響日後的情感生活，左右行為，需要化解。減除其不想回想的阻抗力，而去回憶，並且重新再經驗，以當前比較成熟的情況與能力去重複應對曾遭遇過的心理創傷，以便糾正其被創傷的情感，稱為「情感再糾正」，是解決創傷的途徑之一。因為過去發生創傷時，年紀比較幼小，自我能力比較無法應對其所遭遇的創傷；可是在治療當中，病人的自我已經比較成熟，再加上治療者在旁的支持與保護，就比較能適當地重新面對，並處理得比較適當，把創傷事情經由重新經驗而化解。

化解過去遺留的情結

在心理發展過程中，假如在各個發展階段裡，曾遭遇不適當的情況，而發生心理與感情上的癥結，影響日後的心理與情感時，要經歷治療的過程，去改善並解決其所遺留下來的情結，能以比較成熟的方式彌補其發展，促進適應性的成熟。比較顯著的例子是：口慾期得不到被保護與撫養而發生的不安情結；肛門期過分被管訓而發生的競爭與敵對性情結；性蕾期的親子三角性矛盾而導致的三角性情結；潛伏期因缺少與同性對象親近認同而引來的認同障礙情結等等，都會影響日後的心理發展，需要經由治療而補充糾正與化解。

練習適應的應對機制

雖然生活當中不免遭遇許多的困難或問題，但都依靠自己去適應與應對。

至於如何適應與應對，有各種各樣的辦法與方式，也有比較幼稚或成熟的機制，可以得到比較非適應或適應的結果。治療的目的就是幫助病人檢討適應問題的方式與機制，並且鼓勵練習並採用比較有效而成熟的方式去處理所面對的困難或問題。如何促成自我的成熟是輔導的主要目的。

促進人格的成熟

這是治療的最終目標，促進人格構造裡的各個部分，即：原我、自我、超我的平衡與完整，能發揮比較完善的人格表現。特別是對他人能表達同感心，對事有積極與建設性的態度，能以比較成熟的方式與機制去面對困難，發揮自己的潛能，能夠享受自己與家庭的生活，盡社會成員的基本職責。

認知性治療模式的會談與治療方法

糾正認知的目的與作用

認知性治療的基本出發點是認為：一個人所認知的知識、想法、觀念、信仰，會左右我們的情感與行為表現。因此，要治療病人，可以從「認知」此層次去著手進行。經由認知的更正，改變非適應性的知識、想法、觀念、信念，而間接地改善連帶性而發生的情感與行為。因為從認知、觀念與信仰的層次而做治療工作，可以透過言語而表達非適應的「認知」，技術上比較容易把握與處理，比就無形的情感或慾望容易操作。還有，認知性治療的要點是把焦點放在「目前」非適應性、非功能性的認知，而不太考慮「過去」的來龍去脈，不去探討其根源如何，只注重當前的問題如何解決與改善。

認知性治療的適用性

假如我們的情感或行為，是比較明顯的根據非適應性的認知而來，都可以經由認知的層次去施予治療的操作。譬如：總認為自己不夠好，而缺乏信心，情緒也低落，做事情也沒把握的人，可以就其「認為自己不好」的想法、觀念

與信念著手，探討並認識這種想法是非適應、非功能而不正確的想法，更正為「認為自己還好」的想法，改變對自己的態度，間接改善低落的情緒，做事也變得比較有把握。臨床上，認知性治療對這樣由於自卑而患（輕度且心因性的）抑鬱症的病人有所幫助（假如是生物性因素且嚴重的憂鬱症，則要依靠藥物的治療）。由於非適應性的看法而引起的焦慮，也可以運用認知性治療而提供輔導。

實際的操作

發覺與確認非適應性的認知

首要工作就是先從病人的生活史裡去探討、發覺並認定，病人所具有的非適應性的認知，困擾並影響病人發揮功能的各種負性思考與想法。譬如：「我總是做錯事情」、「別人都不喜歡我」、「父親討厭我」、「我不善於跟異性結交」等非適應性的思考、想法與信念。然後去追究這些非適應性認知的來源，是根據什麼事實而建立的。並且研究那些根據的事實是否可靠，而去判斷並體會其所認知與相信的事情並非正確，是不妥當的。

糾正與更改非適應性的認知

接著，鼓勵病人放棄那些「非適應性的」知識、想法、觀念、信念，改而代替「適應性的」想法與信念，如：「我可以把事情做對的」、「別人會喜歡我的」、「父親對我好」、「我可以跟異性好好結交」，而保持這些是適應性的想法與信念；並且練習根據這些新的想法而表現自己的行為。

操作上的要領

治療者的功用，就是幫助病人發覺並放棄非功能性的思考、觀念，更改為適應性的，並時時鼓勵代替並保持比較適應性的思考與想法。在操作上，不要過分去分析過去的細節，多注重如何更改目前的問題；不要跟病人爭執，只提供更改的意見；並支持病人維持新的、有用的想法與信念。

行為性治療模式的會談與治療方法

更改行為的目的與作用

行為治療的學理根據是認為：所有的行為，不管是好的或者是錯的，都是經由「條件化」的作用而保持或消失。也就是說，行為發生的當時，受到鼓勵或嘉賞（或者沒受到處罰），就會繼續發生；反過來，受到處罰（或者沒有獎勵），就逐漸消失，不再發生。因此，利用這種學習的基本觀念，操縱嘉賞或處罰，可以左右某特別認定的行為的發生或消失。在技巧上，還得注意提供嘉賞或處罰的時間因素，要在適當的時機，以及嘉賞或處罰的分量的大小等因素，好調節其發生條件化作用的效果。

行為治療的適用性

由於行為治療就是就「行為」的著眼點而進行治療工作，因此，比較適合治療有顯著且容易認定的行為問題的病人。譬如：要上台演講就膽怯、不敢下水游泳、看到好吃的東西就想拿來吃、不高興就大聲叫而發脾氣等等。由於其治療可以不太運用言語的講解與討論，對於年歲幼小而言語還沒很發達，或者智慧不很高的小孩都可以使用，有其特別的適用性。

實際的操作

認定要更改的行為

治療者跟病人一起商談與研究，到底想要更改的行為是什麼。譬如，從前曾經掉到河裡，幾乎淹死，而到現在仍很害怕下水學習游泳。就把克服怕下水而能入水裡學游泳的行為作為治療的目標，然後，由病人自己來劃分此害怕行為的等級。如：內心裡想到下水就害怕為最低的程度；走到游泳池旁邊就害怕為其次的程度；把自己的腳放入游泳池的水裡為比較嚴重的程度；直到真的把

全身泡進游泳池的景況為最嚴重的程度。好就其等級而逐步從最容易的程度，而逐漸進展到最後的情況。

治療操作的基本要領

善用學習的原則與條件化的功效而進行行為與情緒的改變。

對於上述怕下水學游泳的病人，在開始時，讓病人嘗試想像自己到水邊的情況，在治療者鼓勵與支持下，練習並達到不會害怕起來的情況。接著，再逐步提高困難的程度，並隨時提供支持、鼓勵與獎賞，幫助病人能去克服；這樣逐漸面對最後的困難階段。如何依階段而進行，並如何隨時提供嘉賞而發生正性的條件化，是其治療的原則與要領。

有時，可以訓練病人能自己放鬆自己情緒的操作（如深呼吸或放鬆四肢及全身肌肉，引起情緒的鬆解），而利用自己操作而引起的鬆懈狀態來對付緊張的情況，發生抵消的作用；如此，逐步按緊張的情況去牴觸其害怕或緊張的情況，被稱為「系統性減敏療法」。

人際性治療模式的會談與治療方法

改善人際關係的作用與目的

我們個人的心情問題往往脫不了人際關係。譬如，學生害怕上學，是跟老師或同學的關係有連帶性的理由；上班回來，覺得心神很累，是在工作單位裡，跟同事或主管相處緊張而有困難的結果；在家心情不好，很可能是跟配偶、父母或長輩有相處關係上的矛盾等。因此，要處理個人的心情問題，往往要牽涉到如何改善人與人的關係問題。

可是要改善人際關係，要以不同的觀念與取向進行了解，並把握問題的真相，要採用不同的途徑與技術來施予輔導，跟個人的輔導有基本上的不同。一般來說，在人際關係裡，要注重的並不是個人的心理或者性格問題，而是要把焦點放在人與人之間的溝通、情感、角色扮演、關係與聯盟的形成，也包括界限劃分問題，及群體認同的現象。假如是夫妻或家庭，也得從婚姻或家庭發展的角度去了解與把握。

人際關係治療的適用性

只要是人與人相處有困難的情況，都可以適用人際性治療模式。特別是有親子關係上的矛盾、夫妻間的衝突、家族間的人際關係上問題，特別適合。輔導兒童的治療者，就幾乎難以不關心家長與孩子的關係，要常常使用家庭治療的模式來幫助孩子與父母的關係問題。針對青少年來說，他們正處於心理發展上很渴望自我獨立的階段，是否要牽涉到父母，就得看情形而做判斷與決定。至於對成人來說，主要採取個人心理輔導；但是假如其問題是牽涉到夫妻的關係，那也得考慮是否採取夫妻會談的方式而施予輔導。

治療操作的技術與要領

和個人心理治療（特別是分析性的治療）比較起來，人際關係治療的操作可說有幾個基本上的要點。即：要多注重目前的情況，注意如何改善；相對的，要少去探討過去的根源，也不要去追究誰的過錯。要注重人際間的溝通方式、感情的表達、角色的扮演、聯盟的形成等。要從系統的觀念來看兩個人以上的相互關係，也要注意系統的平衡問題。要注重在會談現場裡的實際操作與練習，具體性地更改溝通與相互的關係。並希望能把在會談裡所學習到的新的相處關係擴大，在家裡繼續採用，形成比較健康的人際相處模式。治療者要採取比較積極的態度來參與成員間的互動關係，督促適應性人際關係的形成。

第 12 章

如何隨病人的不同病情而進行輔導的模式

在上一章裡我們討論：如何針對不同病人的需要而決定採取不同的治療模式，而且採用的會談操作要跟隨其不同的治療模式進行。在本章裡，我們將換一個方式討論，即：針對同一個病人而就其病情與治療進行階段，如何調節與更換會談的方式與輔導的模式。換句話說，隨著病人的需要，並配合治療發展的階段，如何機動性地更換輔導的模式與方法。

依據支援性治療的技術，提供所需支援，穩定病情，度過困境

這是在輔導剛開始的初期階段通常需要採用的初步方式，即：以支援性的模式提供病人所需的支援，盡早穩定病人的情緒，以便度過所面對的困難處境。治療者要說明輔導的目的與方法，並且提供需要的治癒的可能性，培養希望，是支持性輔導的要訣。跟病人建立良好的醫患關係，讓病人感到可以依靠治療者，接受誘導而改善自己遭遇的問題，覺得放心，是很重要的課題。

運用認知療法的原則，改變非功能性的想法與見解

假如治療者發現病人有非功能性或非適應性的想法，影響著病人對自己的見解、行為、人際關係，甚至包括適應困難的方式，就可隨時針對其非功能性的想法進行糾正，希望能經由認知上的更改，間接地改進連帶性的情感與行為問題。所謂非功能性的想法或見解，可以發生在對自己本身的看法、對人對事的見解，而這些看法、見解或信念，假如是影響病人的情緒、行為時，隨時就可採用認知療法的要領，幫助病人更改其看法與見解。

嘗試分析的要領，進一步了解動態性病情與癥結

在穩定情緒，修正認知並改善病情之際，會談的模式也可以更改為分析性的輔導。除了病人初步提供的病情以外，要探討病人的過去，了解病情發生的來龍去脈，並且需要的話，還去分析病人的原本精神材料，探討潛意識的心理境界，以便能有深度地把握病人的動態性病情，包括可能遭遇的情結。等到對於病情或情結有個大致的了解，隨其需要，治療者可以適當提供病情的解析與指點，並討論改善情結的途徑與方向。

採取行為治療的原則，督促行為的實際更改

除了認識並體會認知上需要更改的情況，以及對自己病情能增加其了解，建立病識感以外，畢竟還得幫助病人能有實際性的行為上的改變。為了如此，治療的模式可以更改為行為治療的方式，去認定需要更改的行為，鼓勵更改，並隨時就其更改的情況而適當地提供嘉獎或處罰，促成其行為上的實際更改。經由適當的條件化，去除非適應性的行為，經由練習而建立新的、適應性的、功能性的行為模式；並經由嘉獎與鼓勵而保持，是行為性治療的要領。

依照人際關係輔導的方式，輔助並改善與人的關係

由於人的生活脫離不了人際關係，包括家人、夫妻、朋友、同事等等。因此，假如有其人際關係上的困難，也就得運用人際關係治療的技術來協助改善，督促溝通、更改角色扮演、培養適當的情感，進行人際關係治療。並且，病人可以經由跟治療者所建立的關係，練習建立比較成熟的人際關係，並且推廣到自己私人與社會性的實際人際關係裡。

依循哲學性療法的要點，調整對人生的看法與態度

輔導的最終目標是樹立比較成熟的人格。除了對自己要有基本的信心，對人生的看法也要能富於正性且積極性。為了達到此目的，有時適當地採用哲學性的輔導方式，是有所幫助的。經由哲學性的角度建立比較樂觀、積極的人生態度，可說是輔導最後階段的課題。

總之，對於同一病人，隨著病人的需要以及病情改善的程度與階段，治療者選擇提供的治療模式可以機動性地更換與調節，而不用刻板性地固定於某種治療模式，更不用忠誠地墨守某種治療學派，而要能適當選擇與運用各種輔導模式，符合治療的目的，求其最好的效果。

實例說明

喜歡偷拿女人內衣或內褲的中年男人。

第一節　個案簡介、病情解析、輔導模式

我們在第八章裡，曾就一位患戀物症的病人特別討論：如何逐步進行與增

修「病情解析」的情況。主要是以分析的角度跟病人會談，並隨會談的多次進行，逐漸發覺連帶性的新資料，隨時進行所需的病情解析的增修，達到最後比較充分了解的境界。我們在此，就此同一個個案來討論隨其治療的進行，而更改採用不同的輔導模式，逐步幫助此病人的情況。

病情簡介

病人是三十多歲的男性，菲律賓第二代的美國人，出生並成長於夏威夷，單身。因為最近他動手打繼父，家人報警，以家庭暴力行為被員警逮捕；可是員警發現他講話有時說不清，思考好似有毛病，就讓他住進精神病醫院，以便進行精神檢查。病人由一位日裔女性住院醫師負責診治，並由男性教授擔任督導的工作。

治療階段

開頭：支援與建立關係

被分配治療此病人的住院醫師，從一開始就用心想辦法跟此病人建立良好的醫患關係。每天定期跟病人會談，了解他的過去史、家庭背景，並且進行所需的精神檢查。病人講話有點口吃，再加上所講的英文有點菲律賓的土音腔調；因此，有時沒注意聽，就覺得他講的話不容易清楚地了解。可是仔細聽，卻發覺病人的思考基本上並沒有問題，不像是患了精神病的患者。病人跟醫師或護理人員的接觸大致還好，並沒有攻擊性行為的表現。事實上，他看來是比較溫順寡言的年輕男人。可是病房的醫護人員卻注意到，他總是喜歡拿病房裡的雜誌，並把雜誌上有女人照片的地方剪掉，自己蒐集起來。

初期：病情的探討與分析

病人跟住院醫師的關係還好，信賴醫師，願意談論自己的過去史。病人說明：他五歲時父母離婚，他和妹妹就跟隨母親住。數年後，當他九歲時，母親和繼父再婚。病人說，繼父對他嚴格管訓，而且常批評與低貶他，讓他覺得很自卑。也就如此，病人對繼父一直很不滿，也有反抗心。這次，由於繼父又向

他說些壞話，讓他很生氣，控制不了情緒，就動手打了繼父，甚至找到一根鐵條，聲言要打死繼父；繼父害怕，就報了警。

住院醫師向病人詢問，為何醫護人員在他臥室裡找到許多病人蒐集的女人照片。病人有點猶豫後，自動說出他在青春期發育以後，對女人的內衣褲感到興趣，曾經偷過母親跟自己小妹的內褲。可是後來，甚至跑到商店裡去偷女人的內褲而被發覺，判了偷竊的罪。他承認自己有戀物症的毛病，喜歡女人的內褲與胸罩。現在住在病房，無法找到女人的內褲或胸罩，只好蒐集從雜誌上剪下來的女人照片。

由於住院醫師是女性，而聽到病人有心性方面的問題，就趕緊向男性督導教授報告，並請教如何跟這樣有性異常的男性病人進行會談。為了幫助女性住院醫師，能比較容易且放心地跟這樣有性異常的男病人繼續會談治療，男性督導教授就答應每週一次跟住院醫師一起與病人會談。這樣也可以幫助住院醫師練習如何連貫性的操作，隨病人的情況而進行輔導的工作。

基本上來說，此病人跟住院醫師還能保持好的關係，而且對醫師比較熟悉後，談話也比較能放心地談。在治療醫師引導下，他繼續談起關於他的戀物症的前後經過。由於他十五歲時被母親發現他偷了妹妹的內褲，在母親安排下，搬去跟生父住在一起一段時間。當時父親已經再婚，繼母很年輕，他們三人住在一起。病人看到年輕的繼母，常讓病人感到性的刺激，結果也想辦法偷繼母的內褲，可是被父親發現，而被趕出，無法再跟他們住在一起，只好又回來和母親、小妹及繼父住。

這時，跟住院醫師在一起會談的督導教授，為了了解病人偷拿女人的內衣褲的病態性質與程度，就開口詢問病人，假如他實際上有女人在旁跟他親近時，是否還需要迷戀於女人的內褲。病人聽了，猶豫了一陣子，表現不愉快的表情，就走出會談室，不要繼續會談。後來，經由探問才發覺：病人覺得教授問的話難以回答，並且感到好像在低貶他似的，觸到他內心的感情，感到不愉快，也就趁還沒發起脾氣前離開會談室。

藉這樣事情的發生，住院醫師與教授也相互討論，了解此病人對男性而年歲比較大的督導教授如此不高興的表現，是病人跟他自己繼父不友善關係的「轉移」；而且也是他覺得被低貶時所表現的情緒反應，也了解到最近他曾跟繼父發生反抗與暴力的性質與理由。

緊接著，在下次的會談裡，教授與住院醫師跟病人談，幫助病人了解，醫師並沒有低貶他的意思，而且即使是醫師或教授也不見得都能看透病人的心理，要病人說出來，才會了解。醫師並向病人提議，在會談當中，假如感到所談的事情讓他難為情時，可以開口說：「話題敏感，不好談」，而治療醫師就知道其信號，停止繼續追究，可以改換談別的話題，不至於讓病人難堪且發脾氣。督導教授還提醒他，雖然自己是男人，年歲比較大，畢竟不是病人的「繼父」，沒有看不起他、不喜歡他的心理，只是想了解他的內心情況，幫助他解除困難而已。經由這樣的解釋，病人感到很滿意，也同意繼續跟住院醫師及教授一起繼續會談。而且，會談的氣氛就變得比較輕鬆些，也無形中改善了病人和醫師的相互關係。

後來，病人還說出他小時候很痛苦的經驗。他說：他一出生就患脊椎瘤，壓迫膀胱，容易尿失禁。他上小學後，在學校裡常控制不住而發生尿失禁。因濕了褲子，老師就打電話叫母親送來褲子。因此，常被同學們笑是「又濕了褲子的孩子」、「媽媽的孩子」等，而感到很害羞也自卑。

經過幾次會談後，病人跟醫師與教授的關係變得更熟悉，也就繼續放心談他的心性問題。病人說，由於他總是「母親的兒子」，受母親的特別照顧，繼父對他很不滿，而且對待他特別凶；結果讓他很感到膽怯，沒有自信，養成內向的性格。青春期後，不敢跟女生來往，總認為女生都不會喜歡他。因此，自己夜裡常幻想「不好的念頭」，常想跟自己的妹妹發生不倫的關係，而又覺得很不對，也就想辦法去偷鄰居曬的女人的內褲，用來滿足自己的性的刺激；而也就這樣經歷長年時間，無形中養成喜歡偷女人內褲的習慣。

如此經歷幾次的會談，醫師就比較能完整了解此病人所患的心性問題的情結，也明白治療的方向，即如何鼓勵與培養他的男人信心，練習跟女性來往，而不用依靠女人的私人性物品來滿足性的刺激。

中期

認知上的更改：醫師開始著手進行認知性的治療，協助病人了解自己並不是需要被貶低的男人，要改變自己對自己的看法，要有自信。小時患了脊椎瘤，常失禁，並不是他的過錯，是軀體性的毛病，不用感到害羞，不用怕被人嘲笑。自己從小被父親遺棄，沒得到父親的鼓勵，是不幸的遭遇，但不用自己自卑，要有膽量，不用擔心被人欺負。

關於喜愛女人內衣褲或胸罩的事情，醫師幫助他去注意，男人對女人感到興趣是很正常的事情，可以幻想跟女人親近，但最好不用去偷拿女人的內衣褲，以致被抓到。治療者跟病人討論，寧可要實際跟女人接觸交往，而不要依靠物品來刺激自己。

行為上的訓練：隨著這些認知上的更改，醫師還建議病人能比較大膽地說話，練習表達自己的意見，表現有自信的樣子。在會談中，治療者處處提供嘉獎，鼓勵病人能表達自己的想法，能堅持自己的意見，從行動上表現有自信的情況。醫師還特別指出，病人能跟女性醫師放心談話，照理也可以跟一般女人談話交往，要多練習跟女性接觸，而放棄找女人的私人性物品。

住院醫師特別提醒病人，可以跟男性的督導教授學習，養成男人的氣概，對自己有信心；而且最重要的，是練習如何與年紀大的男人接觸，如何溝通與來往，不用擔心會被看不起而生氣，也就是更改他對繼父的害怕與討厭的情結。

後期

人際關係的改善：經過這樣十多次的會談治療，病人逐漸能表現比較有信心的樣子，也比較能大膽地跟女性病人或女性護理人員談話。有趣的是，護理人員發覺病人不僅對人的態度有所變化，也不再去蒐集雜誌上的女人照片，而改對女性醫護人員放心談話。病人解釋說，女性住院醫師跟他很好，讓他練習如何跟女性可以隨意談話，他就比較有膽量和別的女人談話與接觸了。

性格的改進：經過數月的治療，病人自己也感到比較有信心，不擔心被人歧視或看不起。他追究原因說，因為他的住院醫師對待他很好，尊敬他，也鼓勵他要有自信，因此，也就逐漸感到自己能有信心。而且跟他人放心接觸後，

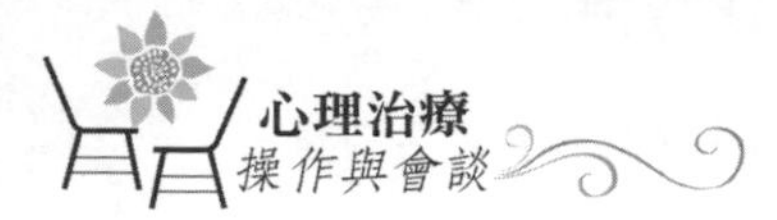

覺得他人還喜歡他，而間接地更讓他感到有信心。換句話說，經由病人與治療者的關係而得到自己的信心，逐漸推廣到他跟醫護人員的關係，也擴充到跟別的病人的來往關係。

第二節　輔導模式的選用

隨治療階段的進展而更換輔導的模式

從這個例子我們可以知道，治療者隨著病人的治療過程而適當地更改輔導的主要模式，來應對病人的輔導需要。從支援性的輔導開始，建立醫患關係，養成病人能利用會談而接受治療的習慣。接著，採用分析性輔導的要領，逐漸了解病情的發生以及其來龍去脈，逐漸體會病情的發生，能得到比較完整性的剖析體會，並建立治療的目標與方向。然後，本著認知行為治療的模式，跟隨既定的治療方向幫助病人更改自己非適應性的認知與行為，實際得到情感與行為上的糾正。同時，處處幫助病人改善與人的關係，包括如何溝通，表達自己的見解，樹立自己的信心，特別是跟異性的關係，而間接地更改自己的心性發展。等到長期的輔導後，也無形中能幫助病人建立比較成熟的性格，附帶性減除性異常的現象。

隨治療上的需要，而隨時適當採用不同模式

雖然為了方便，隨著治療階段的進展，其主要依從的治療模式逐漸改變，但並不是說，在某階段就固定採用某種治療模式，而是隨著需要可以隨時且隨意更改調換的。譬如，在進行分析性輔導，企圖了解病情的階段，當病人對督導教授的詢問發生強烈的心情反應，感到不悅而擅自離開會談室，在其剎那，也就可以從分析性的輔導（了解轉移關係的表現）而即刻更改為認知行為性的輔導，幫助病人知道，假如在會談上遭遇到不愉快或感到尷尬的時候，可以使用口頭上的溝通表達自己的要求，比較適當且成熟地處理這樣的情況（而不用擅自離開、表現反抗的行為等）。可是，我們要了解，雖然這是認知與行為上

的糾正與輔導工作，同時也是運用分析性治療的知識與原則來處理「轉移關係」的剎那，以及改正人際關係的時刻。因此，並不是單屬於某特別治療模式的輔導，而是綜合性運用各種模式的思考、技術與了解而進行輔導的情況。

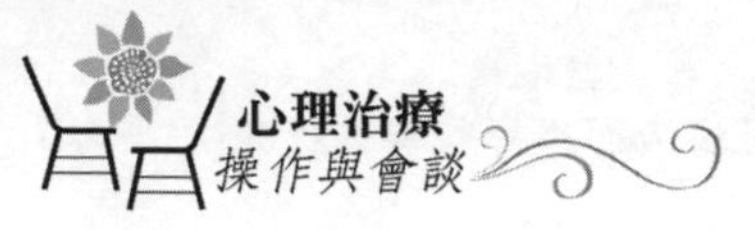
心理治療
操作與會談

第 13 章

如何隨輔導的過程與階段而進行治療

我們要體會：心理治療的操作是個過程，是要經歷不同階段而進行的治療工作。這和任何分野的醫療操作都是同樣的性質與情況，沒有不同。因此，提供治療或輔導的治療者，在自己的腦子裡要有這個觀念，並且能朝向既定的方向與目標逐步進行治療。必要時，也可以向接受治療的患者或家屬說明，讓他們知道：輔導是要經歷過程，按階段而進行的。這樣彼此有個了解，才能共同合作，一起進行治療的工程。

雖然採用的治療模式不同，其進行的過程與階段會有若干不同，但是以最基本的治療模式來說，心理治療可以分為初期、中期、後期與結尾來討論。無論短期或長期的心理治療，都可說是從這樣大致相同的階段而看待的。

初期：建立關係，分析與診斷，支持與改善

當求醫者為了問題來跟治療者接觸，開始就診工作，在其初步階段，治療者要首先注意如何跟病人盡早建立起良好而可共同合作的醫患關係。當然要從病人的敘述與申訴，趕緊了解病人所面對的困難與遭遇問題的性質，對病情有個初步的了解，得到心理診斷，並且訂立治療的方向，決定治療的模式與技術的選擇，這些都是初期要進行的課題。

最重要的，治療者要能及時提供所需的情感與心理上的支持，讓病人抱有希望，培養改善的動機，且順著治療進行的情況，時時幫助病人。換句話說，治療者不能只顧做診斷，而忽略了治療的操作。病人所需的，是被治療者幫助，改善自己的問題，要從頭就開始。

一般來說，病人在此初期會表現早期的效果，病情會稍微或顯著改善，稱為蜜月階段的效果。其理由是病人感到有治療者將幫助他，又有被治療而改好的希望，而頓時感到放心的效果。但這種改善是短期性的，不見得能持續很久，需要繼續治療。

通常，經過兩、三次的會談，就可以判斷病人的病情大概，也能知曉病人是否可以經由輔導而得到好處，可以決定是否繼續施予治療的工作。因此，初期也可說是心理治療進行的試探階段。假如病人不適合做治療，就可隨時停止；而一開始就得向病人說明，開頭的數次會談是個試探性的階段，治療者與病人要在這初期結束之前，相互討論是否適合繼續進行治療的事宜。

中期：利用關係，繼續分析，更改認知與行為，消除情感上的癥結

到了中期階段，治療者要好好運用已經建立好的醫患關係，繼續進行分析，促進比較透澈的了解，並隨時修改對病情的解析；同時，隨著需要而更改並調節治療的技術或模式。但是主要重心乃在如何透過認知、感情、行為的各個層次，幫助病人減除所面對的心情上的困難，間接地消減所患的症狀或痛苦，消除情感上所困擾的情結，達到問題減輕的狀態。

在這階段的症狀或問題會隨時有所起伏，一好一壞，然後逐漸穩定下來，往繼續改善的方向進行。通常需要進行兩、三個月的期間。假如情況好，病人的症狀會逐漸消失，問題也隨著解決；假如病人不滿意治療，也是離開治療的時候。

後期：誘導性格的更改，人格的成熟，人際關係的改善

雖然病情減輕，通常會隨著顯出的是病人性格上的基本問題。隨著需要，還得繼續給予輔導，幫助病人改善性格、人際關係、對人對事的看法、適應問題的方法，求得整體人格上的成熟。這可說是比較困難，而需要長期進行輔導的段落與階段。有些病人症狀一消失，問題稍微緩解，病人並不見得願意繼續接受輔導。因此，需要跟病人及家屬做討論，決定在何種階段結束或繼續進行治療，需要跟病人商榷與決定。假如病人願意，就進入比較長期性的輔導工作，通常可以進行半年、一年，或甚至更久。

結尾：回顧治療的過程與效果，並討論將來改善的方向與目標

隨著病情的改善而需要決定何時結束治療的過程。通常而言，在治療過程進行到後面三分之一的階段，就得開始討論何時結束治療過程，好讓病人心裡有所準備。特別是有依賴性或對分離比較敏感且脆弱的病人，需要早點做準備，並練習如何結束治療的關係。

在結尾的階段，最好幫助病人回顧治療的過程，特別去注意是經過什麼樣的機制與要領而得到改善，如何獲得比較適應性的行為模式，或者更改對人對事的看法，並得到適應困難的有效技巧。病人能這樣認識與了解，日後便可以自己繼續督導自己，維持並發揮成熟的途徑。

在情感方面，治療者可以誇獎病人的治療動機與接受輔導的熱誠，並感謝對治療的合作，讓病人對治療經驗本身以及對治療者存留有好的回憶（詳情參閱第十六章：「如何準備輔導的結束」）。

總之，假如順利進行的話，心理治療的進行大致會按上述的各個先後階段而進展。但是，我們要知道，實際的情況並不會那麼單純，一路很順利地進行；往往會經過比較曲折的途徑，一進一退地徘徊、婉轉進行，而不會那麼直線性

且樣板性地發生。治療者需要能機動性地適應與處理才好。

病人提早停斷治療的情況與理由

值得一提的是，有不少病人，雖然治療者認為他們還需要繼續治療，但病人（或家屬）卻單方面做決定，在治療中途就決定不再繼續接受治療，可說是「脫隊」的情況。有時，病人跟治療者都沒商量，就單方面突然停止治療會談，讓治療者不明白為何停止治療。這都是治療者需要注意與考慮的。病人半途而擅自停止治療的過程，可有各種原因，讓我們大致說明如下，好有所了解。

動機的問題

從開頭根本就沒有想接受治療的慾望，因此，就隨時自己停止治療。特別是被家屬勉強帶來的病人，自己認為沒有問題，也就容易中斷治療。

對治療本身的不了解或不滿意

治療是需要經過一個過程而進行。但是假如病人或家屬沒有這樣的觀念，或者不重視，特別是認為治療操作對他沒有幫助，也不了解治療的目標在哪裡，也就停止了治療，以後不再來。

覺得治療沒有什麼好結果

病人或家屬認為接受治療後，並沒有什麼明顯的治療效果，也就沒興趣繼續接受治療。特別是遠地而來的病人，交通不方便，或者無法負擔治療費的病人，也就自己擅自停止治療的過程。

跟治療者合不來

病人對治療者本人不喜歡或不滿意，覺得治療者不了解他、不夠幫忙、看不起他等等理由，因不滿意而擅自停止治療。

跟治療者發生特別情感而害怕

病人特別喜歡治療者，特別是異性的治療者，但害怕會發生特別的情況而不知如何應對，也就躲避而停止治療，避免問題的發生。

發覺治療者對病人有不妥當的感情

病人感到治療者對他（她）有特殊的私人性感情，擔心會陷入私人性的不良關係，不知如何對待應付，也就停止治療的關係。

治療操作上的阻抗

病人不喜歡被探問自己內心裡敏感的情結，無法接受治療者的分析或建議，因而發生逃避治療的情況。是阻抗現象的表現與結果。

家屬或配偶的壓力

有些家屬不喜歡治療者採取的治療方向，也就施予壓力，要求病人停止治療，而病人無法向治療者說明，也就忽然停止治療。

現實因素的問題

病人開始上班，或者工作情況改變，家裡有特別的事情要照顧，因此沒有時間來繼續接受治療，但無法向治療者解釋，就突然停止了治療。

上面說明的各種原因或情況，有的是難以控制與處理的因素，但有的是透過及時的注意與努力可以挽救的。特別是治療操作上的技術問題，可以有改善的可能性而挽救其問題的發生。尤其是關於治療本身的不了解，要提供說明；對治療操作而發生的阻抗現象，可以想辦法注意，採取比較溫和而可接受性的指點與解釋，或許可以回避強烈的阻抗作用。

總結而言，治療者總希望病人能接受預定的、長期性的輔導，並且按其階段而順利進行，得到適當的療效。可是治療者心裡也得有所準備，每個病人並不見得會如你所期待的情況而繼續治療。

實例說明

一說上學就肚子疼、眼疼、心煩的國一女生。（林紅）

第一節　個案報告與治療經過

個案報告

小昱，十三歲女孩。當她國一開學不到一個多月後，就出現眼睛痛、肚子痛等症狀，全身無力，頭暈、噁心。一說上學就肚子疼，胃痙攣，眼痛，心煩。結果就輟學在家休息，無形中已經一年多沒有上學。

一開始，小昱在綜合醫院做了眼睛、頭顱和腹部的各種檢查，均沒有發現異常。休學在家期間就沒有明顯的症狀，所以也就沒有治療。新的學期開學了，小昱仍然無法上學。在綜合醫院接受過兩次心理治療，治療師建議小昱要克服困難，去學校試試，可是小昱感覺自己做不到，也不願意再繼續做心理治療了。綜合醫院醫生終於建議來到我院的兒童與青少年門診就診，經由安排做心理測試，結果是「重度抑鬱」，被診斷為情緒障礙，服用「樂復得」（Zoloft，抗鬱劑），並建議同時做心理治療。

當小昱第一次來接受心理治療時，新的學期已經開學兩個多月了。剛開學時，小昱曾經上了一天學，在學校一直想流眼淚，但小昱又不敢讓眼淚流出來，感覺眼睛痛。一提起與上學有關的事，小昱就心煩，老想找個地方鑽進去。最近症狀更加嚴重，渾身發緊，像沒有骨頭一樣地軟；不願出門，不願接觸社會，老和人感到過不去，想搞破壞。看見穿校服的學生就難受，不知道怎麼發洩，想打人。感覺誰都煩，心裡揪得疼。沒有一天高興，心裡特疼、特沉。睡眠不好，夢多，夢見學校逼著自己去上學，好像魔鬼一樣掐著自己去上學。

小昱覺得自己近來記憶力有所下降，不能好好念書。自己也知道應該上學，心想如果不上學怎麼辦？當夕陽西下的時候想哭，難受，如果不哭就憋得慌，感覺生活十分沒勁。小昱難過地說：「大家勸我上學，這些道理我都知道，我也明白，但我就是不能去上學，挺傷心的。又快過耶誕節了，一年時間又過去了，感覺過得特快。表姊都上學了，感覺自己特別沒用。」

成長經過與父母的關係

小昱的父母自結婚後幾乎一直分居。小昱的媽媽說，自己的丈夫沒有主見，過於順從婆婆，又從來不認錯，夫妻之間矛盾很大。小昱出生之後，一直由姥姥和媽媽帶她。在小昱兩、三歲時，父母跟她一家三口曾經在一起住過一年多，但是夫妻經常打架，因此分居。媽媽說為了孩子，一直沒有離婚。她們母女和姥姥、姥爺住在一起；而爸爸和奶奶住在一起。爸爸有時會過來看看她們。小昱說爸爸不愛說話，不喜歡與人溝通，是個鑽牛角尖的人，性格不好，而自己的大部分性格遺傳到爸爸。爸爸心裡不記得別人的好，總記恨別人，覺得自己冤；明明自己錯了，卻鐵嘴鋼牙的，死不認帳；固執，不會處理問題。小昱說：「有他（指爸爸）沒他一樣。小的時候接我去奶奶家，我跟著他走路的時候從來不回頭看我，就走他自己的，即使過馬路也不回頭看。我特別不怕我爸。他就自己一個人在那兒嘟囔，說：『都兩年沒上學了，我也管不了你，不管你了！』」

小昱在小學的時候，學習成績一直特別優秀。剛升入中學時，感覺上學挺新鮮的。小昱所在的是重點學校的重點班，節奏太快，回家都沒有吃點零食、看會兒電視的時間，就得趕功課，小昱感覺很不習慣。小昱又很好面子，與同學相比不行時，壓力大。小昱也很追求完美，一道題不會，就死命地想，想不出來甚至不睡覺。

治療經過

對此個案，總共治療會談次數共為二十一次，時間跨度為一年兩個月。治療的開始階段，基本上每兩週一次。中間階段，由於治療者外出學習，曾經中斷了兩個多月。到了後期，在小昱恢復上學、情況基本穩定之後，一到兩個月一次追蹤會談治療。在治療歷時十一個月，第十七次時，小昱終於回到學校；在小昱回到學校一個學期之後結束了治療。每次治療都是媽媽陪小昱一起來。

第一次至第三次治療會談

主要在於建立關係和了解病情。對於小昱的軀體症狀，以及她因急於回學校上學卻又難以做到而導致的心理上的痛苦，治療者表示理解，表明小昱是上進的好孩子。治療者向小昱說明，人必須在坎坷磨難中長大，早經歷這些坎坷未必是壞事。治療者建議小昱不要過於急迫，要給自己時間慢慢恢復。同時，給小昱以希望，說明上學是大多數人走的路，其實成功的路有很多條，絕不僅僅上學這一條。建議小昱不要悶在家裡，要增加戶外活動，尋找自己感興趣的事情去做，藉此調整情緒，緩解軀體症狀。鼓勵小昱從閱讀心理學相關書籍入手，不僅可以幫助自己，將來還可能用心理學知識來幫助別人。小昱表示，她對心理學知識確實一直感興趣，她願意嘗試。

第四次至第五次治療會談

耶誕節到了，小昱在家自己看雜誌，並按照雜誌的說明，親手做了優格草莓布丁；同時，最近在家繡十字繡，情緒有所好轉。生活規律，晚上十點一直睡到早上十點多。不睡難受，感覺如果睡不充分，起來也難受，渾身不舒服，緊。睡覺中的夢境比現實生活好。不喜歡去公園，白天媽媽帶著出去逛商場。

覺得自己脾氣不好，煩姥爺和姥姥，因為姥爺總是占著電視看，「我要看一會兒，他就唉聲歎氣地走了，有什麼意見也不說出來。我看他還是有意見，我做布丁，他說就瞎整吧。姥姥閒得沒事和我打嘴仗。」

自己一個人待著突然害怕，比如上廁所好像聽到有老鼠的聲音，聽見媽媽和姥姥說悄悄話，會莫名其妙地害怕。過於敏感，尤其當別人小聲說話時，會過去偷聽。

一提看書，小昱就想到學校和課本，頭就緊得慌。小昱不喜歡別人約束自己，姥姥越提某本書，就越不想看。有時剛想看，姥姥一提就更不想看了。小

昱向姥姥提出要求：「姥姥，你能不能不提叫『書』，而叫『心理學』。」

治療者對於小昱的變化給予肯定，如做手工、讀心理學的書等感興趣的事，以及接觸外界。建議小昱珍惜這一段相對空閒的時間，做有意義的事。希望小昱和媽媽彼此都能夠多從對方著想，培養換位思考的能力。家長要理解孩子的不容易，孩子也要理解家長的苦心，雙方都不要著急，允許對方慢慢改變。要小昱思考，究竟自己希望過怎樣的生活，學習越來越少被其他人影響。

第六次至第十二次治療會談

看到同齡人上學，小昱心裡著急，傷感；但現在能克制住自己，沒掉眼淚。說到學校，小昱憂鬱地說：「學校就像一扇門一樣，不會被我打開了。我覺得沒有意義，會撞得頭破血流。過去家裡人的觀點是上學才有出路，我的內心挺不好受的，挺傷感的，現在我想不管上不上學，至少得努力，時間不要浪費。自己去學習會更好，也會做出一些有意義的事。我既然已經這樣了，只能走與人不同的路，也會創出自己與眾不同的人生。」小昱感到生活的樂趣還是很多，有時看看英語書和語文書，做一些題。治療者建議小昱訂定計畫，從自己喜歡做的事情入手。小昱表示將聽治療者的意見：「不要過於施壓自己，也不能漫無紀律。」

小昱在理解別人方面有了很大進步。她說：「我姥說我沒前途，說就說唄，我又不是為別人活的。我都不跟她較，她愛怎麼說就怎麼說吧。以前跟她辯，反正怎麼也辯不過她，跟她廢那麼多話，還生一肚子氣。以前愛生氣，比如飯不愛吃，不給我再做，我就生氣不吃了，氣得晚上肚子都疼。現在能換位思考，想想她們說的也有對的地方。不怎麼生氣了，頂多掉幾滴眼淚。別人的話對我沒什麼益處，我就聽著，也不太往心裡去。」

小昱對社會的理解也有了一些變化。「剛得病時，覺得這個社會真煩，看什麼都不順眼。你瞧大白鵝那樣兒，長那麼長脖子幹什麼？！我真想走過去，薅（用手揪的意思）過大脖子，搧牠幾巴掌。鳥叫什麼呀？心煩。這花真煩，我都想把它揪了。現在覺得這個社會就是由有關聯的人與人組成的。突然間感覺自己成熟了許多，感覺生活特別美。原來看《讀者》，覺得挺沒勁的。現在不管寫的是什麼，都能接受。原來看到公園裡唱歌的老太太，覺得挺沒勁的，不能理解她們唱老掉牙的歌。現在覺得她們在抒發自己的情感，生活過得很充實、有意義，在尋找生活的快樂。」

對於小昱的逐漸成熟和更多的包容性，治療者給予肯定，與小昱母女共同分享她認知和行為的變化給她帶來的好處。小昱心情好了，吃得少，但是吃得香。每天睡十幾個小時，在睡眠中想醒，但是醒不過來。逗逗狗，看看書，遛狗，和媽媽出去遛彎兒。

隨著小昱的逐漸康復，她與朋友關係的問題越來越突出。因為結交異性朋友的問題，小昱和媽媽時常發生一些爭執。最開始小昱收到一個要和她聊天的短信，閒得無聊，兩個人就聊起來了。媽媽擔心女兒結交上不好的朋友，不允許她和對方再聯繫，小昱不服媽媽的管教。「我媽媽也應該給我一定空間，讓我自己學會處理這些問題。她憑什麼不信任我，我就較這個勁，看我憑自己是不是有能力處理好這個問題。我媽是好意，我又不想和她發生衝突。」

慢慢地，小昱有了更多的朋友，包括同性和異性朋友，也經常出去玩。小昱晚上和女伴在家附近溜達，經常有男孩子喊美女，斜著眼睛盯著她笑，媽媽很擔心。「媽媽的擔心是有道理的，但她老跟著我，讓我煩」，這是小昱的抱怨。媽媽認為是小昱打扮過於成熟造成的，所以母女最近為此爭吵不休。治療者對於小昱開始與同性和異性朋友有了更多交往表示肯定，對於她情緒的恢復和社會化有意義。並且與小昱和媽媽共同探討如何結交同性和異性朋友，如何做好自我保護，給出了一些建議。

第十三次至第十七次治療會談

由於治療者外出短期進修，兩個多月後進行第十三次治療。此時臨近正常暑期開學的時間還有半個月，假期一直在一起玩的同伴要上學了，小昱情緒出現了較大的波動，晚上到十一、十二點都睡不著覺。一想起開學，心裡像著了火似的，睡不著覺，腦子亂，心慌，忐忑不安。當別人問她是否上學時，小昱說嘴裡回答上，想哇哇大哭，卻又哭不出來。在外人面前，眼淚很少流出來。跟媽媽也說不出來，一說就要冒火。

之後每兩週治療一次。第十四和十五次治療，小昱看著同伴開學了，心煩，神經過敏，頭皮不舒服，老抓頭，現在無時無刻心裡不想事。心裡特慌，像好多小蟲子在咬，百爪撓心，忐忑不安。夜裡老做夢，格外難受，早上也是被夢嚇醒的。夢的內容主要是在學校，和一群孩子玩，感到憋屈，恐慌。

治療者建議小昱利用現在有同伴一起去上學的契機，嘗試回到學校。與小昱分析她可以回到學校的理由，對於她的很多擔憂和疑慮給予澄清，例如身體是最重要的，有不會的問題學會向同學和老師求助，作業能夠完成就可以了，不要太苛求自己。發揮自己年齡大、心理相對成熟的優勢，即使有同學嘲笑自己也能坦然面對。為了減小壓力，建議小昱由原來的重點班轉到普通班。要媽媽與學校聯繫，盡量選擇對孩子心理比較關注的老師，為孩子創設好的學校氛圍。不要對孩子要求太嚴，給孩子一個逐漸過渡的階段。

在開學之後二十多天，小昱終於回到了闊別兩年的校園。媽媽很高興，誇獎女兒的表現出乎自己的意料。媽媽覺得小昱穿得不像學生樣，原本想讓小昱在校門外等著，她自己去學校裡與校長談。小昱主動要求和媽媽一起去見校長。「同學們看見我穿得像個小怪物似的，那又怎麼了？」

小昱激動地說：「我人生中的第一超大難題被我解決了，我好高興啊！這回我回來了。原來她特別怕老師，見著老師就害怕哆嗦。現在心裡也不哆嗦了，見到校長都不害怕了。校長挺有親和力的，說看我挺開朗的，不像有心理問題的樣子，我說我變了。讓我上國二，我說跟不上，壓力太大，上國一吧。校長還說，這回我可是老大姊了。校長很親切，不會強硬地對我。我一看老師這麼好，我可得乖乖的，好好學習，天天向上。如果我不聽他的，就挺愧疚的。婉轉比強制對我更好。」

談到如何面對學校生活，小昱說：「我挺有信心。對於我不會的題，思考了，知道想到哪兒了，實在不會，第二天問老師吧，而過去會一直想一、兩個小時。不會就不會，慢慢來，有什麼可著急的。老師說得對，我就聽，反正也別想壓制我。人都是平等的，強制我不行。如果強制我，我就調皮搗蛋，我也不會回來，天天讓他（老師）看見我。」

治療者請小昱談談重回校園的感受，小昱說：「我曾經一直認為，就算我病好了也不可能回到學校，覺得我能上學簡直不可思議，天方夜譚。當時我把話封得特別死，現在回頭想想，兩年了，時間很快，這兩年我在成長。這兩天我激動地哭，而不是傷心地哭，心潮澎湃。最近天也這麼好，太陽照在自己的臉上，特開心，打自己心底裡高興。剛開始還有軀體反應纏著我，挺難受的。得這個病，我自己改變挺大的。在別人看來，挺大一個坎兒，挺不幸的。但我認為不幸中有萬幸，得這個病我成熟了好多，明白了好多道理。想想自己為什麼這樣？了解心理知識，性格上改變特大，開朗了許多。可能也是大了，現在還能去開導別人。小時候不開心，都會寫在臉上。現在想想，不應該把自己的痛苦帶給別人。有時別人看我很開心，其實我心裡不高興。」在這次治療中，小昱也談到了對治療者的認識，「第一次談話我就喜歡上了您。您笑得讓我特感動，帶動我的心情一點一點好起來。」

媽媽說小昱變化挺大的。小時候特別內向，不合群，小學時從來不和同學搭伴兒走。最近這段時間性格上有很大變化，玩得瘋過頭了。

第十八次至第二十一次會談

開學第一天就趕上厲害的年級組長測試，小昱心裡也不特別恐懼了。作業都能按時完成，學習不費勁，生活很充實。有時挺鬱悶，有時也挺開心，把自己和姥姥打嘴仗看成是「一天生活中少不了的一件樂事兒」。

在重新回到學校上學的前後時間，小昱交了兩個男友。雖然都分手了，小昱很難受，但她也悟出了很多道理：「後悔當初沒有聽我媽的話，跟他們在一起。現在我明白了，要讓別人瞧得起你，要先把自己武裝起來，強大起來。內外兼修，各方面素質都要提高。現在每天挺忙碌，過得挺充實。如果在當時我沒有上學的時候，這件事發生在我身上，我會很受不了。現在我上學了，有自己的小夥伴了，重心不在他身上，所以也沒有太受傷害。現在每天做作業，再看看心理學方面的書，感到很充實。」治療者誇獎小昱自己治療得不錯。

因為上課說話，老師讓小昱罰站一個小時，當時小昱挺生氣。後來想想，覺得自己確實說話了，站就站吧。累得腿都抽筋了，小昱說：「我就當倒楣蛋兒吧。」媽媽說要是從前，小昱不肯讓別人說她一句，覺得臉都沒處放。但是，

媽媽說現在小昱並不太要面子了，過了頭，什麼都無所謂。

期中考試小昱成績在全班排名中等稍後一點點，期末考試進入班級前三分之一。小昱掩飾不住滿臉的喜色，「老師公布成績時，我當時都驚了，挺震撼的。我覺得考得挺好的，心情舒暢，發揮得好，但我沒想到考這麼好，特高興。自從上中學實驗班後，從沒進過班級前十幾名。」令小昱煩惱的是，媽媽老看不到自己的進步，「我覺得比以前真的很進步了，但我媽還是老打擊我，覺得挺委屈的。我媽老是和別的孩子比，其實不能跟別人比。人比人，氣死人。跟自己比，會增強自己的自信心。我和自己比有很大的飛躍。」

「上學也就一、兩個老師說一會兒，在家裡媽媽和姥姥不停地說我，陳芝麻、爛穀子，沒完沒了。我覺得在學校都比在家好。」小昱覺得同學們都挺好的，小男孩和小女孩都喊她姊。因為她不愛傳話，同學們都愛告訴她心裡話，小昱也願意主動幫助同學。同學之間鬧矛盾了，有同學不想考試了，小昱經常開導他們。大家很佩服她，說「姊就是姊，說的話就是深刻」。小昱更加樂此不疲。媽媽笑著說小昱有時叫媽媽把心理書給她拿去，因為有同學有事兒，她不知道該怎麼說。

治療結束

在小昱回到學校一個學期之後，寒假開始時，結束了治療。治療期間，總共歷時十一個月，將近一年。

第二節　心理治療的經歷過程

限期與期間開放的心理治療

心理治療的施予，在剛開始的時候，根據病人的病情，治療者大致就可以決定將按事前的計畫而進行有期限的心理治療，或是不限定期間而開放式地進行心理治療。有期限的心理治療，大致指的是五到十次左右的短期心理治療。主要適用於患急性心理挫折或問題的病人，如面對親人的死亡或遭遇意外事故而引起的一時性心情創傷，可以在預定的次數裡，大致完成其治療的目標，幫助病人恢復心情的穩定。至於，事先限定輔導的期間，可以幫助病人了解需要接受輔導的大概次數，可以有個打算，並且能在期間趕緊進行所需的心情恢復。有個期限的約定，病人可以比較用心想辦法恢復，對治療工作也較能積極進行，不會拖延。當然預定的期限到期後，就其病情的改善情況，治療者與病人之間可以商討，再決定是否延期，增補若干次的會談。可是總有個大概的構想與計畫，就預定的期限來進行治療的工作。

至於期間開放的心理治療，事前並不預定施予治療的期限，沒有限定，隨病情及治療的情況而進行。病人所需治療的是比較嚴重的病情，或者是屬於性格上的問題時，就比較需要考慮這樣不定期的治療，隨時由治療者與病人相互討論，評審還需要多久的治療，如三個月、半年，或一年等，隨病人的求醫需要、動機與客觀條件等，包括病人的時間、經濟上的負擔等等。

短期與長期心理治療的區別

不管是否事先就預定治療的期間多久，實際上，心理治療可就短期與長期進行。所謂短期，習慣上指的是三、五次到十次左右的會談治療。其特點是針對某些認定的課題而進行輔導。譬如，被老師懲罰，不敢再去上學而翹課的學生，最好趕緊進行短期心理治療，希望能即刻處理困難，回復上學。跟異性朋友鬧翻了，心情不佳，感到抑鬱，不知如何是好，也是可以提供短期心理治療，幫助其趁早恢復情緒上的不穩定。親近的家人去世而很傷心，也可以施予短期心理輔導，幫助及早度過哀悼的心理過程，恢復本來的情況等。

可是，同樣的問題，假如發覺需要幫助病人基本的性格問題，或者是家屬的問題，可能就變成是長期性的心理輔導。譬如，被老師處罰而不上學的學生，背後還有個被父母過寵而缺乏自我獨立性格時，就可能要施予十多次，甚至是二十多次的心理輔導，包括對家長的輔導等。跟異性朋友鬧翻以後，情緒不好的年輕人，假如我們發覺其性格發展上比較幼稚，或者對異性關係缺乏經驗，或許就需要比較長的期間，來輔導其性格上的問題，也就需要進行半年左右的輔導工作，才可能看到性格上的轉變。

假如是短期的心理治療，其輔導的過程就比較單純，但是也得考慮如何開始初期的工作，中間如何進行，並且如何結尾的情況。但是，長期性的心理治療，其階段性進展的情況，就會更需要注意與關心，了解如何進行輔導上的過程。

本個案階段性進展的回顧

初期（第一次至第三次會談）

在開頭了解病人的病情，知道是因為自己對自己要求很高，而達不到自己的期望，受不了其緊張就發生軀體症狀，結果就打退堂鼓，乾脆待在家。但由於長期沒上學，心裡又很焦慮、抑鬱，又容易發脾氣，處於不知如何是好的困難狀態。因此，治療者在此階段，除了跟病人建立關係之外，對病人採取「不催促」的態度，建議小昱自己心裡不要過於急迫，要給自己時間慢慢恢復，打破其著急的心理狀態。但是，同時提供具體的提議：不要天天悶在家裡，增加戶外活動，尋找自己感興趣的事情去做，藉此調整情緒，緩解軀體症狀。並且刻意鼓勵小昱去閱讀跟學校功課沒有直接關係的書籍，即心理學相關書籍，恢復建立閱讀書本的習慣。無形中強調念書的目的是：不在求學業的成就，而在幫助自己；徹底改變對念書的觀念、態度與目的。

中期（第四次至第五次會談）

小昱聽從治療者的建議，在家開始看自己喜歡看的食物雜誌，並按照雜誌的說明，去做了布丁；也在家繡十字繡，天天有點活動，情緒也就有所好轉，生活也有規律。治療者對於小昱的變化給予肯定，如做手工、讀心理學的書等感興趣的事，以及接觸外界。建議小昱珍惜這一段相對空閒的時間，做有意義的事。

中期（第六次至第十二次會談）

治療者建議小昱訂定計畫，從自己喜歡做的事情入手。小昱表示將聽治療者的意見：「不要過於施壓自己，也不能漫無紀律。」在此階段，小昱不但情緒改善，對自己的看法以及對社會的理解與態度，也有了一些變化。「剛病時，覺得這個社會真煩，看什麼都不順眼…… 現在覺得這個社會就是由有關聯的人與人組成的。突然間感覺自己成熟了許多，感覺生活特別美」，顯示自己的態度逐漸改變。

但是在這個病情改善之際，小昱開始社會化，去結交更多的朋友，包括同性和異性朋友，而母親卻很擔心男孩子對小昱好感的舉動。媽媽認為，小昱打扮過於成熟而招徠男孩子的反應，所以母女最近在為此爭吵不休。治療者對於小昱開始與同性和異性朋友有了更多交往表示肯定，與小昱和媽媽共同探討如何在此青春期去結交同性和異性朋友，如何自我保護，提供一些具體性的建議。治療者扮演「只是焦慮而給予限制」的母親不同的角色，以比較健康的「母親」的角色來幫助此年輕的女病人，督促其社會化，獲得心理與性格的成熟。

中期（第十三次至第十七次會談）

此時臨近正常暑期開學的時間還有半個月，假期一直在一起玩的同伴要上學了，小昱情緒出現了較大的波動。治療者建議小昱利用現在有同伴一起去上學的契機，嘗試回到學校。治療者給予小昱許多恢復上學的心理準備（譬如：有不會的問題學會向同學和老師求助，作業能夠完成就可以了，不要太苛求自己）；並且，為了減少壓力，建議小昱由原來的重點班轉到普通班。要媽媽與學校聯繫，盡量選擇對孩子心理比較關注的老師，為孩子創設好的學校氛圍。不要對孩子要求太嚴，給孩子一個逐漸過渡的階段。經由這些多方面的準備，開學之後，小昱終於回到闊別兩年的校園。

後期（第十八次至第二十一次會談）

期中考試小昱成績在全班排名中等稍後一點點，期末考試進入了班級前三分之一。小昱掩飾不住滿臉的喜色，覺得考得挺好的，心情舒暢，發揮得好。但令小昱煩惱的是，媽媽老看不到自己的進步。「我覺得比以前真的很進步了，但我媽還是老打擊我，覺得挺委屈的。我媽老是和別的孩子比……」，在此階段，才顯出從一開始，不僅是小昱對自己有過分的期待，造成過分的緊張，而

在其緊張的背後，其實就是母親在加壓力。因此，如何幫助母親對孩子保持適當的期待，也是需要處理的問題。還好，小昱本身已經有比較健康的想法，即：「其實不能跟別人比。人比人，氣死人。跟自己比，會增強自己的自信心。」

結尾

小昱恢復上學後，不但自己適應得還可以，還覺得同學們都對她挺好的。小昱願意主動幫助同學。同學之間鬧矛盾了，有同學不想考試了，小昱經常開導他們。大家很佩服她，說：「（姊姊）說的話，就是深刻。」可見小昱在學校還模仿治療者去幫助他人，表示治療有好的效果。自己內心裡，有了自己可以扮演並指導自己的「治療者」，因此可以放心結束治療。

第 14 章

如何處理治療上的特殊情況與問題

在施行心理治療時，有時會遭遇特殊的情況，需要治療者特別注意處理，免得發生困難。在此，我們就幾種特殊情況舉例做說明，希望能了解如何處理，體會其原則，並能舉一反三地應付其他特殊情況。

特殊身分病人的治療問題及其處理要領

通常，治療者施予治療的來訪者跟治療者並不認識，是生人，是普通的患者。然而有時是例外，求治者卻是自己認識的朋友或親人，或者是社會上有特殊背景的高官或有錢有勢的病人，需要特別考慮可能發生的困難，以及處理的要領。讓我們在此簡單說明。

自己親近的朋友或親戚求醫的情況

假如有選擇的可能性，最好不要為自己認識的親友施予心理治療，而介紹由別的治療者提供心理治療。其理由很簡單，很難給予自己認識的親戚、朋友、同事進行心理治療，其困難是重重的。讓我們分析說明如下：

求醫者不方便透露內心的困苦

心理治療的目的，在於病人要把自己內心的困難，透露給治療者，經由治療者分析了解如何處理所面對的困難。可是假如來求治的人是自己的親戚，如姨媽或表弟，就不太方便向你申訴他們心裡的煩惱。譬如，姨媽就不方便跟你申訴姨夫在外亂來的樣子，讓她操心；或者表弟不容易向你說明他最近不好睡，心情不好，是自己最近在外亂來，而擔心自己是否患了愛滋病等等這些內心裡的煩惱。頂多，他們只會向你申訴他們心情不好，睡不好，想開點藥來吃的表面性問題，很難敞開胸懷，向你申訴內心裡實在煩惱的核心問題。

治療者不方便分析求醫者的問題，並提供建議

就算是親戚或朋友能把自己內心裡煩惱的問題向治療者申訴，擔任治療者角色的你，也很難向自己的姨媽說明，是因為她對姨丈不好，總是批評他，讓他不覺得被尊敬是丈夫，於是就到外面另外找比較溫順的女人，獲得情感上的彌補。或者，向自己的表弟說，他自己到外面亂搞找女人，才惹來這種擔心愛滋病的煩惱，需要自己檢點等等；更不容易向表弟分析說明，因為是他跟他的母親（即舅媽）太接近，沒有自己身為男人的信心，才要到外面去找女人，想證實自己是可以脫離母親（即舅媽）而獨立的男孩子等等。可見治療者無法很坦率地向親戚病人分析問題，並提供意見。

治療者無法依靠權威者的角色來輔導求治者

施予心理治療時，治療者要有若干程度的權威性角色與地位，才能提供有用的輔導上的意見，發生職業性的輔導作用。可是假如是給自己的親戚或朋友治療時，就不容易發揮這樣的治療性、權威性的效果，會被當作是親戚或朋友說的話，沒有分量。比如：治療者要向自己的姨媽建議，如何不要歧視自己的丈夫（即姨丈），要多尊重丈夫，丈夫才會專情、不會搞婚外情等問題，可是，你的建議聽起來，就猶如從親戚（即侄兒）口中所說的話，沒有力量。同樣的，你向表弟說，要練習跟自己的母親（舅媽）保持適當的關係，不要總是被寵而得不到個人獨立的感覺時，不像是權威性的建議，而只像是表哥向表弟所提的

忠言而已，缺乏魄力與力量。

總之，從這些例子我們可以體會到，要向自己的親戚或朋友進行心理治療，實在有其困難。這與跟自己的親戚或朋友開點感冒藥或治療小傷口是不同的，無法進行有效的心理治療，需要介紹自己的親戚或親友去接受不認識的治療者的輔導。

社會上的高官或財富者求醫的情況

這也是很難面對的情況，跟治療自己的親友有相似的情形，困難重重。求醫者不方便透露內心的困苦，治療者不方便分析求醫者的問題，治療者無法依靠權威者的角色來輔導求治者，這些是跟治療自己的親戚或朋友時所遭遇的困難相同。可是，治療地位高的官員或者很有財富的地方顯要，還會加上其他的困難因素。譬如：

保密性的問題

由於求治療的是特別身分，很在乎他們的社會地位與背景，因此，求醫者不方便透露自己內心的煩惱，而治療者很需要費心去考慮並替他們保守祕密，增加許多額外的負擔與限制，輔導過程多困難。有不少情況，病人要求治療者到病人的家去看病，不願意在治療者的診所接受治療。可是這樣的安排，就容易失去職業性的性質，變成是私人性的輔導，容易失去治療的效果。是治療者去將就病人，沒有權威性，容易面對病人是否有充分求醫動機的問題而難以控制。

求治者的姿態問題

由於他們有勢、有錢，習慣招呼他人為他們服務，替他們處理問題，而缺少心理治療上所需的基本條件，即病人要「自己」想辦法練習處理自己的困難。而且，病人常常有特殊的要求，要治療者將就他們，把治療者與病人的醫患關係顛倒，發揮不了輔導上的效果。

治療者的心理壓力

由於病人是特殊的人物，無形中給治療者心理上的壓力，覺得非好好治療不可，而缺少「平常心」去治療病人的心態。結果往往得到相反的效果，無法好好治療。因此，盡量要求自己以通常的方式去輔導，而不受特別的心理壓力，否則反而容易失敗。

總之，假如能避免治療這樣有特殊地位的高官或有錢有勢力人是最好，可是在現實的情況難以避免。特別是有資歷的治療者，容易被找上來。在這樣的情況下，治療者盡量想辦法保持職業性的關係，要求病人來診所接受輔導，盡量要遵守輔導的基本條約，以平常心輔導他們，這樣才有希望得到治療的效果。

牽涉到法律情況的處理

有時治療者所輔導的病人牽涉到法律的情況，也要特別小心處理。我們就兩種情況而討論，可以了解這當中要小心的地方，以及處理上的要領。

病人牽涉到訴訟等司法問題

假如病人來求醫治，而其所求輔導的問題，牽涉到法律上的訴訟問題時，就需要從頭考慮是否需要提供輔導。通常要跟病人討論好，假如要精神鑑定的話，最好由別的精神科醫師負責，而治療者只負擔輔導的工作，這樣把治療與鑑定分開。否則病人為了求得對他有利的鑑定報告，不能好好向治療者申訴自己的問題，也無法好好接受輔導，使治療的過程變得不單純，而浪費治療者的精神與時間。

譬如，有些病人離婚，想爭取孩子的養育權利，就來找心理治療者，接受輔導，而其意圖是想請治療者能給他書寫一個報告，證明他是適合養育孩子的家長。在這樣的情況與企圖下，病人來接受輔導的性質就完全改變，只是想得到對他有利的報告而已。

反過來，假如病人受了意外傷害，而想上訴求得賠償，來求醫治的目的是想治療者出示證明他是如何受精神上的創傷，其輔導的目的並不在如何改善自

己，把輔導的性質與目的改變了（請參閱第一章案例三：「被鄰居的狗咬傷而心驚膽顫的女性病人」）。

因此，要接受來訪者提供輔導之前，先要弄清楚病人求醫的目的，並且要探討是否有牽涉到法律上的訴訟問題，把情況弄清楚，將輔導的目標澄清以後，才開始治療為宜。

病人向治療者表達犯罪意圖或懺悔罪犯行為

在心理治療的過程裡，治療者要鼓勵病人透露自己內心煩惱的事情，這樣才可以幫助病人如何處理這些心結。可是在這樣的治療操作裡，有時很意外的，病人會向治療者透露一些自己過去曾經犯過的罪犯行為，如曾經強暴女人、挪用公費或其他欺詐行為，甚至是目前想犯的行為，包括殺害他人等。這時，治療者就面對司法上需要考慮與決定的挑戰。雖然治療者跟病人之間有個無形或有形的默契，在會談裡所談的資料，治療者要替病人保守祕密，可是這種隱私並不是絕對性的。假如病人企圖想傷害自己，或者想傷害他人時，在法律上治療者有義務放棄需要保密的限制，而趕緊通知有關人員（譬如家屬），保護病人本身，免得傷害自己（包括自殺的行為）；或者，得通知有關人員（譬如員警或治安人員等）去通知病人想殺害的對象，給予適當的保護，避免傷害行為的發生。也可以考慮安排病人住院，以避免傷害他人的攻擊性行為的發生。

可是，假如病人所透露的資料是他過去所犯的罪行，如強姦女人、挪用公費，或者曾殺害他人等時，治療者要根據其犯罪的性質與程度決定是否督促病人自己去報案，或者由治療者向有關單位報案的問題。這是比較微妙的情況。因為，一方面要為病人著想，一方面要為社會考慮，而另一方面也得保護（知道了犯罪祕密的）治療者本身的安全問題。可說是牽涉到臨床上（保密的）問題、法律上的義務問題，與社會倫理上的要求問題，需要綜合性考慮的微妙情況。

病人患嚴重疾患，面臨死亡的情況

通常病人接受輔導，治療者總是希望病人能把困難解除，適應現實的情況，能過比較好的生活，滿足對將來的希望與期待。可是，假如病人是患嚴重軀體性疾患，面臨死亡的情形時，輔導的性質與目的就全然不同。針對這樣的處境，治療者將如何處理這樣的情況，可說是特殊的課題。譬如，病人得知自己患了沒法醫治的癌症，只有限定的時日可活。可是病人自己心裡無法接受這樣的命運降臨，或者憂慮跟家屬無法進行會談溝通與交代，包括情感上的表達，並準備跟家人或配偶討論如何面對死亡的來臨，準備後事的安排等等，這樣的情況被病人的主治醫師發覺，而介紹來接受心理輔導時，治療者要認識輔導的目的，並按其目標提供所需的輔導。如：幫助病人處理自己對死亡來臨的心理準備、如何跟家人溝通、處理對將來的安排等等，讓自己跟家人都有個適當的心理與現實上的準備。這樣的輔導雖然對病人與家屬有所幫助，但病人畢竟還是會死亡與去世的，治療者、病人、家屬都要了解這一點，而開始輔導，準備接受病人將去世的結局。

治療者本身生病或發生生活上重大變化

假如治療者本身發生了重大問題，譬如，患了疾患而一段時期無法繼續輔導工作，或者自己家人去世，或者自己面對離婚等問題而情緒不穩定，無法施予通常的輔導工作時，治療者不但要告訴病人，還得幫助病人安排接受替代治療者的輔導，免得喪失繼續治療的機會。但千萬不要自己情緒不穩定的情況下，勉強繼續輔導病人，讓病人無法得到適當的輔導。 這是醫德上的問題需要注意的事。

非職業性醫患關係的問題

所謂「非職業性醫患關係」，指的是治療者跟病人發生職業上不可發生的醫患關係（請參閱第三章：「如何與病人建立初步的關係」）。非職業性醫患關係，其種類很多。大致上來說：治療者利用病人而讓病人做些對治療者有利的事情。輕者，可能是利用病人而獲得經濟上的好處；嚴重時，治療者跟病人約會，變成是社會性的私交關係，甚至跟病人發生性關係，違背了職業性的醫者與患者的關係。這些都是觸犯了醫德，也違背法律的情況，要很小心注意，並且該避免的事情。

假如治療者對病人發生私人的興趣，很容易導致「非職業性醫患關係」，要提早注意發覺並處理。譬如，為了看某病人，自己內心就特別感到興奮，要把自己特別打扮，注意外表，並且想辦法跟病人有比較私自性的場合接觸。譬如，把病人安排在最後的工作時間，可以比較不受其他病人的打擾，或者可延長會談的時間。假如治療者總是想多探聽私人的生活或人際關係，而滿足自己的好奇或興趣；或者，反過來，想向病人敘述自己的私人性情況或生活，甚至自己內心的想法或憂慮等等，都是將要超越職業性醫患關係的前兆，要自己提醒並避免。

以上，我們略舉若干特殊的情況，並且簡單做說明，也提議處理的一些要領，希望治療者能注意並好好處理。在這些討論的各種特殊情況裡，比較容易發生的挑戰，莫過於被要求治療高官或特殊人物家屬的情況。讓我們在下面提出兩例情況，並一起做討論。

實例說明

案例一　由家屬陪同，來勢洶洶的高官病人。（朱金富）

第一節　個案簡介與處理經過

病人是位高官職務的要員，由其表弟及妻子等幾位家屬的陪同下來醫院門診，透過熟人來找諮詢師求醫。見面後，病人的表弟首先開口向治療師介紹今天來求醫的是他的表哥，是「某單位的一把手」，今天過來主要是讓治療師好好幫助諮詢一下，等將來表哥好了，一定請治療師吃飯等。治療師說先聽聽病人的有關問題，如果能提供幫助的話，一定會盡力而為，不需要請吃飯。

表弟首先介紹病人（他的表哥）的基本情況：男性，四十五歲，已婚，主要的問題是最近患失眠與焦慮，容易發火，有時候還和父母吵嘴。表弟說明他的表哥（病人）是某重要部門的一把手，很能幹，單位的事情很多，平時經常被人請吃飯，生活很忙。可是不知何故，最近幾個月來，脾氣變得暴躁，在公司經常無故發火，在家也跟自己家人發脾氣，連對自己父母也會發火。以前他對家裡人十分和氣，可是最近和妻子關係緊張。表弟認為表哥（病人）性情變壞的原因，可能和他十八歲的女兒最近到外地上大學有關。聽說，女兒在外地大學住宿，不適應那裡的生活，引起家長很多的顧慮，並且為此表哥（病人）還和自己老婆吵架了。

病人本身敘述說：自己控制不住自己的情緒，經常會覺得煩躁和無明地發火，睡眠不好，有時候整夜都不能入睡，腦子裡總是回想一些生活或者工作中的小事。因為擔心安眠藥會有副作用，所以一直不敢服藥。病人問治療師到底該怎麼辦，有沒有什麼辦法。治療師說，一方面可以接受藥物治療，一方面可以透過心理輔導來解決有關心情上的問題。

病人拒絕服藥。至於心理輔導，他問能不能有時間到他家或者他的辦公室

去，跟他單獨進行會談，他嫌這裡是精神病醫院，不想來這裡。治療師回答說不行，要在門診診治才可以。病人聽了，很不滿意，說：他認識這間醫院的主管，會要求主管跟治療師打招呼，請治療師到他家診治。治療師回答說：可以請主管派其他的人去，但是治療師本人不會去的。病人聽了，改口說：主要是睡眠不好和急躁，請治療師幫助解決就可以了。治療師回應說：如果不了解具體情況，就無法進行輔導和幫助。

經過這些會談，病人對治療師有些不耐煩了，提高聲調說：早知道這樣，就不來諮詢了。表弟在旁，覺得氣氛不太對，連忙向治療者道歉，請治療師原諒表哥的無禮言詞。最後，請治療師開些幫助睡眠的藥物，並反覆詢問：是否有副作用、是否會刺激大腦、是否會產生依賴等有關問題；治療師都一一給予解答。最後表弟向治療師要手機號碼，說是萬一有什麼情況，病人可以隨時向治療師詢問。治療師說，一般工作（跟病人會談）的時候不接手機電話，請打電話到門診就可以。治療師說明按習慣，醫師不會把手機號碼留給病人。結果病人跟他的表弟很不高興地說了聲謝謝，連藥都沒領就走了。

第二節　應對病人的討論

基本上的各種困難條件

此高官背景的病人來門診就醫，不但有許多家屬陪同，還得經由其表弟擔任「發言人」來介紹其背景，強調是特殊的人，要求特別仔細診治，將來還會請吃飯致謝，一開始就打破一般來訪的「病人」求醫的氣氛與醫患關係。作為治療者，針對這樣「特殊的」病人，面對特別的要求，通常會感到有若干心理上的壓力，也會不太喜歡這樣想靠特別關係而要求治療的病人，容易從開始就有負性的反應，發生反感。有的，也就發生負性的「反轉移關係」，特別討厭這樣想靠背景與勢力來指使他人（治療者）的病人，會影響治療的操作與進行。

會談與診斷上的問題

由於病人的高官職務及其社會上的特別背景，病人會有所顧慮，不一定能把自己內心裡的煩惱都一五一十告訴治療者；因此，治療者難以了解病人的全盤性問題，不好做正確的心理診斷。

表面上，此病人說是因為女兒到外地求學，適應不佳，讓病人心情不好。可是，就一般情況說來，單是自己女兒在外地適應不好的事情，不會讓父親引起那麼厲害的心情上的問題，在辦公室及家裡都會亂發脾氣、焦慮，也睡眠不好。臨床上要考慮，是否還有更嚴重的心事，無法向治療者公開敘述，譬如：自己是否在公事上面對了嚴重性的困難，甚至犯了什麼重大的錯誤，讓病人心情很不穩定；或者自己鬧了什麼私人性的情感問題，另外有了女朋友（或者，反過來，妻子發生婚外情），都是無法公開敘述的私人性問題。還有，病人是否有精神病的家族史（特別是躁症等情感性精神病）、病人是否患了跟中樞神經系統有關的疾病（包括：腦瘤或愛滋病等等），都是要去探討的臨床上課題。總之，治療者處於無法知道實際病因的情況下，只去做症狀上的治療，可說是隔靴搔癢去進行難以施予的治療工作。

到患者家或辦公室診治的問題

為了隱私的需要，也為了方便，病人要求治療者到病人的家或他的辦公室去進行醫治工作。從病人的立場說來，是可了解的通俗性看法與要求；可是從專業的角度說來，這是需要避免的情況。要進行專業性的心理治療，一定要在職業性的場所（即門診）進行輔導，否則會失去其職業性的功能與作用。譬如，我們可以想像：假如治療者到病人家裡施醫，病人卻請你喝茶，甚至吃點心，或特別請你吃飯與喝酒，表現社交性的招待；或者病人說今天情緒不好，喝了酒解愁；或者累了，在睡午覺等等，而在這樣的氣氛與環境裡，治療者還能以治療者的身分向病人提出治療上的嚴肅性建議嗎？假如病人或家屬指使你做這個做那個，你還可以施予專業性的客觀性輔導嗎？

從臨床上的經驗得知，病人要以比較謙虛的態度，在認真的氣氛下，接受

心理的輔導，才可能發生治療的效果。因此，治療者不在門診施醫，就失掉其專業上的效果。此好比不在開刀房施予手術，要求外科醫師到病人家裡的客廳去施予手術一樣，容易發生問題，也不容易得到治療的效果。因此，堅持病人來門診接受心理的治療是很重要的決定。治療者可以對病人親切，多少將就些，好方便病人，但治療者總得保持治療者的權威與尊嚴，此為輔導上需要的基本條件。

另外一個折中辦法，就是不在公立的醫院看此類有特別顧慮與要求的病人，而安排在私立門診看病。這樣可以讓病人多少可以隱蔽特殊身分，但仍是在專業性的門診就診。

靠關係做特別要求的問題

最要不得的是，病人要施展其特殊的身分、特別的關係，來壓制治療者，要治療者聽從病人的要求，給予特殊的優待。譬如，此病人就想利用他認識醫院的主管，來命令治療者給予特別的考慮與安排。病人沒有想到，這並不是叫裁縫師到他家給他量身材，做合身的西裝，而是要想接受治療者的輔導去改善他自己心情上的困難。心理上的問題，是病人自己要費力、努力去改善的問題，假如病人沒有那種動機與努力的態度，就難有所得。

給病人手機號碼的問題

在一般情況，醫師可以給病人醫院或門診的電話號碼，萬一有緊急的情況，可以想辦法跟醫師聯繫。可是醫師有自己的工作情況，不見得能隨時回電話，病人要有所了解。假如病人碰到特別的情況，實在很緊急，就到急診處就醫；或者可以等的話，就等到門診看病時，再跟醫師商討問題。這是一般醫療上的習慣，也是規矩。

至於施予心理治療的醫師，更無法隨時接聽電話。假如治療者正在進行會談，看別的病人時，無法停止正在進行的會談，妨礙治療（別的）病人的會談過程。此病人特別要求治療師的手機號碼，表面上聽來有道理，即有問題時可以打電話來請教治療者；可是問題是，這也是要求特別待遇的另外一項表現。

假如治療者不經思考就給予手機號碼，而病人高興時，隨時打電話來，治療者就無法應付。特別是半夜裡，病人睡不著覺，或者心情緊張，就打個手機給治療者，治療者就日夜都無法過自己的生活與工作了。因此，跟病人說明，不給手機號碼，是明智的決定。

案例二　某高級官員女兒的諮詢。（朱金富）

第一節　病情簡介

來訪求診的病人是高中女生，由父母帶領來到治療室。坐下後，媽媽說是慕名而來求諮詢的，主要是女兒的問題。接著媽媽開始敘述女兒的情況，說：女兒是家裡的獨生女，自由生活在優越的家庭環境中，爸爸是當地的重要官員，媽媽是某機關主管。女兒國中前，學習一直很好，女兒長得很漂亮，並且能歌善舞，是學校的校花，每次學校舉行大型的活動都是領隊表演的。可是高中後出現離群現象，不與同學交往。有時候反覆思考同一個問題，總覺得自己被冷落了；有時候一個人會悶悶不樂，認為老師或者同學們故意和自己過不去。有時候還反覆想一些與性有關的問題；比如：男女之間到底是怎樣性交的，爸爸媽媽又是怎樣做愛的，到底性高潮的感受如何等這些問題，覺得很丟人和沒有面子。患者回憶說是自從看了一本日本人寫的書後，才慢慢有這些想法的。那本書中有關於這方面的描寫，患者認為男女之事很髒，有時候走到大街上見到成年男女，心裡就會想他們是不是晚上會做愛等。

經過簡單的病情介紹後，母親要求治療者給予治療，患者也表示願意接受心理治療。治療師說明，要治療的話，要每週來一次門診做會談。這時媽媽要求是否可以請治療師到他家治療，治療師說不可以，家長覺得不給他們面子，有些不高興地走了，後來一直沒有再來。

第二節　應對上的討論

到病人家醫治的問題

雖然此個案並沒有像之前的案例一，那麼想依靠家裡的權勢來壓制治療者，可是，可能為的是隱私的理由，家長要求治療者到病人家給予醫治。跟先前的案例裡所討論的同樣理由，還是拒絕比較好，否則也難以進行輔導的工作。這並不是給不給面子的問題，而是好不好治療的事情。

診斷上的問題

關於此病人，還有個診斷上的問題需要提高警覺。因為本來很活躍的女孩子，到了高中階段，變得離群，對人有疑惑心，而且有強迫性的思維，總是思考「性」的問題，而且很困惑，覺得性很髒。因此，臨床上我們要考慮此年輕女性病人是否是患了早期的精神分裂症，或者是邊緣性性格障礙。無論如何，單靠心理治療並不是辦法，還得嘗試藥物治療，可說是預後可能不太樂觀的個案。因此，關鍵並不是治療師是否要給予特別的考慮，到病人家看病與否，而是如何去治療此病人，而且病人是否有希望康復與否的嚴重問題。

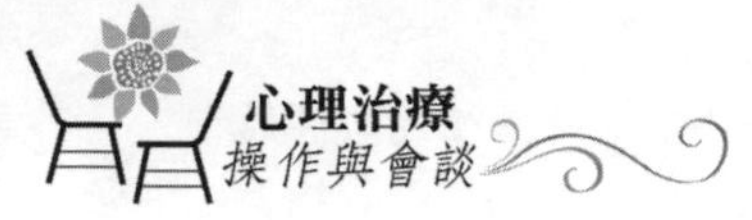

第 15 章

如何判斷治療的效果

心理治療的施行，不但要操作得適當，還要有好的效果。可是究竟怎樣判斷治療的效果如何，還得考慮：到底是由誰來評審療效，根據哪些層次來判斷，而且是在哪個階段去判斷的諸因素，才能說是比較客觀地進行並分析其療效。現在，就讓我們來簡單說明這些有關審核療效的各個因素。

審查療效者：病人本身、家屬、治療者，或者外人

到底是由誰來評判治療效果，這是開頭最需要考慮的因素。我們可以就不同的對象而各個說明，他們評審醫療效果有何特別的意義，以及其限制等問題。

病人本身

由於病人是來訪者、是求醫者，是因為本身感到有心情上的痛苦或者患著心理上的困擾，而來找治療者醫治，因此，請他們品審所接受的醫療結果如何，是理所當然的事情，是很適當的評審者。換句話說，他們是「顧客」，由他們來評判所接受的（治療）服務或（輔導）照顧的結果，是很重要的。特別是他們（病人）自己內心感覺到如何，是否仍感到：焦慮、煩惱、憂鬱或氣恨等等，只好憑他們的主觀性報告。他們所面對的困擾或問題是否解決了，或者尚未解

決，也要依靠他們的看法來斟酌。因此，病人本身是最主要的評審者。

可是病人擔任評審，有時有其限制、偏見或問題。譬如，病人求醫與評審動機的問題。假如病人很想別人知道他仍有問題，需要以「病人」身分被照顧，那麼，病人或許不會那麼輕易地報告治癒的情況，仍會誇張病情的嚴重性；或者，相反的，本來就不願意別人認為他有心理上的問題、精神上的毛病，那麼，病人就會報告他沒有任何問題或毛病，無法得到客觀性的報告。有時，病人想討好治療者，就刻意誇張效果，讓治療者高興。

還有，病人本身可以報告自己的主觀性心情狀態，但並不見得能客觀地審核自己的行為，或者沒有適當地對自己所患的病情的了解與認識（缺少病識），無法做適當的判斷與評審。病人缺少職業性的知識，難以描述並判斷自己的內在心理、性格或人格上的變化，有其評審能力的缺陷等。

家屬

跟病人住在一起的家屬，包括父母、兄弟姊妹或配偶，將是很好的「旁觀者」，可以提供病人的心情、思考、行為，包括生活上的適應情況，也是很好的療效報告與審核者。特別可以提供在自己家裡私自生活環境裡的表現情況，而且病人很可能透露自己內心的實在感覺，有其特別的評審價值。況且，他們跟病人生活在一起，是直接受（病人的病情）影響的人，他們的感受與報告值得重視。

可是其缺點是，家屬只能就對病人的觀察而做報告，無法探聽病人本人的內心情況，有其限制。此外，還得考慮家屬報告病人情況的動機，以及家屬的觀察能力與敏感程度。有些家屬討厭病人，其觀察報告就比較嚴格，並且帶有主觀性的判斷。反過來，對病人很寵愛的家屬，其報告也缺少主觀性，可能就比較會把問題看得輕淡些，不很客觀。也就是說，家屬跟病人的關係會影響其評審的客觀性。

親近朋友或同事

這也是可以考慮的審核資料來源。可以了解病人在社會場合裡，包括工作環境中，如何表現、如何執行其精神與行為上的功能等。當然，其缺點是只能看到病人所表現出來的心思與行為，有其本質上的限制。

治療者

治療者除了提供治療以外，還可以同時進行療效的評審，是很重要的審核者。因為治療者很知道病人的問題性質，不僅是表現的症狀，還了解病情發生的來龍去脈，也知道所面對的困難以及其原因，而且還比較能職業性地把握病人人格上的功能與成熟程度，可說是很好的審核者。特別是，治療者從醫療開始，隨著其治療的進行，一直有繼續審查與追蹤的好條件，有時間性變化的觀察，是難能可貴的臨床資料。

可是由治療者擔任審核時，可能會受主觀性的影響。因為自己是提供治療的，也就很容易解釋病人經由治療而得到改善，無形中只看療效的片面，或者甚至誇張心理的影響。或者反過來，對病人有許多要求，總認為病人還沒好，抱持仍有問題存在的看法。

研究者

由專業性的研究者來進行療效的研究，照理比較客觀，不像治療者本身擔任評審時，可能遭遇主觀性判斷的可能性。可是研究者擔任療效的評審者時，還得看研究者到底根據什麼途徑與方法，以及依據什麼資料來進行評審的問題。是依靠量表的調查、會談，或者是觀察等等，而各種途徑有其各個的長處與缺點。還有，病人是否會合作而提供所需資料的問題，也是很需要考慮的實際因素。

總之，由誰來擔任審核者各有其好處，也有其缺點。因此，通常最好依靠多方面的來源，做綜合性的判斷，是比較可靠的辦法。

判斷改善的層次與方向：症狀、問題、適應、人格

除了由誰來擔任評審者以外，緊接著要考慮的是：從哪個層次與方向來進

行審核療效的問題。通常，至少可以從幾個方向來進行審查。

症狀的表現

這是最常被注意的層次，即：就病人所患或表現的精神症狀如何，如：是否焦慮、抑鬱、困惑、生氣等等，而進行判斷。而且可以經過病人的主訴或客觀性地使用量表測驗。主觀性的報告或者客觀性的測量，各有各的好處與限制。

最要緊的事情是，病人的「症狀」跟「問題」並不見得會平行存在。比如：症狀好些了，但（心理）問題仍沒有更改；或者相反的，心理問題將表面化，而且將被處理改善時，其心情穩定性受影響，而精神症狀暫時加重等。

心理上的問題

心理治療除了希望改善所患的精神症狀以外，我們還希望能改進心理上的問題。譬如：是否能對老師的態度改變，對自己的學習感到興趣，跟自己的配偶能溝通，是否可以應對心理上的創傷與打擊，對自己的將來有個比較清楚的方向與目的等等；而這些跟表現的精神症狀是不同層次的，是心理治療的主要輔導目的。因此，如何評審這些心理問題是否消失或改善，是個技術上的問題。

生活上的適應

不管症狀消失與否、心理問題解決了沒有，最要緊的是，病人在生活上如何適應實際生活的問題。是否能好好恢復上學，能在工作單位跟同事們相處工作，能跟家人或配偶和好相處，能跟朋友們保持良好的社交關係等等，都是生活上如何適應的指標，也是療效上要考慮的層次。假如問題發生前就已經有良好的生活上的適應，問題解決後，照理也就容易恢復原來適應的情況；可是問題發生前，一直適應不好，譬如：無法念書或工作，婚姻關係一直不好，那麼即使把認定的特殊問題解決後，還得花費長期時間，才有可能達到比較適應生活的境界。

人格的成熟程度

這是很重要的治療目標，但也是比較難以得到的效果，至少需要長期的治療，或許可以達到。可以看到病人比較能為自己思考，也會替別人著想；比較會控制自己的原本慾望，適當地處理社會與外在的要求；能與家人、朋友、同事們適當地相處，保持良好的社會關係；並且對自己的人生保持樂觀而有希望與目標的態度等等，都是比較理想的、成熟的人格。雖然在幾個月，甚至一、兩年期間的輔導，無法達到這樣人格變得很成熟的境界，但希望至少能幫助病人認識需要成熟的方向，而且開始自己往這個方向努力。照一般情形來說，是否企圖改善自己人格上的成熟，是個療效的指針，而通常要到治療的中期以後，才可以逐漸看到效果。

檢查療效的時機與階段

不管是由誰來進行審查，或是就什麼層次而評判，還得考慮一樣事情，就是什麼時候做檢驗療效。隨著檢查療效的時機，會有不同的結果與意義。

治療初期

在治療剛開始的時候，通常可以看到某種程度的症狀性改善，譬如，不那麼焦急或憂鬱等；是因為開始了治療，病人感到有人幫忙而放心的結果，可說是「蜜月性」的改善，是一時性的。有些病前適應狀態很好的人，在初期階段，由於症狀的改善，或者自己所患的心理問題有個顯著的解決，病人可以很快恢復生活上的適應。

治療中期

過了初期以後，病人的情況容易有所起伏，要經過時好時壞的情況而逐漸改善。而且症狀與所患的問題大致改善後，會顯出來的是病人的基本個性或人格上的問題，需要開始往這個層次去輔導。針對性格上的問題，其療效的評審層次需更改，而所得到的療效也不見得很顯著，一進一退，需要比較長久的時間才能看到初步的效果。

治療結尾

假如症狀有所改善，問題也大致解決，通常病人期望結束治療，或者治療者決定是該停止治療的時候。假如病人的問題沒有很徹底地解決，通常在此治療結束前，其病情會發生某種程度的「惡化」，恢復治療當初的情況，只是比較輕微，而且是一時性的。照理，結尾階段是適合做療效的階段，但要注意這種治療結束階段的短暫「惡化」現象。

追蹤檢查

等到治療結束後三個月、半年，甚至一、兩年後，有機會進行追蹤審查其療效，可說是最實在的審查階段，可以了解不但是症狀恢復的情況、問題解決的程度、生活適應的情形，還可以看到人格是否成熟些的各種層次上的改變。因此，假如能請病人於治療結束後，隔了若干時期，還能跟治療者接觸，或者寫信聯繫，報告治療後的追蹤情況，那是比較理想的。

實例說明

近年來，由華人學者們所創立的「道學認知行為治療」，是配合（老子）道家傳統思想而創立的特殊治療方法。其實際操作包括：群體討論而提供哲學性思考與態度上的更改，同時也舉辦鬆靜術和柔動術，實際練習如何鬆懈自己的心與身。其治療期間通常是三個月到一年左右，是以群體病人而同時進行的治療操作。在施行道學認知行為治療時，治療者按例都會請病人自己書寫接受治療後所得的心得與效果，即所謂的「自我評論」。很幸運的，我們得到兩位患者為了自我評論而書寫的報告。因此，簡單敘述他們的病情與治療，以及治療者的評價以後，列出他們的「自我評論」，就其評論來討論評審療效有關的諸因素。

三個親人相繼去世的創傷。（朱金富）

第一節　個案報告與治療評論

個案報告

患者是六十多歲的老年婦女，在前一年裡相繼失去三位親人：一個是自己的丈夫，診斷出罹患末期肺癌，大概病情發現後三個月左右就很快去世了；接著自己擔任飛行員的兒子在一次飛行中意外發生事故而喪生；病人的母親擔心病人連續遭逢丈夫與兒子的死亡，自己一個人在家心裡不好受，就從鄉下特別過來陪病人一起住，但沒想到來陪她的年邁母親，某天卻突然發生心臟病而猝死。這樣，患者在不到一年的期間裡，面對三位親人先後的死亡，遭遇一連串的創傷性打擊，使患者精神趨於崩潰，同時也患了冠心症住院醫療。就在住院期間，適逢醫院的精神科在開展道家認知治療，病人也就安排參加道家認知治療。

治療過程

按道學認知心理治療的基本治療經過，患者開始接受道學認知治療裡所標榜的八個觀念。這八個觀念就是：「利而不害，為而不爭；知足常樂，少私寡欲；以柔制剛，知和處下；返璞歸真，順其自然。」病人聽取這些治療觀念與解釋後，覺得十分有道理，認為如果能夠根據道家思想去認識問題，肯定會對自己的生活有所幫助；於是，患者就堅持參加團體的道家認知治療輔導。除了參加團體的認知性輔導以外，患者同時還參加每天舉行的鬆靜術和柔動術的練習。如此經歷三個月。

治療者的評論

患者參加道家認知治療後，體會很深，對道家的思想能理解深入。她對道家「為而不爭」、「知和處下」等觀念都能有深入的了解。在幫助患者面對自己親人亡故的壓力時，讓患者體會「順其自然」的道理，一切發生的事情都不會因為我們的悲傷而轉變，如果自己身體再不好，只會給家裡其他人增加負擔和痛苦，這樣患者就能夠理性地面對自己的生活挫折和痛苦，堅持道家認知治療，認真做鬆靜術和柔動術，達到了心身的統一與和諧。

病人自我評論

自從參加道家認知心理治療以來，我受益匪淺，逐漸認識過去生活中對自己健康不利的一些習慣，如思維比較固執、不輕易改變自己的想法、情緒較易激惹、對事物比較敏感、多思多慮家庭瑣事等，造成心理上的不平衡，以至於在家常常生氣、發牢騷、怨天尤人等。生活習慣也不好，做家務活恨不得一口氣將所有的事做完，於是不顧自己年老多病拚命去做，好幾次都因為過度操勞出現心絞痛發作。

透過參加道家認知治療的學習討論，我充分認識到凡事都要根據客觀條件，在一定時間內去完成一定量的工作，要盡力而行，但絕不能頑強硬撐，事情只能一件一件辦，爭分奪秒超負荷的做法，已不適合我們這些老年冠心病患者了。回想過去幾次冠心病的發病，既傷了身體又花了金錢，真是得不償失，應引以為戒。

「知足常樂」的觀念也是很重要。我已退休多年，每月按時拿工資，物質生活已經夠好了，不羨慕，不攀比，不圖山珍海味，只要吃得舒服，精神生活保持輕鬆愉快，淡泊清淨比什麼都好。

關於「順其自然」的觀念，我一生經歷坎坷，先後遭遇失子失夫之慟，幾度痛苦掙扎，隨著時間的推移漸漸淡忘，只有冷靜下來轉移注意，改變心境，多增加團體活動，多與知己聊聊天，透過學習討論，我認識到意外的天災人禍難免，生、老、病、死是不可抗拒的規律，有生就有死。過分難過，對自己身體不好，因此要注意不急不躁，平時按保健原則養生，適當鍛鍊，病發了不驚慌失措，採取必要的治療，順其自然，保持良好的心態。因此上個月我因病住院後，開始接受道學的認知治療，就能坦然接受內科醫生對冠心病的治療，不著急，不焦慮，這樣反而縮短了住院時間，身體的恢復比以前更快了。希望醫院多組織這樣的學習討論，能讓更多的人受益，也希望自己經常有人啟發提醒。

第二節　如何判斷此個案的治療效果

治療者的評論

治療者提供很簡要的評論，說明病人參與治療已經三個月，處於治療的初期階段；而病人對治療操作很認真。同時，也評論病人能接受治療上所提供的哲學性觀念，而很「理性地」面對自己生活上遭遇的挫折和痛苦；符合認知治療的性質與目的。

病人本身的療效報告

這是病人本身對治療效果的評審，是很好的審查療效的資料。

報告的內容：主要是自己對自己內心的審查，並報導自己對治療的觀感。

療效評審的層次

認知上的更改：主要在審查自己對事情的看法與態度方面的改善；符合治療的重心，與治療的目標是一致性的報告。

群體討論的支持性作用：雖然道學認知行為治療還要求病患者參加群體的討論，經由與其他患者的溝通與交流而提高對問題的認識，同時相互提供支援，但此病人並沒提起關於群體討論的效果如何。

鬆靜術和柔動術的效果：治療者評論病人曾認真參加做鬆靜術和柔動術，但病人並沒有提起這些治療操作對她的作用。

報告療效的時機：道學認知行為治療通常提議患者能參加至少半年到一年的治療期間，而這是接受治療後三個月的早期評審報告。

報告的動機：病人書寫此評論，主要是應治療者的要求而書寫。是向治療者提供她接受治療後的感想，是對治療者提供的反饋。

價值與可靠性：因為是病人自己的報告，有其價值。但要考慮患者是否想對治療者表示感謝而書寫的，或者是想客觀評審而書寫的報告。

判斷改善的層次與方向

症狀：比較少提起自己的精神症狀，但可以推想是焦慮或緊張的症狀比較消失。

問題：病人在一年內遭遇三位親人相繼去世的創傷。針對此問題，病人認識到「意外的天災人禍難免，生、老、病、死是不可抗拒的規律，有生就有死」，依靠認知的途徑來處理情感上的痛苦。

適應：認識自己性格上的毛病，對事情的過分期待與焦急而影響自己的心身問題（即冠心症）；想辦法更改生活的方式。

人格：主要在評論自己對人對事的看法與態度上的更改，求得性格上的柔和與適應性。

總結評論

病人所遭遇的是親人連續去世，發生情感上的創傷，需要結束哀悼的情感過程。可是，治療的本身並不是直接針對此情感上的處理，而提供對人生的哲學性看法。至於病人本身感到治療對她很有幫助，說明治療的方向（即哲學性認知與人生態度的更改）對她有助於面對喪失親人的情感上痛苦，也可以幫助她更改她的性格，且減少心身症的問題。對治療很認真，值得繼續接受治療。

常鬧夫妻矛盾而生活感到很累的中老年人。（朱金富）

第一節　個案報告與治療評論

個案報告

病人是接受過高等教育，並且從事設計工作的專業技術人員。長年工作以後，經濟條件變得很好，退休後，跟妻子兩人過生活。病人向來脾氣比較大，看了不順的事情就大聲嚷，見了不合理的事情，就挺身跟人爭執。患了冠心病後就退休，目前只偶爾幫助別人做點設計的顧問工作。

治療者評論

患者夫妻一起參加道家認知治療，經歷一年時間。在治療過程裡，病人能認真反思自己生活和工作中的矛盾和衝突，認識到人際交往中要學會「處下」和「不爭」。做到「處下」，人際關係就和諧，做到「不爭」，就不會覺得緊張和焦慮，減少了人際衝突和內心的煩惱，就有一種與自然同在的「歸真」之感。

面對家庭夫妻矛盾，以前的相互指責，現在變成相互忍讓後，反而覺得誰忍讓了，誰就是勝利者，這樣夫妻關係明顯和諧。

對生活中一些引起自己不快的事情，能夠冷靜地反思自己，做到「不爭」，並且還加以自己的分析和解釋，這樣使自己進步很快。

有時候，患者會把一些不能解釋或理解的事情帶到討論會上，讓患者之間相互討論，或者治療師也參與討論，最後達成一致的解決辦法。

該患者主要的進步是：以前不能接收別人的缺點，現在卻變得能夠自然接收別人的缺點了；這樣使自己的身心得到幫助，改善了人際關係，減少疾病的發生和發展。

病人自我評論

我們夫妻倆都是冠心病患者。我們的子女都長大成人，在外地工作，平時家裡就我們兩個。過去我們倆的生活中總是為一些小事互相爭執，甚至有時搞得面紅耳赤很不愉快，這樣既不利於安定同心，也不利於身心健康；有時十分憂鬱，經常有一些不知來自何處的威脅感覺。因此，儘管生活中物質生活非常充足，可是還是感覺生活很累，有時甚至是痛苦的。

自從我們倆雙雙參加道家認知心理治療以後，我們所得的心理效果很好。具體表現在：我們兩人的衝突和爭執明顯減少，遇到問題時能夠按照「為而不爭」的原則相互提醒，如果一方氣憤或者發火時，對方也能按照「知和處下」的原則來對待。這樣一來，雙方都能夠相互忍讓、相互學習，感覺效果很好。另外，我們處理生活中發生的各種事件時，能按照「返樸歸真，順其自然」的原則去適應過活，結果自己有一種與自然同在的感覺，這種感覺使我丟掉了痛苦和恐懼，也使我自信起來。

下面舉兩個我在思想和行為中發生轉變的例子。頭一個例子是和工作有關的事情。某單位為一項設計技術問題求助於我，我加班為他們進行設計改造，並且我的設計最後通過審核，他們為此也得到了一筆可觀的獎金，但他們卻違背了當初的承諾，對我分文未付。面對這樣的事情，要是以前我早就生氣去和他們理論了，可是現在的我覺得：我幫助他們解決了技術上的問題，就算盡到自己的責任了，對於別人怎麼做你是沒辦法改變的，只要自己「利而不害」就行了，為何要去「爭」呢？我對自己說「我又不是沒飯吃」，何必為別人的不對而自己痛苦呢？生活中的任何不愉快之事，讓它順其自然，不留痕跡最好。

另外一個例子是：有一天我乘公車時，我們幾個乘客排著隊正在上車時，突然，來了一位三十來歲穿著講究的女人，她旁若無人地在我面前插隊就往車上擠，並且她上車後也不往裡面走，根本沒考慮到後面還有人。面對這樣的事情，我過去會控制不住自己而叫嚷。一則認為她無視別人的存在，自私自利，二則想教育她一下不要這樣做。但那天我注意控制了自己的反應，未發一言。上車後，我還做了簡短的分析：我認為對我而言，這不算什麼；就她個人而言，她的行為是她平時習性的反應，我不可能輕易地改變她。如果我計較雙方，會互相生氣。醫生說生氣時，身體內會產生「毒素」，對心臟不好。因此何必要傷害自己呢？所以，我認為注意控制自己偏激反應是重要的。

總之，透過一年的道家認知心理治療的學習，我的變化是：聲音小了一點，理由少了一點，激怒少了一點，情緒坦了一點，家庭和了一點，生活愉快了一點。

第二節　如何判斷此個案的治療效果

治療者的評論

這是一對夫妻有關係上的矛盾，而間接影響他們彼此的心身症問題。因此，患者夫妻一起參加道家認知治療，期間為一年，符合治療上的期間要求。在治療過程裡，病人能認真反思自己在人際關係上缺少和諧，發生緊張和焦慮的症狀，也影響所患的冠心病。因此，經由認知與態度上的更改，減少了人際衝突和內心的煩惱；而對夫妻間的關係，也練習避免相互指責的習慣，改為相互忍讓以後，明顯改善了夫妻關係。

治療者也評論病人在團體討論會裡，能踴躍參加討論，提供意見，善用團體討論會的作用與功效。

病人本身的療效報告

報告的內容：很清楚說明自己更改自己對人對事的看法與態度，並且舉出具體的例子來說明其改變的情況，是有力改進的事實。

療效評審的層次

認知上的更改：說明得很清楚，如何自己善用治療上所提供的哲學性思想，而改變自己的人生態度，改善與人相處的關係，如何改良夫妻間的相處問題，得到好的結果。

群體討論的支持性作用：病人本身沒有提起其效用。

鬆靜術和柔動術的效果：病人沒有提起其效果。

報告療效的時機：後期的評審報告，是接受治療一年後的總評論。

報告的動機：向治療者反饋其治療的功效。

價值與可靠性：是長期治療以後，於後期所提供的報告，比較可靠。而且提供具體的例子來說明，其可靠性比較高。

判斷改善的層次與方向

症狀：沒有直接且系統性的表述，但片段性地提起過去所經歷的各種症狀，包括：威脅感覺、痛苦和恐懼的情緒都逐漸消失。

問題：跟人容易爭鬥及跟自己配偶爭執的情況都減少。

適應：夫妻處理生活中發生的各種事件時，能按照「返樸歸真，順其自然」的原則去適應過活，顯著改善。

人格：變得能克制自己容易激動的情緒，避免跟他人衝突，跟別人保持適當而超然的距離，而不混入爭鬥的情況。

總結評論

很清楚地表現此患者得到該治療的特殊作用，在認知與態度上有所改變，求得人格上的成熟、生活方式的改善，間接對其心身症問題有所幫助。況且是在經歷長期治療，而且是在終期階段而評論的結果，其價值比較可靠。可說是很好的病人個人性的評價資料報告。

對整套治療模式的審核

從學術性的立場來說，唯一要考慮的是，此兩例都是經由治療者所（選擇）提供的例子，是否別的病人都是這樣獲得改善與否，就不得而知。很需要知道治療上沒有理想結果的病人的報告，包括脫隊的病人之情況，才能整體性體會對此特殊治療模式的效果問題。而且還得依靠大量的病人樣本而進行客觀性的調查，經由統計上的方式去了解一般情況才好。

還有，要與適當的控制組比較，包括：接受「別的」治療模式，以及沒有接受心理治療的對象，做三種樣本的比較，才能從學術上去討論此特殊治療模式是否有其特殊的治療效果。

假如可能的話，還得嘗試並比較對各種不同病情的病人以及不同年歲群的病人進行治療與評審，才能進一步知道，這種治療模式是針對患冠心病的病人有效，或者對患焦慮、抑鬱的病人也有效與否的問題；同時也可以了解，這種道家思想是對年老的病人才有效，或者對年輕病人，以及在社會裡正想要努力發展的年輕病人是否也有效果的問題。

總之，這是針對整套治療模式的審核，跟臨床上針對個人病人的審核有點不同，但也是值得注意並考慮的。

第16章

如何準備輔導的結束

對於心理治療的操作，一般治療師很注意如何開始治療的工作，而相對的，比較少關心如何結束輔導。但是，實際上，如何準備輔導的結束，也是很重要而須注意的操作上的課題。讓我們在此簡要說明：如何判斷輔導工作宜結束的時機、如何準備輔導工作的結束、要結束輔導需考慮哪些要領等，以便幫助我們能適當執行輔導工作的結束。俗語說：「好的開始，是成功的一半」；但是，我們也可以說：「好的結束是成功的另一半」。因為，有了好的結束過程，病人可以得到好的效益，繼續作用於治療結束後的階段，無形中提高治療的整體效果的關係。

輔導結束的判斷與決定

到底在什麼時候結束治療，是個需要職業性判斷，也要跟病人及家屬討論與斟酌的事情，不能由治療者單方決定。要考慮的因素很多，但最主要的莫過於療效如何與現實條件的問題；關於療效可就各種層次而考慮（請參考第十五章：「如何判斷治療的效果」）。

病情的好轉

病人所患的精神症狀（如焦慮、操心或抑鬱等）有顯著的改善，或者消失，病人覺得滿意，不再感到困苦，而想結束治療的情況。

問題的解決

病人所面對的心理問題（如害怕老師的處罰、擔心如何跟同事相處、無法與配偶溝通而保持感情等），或者是現實上的困難（找不到工作而灰心，難以適應新的環境而緊張等）已經多少被解決，不再困擾病人，病人覺得沒有繼續治療的需要而想停止治療。

生活上適應良好

經過治療以後，病人能恢復本來的生活情況，如回到學校上學、恢復工作、親子或夫妻間能相處，適應得還好，感到沒有困難，而想停止治療。

人格上的成熟

病人已經接受長期的治療，而在性格上變得比較成熟，有自信，能應付心理上的困難，有適應的能力，因此想停止治療。

現實上的限制與需要

上面所提的各種情況，都是判斷治療效果的各種層次的因素。可是有時，雖然還沒有達到預期的改善，但為了實際上的需要，或者現實上的條件與限制，非停止治療不可。比如，遠途來往不方便，病人已經恢復上學或工作，而不方便來繼續接受治療，或者無法負擔長期的治療費用，想停止治療等。

治療者的因素

除了病人方面的因素以外，有時需要停止治療的理由，是治療者本身的情況與條件。譬如，治療者將被調動到別的單位或地方去工作；身體情況不好，需要長期休息，或者女性治療者要生育，將請產假一段時期，或者將退休而停止工作等。在這樣不得已的情況，就得考慮安排病人由別的治療者接手繼續治療，或者就利用機會，把治療告個段落而結束。

結束輔導的準備

提前說明與約定結束輔導的日期

假如治療者考慮病人情況已經好轉，可以停止治療，就得提早跟病人說明，討論預定停止治療的日期。如果是治療者本身的情況（轉換訓練的過程，或者要轉換服務的單位，長期出國或休假，或者辭職等）而必須停止治療，更是如此。一般來說，最好在整個治療過程最後三分之一的階段，就開始討論治療結束的預定日期。譬如，預定治療三個月的病人，在最後一個月開始的時候，就得提醒再過一個月，就停止治療的事情。假如是預定治療六個月的話，最後兩個月開始的時候，就是提起治療將結束的預定日期。這樣，病人在心理上有足夠的時間去做所需的準備。

這樣提前說明約定治療結束的日期，一方面幫助病人內心有所準備，可以進行結尾所需的程序；另一方面，可以提醒病人要加強努力接受治療，好好運用所餘的時間來改善自己。特別對停止治療將會有困難的病人，一定要早點預告，並且提早準備結束治療的程序，或進行轉介給別的治療者的安排。

轉介給別的治療者繼續輔導

假如由於治療者本身的因素無法繼續治療，但治療者覺得病人還需要繼續治療，或者病人本身也覺得情況還沒完全好，想繼續接受治療時，就得考慮如何安排，把病人轉介給別的治療者，繼續輔導工作。假如可以接受轉介的治療者很多，有選擇的餘地時，治療者可以就病人的病情或心理上的需要，考慮何種治療者來接替比較適當，包括治療者的性別、年齡、治療特長與經驗等；也可以考慮病人本身的要求，而做整合性的考慮。

為了病人將轉給新的治療者繼續進行治療時，本來的治療者需要跟病人討論如何跟新的治療者開始而繼續治療。雖然本來的治療者會跟接替的新的治療者說明：大致的病情與治療的經過與目標等，但要提醒病人總還是要跟新的治療者按新的階段開始治療工作，難免還得再敘述自己的病情，並且重新開始醫患關係的建立。

如何結束輔導的一些要領

假如決定結束治療，而預定的結束日期將到達時，治療者跟病人要一起進行若干結束輔導的工作。這些結束輔導的工作有幾樣要領，簡略說明如下：

回顧治療的要點

治療者跟病人一起回顧治療上所發生與經歷的大致過程，特別說明針對的問題是什麼，是經由何種途徑與機制而好轉的。這樣病人心裡就比較能明白，並記住自己是怎樣好起來的，可以提供自己日後的參考與運用。

提供對將來的建議

治療者可以跟病人商討日後要注意哪些事情，需要往哪個方向繼續去努力，改善自己；特別是：如何善用自己的長處與潛在能力去照顧自己，求得繼續的成長與成熟。

對病人接受輔導的恭維

治療結束前，在適當的機會，治療者可以給病人指出病人的好處，如：本人的良好性格與本心，如何努力想改善自己的問題，如何能跟治療者合作而得到進步等等，可以說這些比較是恭維性的話。一方面讓病人能感到自己的好處、長處，間接獲得自信；另一方面是讓病人知道，在治療者眼裡，自己是個認真、努力、合作的病人，得到心理上的欣慰，以結束治療，並對治療的經驗留個好的回憶。

通常性的話別

在此最後階段，可以脫離醫患的關係，保持短暫性、社會性、通常性的人際關係，經由寒暄而讓病人知道治療者本身私人性的情況，如：自己是否繼續在同一個機構工作，職業上會往哪個方向進行等。這樣比較通常性的寒暄與話別，可以幫助病人脫離自己是「病人」的角色（跟治療者保持上下的關係），而準備進入「一般人」的角色（與治療者能保持相對的關係），對病人有心理上的好處。

附帶的，也可以提示將來在社會上見面時，如何相互打招呼，如一般人一樣的相互簡單寒暄等等。

對結束輔導有困難的病人及其處理要領

有些病人在治療結尾階段，很不願意結束治療，而發生困難；治療者需要特別費心去處理這樣的病人。通常，對輔導的結束有困難的病人有幾種，讓我們簡單說明一下，並討論如何處理的要領。

曾患喪失創傷者

病人在過去，特別是在早期經驗裡，曾經遭遇跟主要養育者或重要人物的喪失，如母親的去世、父母的離婚、養育他的保母或祖母的痛苦離別等，對「喪失」有創傷性的經驗，對「分別」很敏感，難以面對離別。假如是這樣的病人，在治療結束階段，要跟治療者告別時，容易發生比較強烈的心情反應，不肯跟治療者輕易分離而結束治療。通常，病人常會把（原本）症狀惡化，或者提出新的問題，要求治療者繼續輔導與照顧。

對於這樣的病人，在治療中期，治療者要特意幫助病人練習跟重要人物分離的情況，減低對離別而傷心的痛苦經驗。換句話說，需要經歷「情感再經驗」的方式重溫過去喪失的痛苦經驗，學習能以比較穩定的情感面對分離的處境。

針對這樣的病人，最好趁早提出治療將停止的計畫及預定日期，討論是否需要轉介給別的治療者。對這樣的病人，在治療的後期階段，就開始有計畫性地把會談的間隔調節，即：逐漸拉長會談的間隔。譬如從每週一次的會談，改為每兩週一次的會談，然後再改為每三週一次的會談，甚至每個月一次的會談。如此讓病人練習跟治療者的關係逐漸疏遠與變淡，無形中可以習慣與治療者的離別。

依賴性格者

假如病人的性格比較依賴，缺乏自我信心，總是需要依靠強人而維持自己的生活，包括自己的心情狀態，那就得從頭幫助病人練習如何能自己逐漸獨立的習慣，依靠自己來支持自己，依靠自己做決定，並不需要總是依賴他人（包括治療者）的支援與誘導而可以過生活。另外一個途徑就是幫助病人能跟許多人建立關係，從眾多的對象裡獲得依賴，不會因喪失某依賴者而發生巨大的影響。

邊緣性格障礙者

按定義，患邊緣性格障礙者除了對自己不穩定而極端變化的情緒不容易控制、對自己容易採取傷害自己的行為、跟現實的接觸常脫節以外，跟他人建立穩定的關係也常有困難；而跟他人分離時，也不容易接受，容易發生劇烈性的情感反應，甚至採取劇烈而傷害自己的行為。因此，針對這樣的病人要接受治療關係時，也得很謹慎。提早討論輔導結束的預定，緩慢結束輔導的終期階段，逐漸放開會談的間隔，練習逐漸結束。必要時，就準備轉介給別的治療者，繼續治療。

總之，如何好好做準備，結束治療的操作，是施予心理治療工作上的重要課題之一，要早點準備，逐漸進行，並且有個好的結束，讓病人能繼續適應生活，保持康復的情況，是很要緊的事情。要有好的開始，同時最好也有個好的結束。希望治療結束以後，病人還可以自己繼續幫助自己朝改善的方向進步，是最好的輔導結束辦法。

第三部

個案實例

進行治療操作的整體性說明與討論

第 17 章

精神病患者的治療操作

所謂精神病患者，指的是患了精神分裂症、妄想症（也稱偏執症）等精神病的患者。這些患者的共同特點就是：自我的功能發生障礙，跟現實的接觸有問題，其思考程式喪失邏輯性，而且呈現原本精神材料。其病因以生物學因素為主，需要藥物治療，但也可以補佐性地提供心理輔導，間接性地幫助其心理狀態的穩定。

對於精神病患者所提供的心理治療，其基本的原則與策略，跟對於患神經症患者有所不同。其主要課題是幫助自我功能的穩定，確立自我界限，跟現實有良好的接觸，並且幫助把無法管理而洩露出來的原本精神材料（原始性的慾望或情結）加以壓抑，不顯露出來。可說輔導是彌補有缺陷的自我功能的工作，主要採用支援性的心理輔導。這跟神經病患者要施予分析性的輔導，去探討並發掘原本精神的材料，剛好是相反的工作。讓我們就下面的例子，來說明輔導精神病患者的基本原則與操作。

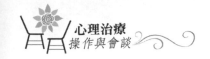

妄想懷疑妻子不貞而煩惱的男人。（朱金富）

第一節　個案報告與治療經過

個案報告

某男，二十九歲，獨自就診心理諮詢中心。來訪者中等身材，坐到諮詢師面前時有點不自在而緊張。首先告訴我（諮詢師）他曾經在我們醫院住院三個月，是某某醫生給他看的病，診斷強迫症，服用抗精神病劑，接受藥物治療，但效果不十分理想，現在自己已經停藥。

接著，他敘述了自己的主要症狀。即：六年前和現在妻子結婚，婚前自己也和別的女孩子交往過，但是，自己當時膽子比較小，由於怕讓女方懷孕，不敢和女孩子發生婚前性關係。和自己現在的妻子相識後，覺得她剛從高中畢業，比較單純，曾主動追求，然後結婚。但婚禮當天就覺得有一點不高興，因為前來送新娘的朋友，大部分是新娘的男同學。新婚之夜，發現妻子處女膜破裂出血，自己也就非常放心。

但是，兩年前開始無故對妻子不放心。由於妻子自己經營服裝店，因此總是怕妻子和別的男士來往，兩人有時發生爭執。由於總是這樣爭執，妻子終於生氣帶著三歲的兒子回娘家生活。結果，從此病人對妻子更不放心，經常跟蹤監視，每天都要到妻子的店周圍監視，直至關門後，妻子回到娘家，自己才悄悄回家。後來回家後又擔心妻子晚上會再出門，晚上就在妻子娘家門口待到大約十點鐘，回家後才能放心睡覺。目前已經對此事非常痛苦，有時晚上怕妻子半夜再出去，有一次，夜裡兩點鐘，自己翻過岳父家裡的院牆進入家中，引起看家的狗狂叫，自己被發現，十分難堪。最近，在大街上看到和自己妻子穿一樣衣服的女士走過時，擔心是否是妻子外出和別的男人約會，總是要回頭多看幾眼，以確定不是自己妻子。如果偶爾沒有看清楚，比如對方走的速度過快，自己就得趕快跑到妻子店鋪外面，看看妻子是不是在工作，或者打電話給妻子，

以確定妻子的準確位置。有時妻子正忙時，如果沒有時間接電話，自己又要跑到店裡看一看是不是在工作。為此，妻子也非常厭煩。有時不知道妻子每天穿什麼顏色的衣服時，還會打電話詢問岳父岳母。如果沒有問清楚，自己在馬路上發現身材有點像自己妻子，而穿著各種顏色服裝的女士走過時，自己都不想放過，一定要去追查；這樣自己太累了。

患者還有個第二個症狀，就是：走路時總是擔心會踩到路上別人吐的痰，擔心萬一痰裡有病毒，會傳染給自己，因此給患者帶來許多不便。譬如，不敢從醫院門口經過，也不願意讓同學來自己家，擔心別人把腳上的痰帶進自己家。自己還曾反覆查看醫學書籍，知道痰液不會經由腳踩傳染疾病；但是心裡總是放不下，因此，影響了自己的正常社會交往。

治療經過

第一次諮詢，主要傾聽了患者的內心痛苦，並對患者的痛苦給予積極關注和理解，同患者討論了患者的心理痛苦的診斷，同意患了妄想症，並附帶強迫症。建議患者一方面吃藥，一方面配合心理治療，患者表示同意。

第二次會談，患者準時來到診室。說最近症狀沒有好轉，特別是對老婆的問題越來越不放心，打算和老婆離婚，看是不是離婚後，就不再擔心了。這時，治療師提醒患者，患者的擔心是妄想症的結果，是強迫性地懷疑妻子不貞的表現，和妻子本身的行為與作風沒有關係，不可能會因為離婚而使強迫性懷疑症狀消失，希望患者慎重考慮。這時，患者也同意治療師的意見，擔心和妻子離婚後，可能再找不到這麼好的女人了；只是自己太痛苦了，並且，患者告訴治療師，自己已經私自把藥量加大，但效果還是不好，並且出現手抖等藥物不良反應。治療師告訴患者，藥物治療不是藥量越多越好，不要私自增加藥量，否則，會出現醫療上的意外。患者表示願意接收醫生的建議。接著患者還告訴醫生，最近自己有時酗酒，每次自己在家喝白酒，喝後又後悔，怕影響藥物治療效果。治療師告訴患者，喝酒確實會影響藥物的治療效果，且對身體也不好，希望患者今後還是不喝，至少不要多喝。患者告訴治療師前段時間，有時還找妓女，發生性關係，說和妓女發生性關係時一切正常，但和妻子發生性關係時，擔心妻子是不是不乾淨，自己覺得這種現象十分奇怪。其實，妓女肯定沒有妻子乾淨，也不知道為什麼自己會這樣？

第三次會談，患者在治療室門口等候，說上週就來了，因為治療師出差沒有等到，今天提前過來。患者最近情況仍然不見好轉，前幾天還和妻子發生爭執，吵嘴，結果岳父說他有精神上的毛病，建議他到北京或者其他地方好好看病。病人說：他們都認為他心理不健康，也知道自己在吃藥，說妻子對自己的痛苦不能理解，認為是自己找她的麻煩。這時，治療師建議患者，下次是否可以請妻子一起參加治療和討論。患者回答說：估計妻子不會過來，因為她認為精神病院很恐怖。這次患者對治療表示沒有信心，不知道自己會不會治好。治療師建議患者對強迫症狀不要過於控制，要盡量做到順其自然，並且要參加社會生產勞動；同時，建議患者閱讀《森田治療的理論與實踐》這本書，學會按照森田治療的方法轉移注意，患者同意回去閱讀。

第四次治療時，患者告訴治療師，最近和妻子已經辦理了離婚手續。可是症狀並沒有減輕，還是不自主會到妻子經過的路口等候，或者到她娘家門口巡視，擔心妻子會不會和別的男人好。患者自己覺得，其實現在她已經不是自己老婆了，可為什麼還是不放心呢？治療師告訴患者，這是患者的強迫性妄想症狀，不會因為離婚而消失，有時還可能會轉移到別的事情上。患者說，看了森田療法的書，覺得書上說的很有道理，可就是自己做不到，也不知道該如何辦。治療師告訴患者要有耐心，不是一天、兩天就能好的，治療的過程和痊癒的過程都會一步一步起作用的。治療師建議，如果患者對治療覺得不理想，也可以找其他治療師試試，患者不同意轉診，要求繼續接收治療，還問是不是可以把藥物全部停了，因為吃了這麼多藥都沒有效果。治療師進一步詢問，發現患者已經自己停藥兩週了。治療師建議不要一下子把藥全停了，那樣可能會出現問題。患者還說最近還是喝酒，覺得很苦惱，父母也對自己沒有辦法。

第二節　全程操作上的各項討論

這是個很有興趣而有用的個案，可用來討論與操作有關的各種事項。特別

是，這個個案的病情介於（輕度）精神病與（嚴重）神經症中間程度的情況，猶如「邊緣性格障礙」的病人似的，好似自己有點病識感，但又沒有；對現實大致上能有所接觸，但有些地方卻失掉其現實感（表現妄想），跟實際現實的接觸與判斷有障礙，還採取脫離現實判斷的極端性行為。因此，可用來討論與檢討如何治療輕度（或者邊緣性的）精神病患者的操作上的原則與技術。

從臨床診斷上來說，此病人所患的是「嚴重的強迫症，帶有妄想的趨向」，或者是「妄想症，而附帶有強迫症」，但兩者可說是指同一個病情，即：有強度的強迫趨向，而又有妄想與懷疑的毛病。強迫症的病人可以患有各種各樣的強迫思維。最通常的，是怕髒、怕傳染的思維，但是偶爾可以強迫於各種令人擔憂的各種事情，如怕被狗咬了，或者房子會垮下來等等。此病人本來就對自己的男性自信不足夠；患了強迫症以後，其所強迫思考的一樣內容是，自己的妻子是否對自己不貞，而產生「疑貞」強迫症的症狀，非常痛苦，也破壞了自己的婚姻。另外的想法是，病人患了懷疑妻子不貞的妄想病，很偏執性的懷疑，猶如強迫症似的。無論如何，此病人跟現實的接觸有部分性的障礙，不管自己的妻子事實上是否對他不貞而偏執性地懷疑，發生脫離理性的思維與行為，進入精神病的程度。

治療個案的選擇與適合性

按照普通情況，患精神病的病人主要依靠藥物治療，而心理治療只是補佐性的支持與輔導。可是有些比較輕度而有點病識感的病人，除了藥物治療以外，還可以費心提供超越支援層次的心理治療（請參閱第一章：「如何選擇適當病人而施予心理輔導」）。

此病人表現還有局部性的病識感，而且最重要的，有強烈的求醫心理，而且所發生的病情上困難，都是跟心理與人際關係有關，值得提供心理的輔導。只是其輔導的策略、要領與方向要特別考慮，要調節並符合此患有特別病情的病人。

病人主訴問題的了解

從病情內容來看，病人所患的心理困難就糾纏於一樣事情，即懷疑自己的妻子是否對自己不貞。至於其懷疑配偶不貞的心理原因，不在妻子本身的行為不檢點，而在於病人自己的心理問題，即對自己身為男人沒有信心，而相信女人是不守貞的看法。

我們不太清楚他個人的早期心理發展史，特別是關於心性發展與性別認同方面的資料，可是我們得知：他婚前曾經交過女朋友，但「當時膽子比較小，由於怕讓女方懷孕，不敢和女孩子發生婚前性關係」，表示自己很想跟女的發生性關係，只是怕女的懷孕而沒發生性交的行為。而跟「現在的妻子相識後，覺得她剛從高中畢業，比較單純（沒被別的男人接觸過），曾主動追求，然後結婚」。表示他很在乎女的是否為處女，不曾跟別的男人發生性的接觸，因此，「婚禮當天就覺得有一點不高興，因為前來送新娘的朋友，大部分是新娘的男同學」，唯恐自己的新娘是否已經跟別的男人有了關係。還好「新婚之夜，發現妻子處女膜破裂出血，自己也就非常放心」。也就是說，這些資料表示，此病人一直對自己的男性尊嚴很沒有自信，而表現在反的方向，擔心自己的妻子是否會完全屬於他，是否沒跟別的男人有所接觸或被占有。

也就是根據此心理上的毛病，結婚後就開始繼續擔心、懷疑，並進而妄想自己的妻子跟別的男人是否有「曖昧」關係，採取許多強迫性而脫離現實的偵查行為。換句話說，他做個丈夫，不注意如何體貼討好自己的妻子，獲得妻子的歡喜與感情，維持妻子對他的專情，卻把所有精力擺放在浪費性的消極方向，即只擔心妻子對他會不喜歡，會去找別的男人。

根據精神分析醫學的學理來說，此病人還患著孩童階段性蕾期的親子三角關係情結，即：覺得自己無法專有母親，而母親會被另外的男人（即父親）占有。根據此病情的解析，治療的方向便是如何幫助他建立自己對自己（男性）的信心問題，並改變女人是不守貞的觀念。

治療者與病人關係上的建立

這樣的病人在治療過程裡，跟治療者所發生與建立的關係很重要。即希望能透過跟（男性）治療者的關係，而能向（代表男性權威者的）治療者學習與模仿，建立自己的男性信心；解除（孩童階段）未曾解決的三角情結問題。也就是說，治療者要時時幫助此病人如何做個男子漢、好丈夫、有信心的男人。

至於此病人跟治療者實際表現的關係如何？此病人原先住院過，被某醫生治療過，接受藥物治療，但沒有好的效果，結果來看本治療者，表示對本治療者有信心，也有所期待，也好想接受心理輔導，可說是好的開始。可以善用其事先的期待心而建立治療者權威性的姿態，並與病人接近與要好，提供可學習與認同的男性對象。

可是要注意此病人對治療者實際發生的來往關係如何？譬如，從醫師開藥而病人服用藥物的行為裡，可以看出一些象徵。即：「患者告訴治療師，自己已經私自把藥量加大，但效果還是不好，並且出現手抖等藥物不良反應。治療師告訴患者，藥物治療不是藥量越多越好，不要私自增加藥量，否則會出現醫療上的意外。患者表示願意接收醫生的建議」，表示病人會擅自決定藥量的服用，但經過醫師的提醒與吩咐，口頭上會表示要聽從。可是，日後，我們再發現：「經由治療師進一步詢問，（才）發現患者已經自己停藥兩週了。治療師建議不要一下子把藥全停了，那樣可能會出現問題。」這些透過服藥的行為裡，我們可以看出此病人跟治療者之間保持兩種關係，即一方面「聽從」，而另一方面卻「擅自更改，不聽從」。這可讓我們推測，他向來跟男性權威者的關係可能是如何，即「信而不聽」。也讓我們想像他跟自己的父親（原先的男性權威者）的關係，也可能是如此「信而不聽」的關係。因此，這將是治療上需要去注意、利用，而求其更改的地方。

換句話說，根據這些臨床上的觀察所得到的病人與治療者間表現的資料，不但去做心理診斷，還可以用於治療上。即就病人跟治療者所發生與來往的關係上，幫助他如何信任權威者（即男性治療者）而接著去模仿認同，建立自己的信心，補救自己心理上的缺陷。也就是說，這不單是如何服藥的事情，而可經由病人服藥的行為來討論如何跟權威者建立可信任、學習與模仿的關係上的好材料。

會談的進行與技術

雖然我們已經討論了治療的基本方向與策略，讓我們檢討實際上發生的一些會談上的情節如何。譬如：「當患者對治療表示沒有信心，不知道自己會不會治療好。治療師（就）建議患者對強迫症狀不要過於控制，要盡量做到順其自然，並且要參加社會生產勞動；同時，建議患者閱讀《森田治療的理論與實踐》這本書，學會按照森田治療的方法轉移注意，患者同意回去閱讀。」表面上看來，這並沒有什麼問題。可是仔細一想，我們卻可以發覺：治療者本身對治療沒有信心；只含糊地叫病人要放鬆，順其自然（是很籠統的提示）。然後，又提議去看別的書，自己去找方法改善。病人自己看了森田治療的書，「雖然覺得書上說的很有道理，可就是做不到，也不知道該如何辦」。這些都是表示治療者本身對自己沒有充分的信心，也沒表現權威性的表態，可讓病人信服，轉而學習與模仿，壯自己的膽，提升自己的信心。這樣沒有自信而且跟現實有點脫節的病人，治療者要提供比較清楚的意見，以及比較具體的建議，以幫助病人能從事配合現實的適應。

治療師告訴患者：「要有耐心，不是一天、兩天就能好的，治療的過程和痊癒的過程都要一步一步起作用的」，同時還建議：「如果患者對治療覺得不理想，也可以找其他治療師試試」，這表示治療者本身就預備打退堂鼓；還好，患者不同意轉診，要求繼續接受治療。

治療操作上的策略與進行

從治療的操作來講，我們已經強調，對這樣的病人的治療只有兩個重點，即：培植他做男人的信心，以及糾正女人是不守貞的想法。還有，需要採用行為治療的原則，鼓勵病人多表現正性的反應（對自己有信心的想法），去除負性的反應（自己的妻子對自己不貞的想法），要提供比較具體的方式來幫助其條件化。譬如：病人講些話，是表示對自己的男人信心的，治療師就給予口頭

上的嘉獎；而假如提到如何懷疑妻子不貞的行為，治療者就開口說他不對，甚至說他精神沒控制好，表現精神病的行為或思考。要幫他強調，他的妄想是病態的，而是沒有事實根據的懷疑。假如病人知道是自己的精神毛病，而不是妻子的實際（不貞）行為問題，病人反而會覺得放心。平時，照普通原則來說，治療者要避免說病人有毛病，要支援；但是對這樣的病人，可以對病人指出，他的腦子有「毛病」，是因為自己沒自信而過分懷疑，還影響了夫妻的感情。要建議病人把自己腦子裡還健全的部位的功能發揮出來，控制失掉現實感而多疑的部位。換句話說，培育發展健全部分的自我，來抵制，甚至消除不健全部分的自我。

從治療操作上有點需要討論的是，關於是否從個人治療改為夫妻治療的策略上的問題。

當病人說：妻子對自己的痛苦不能理解，認為是他自己找她的麻煩。這時，治療師建議患者，下次是否可以請妻子一起參加治療和討論。照一般的情況來說，病人談到夫妻間的問題，提議夫妻會談而進行當面的觀察與輔導，是很適當的選擇之一。可是針對此病人來說，卻要考慮不同層次的問題。治療者提議妻子也來看治療者，很容易向病人提示治療者對他的妻子有興趣，會無形中增加病人懷疑治療者是否想向自己妻子動手，加強其懷疑心。除非很需要，治療者要避免跟病人的妻子有所接觸與來往。只要肯定地表示，是病人本身有心理與行為上的問題，的確給無辜的妻子找來麻煩，否定他的妻子有任何不貞的行為，利用機會提增自己對自己行為脫離現實的認識感，鼓勵放棄懷疑的態度。

特殊問題的處理

有兩樣事情值得討論。其一是關於藥物治療的事情。假如是精神病，就得服用抗精神病劑，但對妄想症的效果並不很樂觀。假如主要是強迫症，採用的藥物就不同。就目前所知，有些患強迫症的病人可以使用屬於 SSRI 的抗鬱劑來治療。可是要高量，而且要持續使用兩、三個月才能開始發生效用，起碼可減輕其強迫性的趨勢。此病人是否這樣而嘗試，不很清楚。不管是哪種藥物治療，都要跟病人明確說明，服用以後，要等到兩、三個月後，才能判斷是否有效，不要自己擅自停藥。

通常，關於病人的人生大事，治療者宜避免提供直接的建議，要由病人自己來做決定。譬如，是否分居或離婚等，都是人生上的大事，要由病人本身做決定，治療者只能幫助病人去分析各個方向的好處與短處，可幫助病人本身做最後的決定。可是針對此病人，其情況就不同。當病人有意思想跟妻子離婚，以為離了婚，就不用再懷疑妻子是否越軌的行為時，治療者可以採取比較積極的方式來勸導，並介入病人的決定。要明確告訴病人，從醫學的立場來說，他想離婚的決定是「錯誤」的，不會離婚了就解決他的懷疑妄想。因為問題是他自己腦子裡的想法，而不是妻子的行為。至少，可以要求不做決定，要等到他自己的精神情況改善好了以後，再做人生大事有關的決定。這好比憂鬱症的病人想自殺時，治療者要很肯定地向病人說：自殺是錯誤的想法；等抑鬱的情緒改善以後，病人就不會想自殺的同樣道理。針對患精神病的病人，跟現實有所脫離時，治療者要比較積極地提供意見，幫助病人跟現實有適當的接觸。

最後要提的是，所謂廣義的「反轉移關係」的問題，是治療者本身內心對這樣的病人可能發生的感覺與反應。由於這樣幾乎是精神病狀態的妄想病人，不容易治療，治療者往往難免會感到束手無策，不知如何應對，而感到麻煩與困擾，好想脫離這樣的病人。這樣的心理反應是可了解的，可是要知道，治療者自己內心這樣的感覺會傳達到病人的心裡，讓他對權威者感到失望，也影響他自己的信心。因此，治療者要注意自己如何控制與處理自己的內心反應，要持平常心的態度，長久性地提供支援性輔導，並且時時鼓勵病人，希望有可能脫離精神病的狀態。同時也要有心理準備，假如病人無法改善，也不要太灰心，或者對自己失望。

輔導的結果與結束

給病人服用兩、三個月的抗精神病劑，或者高量而屬於 SSRI 的抗鬱劑，同時提供此三個月間的心理輔導，看結果如何。假如強迫症的病情有點好轉，就讓病人繼續服用藥物，同時繼續心理的輔導，起碼共六個月，再做判斷是否停止輔導。假如在這段時間，病人能逐漸建立自己對自己身為男人的信心，那還有改善的希望，否則就沒有。

患精神分裂症並有戀物癖的男性病人。（陳一心）

第一節　個案報告與治療經過

個案介紹

于某（假姓），男性，三十六歲，從三十歲開始患精神分裂症，反覆住院八次，而且發病前後，開始迷戀並蒐集女人的鞋，隨後懷疑人害己，不敢出門，伴重複動作。最近雖然經由藥物治療，精神症狀穩定，但其社會功能退縮，總是待在家，母親又過度保護，經由主治的精神科醫師介紹來做家庭治療。

從病人家屬得知：于某老家比較傳統，父母重男輕女。于某上有一個哥哥和一個姊姊，哥哥比他大十歲，姊姊比他大八歲，病人是最小的兒子。哥哥姊姊都是大學畢業，而且均已結婚成家，在外地工作，每年春節回來看望父母。平時家中只有于某和父母三人同住。因為于某是家中最小的孩子，並且又是兒子，所以母親對于某百般呵護，生活方面從小就包辦很多，比如于某從不做任何家務，自己房間清潔與床鋪整理也是母親幫忙，書包是從中學才開始自己學習整理。因此于某在家非常任性，想要什麼，父母就要盡量滿足他，否則會發脾氣，甚至砸東西。但他比較畏懼大哥（大哥在家地位比較高，說話也比較有分量，有些事父母都聽他的）。所以管不住他時，父母就要說：「看你大哥回來怎麼收拾你（教訓之意）」，于某就安靜些。而于某在外面，表現膽小怕事，社交能力較差，缺乏自信。二十八歲時，于某曾結婚，與父母同住，但不到一年，他太太提出離婚，理由是夫妻倆經常為家庭瑣事吵架，而且于某母親常幫兒子說話，認為女人應該賢慧溫柔，做老婆的就應該伺候丈夫，這些都使她忍受不了。而且他太太又說他心理不正常，因為于某總喜歡讓太太穿長統靴子，

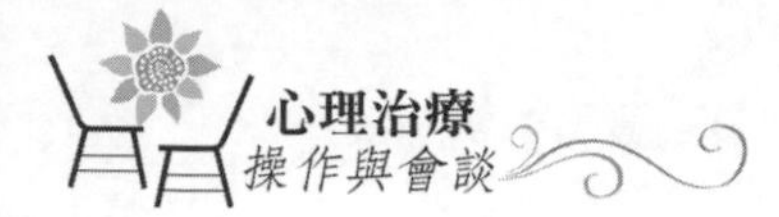

然後撫摸、親吻其小腿。離婚後，父母也發現于某常偷女鞋回家收藏，有時是偷商場的，有時偷鄰居別人家曬的鞋，被商場保安抓過，挨過打，也罰過款，但屢教不改，所以父母曾帶他到心理門診接受治療，無效。而且于某漸漸懷疑有許多人要害他，街上人和鄰居家人看他的眼神不對，做的動作也針對他，而且堅信樓上樓下兩家就是要害死他，手段是透過製造噪音和殺人聲波致他於死地。比如：大聲關門和走路、上下樓梯故意發出重重的腳步聲、把電視機聲音開很大、讓他不能睡覺等等。父母並未覺得鄰居家有此類聲音騷擾他們家；如果有，也是正常範圍的。由於這些奇異的懷疑心理，五年前首次住院治療，診斷為（妄想型）精神分裂症，給予抗精神病藥物治療，並且療效不錯，一個月就病情痊癒而出院。可是出院後，于某拒絕服藥，以致反覆發病住院。兩年前開始，于某出現重複跨門檻的強迫動作，每次出家門要跨幾十遍門檻後才能走出。因此，不願出門，甚至不願去家裡的陽台和跨出自己的房門，連吃飯都要母親端進房間，甚至就坐床上吃，有時還要母親餵。吃完看看電視，睡睡覺，生活懶散並退縮。大哥買給父母的音響和彩色電視，他全搬進自己房間，還不讓父母看，而父母全都順從兒子，怕他發脾氣。于某住院時的主治醫師認為父母過度保護，並且于某出院後醫從性差，社會退縮，父母沒有辦法，母親又過寵，所以建議父母帶于某來一起接受家庭治療。

于某出生史和發育史正常，高中程度，成績一般，曾到工廠工作，但嫌勞動艱苦，而常藉腹痛、感冒等理由請病假。生病後，起初三年還能出院後回工廠上班一段時間，但工作表現差，主管勸其回家休息養病，後兩年于某基本上不願出門，也就不再去上班。家族中無精神病家族史。父親目前已退休，以前是工廠技術員，性格內向，脾氣倔，人際關係一般；母親外向勤勞，一直操持家務，是家庭婦女。因為母親快四十歲才懷孕生下于某，視其為寶貝，並且特別寵愛。儘管父親不同意母親對于某過度保護的一些做法，但母親照樣，讓父親也很無奈。

治療經過

第一次家庭會談

于某雙手插在衣袖中，低頭坐在父母中間，衣領從裡到外比較亂。基本上由母親介紹病情和治療經過。父親比較沉默，偶爾回答幾句治療師的問話。

聽完母親的介紹後，治療師想首先了解一下于某的精神狀態。

治療師：于某，剛才媽媽介紹的一些情況，你覺得是這樣的嗎？有什麼遺漏的？

于　某：（抬眼看了一下治療師）沒有。

治療師：我忘了，剛才媽媽提到你多大啦？（治療師故意讓患兒意識到自己年齡）

于　某：三十六歲。

治療師：噢，那你是從三十一歲開始住院治療的囉，你自己覺得是越來越好，還是越來越差？

于　某：越差。

治療師：怎麼個越差法？

于　某：我上不了班了，沒錢，也出不了門。

母　親：連吃飯都快餵了。

治療師：噢，媽媽意思是兒子越變越小了是嗎？

（于某頭扭一邊）

母　親：是的，都說我寵他，但能不管他嗎，他什麼都不想動。

治療師：嗯，不知你自己想變成小嬰兒，脫離這精彩的世界，還是想長大，像一個正常男人一樣地享受生活。

于　某：想做男人，但不行啊，走不出去。

治療師：我也相信，你想當個頂天立地的男子漢，對嗎？但你縮在父母中間，我此刻完全找不到你是男子漢的感覺，倒像個幼稚園的孩子，願意重新找個位置，找到自己是個響噹噹的男人的感覺嗎？

于　某：（抬頭左右看了一下，走到父母對面，治療師右邊坐下）坐這行嗎？

治療師：你覺得行就行。男人的感覺靠你自己找。

（至此，治療師感覺于某思維、情感基本還正常，能進行對話交流，接受心理治療。於是透過交流，全家人同意第一步目標定在于某能夠走出家門，像正常人一樣生活）

治療師：于某，從家裡面跨到家外面，僅一步之遙，你有什麼困難？

于　某：我不能跨門檻，哪怕沒門檻，只是一條線，我也跨不過去，要費好大勁，跨幾十遍才能邁出去。

治療師：是嗎？做給我看看，這是一條界線，前面假裝是你們家，現在你從家裡走出來試試。

（于某一步跨過線，轉身面向「家外」開始跨門檻，十多次後終於跨了出來）

治療師：爸爸媽媽你們發現什麼了？

父　親：他跨進去一步，很容易，跨出來要好幾步，不是線擋住了他，是他想不想出來。

治療師：爸爸好厲害，觀察很仔細。于某你想想，爸爸的評價符合你的行為嗎？

于　某：我沒想，就跨進去了。想出來，反而就跨不出來了。

治療師：你的意思是，其實你是想走出家門，哪怕是逛逛街也好。（抓住于某話中「想出來」三字，將于某跨出家門的第一步目標起點放低，只是逛街，使其有興趣出門）

于　某：是的，他們說街上變化挺大，開了好多大商場，我好久沒出去逛過了。

治療師：是的，許多新潮的商品你都不了解吧，出去看看，下次來談談你有什麼新發現。

于　某：我試試吧。

治療師：你也可以繼續躺在家裡，只要你覺得躺在床上比上街玩更有趣、

更開心。（進一步提升患者自己想跨出家門的願望，並非為完成治療師要求而出門）

于　某：那我還要不要繼續吃藥了？

治療師：吃藥問題由原來給你開藥的醫生負責調整，目前你需要繼續按原來的劑量吃。

于　某：哦，還要吃。

第二次治療（一週後）

一家三口按約來到治療室，于某理了髮，衣服也比第一次穿著整潔，這次沒坐父母中間，而是直接單獨坐治療師身旁。

母親反映上次治療結束，回家的路上于某就要求先上街玩，再回家。父母很高興陪他逛了街，吃了飯，然後回家。他情緒非常好地過了三天，比如能上陽台澆花，能自己走出臥室到餐廳吃飯，對樓上樓下的聲音也不過度反應。第四天，母親提議去文化宮看電影，于某也高興地回應，儘管跨出家門還是有強迫動作，但次數和時間減少。但看完電影回家上樓時，恰好鄰居家的門「砰」地一聲關上，于某立即很不高興，認為是鄰居見不得他開開心心的樣子，又要氣他了，回家後在自己臥室躺了兩天，不肯出門。後來儘管在父母勸導下，能起床活動了，但強迫性反覆跨門檻症狀又加重，所以又不肯出家門，也不肯上陽台了。來第二次治療的前天晚上，父親硬逼他出去散步，可他順手又撿了一雙別人扔掉的舊女鞋回來，也不知他要這雙又髒又舊的鞋子幹什麼。

治療師：于某，你對男鞋有興趣嗎？

于　某：沒有，我就要女人的鞋子。

治療師：「女人的鞋子」，那是不是意味著你對鞋子並無真正興趣，而興趣在「女人」二字？換句話說，你希望結婚成家過正常生活？（治療師目標仍在於將患者行為意義引向正常人的需要，將患者引向正常生活狀態）

于　某：沒想過，可能是吧。

治療師：你已經三十六歲了，這種想法很正常，可你首先要走出家門，才有可能接觸異性，並讓別人了解你，願意與你交往。進一步，你還需要有一份工作才有經濟收入，養家餬口，女人才願意嫁給你。

（于某沉思不語）

母　親：你回答呀，想不想好好過日子。

治療師：媽媽，我相信他是想的，對嗎？

于　某：（點頭）

治療師：但你們二老又怎麼幫他能做到像正常男人一樣地生活呢？現在你們感覺你們兒子在家的行為像多大的年齡？

父　親：幼稚園小朋友，（母親）還替他餵飯；再寵下去要吃奶了。

母　親：我也不想替他幹，這把年齡了，能幫他幾年呀，但他不肯自己幹，又怎麼辦，總不能餓死他呀。

治療師：媽媽，我很好奇，假如你二老到大兒子家去住幾天，小兒子不肯出門，留在家，你覺得大概你們離開幾天他會餓死？

母　親：他才死不掉呢，他會要我把飯準備好，比如買點水餃放冰箱，然後再讓我們走，否則不會讓我們走。

治療師：當然，你也捨不得讓他在家餓死，我只是假設你們萬一都不在家，他幾天會餓死？一、兩天吃水餃沒問題，天天吃，冰箱也備不下那麼多呀。

母　親：那也不會餓死，他到時估計也會自己出去買吃的，做飯可能就不會了，懶死了。

治療師：真的嗎？其實他會照顧自己，不至於傻得讓自己餓死掉？

父　親：他才不傻呢，精得很，知道他媽捨不得他，所以耍賴。要他媽不在家，我才不會伺候他呢，可能懶病就治好了。

治療師：如按爸爸所說，于某「懶病」治好了，他會怎麼做？

父　親：想吃什麼，他要自己去買呀，就要走出家門，慢慢就會好起來。

治療師：媽媽，你覺得爸爸的判斷有可能嗎？

母　親：有可能吧，但現在我在家，他會纏我，我沒辦法。

治療師：如果說，你不在家，兒子就會越來越像正常人那樣生活，就能走出家門有機會接觸女人，有可能再戀愛結婚，這個結果是你要的嗎？

母　親：那當然好，我也想抱孫子呢，老大不在身邊，家裡沒孩子，冷清得很。

治療師：于某，這個結果是你要的嗎？

于　某：是。

治療師：那這次，我們玩個遊戲：假裝媽媽不在家。就是說，每週媽媽假裝自己不在家住一天，什麼都不做、不管，由父子倆在家做主，看看情況會有什麼變化。如果媽媽覺得會忍不住幹活，那你也可真去大兒子家住一段時間，家中有爸爸，出不了事，如何？（從一天試驗開始，比較容易讓人接受，也就比較能做到）

（家庭成員一致同意）

第三次治療（二週後）

家庭成員依約做了家庭作業，結果「媽媽不在家」的那天，父親也完全不管兒子，兒子到吃飯時間自己出房門，自己盛飯吃，陪父親看看電視，不發脾氣，比較正常，父親要他洗碗，否則下一頓飯就沒他的，要吃自己下廚，他也乖乖地把碗洗了。父親認為，兒子那天的表現基本像成年人，只是勞動比較被動。另外，第二次會談後，兒子每天陪父親吃飯後出去散步，甚至有時幫父親下樓買菸。

家裡附近有個小販賣店，女老闆五十多歲，與母親關係較好。女老闆邀請于某去幫她照管小店，于某答應了（這是父母與老闆私自商量，引于某出門的辦法），也去幫她做過一天生意，遞遞貨。父母對于某的表現表示滿意。治療師當下即肯定了他們家庭的變化：

治療師：恭喜你們，共同努力幫兒子長大，也恭喜于某，你終於下決心回歸正常人的生活圈，相信你會越來越好，心想事成。

于　某：我要掙錢，養老婆。

父　親：你先好好表現，才會有女人看上你。

第四次治療（一個月後）

于某情緒穩定，強迫症狀較輕，經常去小販賣店幫忙，與女老闆聊天，女老闆也不斷鼓勵他更多地自理生活，孝敬父母，承擔家庭責任；並答應，如果他做得好，給他介紹對象，于某很開心。

治療師繼續鼓勵母親放手，由父親管教兒子；同時，對于某的進步，表示肯定，並相信他的進步會越來越大。

第五次治療（一個月後）

父母單獨來告知治療師，兒子又犯病住院，所以不能來參加家庭治療。發病誘因是他看上一個常到小販部購物的農村打工妹，但打工妹不愛搭理他，認為于某有點「二百五」（言行有點傻和讓人不太舒服的意思）。為此，于某想不通，沉默幾天後，又開始感覺別人都想害他，又在家發脾氣、砸東西，所以父母趕緊又將于某送住院。

此個案日後就沒再來繼續接受家庭治療。

治療者事後的反思

治療師一直在反思：將于某對女鞋的喜歡改釋成對女人的喜歡，激發了于某的內在需要，因此有了走出家門的動力；但同時，也將于某的需要引到了更難滿足的方向與層次。即：女人的鞋子可以撿到，女人卻不是想要就能得到的。因此，這反倒給于某製造了更大問題，難於實現，只會挫折。當其受挫後，引得精神病復發，恢復原狀。這是一個經驗上的教訓。

第二節　全程操作上的各項討論

治療個案的選擇與適合性

從表面上看來，此精神病患者行為退縮，總是待在家，而在家又被母親過分寵待，把兒子幼稚化，保持其社會性萎縮、不出門的問題；因此，介紹來接受家庭治療，想更改母親與兒子間相互過分依賴的行為，是可了解的。但是，要考慮這是長年患精神病的中年成人，跟只鬧情緒問題的小孩有所不同，靠家庭治療來企圖改善母子關係，不但不容易，有時還容易發生問題。

還有，此病人很需要繼續服用抗精神病劑。如何幫助此病人出院後，在家人督促下讓病人繼續服藥，是治療此病人的一項重要課題。

病人主要問題的了解：病情解析

根據病人住院時的治療醫師來看，母親對病人過分寵愛，在家把病人幼稚性的對待，讓病人退行幼稚化，社會性萎縮，因此，照一般的邏輯，認為更改母子關係，讓兒子能練習獨立自主，就容易把兒子的行為問題改善。這是單純的一直線性的因果性推測。可是醫師沒體會到的是，此中年病人所患的是以生物學病因為主的精神病，並非是心理性的行為問題。心理輔導只能提供補佐性的幫助，但主要還是依靠藥物治療。

還有一點很重要的是：母親看來過分溺愛病人，什麼都替兒子服侍與照顧，像是病人生病了而無法自己照顧，需要母親來服侍，好似母親的行為是事情的「結果」；但我們沒有體會：母親「本身」也是個問題（說得嚴重些，也是個隱蔽性的「病人」），是病人發生精神病的一個潛在「原因」。

過去，早期的家庭治療學者們經由臨床上的觀察，甚至把這樣的母親稱為「製造精神分裂症的母親」，曾假設是導致兒子形成精神分裂症的原因（雖然日後的學者已經不採用這樣家庭病態而引誘孩子發生精神病的學理，但對其家人互動情況的觀察，倒是值得做參考）。根據學者們的看法，在這樣的家庭裡，

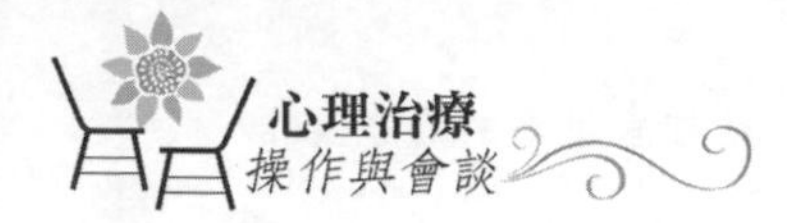

父親通常很懦弱或沒影響力，無法影響自己妻子過分溺愛兒子的病態行為。由於自己心理上的需要，母親卻過分跟兒子親近、黏密，無法建立母子間宜有的界限，表現黏密在一起，猶如相互「共生的」兩人。因此，被家庭治療學者形容是（原生動物）阿米巴似地「黏合不分」的家庭，表示家庭各個成員間沒有宜有的個人性界限（詳細請參考系列叢書《心理治療：學說與研究》第五章：「家庭治療的學說」）。

雖然這樣形成精神分裂症的心理性假設，目前在生物學因素被重視的學界裡，不再受重視，但從臨床的治療上，仍值得參用。在這樣特殊母子關係裡情況長大的兒子，往往自我成長有障礙，缺乏自信，社會化能力差，無法應對外界人事，而容易採取懷疑的看法與態度對待外人。而且由於從小跟母親過分親近，到了青春期以後，其心性發展也有障礙，無法面對與接受自己對異性的性慾望，只好經由變異的方法與途徑而表現（猶如此個案的戀物癖情況）。

問題是，想透過家庭治療的模式企圖更改這樣病態性家庭關係時，常會遭遇阻抗；即：母親跟兒子都不願意更改他們長年保持著的關係模式，發生更改系統時會出現強大的阻抗現象。特別是母親，雖然口頭上說希望自己的兒子成長，並且能獨立自主，但往往潛意識會加以阻抗，不容許兒子成長獨立；而兒子企圖獨立時，不但感到不習慣，還覺得背叛了母親，會發生內心的掙扎與不平衡。這是系統學上的看法；但我們要知道，在精神病的家庭裡，其保持系統而發生的阻抗性影響特別嚴重（所以本個案父母情願送兒子再住院，也不願回頭繼續接受家庭治療）。

特別是成人兒子對別的女人發生了興趣（雖然是往「正常」的途徑去成長），卻會讓他感到心理不安，好似背叛了自己的（女性）母親；而對母親說來，也是很不歡迎的事情，好似兒子遺棄了她，喜歡上別的女人，而無形中會加以阻力，甚至破壞（病人曾經結婚，但也就在母親過分偏袒兒子的情況下，破壞了他們夫妻的關係）。

總之，這樣病人的家庭裡，帶有很複雜的動態性病理，很困難施予更改的企圖，只能緩慢嘗試，而且只能就比較具體且簡單的課題逐步進行。譬如，鼓勵簡單性質的社會化行為。

治療者與病人關係上的建立

治療者能很熟練地跟病人建立好的關係，病人會聽從治療者的建議而採取行動上的變化。父親能在治療者支持下，表現他的意見，並且很樂意嘗試，幫助兒子能社會化。至於母親，我們只知道她在表面上所說的話，但不太知道她心裡真正的感覺。

會談的進行與技術

治療者對家庭治療的施予有經驗，對家庭會談的進行有把握，很順利而有技巧性地進行。特別是要求並鼓勵具體的行動，督促行為上的更改，是很好的技術性表現。

治療操作上的策略與進行

按心理治療的一般性原則，治療師把治療的目標放在如何幫助患者，將其行為引向正常的方向，即：能踏出家門、能常外出、與外人接觸，企圖恢復其「正常」生活狀態。

唯一的問題是：病人的自我能力有缺陷，而且是「中年人」數十年來的長年問題，幾乎是他性格的一部分，無法很快改變所有的行為，很需要緩慢地去嘗試。特別是戀物癖是他應付自己心性問題的固定性方式與習癖，要求他很快跟實際異性人物（女人）接觸與來往，期待放得太高、也太快，病人就無法達到，反而引進回頭退化與頹喪的結果。而且，治療上沒注意母親內心的感覺與阻抗的問題，很需要平衡性改變整體性家庭關係。

特殊問題的處理：跟病人過分親近與保護的母親

這並不是很單純的母親過分寵愛幼小兒子的個案，是發育中的兒童心理與家庭問題，可以主要依靠心理的輔導而糾正。要體會，這是已經到成人的階段，是生物性與心理性病因混合而形成的定局。母親過分寵愛兒子，而且兒子已經到成人仍繼續如此，是母親的嚴重問題。要把母親幾乎看成是「潛在性」病人而對待與處理。

就如在病情解析裡已經說明過：這樣的母親會潛意識希望兒子不會好起來，只能依舊依賴她，讓她能繼續保護他、占有他。兒子太脫離母親，就會感到背叛了母親，而不敢「好起來」。同時，這樣的母親不但不盼望自己的孩子獨立成熟，還不希望自己的兒子對別的女人感到有興趣，也不希望自己的兒子會聽別的女人（包括女性治療者）的話。因此，很容易潛意識地加以破壞治療上的成就。

輔導的結果與結束

治療精神病的患者，要以不同的角度、性質與程度來進行，而且其重點要不一樣，操作的方式與治療的策略也有所不同。和患一般心理問題的患者，特別是年幼兒童，有顯然的不同。雖然操作上的技術很好，但治療上的策略與學理上的考慮忽略，就容易發生困難。就如治療者所說的，這是一個經驗上的教訓，是臨床上常發生的情況。

第 18 章

神經症患者的治療操作

所謂神經症患者，指的是患了焦慮、抑鬱、恐懼、慮病、強迫症、癔病等，以心情障礙為主的神經症的患者，跟上章所討論的精神病患者有所區別。這些患者的共同特點就是，自我的功能大致上還可以，大體上而言，其思考程式尚屬邏輯性，跟現實的接觸也可以，但由於其自我無法面對與處理所遭遇的壓力，而呈現焦慮、抑鬱、恐懼等心情上的問題，或者慮病、強迫症、癔病等比較特殊的焦慮應對方式。雖然從病因的角度來說，無法否定生物學性的因素，需要依靠藥物治療，但其病情的發生與內容，可以從心理的立場來了解與把握，並可以依靠心理治療來幫助其心理狀態的穩定，恢復其功能。

對於神經症患者所提供的心理治療，其主要的原則與策略，跟精神病患者有所不同。其主要課題是去探討並分析其心理壓力的來源與性質，並就其心理問題而幫助自我能以比較適當而成熟的方式去應對。為了了解其潛在性的壓力，要處理其阻抗作用，發覺潛抑的情結，在意識層次裡面對與處理。換句話說，就是探討原本精神材料，經由其透露而加以處理，可說是探討與分析性的心理治療工作。讓我們就下面的例子，來說明治療神經症患者的基本原則與操作。

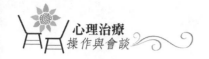

案例一　精神解離，與「鏡中人」說話的國一女生。（陳一心）

第一節　個案報告與治療經過

個案介紹

小鈺，是國一女生，十二歲，因在學校宿舍裡愛獨自照鏡子而自言自語，已經有三個多月，被學校疑為精神分裂症而吩咐母親帶來門診檢查與治療。

父母反映，小鈺去年九月升上國一，頭次離家，住校讀書，每隔兩週回家一次。在學校裡，同宿舍的同學發現小鈺行為怪異，向老師反映。比如：喜歡一個人在浴室對著鏡子自言自語，哭哭笑笑，演戲一樣，若無旁人，問她幹嘛，她猶如從夢中醒，並回答：「沒什麼。」晚上睡覺快入睡前，會自己一人說話，含糊不清地說「鬼」、「神」一類的話。有時半夜驚叫而醒，說是做了噩夢。白天，有時同學從其身邊忽然走過，她會突然驚叫，所以同學覺得與她同住很害怕。老師認為小鈺學習認真，成績好，除平時與同學關係比較疏遠外，公開場合未見明顯異常現象。但學校要求家長帶來就診，排除精神分裂症的可能。而家長過去在家從未發現小鈺有同學所說的現象，認為孩子是正常的。

小鈺從小發育過程正常，六歲前由外婆照管，與外婆同床睡，七歲後，為了上小學，回到父母身邊生活，一直與母親同床睡；直到五年級（十一歲後）才開始單獨睡一房。兩年後（即十三歲時），進入國中，按規定住學校宿舍。小鈺從小人際關係一直不太好，沒有長久的朋友，較孤僻，偏內向，敏感多疑。

外婆迷信色彩重，常燒香拜佛，小鈺生病時，外婆會用符咒驅魔法。母親對女兒疼愛、關心，但管教服從於丈夫。父親對女兒嚴厲，一點小錯即發火打罵。父親注重成績，小鈺成績考不好，肯定會挨打。母親認為女兒在父親面前較壓抑，父親也承認在家主要由他管教女兒，對女兒期望高，可能壓力也大。原因是他本身年輕時，雖然成績好，但因家境窮，沒上大學，所以寄希望於女兒。

小鈺從小到大無特殊疾病史，體驗正常。家族中也無精神病遺傳史。

精神檢查：小鈺思維邏輯正常，情感協調，但情緒低落，壓抑，自卑，自我內省能力基本正常。

小鈺自述：從小怕父親，但又崇拜父親，凡事請教父親總有解答，因此又依賴父親，願意聽父親指點，而且也必須聽父親的，否則會遭打罵，所以對父親感情充滿矛盾。遭父親打罵後，她會把自己關在房間裡哭，自言自語發洩憤怒，又自責自己不爭氣，沒達到父親的期待。有時看到父親回家就莫名其妙緊張害怕。升上國中，離家住校後，沒有父親在旁指點，因此處事困惑，經常對鏡子自言自語，似乎鏡中人就是「父親」，從鏡中接受「父親教誨」。可是小鈺心中清楚，那不是父親。遇高興的事，感覺「父親」笑咪咪地鼓勵鏡前自己；遇不高興的事，如沒考好，腦子裡常會閃現父親凶巴巴的臉。此時，看鏡中人像魔鬼，凶凶地盯著鏡前的自己，批評教育一番。當身處那種與鏡中人自言自語狀態時，意識上彷彿周圍一切都不存在了；即：同學與自己說話也聽不見，事後也不能完全回憶起自己跟鏡子說話的事情。

有關入睡前說「鬼」一事，以及常做噩夢的事，小鈺的解釋是一年級（七歲）寒假曾回外婆家短住。在這個時候，有一天姨婆去世。沒多久，她半夜被怪聲「驚醒」，見一「女鬼」站在床前與其說話，隨後消失。經過這樣害怕的事情後，一夜無眠，冷汗淋漓，躲在被窩發抖；而且以後就常做噩夢，常看到這位「女鬼」。

另外，小學三年級（九歲）時，有一天放學回家，路上曾遇一男子在牆角猛地抱住她，讓她很害怕而驚叫。還好，當時有其他學生走過，這名男子才把她放開而逃脫。所以現在怕與男性交往，也怕在自己不注意時身邊有人突然經過，會驚跳。

承認自己不容易信任別人，也不容許自己的好朋友與別的女同學保持比較親密的關係，想自己占有。這樣的情況讓她的好友受不了，因此很難跟她保持長久友情。心裡話不願告訴父母及同學，認為現在只有一個朋友就是「鏡中人」。因為「鏡中的自己」不會出賣自己，願與自己講真話，也就是說，她只相信「自己」；但又覺得孤獨與自卑，對前途沒有希望和信心。

根據上述，臨床上診斷小鈺患精神解離症及創傷後壓力障礙。住進學校宿舍以後，跟家人離開，遭遇分別的創傷，特別是父親，因此常出現精神分離狀態，跟鏡中人談話，企圖彌補喪失的痛苦。同時也表現與心理創傷相關的症狀，如：做噩夢，過度警覺，驚跳反應。這些焦慮症狀，可能與姨婆去世當晚，被噩夢驚醒，經歷視幻覺而受驚嚇有關；也跟放學遭受性侵犯有關。

治療經過

第一次會談

蒐集資料，明確診斷，給予父母和小鈺心理支援，穩定情緒。解釋症狀與離家感到孤獨，也跟過去曾發生的創傷性事件有關，也跟與外婆迷信活動有若干的影響；排除精神分裂症診斷。提議父母跟小鈺多聯繫，同時鼓勵小鈺多與同學接觸。不與「鏡中人」談話，用自己的行動向老師同學證明：自己可以控制自己的言行，所以不是「精神分裂症」，以取得學校接納。

第二次會談（二週後）

父母與小鈺同來接受家庭治療，透過父親與學校聯繫，得知這二週內，同學未曾再發現小鈺有異常行為。治療師打算從父女關係改變開始著手治療，使小鈺獲得一份心理支持，不會感到孤獨，被家人遺棄。

治療師：小鈺，這二週是同學沒發現你與「鏡中人」說話，還是你已不再與「鏡中人」說話了？

小　鈺：我已不再那樣了。

治療師：怎麼做到的？

小　鈺：我知道如果一直這樣，別人會當我有病，我沒有朋友，不會快活。

治療師：那你喜怒哀樂又與誰分享呢？

小　鈺：爸爸從上次開始每天跟我通一次電話。他跟我說，以後多關心我，考不好，不再罵我了。

治療師：噢，爸爸你是怎麼打算的呢？

父　親：我知道女兒聽我的，也怕我，但沒想到她離開我後，會這樣。她現在沒有朋友，我想每天給她打電話鼓勵她好好學習，跟同學好好相處，讓她不再去找鏡子說話。

治療師：你覺得她跟同學好好相處很重要嗎？

父　親：很重要，有朋友了，就不會孤獨，慢慢也會自信起來。她成績不錯，老師很喜歡她，有了好同學，她在學校就能過得開心，不會怪怪的了。

小　鈺：其實我小學二、三年級開始就喜歡對鏡子說話，走過街上櫥窗和汽車反光鏡，我都喜歡看一眼，然後評介自己幾句，別人沒發現而已。現在離開爸爸，每次考試我都很緊張，會做噩夢，夢到爸爸追著打我，有時又夢到「女鬼」。特別考出來分數比我想的低，我就怕得要死，怕爸爸知道，回家又要打我，罵我沒出息，所以會到鏡子前像做夢一樣地想像爸爸會怎麼罵我，然後我向他求饒。現在我爸爸每天來電話，我不需要跟鏡子說話了，但每次接電話我都很害怕，怕他問我學習，怕他問我跟不跟同學玩，萬一我回答不合他意，他是不是又會生氣，然後憋著不罵我，假裝鼓勵我。

治療師：媽媽，我覺得現在父親跟女兒打電話，跟以前在家天天問女兒學習情況有什麼不一樣（借第三者的口說出父女關係）。

母　親：她爸爸是個明白人，就是脾氣壞，這次他知道再不轉變對女兒的態度，就要毀了孩子，所以是真心想幫女兒，要女兒多交朋友。女兒做不到，他可能還會急，但跟以前埋怨女兒不用功讀書的急不一樣，他是急自己不知道怎麼幫助女兒。

治療師：那你覺得他現在怎麼幫助女兒比較好呢？

母　親：其實交不交朋友，是女兒自己的事，她想明白了，不要看不起成績差的同學，也不要指望成績好的同學都跟她們親，隨和一點，下課跟人玩玩就行。她爸爸可以打電話給女兒關心一下，問問有

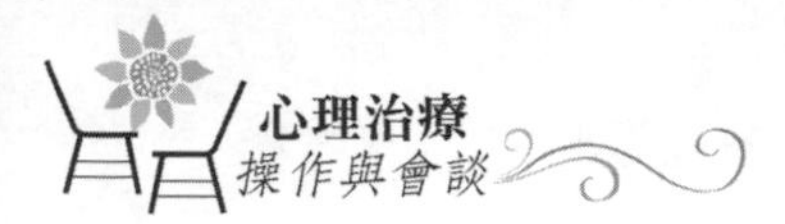

什麼要父母幫助的，或者讓女兒有事自己打回家，不要盯著女兒這個做到沒有，那個做得怎樣，搞得她很緊張。

治療師：夫人以前跟你說過這些話嗎？

父　親：差不多的意思說過，叫我不要盯緊女兒，隨她便一點，我想既然她習慣我管她了，那麼再給她一些指導，會不會讓她安心一點。

治療師：小鈺，你希望父親怎麼關心你？

小　鈺：像媽媽說的那樣吧。

治療師：那希望媽怎麼關心你呢？

小　鈺：也一樣，別只是爸爸給我打電話，我媽也可以給我打電話，說說家裡的事，他們一個星期給我打兩通電話就夠了，要不別人會覺奇怪。有事我也可以打回去。

治療師：可你爸爸擔心你交不到朋友，孤獨這個問題又怎麼解決呢？

小　鈺：我盡量去跟隨同學玩唄。

治療師：可長期以來，你習慣與「鏡中人」交朋友，如果你不放下「她」，你會去交新朋友嗎？

小　鈺：我放下「她」了。

治療師：這兩週你沒到鏡子去說話，但有時還會想「她」嗎？

小　鈺：會，會在心裡和「她」說話。

治療師：所以，你不把「她」徹底放下，又怎會去和外面的同學交朋友呢？

小　鈺：那怎麼才能徹底放下呢？

治療師：我們可以舉行一個儀式，來向鏡中人告別。你站起來，看這邊有面鏡子，你能看到「鏡中人」；而那邊是窗戶，窗外是廣闊的天地，老師同學都站那一邊，感覺一下你打算去哪一邊？（治療師打算讓小鈺用行動而非言語做出抉擇）

小　鈺：想去那邊吧（手指窗外，態度有些猶豫）。

治療師：那好！你現在面對鏡中人，跟著我的引導詞，與「她」做告別。

（治療師用催眠暗示性詞語，引導小鈺說出：「你像我的父親，

在以往的日子裡，一直照顧我不要做錯事；你也像我的朋友，一直分享著我的快樂，為此，我感謝你並向你鞠躬。可是現在我已長大了，要學會自己照顧自己，我想把你放在我心中，同時與鏡中過去的你說再見，我要去交更多的朋友，讓自己生活得更快樂。」說完後，引導小鈺離開鏡子，走到窗前，看遠方，想像未來與許多同學友好相處的前景，暗示其將美好的感覺保留在心中。開始小鈺不太願說出與「鏡中人」告別的話。治療者引導她去想像：再如此下去的不良後果是怎樣的情景。小鈺終於下決心說出了告別詞。）

治療師：你現在感覺如何？

小　鈺：很輕鬆，像放下了什麼重東西（面露輕鬆愉快的笑容）。

第三次會談（二週後）

父親告知：女兒一切正常，與同宿舍的同學已融洽相處，未再聽說有古怪行為的議論。治療師對家庭每個成員的有效改變都做了肯定的評價，鼓勵他們繼續努力。

第四次會談（一週後）

小鈺情緒保持穩定，家庭支持功能良好，治療師徵得小鈺同意後，開始處理姨婆去世當晚小鈺做了噩夢的創傷事件。首先讓小鈺仔細回憶創傷發生的情況，邀請小鈺與父母一起回憶姨婆去世前後過程，並幫助小鈺體會自己的體驗跟實際的情況有記憶上的錯誤，並不用那麼害怕。譬如：姨婆死後表情很安詳；而且當晚小鈺是與表姊同床而睡，有伴，並不用害怕等等。讓小鈺的父母向小鈺說明：死去的姨婆喜歡小鈺，不可能來找她麻煩，安慰她可以放心的。

至於放學後遭到男人性騷擾她的事件，也請她重新回憶：讓她重新體驗，當時她還會用叫、踢、打、掙扎的手段去反抗對方而自衛，頗具鬥爭勇氣，使壞蛋不能輕易得手，並且因緊張害怕最後放開了小鈺。鼓勵小鈺應付得還很妥當。並且提醒小鈺因那次遭遇，使她獲得了一份保持警覺的經驗，是有用的體驗，但不用過分敏感與害怕所有的人。經由這些重新體驗舊的創傷事件，並且以比較正向的角度去看待，小鈺就感覺比較輕鬆愉快。

第五次會談（一週後）

只有父親來。報告小鈺因考試不能前來。父親認為療效很好，希望中止治療。兩個月後，治療者打電話隨訪，得知小鈺行為維持正常，開朗合群了許多。

第二節　全程操作上的各項討論

病人主訴問題的了解

從小鈺的發展史，我們得知：小鈺六歲前都由外婆照管，與外婆同床睡，七歲，要上小學時，才回到自己父母身邊生活，可是一直與母親同床睡，直到五年級（十一歲）才開始單獨睡一房。可見病人被過分保護，容許依賴，性格比較幼稚。因此，間接的結果是：社會化經驗少，人際關係一直不太好，沒有長久的朋友，較孤僻，偏內向，而且敏感多疑。

當時到了七歲，長年和她一起住、也一起睡的外婆離開，可說是一種跟重要養育者分離的經驗。最近跟父母離開，住到學校宿舍，又是個顯著的分離創傷。遇到分別，感到孤單，小鈺就採用代替性的黏密人物（即：鏡中人）來彌補，在精神解離狀態中跟鏡中人談話與來往。

除了對目前所遭遇的離別的創傷以外，由於其分離創傷而把過去被嚇壞的可怕創傷事件也連帶性地引誘重複，重新出現創傷後壓力的精神症狀，如噩夢、驚叫等。因此，臨床上表現得比較複雜。可是，仔細研究可以知道，其基本的問題是曾被過分地保護（長年跟外婆或母親同睡）、性格上的幼稚、心理上的敏感，缺乏自我獨立與應付外界變化的能力，而導致的結果。可一貫性地統一解釋與了解為：對離別的一連串反應。

治療個案的選擇與適合性

是很適當施予心理診斷與治療的個案。雖然牽涉到性格上的基本問題，可是年歲還幼小，有其伸縮性，可以糾正。雖然表面上看來，有「奇異」的症狀與行為問題，但是屬於神經症性質的問題，而非精神病的情況。除了其剎那性或片刻性進入精神恍惚且解離的狀態，但一般情形，病人有能力跟現實好好接觸，並且有自己省察並檢驗自己內心狀態的內省能力，很適合施予治療。況且，父母都能體會女兒問題的真相，而且很願意改變對女兒的對待方式，並提供所需的支援，是快速改善的有利條件。

治療者與病人關係上的建立

治療者憑其臨床上的經驗，能很快跟此年輕女孩子建立良好的關係，並且扮演良好的「母親」的角色（彌補家裡比較懦弱而少發揮功能的母親），可說是治療結果快速的主要條件之一。

會談的進行與技術

治療者採用各種技術，包括儀式性的（催眠）操作，進行跟想像中的「鏡中人」告別，並且以正性的方式去重溫與面對過去曾遭遇過的恐怖性創傷，都對病人有所幫助。

治療操作上的策略與進行

能施予正確的臨床診斷，是本個案最要緊的成就。接著能建立適當的心理診斷，根據其心理診斷而施予所需的輔導，也是很成功的地方。能提供足夠的支援，病人才能放棄比較幼稚性的支持者（想像中的鏡中人）；不能過早。

除了改善症狀性的問題（解離性的行為表現，以及恐懼症狀），剩下的是幼稚性的性格問題。雖然治療停止了，但還得對父母與患兒提示長期性需要改善的目標。還好病人年歲還小，希望能繼續改善，透過社會化的進步，間接地幫助自己性格上的成熟化。

特殊問題的處理

小鈺對父親又怕又迷戀，表面上看來好似很矛盾，但是有其道理。雖然父親對小鈺的學習有過高的要求，而且常使用處罰的方式要求功課好，但小鈺內心裡知道並體會父親基本上喜歡她。至於小鈺害怕父親的處罰，除了被處罰本身以外，真正害怕的是，沒得到父親的欣賞與滿意，而是害怕會喪失父親認可的「害怕」。

還有，父親（大男人）用體罰的方式來處罰十多歲的女孩，除了被處罰以外，有時對女孩說來，還容易被誤解是一種男人對女人（帶著性意味）的攻擊性行為，特別是過去曾遭遇被男人性騷擾的女孩來說，很容易發生這種潛意識性的誤解與反應。可說是不同層次的複雜性問題。可是這是比較屬於潛意識層次的解釋，在治療上不宜針對女兒或父母做這種有「性」性質的分析與解釋，反而會引起他們心理不安的不良後果，對治療沒有幫助，反而有害。頂多可以向父親提醒，女兒已經快是青春發育的少女，不能仍如小女孩似地給予體罰就可。並且鼓勵目前比較沒有發生作用的母親，多發揮其「母親」的功能，提供可認同的同性父母。

輔導的結果與結束

對病情有清楚的了解與把握，並且治療適當，進行得很圓滿，得到早期的治療效果。

強迫性地怕髒、怕血、怕病的病人。（叢中）

第一節　個案報告與會談經過

個案報告

張協（假名）是十六歲的高二男同學。因為三年來反覆想並操心關於血液的事情，怕自己會碰上血液沾在身上，而由於強迫性的掛慮，影響他在學校的學習，被醫生診斷為強迫症，轉介來看心理門診。病人由媽媽陪伴前來，會診時，病人要求媽媽在診室外等候，單獨與醫生會談。

張協是少年男性，看來身材高大，五官端正，少量鬍鬚。坐下後能夠主動與醫生講話，說是他自己願意來看醫生的。講話時神情比較自然，眼睛能夠注視醫生。

首次會談

醫　生：你為什麼要看精神科的醫生？

病　人：我現在的主要問題是對「血」特別關注，占用了大量的時間，影響學習，所以要來看醫生。

醫　生：你為什麼對血液這麼關注？

病　人：我怕碰在身上，會得病。

醫　生：會得什麼病？

病　人：愛滋病。原來是怕得「乙肝」（B型肝炎）。最早出現強迫症狀的時間是三年前，那時姥姥股骨頭壞死，要做手術，醫院查出她感染了「乙肝」。她的肝功能倒是正常，實際上只是「乙肝病毒攜帶者」，因此，到現在姥姥的身體還很好。乙肝發生在她身上，卻怕在我心裡。從此我就怕我也會得乙肝〔治療者評論：病人向患病的姥姥「認同」〕，就開始怕髒，怕血液，我變得比較

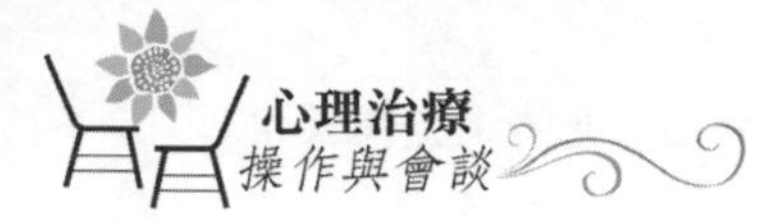

惜命。

我從小就比較仔細、惜物。比如：圓珠筆，我用起來也會特別仔細，小心翼翼，生怕把它弄壞了。我做什麼事情都對自己要求很高，不能有瑕疵，總是要做得特別好，不能有一丁點的不好。學習、做作業更是要求高，制訂每週的學習計畫，追求盡善盡美，變本加厲地去追求完美，這讓我感到很累。

強迫症狀影響了我的學習進度，因為強迫症狀也會讓我累死。自從得了強迫症之後，我就降低了我的學習目標，但是，強迫症對我的影響太大了，降低了目標也仍然難以完成。〔治療者評論：病人歸因於「強迫症」，抱怨強迫症的同時，可以原諒自己沒有按計畫完成作業，繼發獲益；同時也表明，病人還有一定的自我調節能力。〕

醫　生：你為什麼要這樣累自己？

病　人：是因為內心有不安全感，不把事情做到盡善盡美，就會內心不踏實。

醫　生：你是對所有的事情都這樣要求自己嗎？

病　人：不是所有的事情，只對重要的事情，比如，怕血。我從小就內心想得多，想讓自己這一生一定要做出一番事業。在我小學一年級的時候，我得了「腎病」，後來就好了，現在也沒有影響身體健康，驗尿都正常了。〔治療者評論：病人提起小學的事情，是探問早期經驗的好機會。〕

醫　生：小時候，是誰把你帶大的？

病　人：從二歲至十三歲，是姥姥把我帶大的。當時父母親也跟我們生活在一起，白天父母都上班，我就跟著姥姥。我六歲時得了「腎病」，父母為了給我治療「腎病」，就從外地調動工作來北京，我和姥姥也來到北京了，當時我大概七歲，跟姥姥的感情最深。〔治療者評論：對病人說來，姥姥就是他的最主要養育者，最依賴的對象。〕在我十三歲的時候，姥姥得了股骨頭壞死，做手術

前又查出了「乙肝」，也就是從那時候開始我得了強迫症。

最開始只是怕自己得「乙肝」，後來就轉變成了怕得「愛滋病」……。姥姥手術後就回去外地老家了，現在我跟父母一起生活，與父母的關係還可以，也算比較好吧。

醫　生：後來你為什麼會變成「怕愛滋病」？〔治療者評論：愛滋病跟肝炎都是經由血液而傳染，但是愛滋病跟性有關，要考慮剛青春發育的男性青少年，為何擔心跟性有關的愛滋病起來。〕

病　人：因為愛滋病，一旦得了，是百分之百的死亡率。

醫　生：由此看來，你的「怕髒」，包括怕乙肝或血液、愛滋病，深一層的含義是「怕得病」。

病　人：對，是怕得病。

醫　生：怕病的背後呢，更進一步來說，是怕什麼？

病　人：……沒怎麼考慮過。

醫　生：得了愛滋病，百分之百的死亡率，你說你最怕什麼？

病　人：……是怕死……對啊，一個人如果不怕死的話，就什麼都不怕了。

醫　生：看來，你的「怕」有三部曲「怕髒」、「怕病」、「怕死」？

病　人：我怕死嗎？好像也不是。因為，死有很多原因，比如被車撞死，我從來都不怕，我甚至是沒有考慮過。我只怕得病死亡，而不怕別的。醫生，你說這是為什麼？

醫　生：大概是你沒有經歷過交通事故的傷害吧？〔治療者評論：病人所怕的，都是會傳染而致死的疾病。〕

病　人：可能是吧？我經常是拿一個更加嚴重的害怕的事情，來代替比較輕的害怕的事情，用大的替換小的。

醫　生：比如？

病　人：比如吧，我怕垃圾箱，因為裡邊可能會有髒東西，這些是比較輕的，後來，我就開始想到嚴重的，比如想到「血液」，想到「愛滋病」，想到「百分之百的死亡率」，一想到這些，我就想跑，

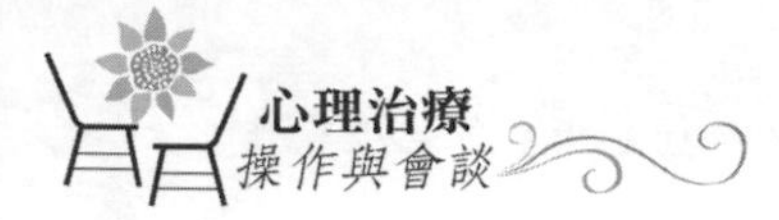

就想躲開，身體躲開了「血液」，可心仍然還在「怕著」，心裡還在想著剛才的「血液」。〔治療者評論：「想躲開，卻又躲不開」，這是病人面對壓力性事件經常採用的處理方式。〕

醫　生：是啊，看你，躲得開血液，躲不開「懼怕」，也躲不開「想法」。

病　人：我也知道這是自己想出來的，實際上並不存在，但是仍然不願意有這樣的想法。

醫　生：如果是你的想法，是你想到了可怕的事情，同時又有實際可能的危險，你會是讓自己想這事兒還是不讓自己想？

病　人：當然是讓自己想了，因為的確是得愛滋病的危險，所以我就會想半天，我認為我必須讓自己想清楚，看是否有血液碰到自己身上了。

醫　生：既然是這麼重要的事情，你就多想想吧，你讓我理解你更多了，你真的是很有必要多想。〔治療者評論：採用「反擊法」，讓病人體會「多想」並沒有好處！〕

病　人：可是，花時間太多了，很耽誤學習啊！

醫　生：是啊，如果你不上學的話，就不耽誤學習了，這樣，是否就可以允許自己整天想這事情了？

病　人：儘管這個想法是有必要的，即使不上學，我也不能讓自己總想這事兒。因為想這事兒會想個沒完，想得腦子都累了。

醫　生：那什麼時候就該想、什麼時候就不應該想呢？

病　人：如果是真的看到垃圾箱的時候，我就認為我應該想是否有髒東西碰到我身上了，這是必要的，因為的確有這樣的可能性，儘管這種可能性不是很大，我也認為是有必要這麼想的。如果是在乘公車的時候，我在車上隔著玻璃看到路邊的垃圾箱，我也會想個沒完，這時候就是不應該想的，因為我知道隔著玻璃，垃圾箱裡的東西是百分之百地不會碰到我身上來的。可是，我卻反覆地想，反覆回憶剛才汽車玻璃是否是關著的？怕自己沒有想仔細就會出

現危險。我明明知道這些想法不符合實際，不該多想，可是，還是怕自己出錯，控制不住地總會反覆回憶。〔治療者評論：病人的「自我」不夠堅強，無法控制自己去免除不符合實際的操心。〕

醫　生：好吧，現在我們做一個「聯想」練習。醫生說句話，你就隨便把腦子裡所聯想到的事情，說出來，讓醫生了解你腦子裡想些什麼。譬如：我先說「血液」，看你腦子裡會自然地想到什麼。好嗎？現在開始：「血液」……

病　人：（立刻回答）可能會感染愛滋病……

醫　生：然後呢？

病　人：躲遠點兒，趕緊去洗，一定要洗乾淨……

醫　生：還有呢？

病　人：我感到內心不安，我會安慰自己「沒事兒，不用擔心」……「你應該相信你自己，你實際上沒有碰著，哦因為概率很低，萬分之一……」

醫　生：你還能想到什麼？繼續聯想練習：「血液！」

病　人：……沒有什麼更多想法了。

醫　生：你剛才不是說，你怕血液，是因為怕得病，怕得病是因為怕死亡。你現在怎麼就不想到「死亡」呢？

病　人：是啊，我也不知道為什麼，就不朝「死亡」那邊兒想。不是我故意的，大腦自動會躲開，不想「死亡」。

醫　生：看來，你的大腦還是挺知道好歹的，能夠躲開你不願意想的最可怕的事情。當你想到這些可怕的事情的時候，你一般會用什麼樣的辦法安慰你自己？〔治療者評論：把治療的方向擺放在如何去應對問題。〕

病　人：我經常跟自己說「實際上你並沒有接觸到」、「這樣的概率很低」、「我已經把手洗乾淨了，這紙片我也撕下來扔了」……

醫　生：看來你還真的是很有一套對付的辦法的啊。〔治療者評論：這樣的說法，是想鼓勵病人發揮腦子裡還是比較健全的「自我」的部分的功能，去適應地處理問題的。〕將來你是否還可以這樣來安慰自己：「雖然血液可能導致愛滋病，導致死亡，但這是我想出來的，只要是想出來的，就不是真的」，這樣就可以不再那麼害怕了。

病　人：（反駁醫生）那要首先看是否我真的碰著這些髒東西了。如果真的碰著了，就應該害怕，就應該躲開……（病人沉思一會兒後）我也經常自己想「這都是自己嚇唬自己的」，比如，在學校拿到試卷的時候，就要檢查看試卷上是否有紅色的斑點，是否有血液。

醫　生：即使有紅色的，即使是血液，怎樣才能傳到你身上，讓你得愛滋病呢？〔治療者評論：跟病人探討愛滋病的傳播途徑。〕

病　人：我太清楚愛滋病的傳播途徑了。當我的手破了的時候，我就特別怕我是否會碰上血液，走路的時候是否會踩上、蹭上血液。

醫　生：還有什麼途徑？

病　人：精液也可以傳播。社會上的一些小混混，他們會把精液扔進垃圾箱裡。〔治療者評論：看來病人對於垃圾箱，肯定還有更多的性幻想，暫時先放不談這些，等以後有機會的時候，再與病人討論「性幻想」的問題。〕我特別害怕垃圾箱裡那些像「膠水」（類似精液）一樣的東西。

醫　生：愛滋病還會通過什麼途徑傳到你身上呢？

病　人：唾液。對！我走路的時候，就怕旁邊有人吐痰，怕順風颳到我身上，濺到我口中。〔治療者評論：醫生猜測這裡邊也可能存在一些性幻想（跟接吻等有關？），但是，會談時間不夠了，只能留著以後在合適的時候再與病人討論了。〕

醫　生：你經常用這樣的方式來嚇唬你自己嗎？

病　人：這有「嚇唬」的成分，但也的確有可能。〔治療者評論：看來病人還是難以區分幻想與現實，既缺乏「自我與非我的區分能

力」，是「自我」功能不健全的表現。〕

醫　生：你能區分哪些是你自己想出來嚇唬自己的，哪些是現實中真的有危險的嗎？

病　人：我乘公車，隔著玻璃看到垃圾箱，我就害怕得愛滋病，這是我自己嚇唬自己的。而如果在馬路上行走時，看到別人流鼻血、擦血的衛生紙，我就會擔心傳染愛滋病，這可是真的有危險，這就不是嚇唬自己啦。〔治療者評論：看來，在醫生的啟發下，病人的現實檢驗能力可以得到一些建設，哪怕是只有一點兒的改善也好。是可以施行心理治療的適應性指證。〕

醫　生：如果是這樣的話，將來你會怎麼樣安慰你自己呢？

病　人：唉，能接受就接受吧，告訴自己「尊重現實吧」。我會故意告訴自己說「要尊重現實」，可是，大腦卻偏偏蹦出一些想法，可能是都成了習慣了吧，具有了慣性，我控制不住大腦想一些可怕的場面，想得跟真的似的，非常逼真，我就會害怕，真的，我的害怕也是真的。

醫　生：是啊，當你看到紅色或者垃圾箱的時候，觸景生情，你的大腦會自動地給你播放「恐怖片」，這恐怖片的內容、形象、情節都跟真的似的，非常逼真。這時，你的確會產生恐懼感。但是，無論「恐怖片」怎樣逼真，你都可以告訴自己：「這是恐怖片，讓它播放吧，不是真的，我倒要看看接下來會播放怎樣的更加恐怖的鏡頭。」

病　人：看到大腦內的「恐怖片」的時候〔治療者評論：病人已經開始學著使用「恐怖片」這樣的詞語和表達方式了，表示病人在開始向醫生認同〕，我還是不想讓它播放，想讓它停住，因為看這樣的「恐怖片」實在太難受了。

醫　生：現在看來，你的大腦裡的確裝了這樣的一些「鏡頭畫面」，它會自動隨時給你播放。

你的大腦有些像是電腦，其中有一個中央處理器（CPU），它一會兒給你播放「恐怖片」，一會兒再幫助你學習、思考、做作業。如果你不讓它播放「恐怖片」了，它就不工作了，你連學習也無法進行了。對吧？

病　人：……是吧。

醫　生：你先允許它播放「恐怖片」，同時你可以試著這樣來安慰自己「放吧放吧，不就是恐怖片嗎?! 恐怖片無論多麼逼真恐怖，都是假的」，這樣你的內心就會逐漸踏實下來。

怎麼樣？

病　人：我可以試試。大夫，下次什麼時候能再來？

醫　生：你去跟護士預約下次見面的時間吧。

病　人：好的，大夫，再見。

醫　生：再見。

〔治療者說明：出乎意外的，這個病人並沒有按預定的會診時間再來繼續會談而接受治療。〕

治療者的病情分析

發病經過與症狀的意義

此病人三年前發病的起因是：從小主要養育他的重要親人姥姥得「乙肝」（B 型肝炎）而催發病人開始出現強迫症狀：怕得乙肝，並反覆洗手等。這樣的起病過程，表明病人與姥姥的感情比較深厚，在感情上與姥姥分不開。病人怕自己得乙肝，跟姥姥「同病相連」。其含義是，如果姥姥得了乙肝去世了，我也會得乙肝去世，跟姥姥一起病了，一起死了，即使死也不離開姥姥。這是在「向喪失的對象認同」，病人明顯表現「分離焦慮」。

病人首先怕得乙肝，後來轉變成怕血（什麼時候，在怎樣的境況下轉變的，有待以後再詳細詢問，但可推測他得知乙型肝炎是可以經由血液而傳染的結果），最後怕「愛滋病」。「愛滋病」是「百分之百死亡率」的疾病。所以，病人「怕髒」，背後是「怕病」，最終是「怕死」。「死亡」的生理含義是呼吸心跳停止，其心理含義卻是「永遠地與親人分離」。所以，病人的強迫怕髒，

其深層含義是「怕與親人分離」，仍然是分離焦慮的表現。但是，病人說，雖然怕死，卻不怕交通事故等的死亡方式。這樣的問題，更說明病人跟姥姥的感情是深厚的，是因為他的重要親人姥姥會因為得乙肝而死，這對病人是一個喪失的心理創傷事件。所以，病人就只關注如何「得病而死」，卻不怕「因交通事故而死」。

關於「疾病」和「死亡」主題

病人六歲時曾經得了「腎病」，這麼小的年齡患了這樣的疾病，雖然好像當時並不能清楚地意識到「腎病」對他意味著什麼，但是，他父母為了給他治病而調動工作來北京，這可以讓病人似乎隱約地感受到他的「腎病」的嚴重性。這是在他姥姥得「乙肝」之前，病人更早年的、有關生病的心理創傷經歷，而且是與「疾病」和「死亡」主題有關。

關於「分離焦慮」與個體化

病人兩歲開始，就由姥姥帶養，那時他可能經歷過一次與父母，特別是母親的分離。後來，六歲時得了「腎病」，離開成長的環境，隨父母來到北京，雖然姥姥也一起來了，但是，病人肯定會失去他原來熟悉的成長環境，包括幼年的房間、玩具、戶外的一草一木、一起玩耍的小夥伴等。這些都是孩子幼年成長的重要客體。離開幼年成長環境，來到北京，就意味著他經歷了一次客體喪失，所以會在內心深處隱約地存在著「分離焦慮」，在這樣的心理背景下，或者說，在這樣的心理基礎上，後來姥姥查出乙肝，就成為催發病人憂患分離而引發的強迫症。

病人面對「疾病」和「死亡」，存在「分離焦慮」的同時，表現出「怕髒」、「反覆洗手」、「反覆回憶」的強迫症狀。這些症狀的潛意識情感基礎是分離焦慮，但是，病人對此採取了防禦，病人具體採取的防禦方式是「躲開」髒東西，反覆檢查是否碰到了髒東西，洗手，反覆回憶自己是否已經做得盡善盡美，以保證萬無一失。在對病人進行「自由聯想」練習中，病人的思維多集中在應對「髒東西」上，卻不去聯想到「死亡」，這是病人對創傷事件的一種

「隔離」措施。

由於病人的心情還不夠成熟，他與姥姥的感情難捨難分，所以，姥姥得什麼病，他就會擔心自己得什麼病。與姥姥的感情聯繫還沒有逐漸分開，所以，病人的自我尚處於不夠成熟和穩定的狀態，病人難以區分哪些是他自己想像出來嚇唬自己的，哪些是真實存在的危險，而寧願把想像出來的東西混同於或當作是現實存在的危險。這既是他的「自我」不成熟的表現，也是自我的一種防禦機制，因為這樣把「想像當作是現實」的時候，可以讓他的分離焦慮得到一個情感表達和宣洩的出口，儘管這樣的出口是透過「強迫症狀」來實現的。因此我們可以說，強迫症狀是具有心理含義的，它是潛意識癥結與自我壓抑妥協的產物。強迫症狀既顯示了病人意識層面理智的成分（比如病人也意識到強迫症狀影響了他的學習，讓他感到很累，他不想要這些強迫症狀），也表達了病人潛意識中對「疾病」和「死亡」的恐懼，表達了他深在內心的分離焦慮，表達了他想跟姥姥在一起生活的願望。

按照經典精神分析的理論觀點，強迫症多是「肛門期」的心理發展存在問題。在肛門期的階段，其心理特點是自我控制、自我壓抑，同時，追求完美，這是「自我」將逐漸成型而具有的功能的表現。而在馬勒（Mahler）的心理發展理論中，「肛門期」正好對應於馬勒提出的「分離—個體化階段」，兒童開始逐漸意識到自己與母親是兩個人，感到自己是弱小的，離開養育人是難以存活的，所以，病人就會在內心深處存在不安，會透過「盡善盡美」的追求來抵消或降低內心的不安全感。這些就構成了病人的個性特點。

關於神經症的各種病情解釋

關於神經症，可以說：沒有精神刺激因素（誘發），就沒有神經症——這個病人的誘發因素是姥姥查出來患有「乙肝」。

關於神經症，又可以說：沒有心理創傷，就沒有神經症——這個病人的心理創傷是他兩歲的時候，由原來的主要養育者（母親）分離，變為由姥姥照養；這是他早年曾經經歷過的分離、客體喪失創傷。

關於神經症，也可以說：沒有不良的個性做基礎，也不會有神經症——這

個病人的個性基礎就是處於肛門期，病人存在內心不安全感，對自我沒有信心，存在分離焦慮，採取了過度自我控制、追求盡善盡美、制訂過高目標的防禦方式。

關於神經症，我們還可以說：沒有心理衝突，就沒有神經症 ——這個病人的心理衝突是：面臨姥姥可能離去，病人不敢接受這樣的現實，病人無法直接用語言來表達對姥姥的依戀情感，對父母可能懷有某些憤怒或敵意，但是病人也不敢直接表現出來。對所有這些情感，病人都採取了壓抑，最終會變形為「怕得乙肝」，再被替代為「怕得愛滋病」這樣的強迫症狀，具體表現為他的主訴就是「怕髒」。

目前病人還處於高中二年級，學習壓力的增大，也是導致病人壓抑自己情感、使強迫症狀持續存在甚至加重的一個重要因素。病人為了能夠有更多的腦力和時間學習，而壓抑、排斥他的強迫症狀，這也會加重其心理衝突。但是，得病後，病人就可以不再去上學，不再面對學校的學習壓力，這使病人透過扮演「病人角色」而減輕了學習壓力，這構成病人的「續發獲益」。

病人十三歲起病，正處於青春期。在病人的症狀中，比如怕得愛滋病、擔心垃圾箱裡可能有「精液」、討厭像「膠水」那樣的東西等，這些都提示病人可能存在一些壓抑的性幻想，這也可能是導致病人內心衝突產生強迫症狀的另外一原因，有待今後進一步探討。

針對心理創傷，病人一般是採取「躲開」這樣的本能性的逃避方式，包括思維上的逃避和行為上的逃避。正如病人所說：「乙肝得在姥姥身上，卻怕在我心裡」、「遇到血液，第一個反應就是趕緊躲開，身體躲開了，可害怕的情感仍然存在，大腦仍然在思考著這些可怕的事情。」病人會採取壓抑的手段，讓自己不再回想起這些令人害怕的事情。雖然害怕的思維被壓抑，懼怕的情感卻仍然存在。這時候，恐懼的情感就會成為強迫症狀背後的情感基礎。

治療策略上的考慮與回顧

在治療過程中，醫生應該帶領病人回憶他幼年曾經經歷的創傷事件，探討並揭示症狀深層的潛意識情感，跟病人一起走進他原來逃開的那些恐怖事件。

經過這樣的過程，病人壓抑的情感就會得以宣洩和表達，潛意識情感就會上升到意識層面，病人可以意識到他多年來壓抑的情感，並可以用語言而不是用強迫症狀來表達。這時，病人還可以動用他的理智和個人意志自由地處理他的情感，而不是被強迫症狀牽著走，反覆回憶和檢查。

對強迫症狀的出現，我們形象地比喻是：大腦自動播放恐怖片，這是大腦的高級功能，我們只能接受和觀看，而不能壓制，因為如果大腦被壓抑不「播放恐怖片」的時候，學習任務也無法完成了。病人原來是把強迫症狀與學習是對立起來的，透過我們這樣的解釋，就會讓病人不再把兩者對立，而盡量採取協調、接納的態度，這具有減少內心衝突的作用。在治療過程中，我們可以看到，經過醫生的誘導，病人逐漸能夠試著接受醫生的觀點和看法。比如，病人也會使用「看恐怖片」這樣的表述方式。最後病人主動詢問下次什麼時候再來診，這表明治療關係有所建立和發展，病人能夠接受醫生的幫助，向醫生認同，可以內化醫生的觀點和態度，發揮「客體內化」或「人格重新整合」的治療作用。

應該說，這只是一次首次會談，只能是讓醫生對病人的大致狀況有一個粗略的了解，對他的症狀形成機制、人格特點等，要做出一個大概的評估和判斷，為今後正式開始精神分析治療做準備。對該病人的這些評估和診斷，將會隨著治療的深入而逐漸得到豐富和修正。儘管在談話過程中，醫生也會努力地、現實上給病人一些指導和幫助，但是，如果要讓病人真正領悟或修通、使人格得到完善、症狀消失，則需要一個長期的心理治療過程。心理治療過程的長短，不是治療師能夠把握和確定的，心理治療中的分析與解釋，也不是精神分析師強加給病人、揠苗助長的，而是尊重病人心理成長的自然過程，積極工作，耐心地等待，循序漸進地引導他走出疾病的陷阱，陪伴他心理發展，逐漸完善其人格。

因此，我們經常的體會是：治療師所能提供的是病人成長的外部條件，這如同是治療師開了一個百貨商店，裡邊擺滿了各種各樣的商品，治療師可以充當售貨員的角色，為顧客介紹各種商品的用途，但是，售貨員卻不能替顧客決定具體購買哪個商品，什麼時候購買。也許，這次顧客會購買這件商品，再過

一段時間之後，他會選擇購買另外一件商品。只有顧客自己知道他最需要什麼，並自主決定購買什麼。治療師又如同園丁，他儘管可以期待鮮花盛開，但是，他不能強行撥開每一個花蕾。他只有盡心地給它澆水、施肥，讓它感受到陽光雨露，並靜靜地等待某個激動人心的時刻到來：鮮花悄然綻放、盛開！

這次會談，醫生比較主動，得到了很多有用的臨床資料。醫生透過資料蒐集，對病人有了較深入的理解，特別是能夠理解他的「分離焦慮與強迫症狀之間的關係」。但是，在會談中，醫生卻沒有直接跟病人討論症狀背後的情感，沒有公開討論他與姥姥的感情問題，沒有直接討論當前他與爸爸媽媽的關係問題。這大概是這個病人沒有預約下次再來會談的原因吧。

病人是由他的媽媽陪伴前來就診的。雖然病人能夠主動跟醫生訴說病情，可是，病人似乎特別津津樂道於他的疾病症狀，而對於他的學習困難幾乎沒有多少熱情去做細緻的介紹和討論。在整個會談過程中，媽媽在診室外面等候，雖然媽媽沒有出現在會談現場，我估計，媽媽最關心的肯定是兒子的學習問題。她很想讓孩子趕緊治癒疾病，然後盡早去學校上學；所以，病人可能會反抗媽媽帶他來治病，也會變成對心理治療的反抗。這可能是病人沒有繼續前來會談的另外一個原因。這就意味著，心理治療師在首次會談當中，不僅要注意蒐集資料，理解病人的心理機制，更要注意跟病人建立治療關係，與病人討論他最關心的最現實的問題。

在治療會談結束的時候，治療師最好能夠向病人介紹一下心理治療是如何進行的，大致需要多少時間，需要病人有哪些心理準備等。這樣會更加有利於病人下次主動願意接受心理治療的會談。

第二節　全程操作上的討論

病人主訴問題與病情的了解

此年輕男性病人在青春發育階段，當自小養育自己的姥姥股骨發生壞死，要做手術，在醫院（偶然）查出她感染了「乙型肝炎」，而在這個情況下，病

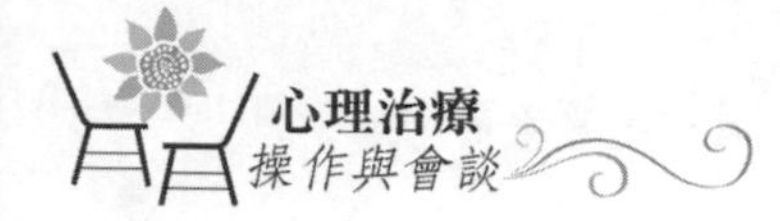

人就開始害怕自己會得肝炎，接著就怕髒、怕碰到血液而會被傳染肝炎，然後就進展成為害怕得到愛滋病，如此經歷三年的期間。就如治療者已經分析：當養育自己而長期有特別密切感情的養育者（姥姥）發生（生命危險而可能去世的）問題時，容易觸發早期的喪失創傷，搖動病人的安全感，而就（發揮）自己的（肛門）性格特點，採取過分慎重與防備的心理與強迫性行為來保護自己；同時表現跟喪失者（姥姥）認同的心理機制。

一般來說，強迫症的發生，可能跟生物性病因有關；可是從心理的層次也可以某種程度地了解其病情的動態。特別是可以運用動態心理來了解，即：強烈的「超我」的要求、期待與控制下，讓不夠強壯的「自我」去應對「原我」的本能與慾望，而發生不安，而「自我」也就採取過分謹慎的方式來應付，處理所面對的壓力。壓力的內容與來源，可能是：（與口慾期有關的）對喪失的恐懼、（與肛門期有關的）對慾望的無法處理與應對（特別是無法接受的攻擊衝動），或者是（與性蕾期有關的）衝突性的性的慾望或矛盾性的情結。換句話說，可源於口慾期、肛門期、性蕾期的各個不同階段的問題。

因此，對此病人來說，除了對（口慾期）「喪失」的壓力以外，也得考慮對（性蕾期）「性慾望」處理的矛盾性問題。因為病人的強迫性症狀裡，不僅牽涉到「病死」的恐懼，後來還包含「性病」感染的操心。因此，我們要考慮的，不僅是病人跟姥姥在感情上如何親近的問題，還得去推想與探聽在（幼年階段）長年被姥姥養育過程裡，跟姥姥的體膚親近接觸問題（譬如：是否跟姥姥同床而睡？被姥姥擁抱？被親？）。特別是整個病情史裡，沒有提到爺爺的存在，沒有男性對象可影響且認同之下，病人的心性發展到底如何，需要考慮。特別是在青春期以後的男孩子擔心精液、血液傳染的愛滋病，都是牽涉到性的感染問題，也是對性慾望無法適當處理所表現的情況。

因此，此病人所患的心理問題是雙重性的，即：對喪失（生病與死亡）的恐懼；以及，對性慾望的處理、表現與懼怕。還有，除了基本的強迫性性格問題以外，在心理發展上（只有親近的女性養育者）缺乏可模仿與認同的男性對象，是個關鍵性的問題；導致自信心的缺乏，並且附帶性地對心性發展有顯著的問題（無法接受性的慾望，只有恐懼）。

治療個案的選擇與適合性

病人年紀輕，聰明，有明顯的心理症狀與問題，有求治的慾望，都是基本的條件，適合施予心理治療。雖然病人患著嚴重的強迫症狀而受困，但就如治療者所評論的：「看來，在醫生的啟發下，病人的（自我）現實檢驗能力還可以得到一些發揮」，是可以施行心理治療的適應性指證。可是從臨床經驗，我們得知，單靠心理治療來企圖治療強迫症是比較困難的，需要依靠醫藥治療，而以補佐性地進行心理輔導。

治療者與病人關係上的建立

病人很快能跟治療者建立良好的關係，並且能跟治療者模仿，模仿治療者所使用的詞句，如：「恐怖片」等，是正性的表現。

會談的進行與技術

治療者比較傾向於理智性、道理性的追究，求認知性的治療效果，而少注重情感上的探討與支持。一般來說，患強迫型性格問題或強迫症的病人，本質上已經過分注重理智化的思考與推論，而克制著不表露內心的情感。因此，在治療上，治療者的「治療性」功用就在適其相反的，多注意情感的層次，來彌補與平衡患者的特點。對此病人，在頭次會談裡，就可以幫助病人去回顧並敘述養育自己的姥姥當時生病要開刀（而又發現患肝炎）時的情景，及病人的心情反應。處理其恐懼疾病與害怕喪失的「心情」，進行心情上的彌補與更改。

對於愛滋病的問題，治療者也比較注重認知性的層次，企圖策探患者對愛滋病的了解「知識」，而少去處理病人「害怕」得到會死的疾病的「心情」。針對心情而提供關心，供給安撫，幫助放心，鬆懈緊張，都是病人所需的；特別是面對許多操心的年輕病人，更需要情感上的支援。鼓勵病人保持適當的對性的興趣，也是會有幫助的。

為了探討原本思考精神材料，治療者嘗試「聯想」的分析技術，可說是過早些。一來是頭次的會談；二來是年輕的病人，通常不太會習慣於這樣的特殊性操作；三來是強迫性的患者（擔心會透露內心裡的隱蔽性思考資料與情感），只會進行理智性的思考與聯想，而少會經由聯想而透露內心的情感。因此，對此年輕而患強迫傾向的病人，在此階段嘗試「自由聯想」的收穫不會很大。

治療者嘗試使用：播放「恐怖片」的觀念與用具，企圖使用具體性的方式來談論心理上操作上的問題，對認知功能並非完全發展的青少年對象使用起來，有其適用性的效果（可是，對情感的處理較少有作用）。

治療者事後回想：（在頭次的會談裡）宜多注重培養病人需要繼續接受輔導的動機，是很對的。而且，雖然病人要求單獨跟治療者會談，不准許母親參加會談，但會談後，最好跟母親暫短會談一下，不僅得到母親的資料，還可以探討母親所關心的，並且可以向母親建議，要鼓勵病人繼續來接受治療。畢竟，對十六歲的年輕人，家長還是很有作用的影響人物（不僅負責醫藥費，也是病人家裡的支持者的關係）。

治療操作上的策略與進行

治療者要針對病人的（強迫性）認知、性格、病情的特點（即過分注重理智、道理、邏輯的趨向）而提供相反的，注重感覺、心情、情感的會談；並且扮演：保持輕鬆、隨便態度的角色，來對抗與緩和其過分謹慎、要完美的作風。即：刻意提供「治療性」的醫患關係，來幫助病人。同時，讓病人能向治療者模仿學習，補充所缺少的可認同的男性對象，可說是最基本的治療操作。如何幫助病人建立比較強壯的自我，有自信的人格，可操縱自己慾望的人，是基本的治療目標。

具體來說，要注重從情感的層次輔導，不宜過分注重理智與邏輯性的討論與解釋。要彌補缺少的層次與成分，不要重複（並加強與惡化）其過分講道理與理智的非適應性趨勢。

特殊問題的處理

要考慮探討目前的母子關係，特別是處於青春期以後的青少年如何跟母親

相處的關係問題；也要探討如何跟自己父親相處的情況，是否能向自己父親模仿與認同的問題。也要逐漸討論病人青春發育後，如何處理性慾望的情況，包括對性的看法，跟異性來往接觸的情形等。

輔導的結果與結束

要根據近年來的醫學知識，去考慮強迫症的生物性病因，以及藥物治療的效用，而嘗試在治療中提供藥物。同時提供補助性的心理輔導，著重於情感上的支持與性格上的成熟，或許可以得到若干程度的療效。一般說來，依靠心理治療來輔導強迫症是相當困難的，只有患輕微強迫症的患者或許還有點效果。了解症狀的意義及動態性的病理是一回事，要實際幫助病人化解其強迫狀態是另外一回事，並不容易。

第19章

兒童與青少年心理問題的治療操作

當兒童與青少年遭遇心理問題時，其輔導的方式跟輔導成人有基本上的不同。首先，要從心理發展的角度來了解兒童與青少年的心理。要能以兒童或青少年的水準跟他們溝通聯繫，並且要跟影響他們心理與生活有顯著影響的父母進行輔導工作，透過父母來協助兒童與青少年。因此，如何進行兒童與青少年的輔導以外，如何施予家庭治療，也是很重要的工作。讓我們就下面的例子，來說明輔導兒童與青少年的要領，以及施予家庭治療的原則與方法。

案例一　在班上往同學水杯中撒尿的男孩。（林紅）

第一節　個案報告與治療經過

個案報告

小千是十三歲的男孩，國中二年級學生（是小學五年、國中四年學制的學校）。爸爸和媽媽分別帶來看醫師。因為小千在學校裡往同學的水杯中倒尿，被學校停課，老師要求來看心理醫生。

據父母所說，小千因為有心臟的毛病（心肌早搏），經學校批准，平常免上體育課。可是有一次在同學們都在上體育課時，他一個人在教室裡，卻往八、九個同學的水杯中撒尿。後來自己的尿不夠了，又去廁所弄了一些尿。主要針對一些平時常欺負他，他怨恨的同學。為了掩人耳目，避免被人發現是自己所為，對於一些平時沒有欺負過他的女同學也撒了尿。

事情剛惹出來時，小千堅決不承認是自己幹的，直到後來老師（嚇著）說要採用高科技手段「驗尿」，驗出是誰的尿之後，就要交給員警機關嚴肅處理。小千才害怕了，不得已承認是自己所為。但是小千百思不得其解，「為什麼我設計得如此周全還是被人發現了？」有好幾次小千在治療者面前苦苦思索這個問題，他的僥倖心理一覽無遺。

事情發生後，小千很愧疚，也很自責，他認識到自己的出發點是錯誤的，特別是一些沒有欺負過自己的女同學也喝了尿，他覺得自己沒有同情心，說是自己一時衝動的結果，付出的代價大，但得到的卻沒有多少。儘管認為自己是衝動行為，是不對的，但是做就做了，他並不後悔。

回顧整個事情的經過，小千覺得自己做得不好，感到自責，說自己給家長惹來了一些麻煩。小千向家長表達了這種心情，告訴媽媽，「做這種事不對，給家裡添麻煩了」，媽媽讓小千用正確的心情去面對。在整個過程中，媽媽一直在為他所做的事情而奔波處理，小千說他的心裡感激媽媽為自己做了那麼多，但卻一直沒有說過，因為不知該怎麼開口。他心裡也感激爸爸，覺得挺虧欠爸爸的，讓爸爸沒面子，但沒有表達過，也不想表達。

成長經過與父母的關係

小千從小體弱多病，發高燒，也抽搐過幾次。三歲時做腦電圖，沒有發現癲癇波，只發現腦波慢。在幼稚園時，老師反映自我約束力差，不好管，容易興奮，怕擔責任。媽媽認為小千小時候挺懂事的，也有同情心，知道孝敬姥姥和奶奶，到五年級時，也能夠積極參加班級活動。媽媽說，最大的轉變發生在國中一年級。

上國中一年級後，小千開始比較嚴重地受同學欺負。起因是開學後不久，

小千因偷拿同學的光碟，被班上的壞同學發現了，並長期以此要脅他。這些壞同學在教室裡偷東西，威脅小千在門口把風，為這些同學在班裡行竊做掩護。結果，他們的行為還是被別人發現了，小千也因此落得了個「同謀」的罪名，被學校處分。所以，小千因為「有三隻手（弱點）在同學手裡」，一直挨同學欺負也不敢反抗。班裡有五、六個男生經常欺負他，無中生有地找事兒。上課傳紙條讓他看，如果小千看了，就說他偷看別人東西；如果小千不看，就說他不聽話。不管他看還是不看，結果都是挨一頓揍，用拳頭朝小千肚子打。小千去求助老師，老師只是說：「行了，知道了。」小千害怕欺負他的同學，又無可奈何，有一段時間甚至不敢去上學。

小千在班上沒有好朋友，他不愛與人交往。他說有值得自己欣賞的同學，但他不想變成朋友。害怕欺負自己的同學，甚至為此不敢去上學。身體方面，他的心臟有問題，出現心律過速和早搏等症狀。有同學叫他的外號，小千認為是在嘲笑他。他長期壓抑著自己，仇恨欺負和嘲笑自己的同學，想報復他們。

媽媽說小千非常敏感多疑，總覺得別人在嘲笑自己。因為「心臟問題」住院期間，小千覺得病友嘲笑他剛好正在做的牙齒矯正。但媽媽認為人家並沒有嘲笑他，是小千自己覺得外觀不好看，過於敏感。小千自己也說，往往是他先諷刺別人。所以，當別人說一些話，或者做一些事時，小千就會容易起疑心，而且反覆想對方是不是也在嘲笑自己？

父親認為小千「從小有主意，不受管束」。爸爸看不慣小千，說他又不服氣，從小父親打他比較多。小千的性格與父親完全不同。爸爸看起來性格豪爽，說話聲音很大，說自己朋友很多，不理解為什麼自己的孩子一點也不像爸爸，一個朋友也沒有。爸爸經常邀請很多朋友來家裡，家裡經常高朋滿座。而小千對爸爸的朋友不僅不歡迎，還表現出反感，對他們不理不睬。爸爸奇怪的是，不僅對朋友，小千對家裡的親戚也沒有一點感情，表現得非常冷漠。小千的姥姥一直和他們一起住，所以，姨媽和表弟經常來。為此小千經常抱怨，嫌他們來的次數多，爸爸和媽媽責備小千沒有人情味兒。

有一次，小千的姨媽來他家，臨走時找不到自行車鑰匙，姨媽清楚地記得她把鑰匙放在包裡，卻無論如何也找不到。爸爸和媽媽推想是小千拿的，但是，無論好說歹說，軟硬兼施，小千就是不承認是他拿的。最後，沒辦法，只好不了了之。後來，因為做其他「壞事」被發現，小千承認那次姨媽的自行車鑰匙確實是他拿的，他扔到亂草叢中了，目的是報復姨媽，讓她永遠找不到，不要再來家裡。

小千的媽媽瘦瘦的、文文靜靜的樣子。媽媽苦惱地說，小千出事後，媽媽覺得抬不起頭來，因為媽媽就在小千就讀學校的事務處工作。一年多來，小千接二連三惹事，媽媽感覺壓力太大了，有點難以承受。但是，又不敢過多指責小千，怕他承受不住。媽媽說，其實她自己也需要心理醫生的幫助。

小千的爸爸和媽媽對兒子冷漠的行為很不理解，也感到非常寒心，對兒子的未來表示深切的憂慮。

治療經過

在事情發生一週內，小千在爸爸的陪同下第一次來就診。小千高高的個子，白白淨淨的，習慣低著頭，與治療者很少有眼神的接觸。他幾乎沒有多少面部表情，講述起他自己跌宕起伏的故事，彷彿在述說一件與他毫不相關的事情一樣平靜。介紹了事情的經過後，他表示有勇氣面對現實，還想回到原來的學校和原來的班級。他準備第二週去學校當著全班同學的面檢討，表示悔過。聽媽媽說，老師反映同學反響很大，不依不饒，他也有點擔心。

一週後，小千在媽媽的陪同下第二次來就診。他表示回到班裡感到特別壓抑，認為回不去原來的班裡了。因為受害的十二個孩子都不想看見他，說看見他就想起喝尿的感覺。小千也決定不再回原來的班，考慮換一所新的學校。媽媽說，小千在大是大非面前態度不明朗，做了如此惡劣的事情，自己還是認識不到。

小千低著頭，在治療者面前追問了好幾次，「為什麼我設計得如此周全還是被人發現了？」當治療者回答：「只要做了，就不可能不會被發現，總有一天會被發現，不做不該做的事情才是最穩妥的辦法」時，小千明顯表現出不認同治療者的話，他堅持有很多時候做了事情卻不會被人發現。治療者要他說有哪些事情時，他回答：「不說心裡話，這是我的習慣。」小千小小的年紀，但

是他認知的扭曲和固執程度令治療者吃驚。

一週後，小千和爸爸第三次來到診室。家裡正在給小千聯繫轉學的事情，但是還沒有辦好手續。爸爸擔心小千在新的學校還是和同學處不好關係，希望治療者在這方面引導和幫助小千。

由於治療者體會到小千缺乏「換位思考」替人著想的認知能力，治療者和小千一起做「空椅子」的遊戲。治療者和小千討論遇到困難應該如何尋求幫助。但是，小千堅持說：「當我有困難時，都不會找別人幫忙。我希望別人幫助我，但我不希望依靠別人的力量。向別人求助，感覺自己變成投降了，變得不如人家厲害了。比如做題，有不會的，寧可自己硬想，也不願求助別人，問自己，『為什麼別人做得出來，我卻做不出？可能我沒有盡全力。』假如考試六道題中即使有四道不會，也自己努力去想。瞧不起抄別人作業，靠別人力量的人。如果被人幫助了，心裡挺感激，但不會說出來，因為我不希望別人幫助。我就是不愛和別人交往，就是不願意！交往多了沒好處，交那麼多朋友有什麼好處？我不希望借助別人的力量！」

治療者問：「如果同學遇到了困難，你幫助他嗎？」對於這個問題，小千的回答是斬釘截鐵的：「我不幫助！如果幫助，他會認為多管閒事。我就是這樣想的，看他好欺負，我也會去欺負。」

一週後，第四次會談。爸爸說已經給小千找到新學校了，下週就要去上學了。為回到學校做準備，治療者引導小千思考，如果有同學欺負你，怎麼辦？小千回答：「沒什麼，習慣了。我想辦法報復他。」是否希望有人幫助？小千回答：「他愛幫不幫，是他的事！」談到在新的學校要如何與同學相處，小千說：「我說事，他們要是不愛聽，我就特煩，我就揍他。反正我的短兒也不在他手裡！有不高興他們應該說出來，而不應該滿臉不高興。我不習慣一直專注地聽一件事，煩！我不能露出我的弱點：去害怕別人。總之不能害怕，一旦懦弱，看出你的弱點就沒法辦了，先要壯大自己。交那麼多朋友有什麼用？新班肯定有人不服自己，先打一個人來壯大自己。老實人就該挨欺負嗎？因為我（性格）老實、懦弱，所以就挨欺負。我只要看別人一眼，別人就煩我！到新學校就不能老實、懦弱，就要上拳頭，就不能讓他們打我！我要是不還手，他們肯定欺負我。我失去了那麼多，所以到新學校我要得到！」

小千近乎瘋狂的報復心令治療者不寒而慄，他對治療者的引導無動於衷，治療者感覺到治療的難度。治療者告訴爸爸，小千在認識問題和處理問題上存在非常多要改變的方面，需要比較長時間的治療。爸爸表示，上學之後實在沒有時間再來了，而且他們離這裡非常遠，只好假期再聯繫。

三個多月之後，小千的媽媽主動預約要求來會談。媽媽說小千不願來，她自己感覺都要支撐不住了，希望治療者幫幫她。媽媽說，小千從小身體不好，高燒抽搐，腦波慢，牙齒畸形，心臟不好。媽媽為他操碎了心，整天往醫院跑。尤其這一年多，小千來到自己工作的學校上學，他不是因為和同學一起偷東西被處分了，就是和同學打架了，班級導師經常找媽媽，媽媽覺得很沒有面子。特別是這次「倒尿」的事情發生後，媽媽覺得無顏面對同事，自己都想轉走了。好在主管和同事們都很體諒自己，給予了很多關照，媽媽很感謝。也是為了避免對自己更大的影響，媽媽決定給小千聯繫到新的學校。

出事之後一個多月，小千去了新學校。班導對他很照顧，小千開始表現還不錯，他自己也很高興。然而，兩週之後，老師找到家長，反映小千完不成作業，上課老低著頭。在一個同學的記事本上寫了許多這個同學的壞話，同學向老師告狀。根據他的筆跡能夠確認是他寫的，但是，小千堅決不肯承認。後來，沒有辦法承認是他寫的，老師要求他用修正帶塗掉他寫的字，塗了之後，他又在本子的背面寫了罵老師的話，被同學發現，告訴老師，老師才找了家長。媽媽感覺非常無奈，認為小千無可救藥了。媽媽很為難，小千的學籍不在這個學校，只是在這裡借讀。這樣接二連三地出事兒，挺被動的，媽媽擔心學校不允許小千繼續在這裡借讀。媽媽表示，希望能接受治療者連續一段時間的幫助。然而，一週後，媽媽打來電話，無奈地說小千因為心臟的問題又住院了，所以，她沒有時間再來會談了。

第二節　全程操作上的討論

治療個案的選擇與適合性

為了檢討本個案是否適合心理治療，或者說，接受心理治療以後，是否可以獲益於心理治療，可就幾個要點來討論與分析如下：

問題的本身性質是屬於「惡性的行為問題」：很明顯的，本個案的主要問題是行為問題。不但是行為問題，從孩子的程度來說，其性質是屬於比較惡性的行為問題。根據患兒自己的描述：是有思考性且計謀性地「往同學的水杯中倒尿」，因此被發現後，被學校停課，而並不如孩子本身所說的；是一時受了氣而衝動性採取的反應性行為。特別為了「掩人耳目，避免被人發現是自己所為，對於一些平時沒有欺負過他的女同學也撒了尿」，表示其行為問題超出孩子的「惡作劇」的程度（從成人的角度來說，是事先有意圖而犯的過錯）。從心理的立場來說，最重要的是：事情剛惹出來時，「堅決不承認是自己幹的」，要等到被老師威脅要科學性的驗尿，才「害怕了，不得已承認」，而且心裡還是想：「為什麼我設計得如此周全還是被人發現了？」一點都沒有後悔之心，表現「超我」的功能不健全。

問題早期就有，是長期性的問題：在幼稚園時，老師已經反映：「自我約束力差，不好管，容易興奮，怕擔責任。」姨媽來他家時，姨媽「臨走時找不到自行車鑰匙」。雖然父母懷疑是患兒幹的，但不承認。後來，是因為做其他「壞事」被發現，他才承認「姨媽的自行車鑰匙確實是他拿的，他扔到亂草叢中了，目的是報復姨媽，讓她永遠找不到，不要再來家裡」。從小就表現並重複其行為問題，並非這次在學校遭遇特別的創傷而反應性地發生的行為問題。

是（反社會）性格障礙性質的問題：對於自己所犯的行為問題，沒有感情上的後悔感。剛開始與治療者見面時，「很少有眼神的接觸；幾乎沒有多少面部表情，講述起他自己跌宕起伏的故事，彷彿在述說一件與他毫不相關的事情一樣平靜」，表現沒有後悔情感的存在。雖然經由治療者提出做了壞事，總會被發現，還表現不同意治療者的話，「堅持有很多時候做了事情卻不會被人發現」，缺乏錯誤感。而且在談話中，讓治療者體會缺乏「換位思考」的認知上能力；不但缺乏同感心，也缺少同情心。對於治療者的提問：「如果同學遇到了困難，你幫助他嗎？」對於這個問題的回答是斬釘截鐵地說：「我不幫助！如果幫助，他會認為多管閒事。我就是這樣想的，看他好欺負，我也會去欺負。」這些缺乏錯誤感、後悔感、沒有同感心與同情心，都是成人患「反社會性格障礙」的特徵，表示將來長大，到了成人後，會表現並形成反社會性格障礙的可能性大，對普通的會談性心理輔導反應不佳。

雖然改了學校，換了環境，舊問題仍發生：家長想辦法給他換了學校，但到了新的學校，不到兩週，老師已經找家長反映：「不做作業，還在同學的記事本上寫了許多同學的壞話，讓同學向老師告狀。」但是，照舊仍是堅決不肯承認。表示更改外在環境，對他毫無幫助。

求輔導的原本動機不堅決：是患兒發生了行為問題，被學校停課，老師要求來看心理醫生才被家長帶來的。雖然患兒早就有其行為問題的傾向，父母從沒很注意，及早來接受輔導的意思，是被迫才來求醫的，動機不是發自於患兒或父母本身的心理需要。

以上這些因素都指向：本個案的治療性程度比較不高。可是既然家長帶來門診就診，只好嘗試提供輔導，但治療者要明白，輔導的效果不會理想的。

主要問題的了解

根據父母所提供有關患兒的過去史，我們得知：「從小體弱多病，發高燒，也抽搐過幾次。」早在三歲時（醫師就吩咐）做腦電圖，雖然沒有發現癲癇波，只發現腦波慢，但就病情，需要考慮從小患過器質性腦症的可能性，精神功能有缺欠。譬如，缺乏通常對人情感的表現，就如父親所觀察到的，「對家裡的親戚也一點沒有感情，表現得非常冷漠」（跟治療者也是一樣，建立不起相互的感情）。不習慣靠言語來處理問題，只會動手或採取行動，來處理外界與人相處的問題。

除了這些生物性的、器質性的、神經系統性的背景因素以外，也有心理方

面的因素可考慮。因為從小就「體弱多病」，包括心臟的毛病，因此在軀體上跟別的孩子比較，就處於劣勢，對自己沒有足夠的信心。結果，心理上變得「非常敏感多疑，總覺得別人在嘲笑自己」。為了處理與防禦其劣勢，就反過來，往往是他先諷刺別人，欺負別人。就如他自己所說的：「我不能露出我的弱點：去害怕別人。總之不能害怕，一旦懦弱，看出你的弱點就沒法辦了，先要壯大自己」，產生彌補性的攻擊性行為。缺乏以言語或人際關係上的調整來處理問題，而只會靠「對外塑造適應」（alloplastic adaptation）來應付問題。即採取行動，而且是問題行為性質的行動。譬如：不喜歡姨媽來他家，不會跟父母訴苦或要求不要姨媽來，而把「姨媽的自行車鑰匙偷拿，還扔到亂草叢中去，目的是報復姨媽，讓她永遠找不到，不要再來家裡」。

關於他在孩童階段就已經表現的行為問題，可能是軀體問題（即心臟病），母親一直「不敢過多指責，怕他承受不住」，缺乏管訓的習慣，缺乏超我的養成。

而這次在國中一年級主要問題的發生，是由於他曾經在班上偷拿同學的光碟，被班裡的壞同學發現了，「有短兒在同學手裡」，以此被同學要脅他，嚴重地挨同學欺負，而一直挨同學欺負也不敢反抗。由於他不會跟自己的父母商討如何處理這個問題（父母也沒關心孩子在學校發生的情況），老師也沒很幫忙似的，因此，他就採取暗地裡報復的行為，給那些同學的水杯裡撒尿。是「消極—攻擊性」的行為表現，並沒得到合適的效果，只得到反效果，自己被處罰，被學校停課！

治療者與病人關係上的建立

心理治療的施行，治療者跟病人之間要能建立良好的關係，是很重要的。病人願意跟治療者接近，學習與認同；而治療者對病人會關心，能以同感心去體會其問題，並想辦法輔助病人。可是針對本個案，情況並不如此。根據治療者內心的反映與表示：「患兒近乎瘋狂的報復心，令治療者不寒而慄，而且讓治療者感到患兒對治療者的引導無動於衷，使治療者感覺到治療的難度。」這是很關鍵性的問題，表示此病人缺乏能力跟別人建立情感，包括治療者，而讓治療者感到與病人有個情感上的距離。

會談上的進行與技術

關於治療者跟此病人的會談進行情況，我們只有一小段的資料，即第二次會談的一段記錄。即：

小千低著頭，在治療者面前追問了好幾次，「為什麼我設計得如此周全還是被人發現了？」當治療者回答：「只要做了，就不可能不會被發現，總有一天會被發現，不做不該做的事情才是最穩妥的辦法」時，小千明顯表現出不認同治療者的話，他堅持有很多時候做了事情卻不會被人發現。治療者要他說有哪些事情時，他回答：「不說心裡話，這是我的習慣。」小千小小的年紀，但是他認知的扭曲和固執程度令治療者吃驚。

根據這段資料，我們可以了解到：治療者企圖幫助患兒能體會事情的「是非」，輔導「超我」功能的發展，是經由理性的輔導。可是患兒並不跟治療者接上鉤，保持不同的軌道，堅持自己的想法，沒有企圖了解治療者想對他提供的意見。而且把自己的內心思考封閉，不願意讓治療者探討與溝通，表現會談的進行有困難。

一來，我們可推想是時間還不夠長，無法建立良好的關係；二來，此患兒過去跟自己的父母的關係裡，缺少有理性談話的習慣；三來，表示此患兒不適合就理性而輔導，要改變別的方式，採用行為式的會談與輔導，幫助有反社會性格障礙傾向的孩子。

治療操作上的策略與進行

治療者很快體會到此患兒缺乏「換位思考」的認知上能力，就提議做「空椅子」的遊戲，進行行為治療的模式，討論遇到困難應該如何尋求幫助。理論上來說，這是很對的嘗試。幫助他從行為的層次去學習如何採用比較適當的方法與途徑，來取得別人的幫助，免得自己採取不良的行動反應。可是問題卻發生在患兒在觀念與態度上，根本不想考慮如何接受他人的幫忙。他堅持說：「當我有困難時，都不會找別人幫忙。我希望別人幫助我，但我不希望依靠別人的

力量。向別人求助，感覺自己變成投降了，變得不如人家厲害了。」因此，通常對孩童提供的，透過遊戲的行為治療不見效。

剩下要考慮的策略是，如何幫助有「反社會性格障礙」傾向的患者。「反社會性格障礙」傾向的患者，一般來說，跟患「自愛性格障礙」的患者有幾個相同的特點，即：事情都是從他們自己的立場而思考，缺少對他人的同感心，不會體會別人。一切都是為自己的利益著想，不考慮什麼道德或理念性的道理。注重現實，喜歡有權力，佩服有權力者。因此，對他們的輔導模式要不同，策略也要不同。

具體來說，針對此患兒，治療者首先要跟他一起商討，如何幹了壞事，不會被人發現（不是去跟他講道理）。要站在他的立場，根據他感到所需要的，去幫助他，以同樣陣線與角色來共同思考，下次要如何去做壞事時，不讓別人發現。譬如：不要在同學都不在的時候，就去撒尿，他一個人留在班裡，一定首先會被發現的；要在同學的筆記本裡寫同學的壞話，老師可以查筆跡，容易會發現。總之，站在他的立場，幫助他去思考，如何報復同學最好。這並不是要真的幫助他幹壞事、變得更壞，而是跟患兒建立「同甘苦，共患難」的夥伴關係，並且顯出治療者的厲害，讓患兒佩服與聽從，進而合作。

因為患兒幹這些壞事情，都是為了受欺負，想報復，因此，一起研究，如何（「成功」地）報復以外，還要接著討論如何免得被欺負。患兒只知道自己要先動手，欺負他人，他人才不會欺負他。可是這樣的辦法，並沒有給他帶來好的結果。因此，跟他一起討論與研究，如何應付他人，不被他人欺負的事情。他不喜歡向人求救（表示他自己不行，還得依靠他人的幫忙），因此，跟他商討如何建立自己的力量，不動手打人，只威脅他人，以免除被欺負。自己練習打拳，自己運動，鍛鍊身體，都是比較有用的辦法。假如他願意嘗試，無形中也可以建立他的信心，並且減除自卑的心理。

可以跟患兒談他自己軀體上的毛病，即心臟病的問題，如何適應自己軀體有缺陷的問題。可以告訴他，許多偉人身體有毛病，但是還可以變成為偉人，希望他也能變成偉人，滿足自己對自己的期望，而不要自卑。

至於，是否要輔導母親對患兒要增加管訓的事情，是最後的課題。目前所缺少的，是對患兒的獎勵制度的不存在，沒有經過正性條件化來鼓勵他的行為上的改善。跟家長討論如何提供獎勵辦法，是可以馬上實行的事情。

話雖如此，此個案的治療有現實上的困難。他們住在遠地，只能偶爾來一次門診，接受輔導，其效力很低。況且，最後的情況是：患兒因心臟的問題又住院了，無法來接受輔導。

對此個案來說，假如客觀條件允許的話，比較理想的方法之一，就是考慮住院幾個月，在拘束性的環境裡，接受行為性的治療，再加上群體輔導，看看結果如何。

特殊問題的處理

從「轉移關係」與「反轉移關係」的角度來說，治療者本身看到這樣喜歡幹壞事的孩子，很容易站在權威者的立場，無形中就講道理、說是非，而病人就如對待威脅要處罰他的老師或看不慣他的父親似的，保持距離。因此，保持「老大哥」的身分來幫助他免得被人欺負，做些不被發覺的報復行為，才會得到此患兒的心服與認同，才能建立起治療性關係。

輔導的結果與結束

很明顯的，我們可以預料這是治療效果不高的個案，困難重重，預後不佳，治療者一開始就要有個心理上準備，否則就會自己感到失望。一週後，媽媽打來電話，無奈地說小千因為心臟的問題又住院了，所以，她沒有時間再來會談，表示此個案的輔導有其困難。

使用暴力，打傷同學的國一男生。（陳一心）

第一節　個案報告與治療經過

個案介紹

成才今年十二歲，國一學生， 因幾次使用暴力，打同學，甚至使同學受傷，如此半年餘，學校疑其精神有問題，請家長帶來門診就診治療。由於成才母親這些天剛好身體不好，成才又不願跟父親來，所以第一次就由姨媽帶來門診。

據姨媽報告：成才是獨生子，家住農村，從小讀書聰明，成績優秀，但因貪玩，常遭父親打罵。父親生性很凶，對待成才很嚴，也常嚴重體罰。父親只要回家沒看見兒子在家（兒子在外面玩），或看見兒子在看電視，不管兒子是否完成作業，就會罵兒子：「你只曉得玩，一點也不用功，我白養你了，滾吧，別回來」；「你作業做完了，不會自己找點題目複習嗎？你豬頭啊，一點也不懂事。」甚至叫孩子「去死吧！」如果兒子回嘴（反駁）即會挨父親打耳光，或皮帶抽屁股，甚至關在堆放柴禾的黑屋裡。每次考試，要求門門功課考一百分，少一分則要忍受父親用竹子打手心一下（只打左手不打右手），態度不好則要跪搓衣板上反省，直到誠服為止。哪知，小學五年級後，門門課考一百分的可能性就小了，因此幾乎考一次試，挨一次打。成才恨父親，幾乎不與父親說話，也不在一起吃飯，有事透過母親跟父親說。

在這樣的環境裡長大，遭遇這樣父親火烈處罰的對待，結果無形中，成才在學校聽不得別人大聲與他講話或與他瞪眼睛；一遇這情景，就像鞭炮點火，準炸（即：脾氣爆發或出手打人）。看到有人被欺負，就馬上動手替人打抱不平。由於多數情況，他是替受欺侮的同學打抱不平，而且他的成績優秀，平時班級清潔打掃等工作也積極主動，所以在小學的階段，老師總是比較偏愛他，很少批評他。

等到成才考上縣城重點中學後，成才向母親要求住校，理由能節省時間多看點書（實質是逃離父親）。母親轉告父親，父親總算還是答應。儘管家中很窮，父親替別人家幹農活，多掙錢，好繳交兒子住校的食宿費。成才升中學後，他仍然保持過去好管閒事、好打抱不平的習慣。比如：要張三保持宿舍整潔；要李四上課不講話；警告王五不能欺負女同學等等。如果同學不服氣，他就動手打人，且出手狠，好事變成壞事。開始老師只是對他批評教育，要他以理服人，不能在學校打架。他一方面後悔不該打人，另一方面認為人不講理，就該挨打。後來，他再打同學時，就會有幾個同學們一起還手打他一個人；他打不過，就找磚頭、拖把打人。結果，兩次將同學頭打傷。他每次打架時，都大喊大叫，好像胸中充滿仇恨，一副不要命的樣子，拉都拉不住。老師覺其行為反應過度，學校心理輔導老師與他談過沒用，找過家長也不解決問題，所以就要求到醫院就診。如證明精神沒問題，則將處分他；如精神有問題，則令其休學治病，病好後才能繼續上學。

由於姨媽家與成才家在一個村上，兩家很親密。姨媽對成才的事，從小都很熟悉。姨媽認為：成才的母親在懷孕期沒什麼問題。成才的出生史沒特殊異常：說話、走路發育過程正常，也沒生過什麼大病。除比較固執像父親外，平時在村上屬於聽話、懂事一類的孩子。儘管家中沒人要他幹活，但他學習之餘，會幫助母親做飯。他腦子聰明，學習不費力，但說話太直，且得理不讓人，所以容易得罪人。上了國中，父親管他就會跟父親吵，打他就跑，週末也不回家。姨媽認為父親是很愛兒子的，一心想要兒子考上好的大學，好走出農村，實現他自己的夢想。父親對兒子的家教很嚴，比如：要服從長輩，尊重老人；坐要有坐相，站要有站相；吃飯喝湯不能出聲；要樂於助人，對人有禮貌，心地善良，是非分明等等。

過去在（中國大陸）六〇年代，成才的爺爺被打成右派，帶著全家下放來到成才母親家所在的村上。在七〇年代，成才父親二次高考，都沒有考上，使他心灰意冷。後來村大隊長看上了這個愛看書，話不多，也不惹是生非的小伙子，就將他自己的小女兒（成才母親）嫁給了他。成才的母親只念到小學，性格懦弱，成才父親高中程度，性格倔強，由於文化和性格的差異，兩人缺少共

同語言，父親不順心時會打母親，母親逆來順受幾年後，健康下降，經常頭暈、胃痛，起不了床，吃藥不起效，卻使家庭經濟情況每下愈況。成才上學後，父親就寄望於兒子，他信奉「不打不成材」。現在兒子因好打架要被學校處理，他很著急，拜託孩子姨媽帶來就診。

體格檢查、腦電圖和頭顱攝片檢查正常，排除成才是病理性激情反應（由於大腦器質性因素造成的強烈而短促的激情爆發，可導致傷人殺人）。

精神檢查結果，成才思維清晰，但看問題偏激，說話生硬。情感協調，但對父親仇恨，認為一切都是父親造成的。即：父親榜樣不好，性格遺傳基因不好，從小對他的情感培養不好，因為自己在家受氣，所以才在學校打架。非理性思維模式明顯，缺乏對自我的反省。行為過激，他承認許多小事並不該動手打人，但當時就不知怎麼一下子就會激動起來，出手傷人，就像條件反射，尤其幾個人打他一個人時，更失去理性，不顧一切拚命，也不很清晰自己在做什麼，過後想想很害怕。由此判斷成才打架時，往往處於生理性激情狀態。重複噩夢，他夢到自己被人追殺，或在一個黑洞裡迷路，或父親突然死亡等等。回避與父親接觸，聽見父親聲音或看到父親影子，他心裡就不舒服，住校實際是為躲避父親。自制力存在，願意配合檢查與治療。

根據姨媽提供的病史及各種檢查結果，治療師判斷成才容易激惹，衝突傷人的行為與長期受父親暴力創傷有關，而且家庭成員之間關係也有問題，所以打算做家庭治療。

治療經過

第一次訪談

成才、姨媽、母親和父親相繼進入治療室，成才坐在治療師右邊，母親緊靠成才坐下，父親坐治療師對面，離左邊的成才母親相隔一個空位，姨媽坐父親的右後邊。感覺母親離兒子近，丈夫遠，父親也自願與母子保持一定距離，而姨媽把自己放在治療系統的邊緣位置上。進門時，所有人對治療師禮貌地笑笑，點點頭，坐下後，治療師觀察到父母衣著樸素、陳舊，但整潔。成才衣著相對時新，但非名牌；而姨媽的衣著比較漂亮時尚。可見成才家經濟狀況不如

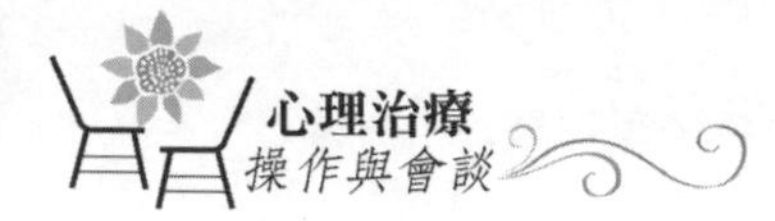

姨媽家，父母供成才讀書不易。父親坐下後雙手交叉抱於前胸，左腿架在右腿上，眼看右前方的地面；母親坐下後雙手放於膝蓋上，眼看著治療師；姨媽坐下後先開口：「今天你們大家自己講，有什麼話都跟治療師講。」感覺把家庭帶到此，她就算完成了任務。而成才，沒等治療師開口就接著姨媽的話開始「控訴」父親。

成　才：你看，這就是我爸，一點笑容也沒有，一副盛氣凌人的樣子。（父親聞聲，換了一條腿架起，頭低了一點）要不是他打我，我也不會打同學，我們學校心理老師說，我是在模仿他的行為，遺傳他的性格，都是他害我的，他還把我媽媽氣得渾身是病。

母　親：不要瞎講，你爸也是為你好。

成　才：他為我好？他要我成績好，是要我實現他的上大學的夢想，光宗耀祖，為他面子，把我當工具，回城裡生活的工具。

母　親：那也不是你的夢想嗎？你想在農村一輩子啊？

成　才：我想上大學，躲他遠遠地，跟他想的不一樣。可他現在把我害慘了，都快變成神經病（意指精神病）被學校開除了，真是報應。

母　親：不能這樣講你爸，他是你爸，要尊重。

成　才：我尊重他？村上誰尊重他？誰跟他關係好？他沒得罪過誰？（意指父親與別人關係也都不太好）他打我，我忍了，沒還過一下手，夠尊重的了。憑什麼打我？誰能永遠考一百分？哪個孩子不貪玩？大人也要尊重小孩，不能想打就打，想罵就罵。把我手打得腫幾天不能碰東西，屁股抽得只能趴著睡覺，也太狠了嗎，還老罵我是豬，叫我滾，去死吧。把我關在柴屋裡跟老鼠在一起，嚇得求饒也不開門，可我罵過他一句嗎？夠尊重的了。

（兒子的聲音越說越高，父親的頭越低越下，母親沉默了。）

姨　媽：他爸脾氣是不好，平時對誰說話都衝衝地（態度語氣不好），我們都習慣了。比如請我吃飯，他說：「我燒好了，你吃不吃，不吃就走！」一般人不了解，聽得是不舒服，但家裡人了解他心是

好的，尤其對兒子，好吃的全等兒子吃剩了自己才吃，衣服也是，自己多少年沒買新的，但不虧兒子。爸就指望你這個兒子成才，就算是他的夢，也是對你好啊。

成　才：（頭扭一邊，沒說話）

治療師：這樣的對話，在家裡是否經常有？（想了解家庭平時的互動模式）

成　才：不經常，只要我爸回家，誰也不敢多說一句話，我寫作業，我媽幹活，家裡像沒人一樣的。

治療師：你是說平時家裡大家很少交流，那你今天可是說了許多話。

成　才：是的，憋了幾年的話，我已幾年不理他了，我想讓你知道是我有病，還是我爸爸的問題。

治療師：你想告訴我，你現在因為打架，被人懷疑是否精神有問題，而實際上都是父親的教育過錯？（概括並澄清來訪者的話意）

成　才：是的，我們諮詢老師就這麼說的。

治療師：嗯，這只是從一個方面看問題，今天我們換個角度看看。成才，今天我們在這，不是為了批判父親，而是為了解決問題對嗎？（將話題轉向解決的方向）

成　才：是，我想證明我沒病。

治療師：長這麼大，你有哪些優點？

成　才：（愣了半天，想不出來，搖搖頭）

治療師：你不清楚你有哪些優點嗎？

母　親：這孩子善良，我生病，他著急，幫我幹活，比他爸爸關心。也喜歡幫助別人。大方，別人家來借東西，家裡有什麼他都給。聰明，稍微看點書，就能考一百。也勤快，閒下來，會幫家裡幹活，其實我們不需要他幹，只要把書讀好就行。他要讀書，喜歡讀書，他爸這樣打他，他沒說過不讀書，現在要他休學，急死了。

治療師：媽媽一開口就能說出你許多優點，爸爸你認為兒子是有這麼多優點嗎？

父　親：（乾咳一聲）是不錯的。怪我打他太狠了，是我不好。

（成才眼圈發紅了，能感到他內心的激動，但強忍著。）

姨　媽：還第一次聽他爸表揚孩子，他平時嘴上不說，其實心裡知道兒子不錯的。

治療師：我看到成才聽到父親這句話，也很有觸動，哪個孩子都希望得到父母的肯定。我很敬佩父親聽到兒子（當治療師面前）這麼多的抱怨，卻沒一點生氣，還檢討自己的不是。一個父親，一個男人，如果不是出於對兒子的深切之愛，是難以在我這麼一個陌生人面前忍受這些指責的。爸爸你說是這樣的嗎？（治療師給父親一點正面支持，維護他的自尊，也維護一份治療關係）

父　親：沒什麼，只要能幫兒子，我都無所謂。（父親勉強地笑了一下）

治療師：成才，多少年，你總想著爸爸打罵給你帶來的痛苦，今天你反過來想一想，父親的嚴格管理，使你獲得了什麼？

成　才：什麼也沒有。

治療師：凡事都有兩面性，你有那麼多優點，也那麼熱愛學習，而且考上了重點中學，這裡面哪些與父親的嚴格管教有關？（成才僵持著不願說，治療師沉默著等待，治療室裡的壓力在上升，五分鐘後，治療師感到成才已適應了壓力，但仍堅持不開口，決定打破僵持狀態）

治療師：也許你不願說出，但想一想，把仇恨記在心裡，會給你今後帶來什麼？而放下恨，又會讓你拿到什麼？（治療師讓患兒自己決定取捨，決定是否要改變）

成　才：（等幾分鐘後，開口說）毅力、爭第一和不服輸，這些是我最後認真複習，考上重點中學的本錢，也是我爸從小逼我的。

治療師：這些品質對將來的人生有什麼用？（進一步啟發領悟與感恩）

成　才：考上大學，保持上進心，努力拚搏爭取成功。

治療師：這是你要的結果嗎？

成　才：嗯。（成才開始接受這種認知的轉變）

治療師：一切都無法從頭開始，但我還是想，如果父親知道有比打罵更好的辦法，能讓你獲得爭取成功的品質或能力，那他又會怎麼做呢？

成　才：（沉默）

父　親：他小時候淘氣，有時作業不做就去玩，我急了就打他。我爸就是說，孩子不打不成材。我也不懂教育孩子，不知道怎麼做能讓他聽話。現在也不知道怎麼做，才能讓他不發脾氣，心情好些。

治療師：現在你願意教父親，他怎麼做你才會感到快樂。

成　才：怎麼教？他做不到的。

治療師：現在你願不願意聽兒子把答案告訴你，你怎麼做他會快樂？

父　親：願意。

治療師：那你們能不能握一下手，表示合作開始。

（成才沒動，父親主動走過來握了一下兒子的手）

治療師：你們記住今天握手的感覺。回去後，只要成才回家，每天就要找出至少一件事情，告訴爸爸：「你這麼做我很高興。」父親呢，每天也要找出兒子一個優點告訴他：「這是我很高興看到的優點。」然後相互握一下手。二個星期後，回到這裡，告訴我最後一次握手的感覺，與今天有什麼不同。媽媽和姨媽呢，下次也來談談，這次回去爸爸與兒子都有哪些變化，讓全家都挺高興的。

（會談結束，約定二週後見）

第二次會談（二週後）

母親第一個進門，穿了一件粉色襯衣，像是結婚時穿的衣服。成才、姨媽、父親隨後入內，每個人臉上掛著笑容，母親還主動與治療師握了一下手。家庭的變化已寫在每個人的臉上。

還按上次的座位坐下，姨媽還是第一個開口，告訴治療師成才父親變化太大了，見人會主動打招呼，在家也會與太太、兒子聊天，尤其是會笑了，不是整天板個臉。母親也說，很長時間全家沒坐在一起吃飯了，因為父子在一起吃飯也會吵；她也經常身體不好，坐床上吃。這次回去，兒子從學校回來，招呼父親一起吃飯，很開心，她覺得自己精神也好多了，身體也舒服多了。

問起握手的感覺，兒子說，一開始很彆扭，為完成作業跟爸爸握手，也都是爸爸主動的，能找到表揚爸爸的事情，也只是「謝謝你掙錢供我上學」、「謝謝你做飯給我吃」，也談不上很高興，可爸爸卻每天都能找到幾條表現好的優點，認認真真告訴他，讓他很意外，也有點感動，有些小事他自己都不覺得值得表揚，但父親都看在眼裡，記在心上了。第二次週末回家，就自然多了，父子倆握著手拍著肩膀相互表揚，成才找到了家的溫暖感覺，體會到了父愛。而父親也說，原來父子輕輕鬆鬆，比板著臉在一起的感覺真好。覺得自己以前在想做個「嚴父教子」式的父親了，累得很，也效果不好。現在家庭氣氛很好，自己也很開心。

治療師肯定了家庭的良好變化，請他們繼續努力，約定二週後繼續。

第三次會談（二週後）

姨媽有事沒來，父母和成才按約來到。成才對家裡的感覺越來越好，主要是父親對母親有了更多的關心，母親開心，家庭溫馨，所以成才很願意回家，也放心地上學。老師也感覺到了他的變化，同意他繼續上學，但因為傷人要給予記過處分。父親鼓勵兒子勇敢地接受處分，然後好好表現，爭取早日撤銷處分。父親的態度讓成才感到溫暖，所以情緒保持穩定。

治療師決定為成才處理過去父親暴力行為，而給他留下的負性情緒。治療師讓成才回想以前受父親責打的情景，問他現在有什麼感覺，他說還是有點傷心，又有點委屈，還有點恐懼。治療師引導成才想像這些感覺用一種物質表達的話，都像什麼東西？他說傷心像黑石頭，委屈像褐色石頭，恐懼像一個鬼臉。治療師暗示成才將這些東西從體內移出，然後用他感覺有效的方式，將它們消毀。成才選擇用鐳射槍將這些東西瞬間變成粉末，在空氣中消散。治療師讓其再回想挨打情景，成才回答沒什麼特殊感覺了。

面對關在黑柴屋裡的恐怖感覺，治療師讓其想像一束陽光透過門縫撒在他

身上，七色光像各種能量輸送給他，給他添加戰勝恐懼的能力，在溫暖的陽光照耀下，他能力慢慢增長，直到內心安寧，不再恐懼。

完成這些治療程序後，成才表示感覺很好，自己決定了下次會談的時間。

第四次會談（二週後）

父母認為成才情緒穩定，學習狀態良好，透過為同宿舍同學打開水，真心地欣賞同學的優點，與同學關係在逐漸改善。成才也反映最近一個月，基本上沒做噩夢，與父親溝通越來越輕鬆。由於學習緊張，成才表示想暫停心理治療，遇問題時再來。考慮到家庭支持功能已經比較穩定，治療師同意結束治療。

第二節　全程操作上的各項討論

治療個案的選擇與適合性

此個案年歲輕，所發生的問題是單純的行為問題；至於基本上的性格大致上還好，肯念書，做事情，還很負責。在會談裡，還肯很主動敘述並控訴自己內心裡的不滿，方便施予心理上的輔導。至於父親，雖然對待孩子凶，並且有過分的期待，但對孩子有基本上的情感，對孩子的體罰，是為了督促孩子的學業，並非是自己心理有毛病的表現。在治療者支持下，本來比較被動的母親還可以挺身發言，也是好的家庭根柢，因此，值得、也適合經由家庭治療來幫助解決兒子的行為問題。

病人主訴問題的了解

根據所得資料，我們知道：「成才升中學後，仍然保持過去好管閒事、好打抱不平的習慣。比如：要張三保持宿舍整潔；要李四上課不講話；警告王五不能欺負女同學等等。如果同學不服氣，他就動手打人，且出手狠，好事變成壞事。」可了解其動機還可以，只是動手打人，想管理他人，過分了些。而其行為的本質，就是模仿與學習父親的行為。也可說是：「對攻擊者的認同作用」

的機制表現。即：自己無法應對強烈的攻擊者（父親）對他的對待，就模仿攻擊者的行為，轉而對待比自己弱的其他對象（即可欺負的同學們等）。

治療者與病人關係上的建立

治療者能很用心向來訪全家成員各個提供所需的支援，特別費心挺被兒子批評的父親，是很要緊的技術操作。否則，當眾被後輩批判的父親，可能會發生強大的（阻抗性）反應。治療者能跟家庭裡的重要角色（即父親）建立並保持「聯盟性」關係，是很重要的技巧。

會談的進行與技術

治療性的家庭會談進行得很恰當，也表現治療者內心的細心用意。唯一的意見是：病人並沒有創傷後的後遺症反應，因此，針對過去創傷（被父親嚴重處罰）的情況重複面對與處理，或許並不需要。只要針對目前兒子跟父親間如何改善他們彼此間的行為與關係就可。

建議父親跟兒子都相互以正性的言詞對待對方，企圖改善他們的互動關係，是很好的治療企圖。由於對父親與兒子來說，是比較難的改善課題，最好在會談裡，在治療者在場（而可以提供支持與適當督導的環境裡），令他們當面練習嘗試為宜。叫他們回家當作業嘗試，有點危險性，不一定能把握會嘗試成功。

治療操作上的策略與進行

不僅要改變父親跟兒子間的相互關係，也要順著機會來改變母親的角色與功能，維護適當的雙親與兒子的三人家庭關係。母親能在治療者的支持下，發揮其評論與督促家人（丈夫與兒子）的功能，是很重要的。當他們每次結束會談，回家後（甚至是治療停止後的將來），在家裡，母親就得扮演（共同或補佐性）治療者的功能，繼續督促丈夫與兒子間的相互關係，是關鍵性的隱蔽性人物。

特殊問題的處理

有時候，父親對兒子特別凶，是因為母親總是袒護兒子讓父親看不順而產生的後果。換句話說，跟親子三角關係上的情結有關。對於成才的父母的關係，從病情資料裡，我們簡略得知：「由於文化和性格的差異，兩人（父母）缺少共同語言，父親不順心時會打母親」；而在這樣的情況，做母親的往往把情感投注到自己的兒子。由於成才有點任性（隨便要去管別的同學），是否常暗地裡受母親過寵的可能性，要加以注意與觀察。

輔導的結果與結束

治療方向適當，輔導效果很好。

想轉體育學校而跟父母發生矛盾的國二男生。（林紅）

第一節　個案報告與治療經過

個案報告

小今（假名），男孩，十四歲，國中二年級學生。上中學以來，認為同學多次在老師面前打他的小報告，而老師偏聽偏信，處理得不公道；小今不服老師的處理，繼而與老師產生矛盾，最近已經二十多天沒有上學，而來就診。

國一剛開學的時候，小今憑藉自己的實力，考入了一所重點中學的實驗班（表示是很難考進的好學校）。當時，他打算好好學習，對自己的未來充滿信心。開學之後不久，有一天，班級導師打電話給媽媽，說小今的思想有點黃，因為他下課之後，拉著幾個同學在校門外的小攤上看雜誌上衣服穿得很少的封面女郎。媽媽向小今詢問情況，小今認為是跟他關係不好的同學向老師告的狀，而老師被蒙蔽了。此後又有一些同學向老師告狀，說他好色而有不規矩的行為。比如：上完男廁所之後，小今順手撩一下隔壁女廁所的簾子，說是因為「覺得挺逗的」。其實，小今告訴某同學說，站在某位置並且跳起來，就可以看見女廁所裡面。這個同學說讓他先看，小今就做個樣子跳了一下，實際上根本沒幹什麼。但是，同學陷害他，卻去告訴老師，老師也被他們懵了。因此，當時小今生同學的氣，恨同學。小今說：「他（老師）冤枉我很多回，但我都不計較。」當時雖然有一些類似的事情發生，但還沒有影響小今的學習。

後來，小今第一次不去上學，起因於他借給同學的動畫片光碟；有同學告老師說，裡面有黃色內容。小今說：這是日本非常著名的動畫片，他一直聽別人說起過這個片子很流行，所以一直想看，舅舅在正規的商店買了送給他的。小今說這個動畫片主要是描述打仗的，在片頭偶爾會有裸體的鏡頭閃過，裡面也有談戀愛的內容，可是小今認為這只是表達一種含義，並不是黃色內容。但是，老師居然當著全班同學的面說：小今借給同學的動畫光碟裡有黃色內容。老師還打電話給媽媽，說小今的思想黃。小今覺得冤枉，怪都是同學告的狀，因而去找老師辯解。但老師不但不聽小今解釋，而且批評小今是有意把「壞東西」傳播給別人。對於小今說的同學告黑狀的問題，老師的回答是：「為什麼（同學）不告別人狀，就告你狀？既然別人都找我告你的狀，我當然腦子裡就認為是你有問題。你也可以告別人狀啊！」小今覺得老師胡攪蠻纏，不講道理，於是他回答老師：「我和別人不一樣，我不告黑狀，不幹那缺德事。」老師說：「那我就沒辦法了。」小今說當時心挺涼，對老師非常失望，擔心如果以後老這樣發生被冤枉的事，在這裡沒法待了，看不到希望。當天，在回家的路上，小今在路邊呆坐了一個半小時，想補救措施。小今想：反正自己將來要考大學，並不在乎是否上這所中學。於是他決定轉學，一切重新開始。但是，父母的態度出乎意料。小今說：「家長不支持我，關鍵時刻不和我站一個立場，我很生氣。我爸還罵我，『有你這樣的嗎？全班那麼多人，為什麼就你不能上？』好像我厭學、偷懶。我不愛細講，他（爸爸）不是能講理的人。」於是，小今鬧情緒，第一次出現連續兩天沒有上學的情況。

媽媽起初對小今的反常表現並沒有太在意，又由於小今在重點中學實驗

班，媽媽從內心根本不想讓孩子轉學。轉學轉到哪兒？「我當時進這個學校多不容易啊！」這也一直是小今的心結。儘管小今在鬧情緒時會偶爾休息幾天，但是，小今還是一直有上學，也在不斷努力學習。學習成績由剛入學時的中下等，每一次考試都不斷提高。小今對自己也很滿意，因為自己是唯一每次考試都在進步的人，全年級像自己這樣的也不多。

小今與同學和老師衝突激化是在國一下半學期接近期末的時候。小今在網路留言板上，看到有同學留言評價他的班導師好；他當時看了，挺生氣，他就態度直白地在留言板上，寫出老師偏聽偏信、冤枉人等缺點。小今說，他確實用的是「指責」的口氣，但他並沒有「罵」老師，只是指出了老師的一些具體缺點。沒想到被同學看到，告訴老師，老師給小今的媽媽發短信說，小今在網上留言板罵老師，老師傷心到了極點。之後，小今在網上留言板與同學發生衝突，互相攻擊對方，結果對方召集來幾十個校內外學生，堵在校門口揚言要打他。班導師找來家長，親自把小今護送到校門口，交給家長。老師很生氣，因為這件事，班裡期末不能評先進班集體（班集體為學校的基本單位）了，老師要求家長監督不允許小今再上網了。校長也和小今談了話，讓他寫「悔過書」，但沒有限字數。可是，老師卻要求他必須寫三萬字以上的「悔過書」。小今認為這並不是校長的要求，沒寫那麼長，結果寫了三次，老師都說不合格，但是小今堅持他根本寫不了三萬字，最後老師也沒有辦法，不了了之。

過了一段時間，事情漸漸平息，家長也沒有再嚴格監督小今上網的問題了。小今又恢復了上網，在留言板上正常留一些言。沒有想到的是，又有同學誤以為小今在網上的留言給他惹麻煩了，導致有人要打他，因此要找小今算帳。小今去找老師，向老師解釋，老師不聽，生氣地要去他家裡收回電腦。小今批評說：老師說不講理的話了，老師說：「就算跟你沒關係，你給我們班丟臉了；就算你被冤枉了，這件事也跟你扯上關係了。」老師生氣地回班上，扔下小今一個人在辦公室裡站了二十多分鐘。小今後來對媽媽說：「我自己站著是什麼心情！不知道什麼時候回去，還有別的老師在場。」小今回班裡後，感覺班裡的氣氛不對。到了第二天放學後，有一個同學偷偷告訴小今，原來，當小今在辦公室被罰站時，老師回班上，並叫同學們都不許理小今，也不許收他的作業。

小今難過地說：「當時誰都不敢理我，他們不收我作業，也不改我作業。開始我想我是來學習的，沒人理我，我也不理別人。後來我覺得學習沒有什麼希望了，回家不寫作業，也不學習了，我又動了轉學的念頭。但是，家裡人認為完全是我的問題，是我錯了。他們說出來的話，都是指責我的。」

後來，有同學悄悄告訴小今，老師說，他這樣對待小今是要犯錯誤的，不允許同學告訴小今是老師要他們這樣做的。因此，小今才想到告老師。想去教育局反映，家長不讓。他曾經一個人在律師事務所門口徘徊，渴望借助法律的途徑解決（老師對他的錯誤對待），但又苦於沒有證據。小今經常失眠，甚至半夜起來向媽媽訴說：「我真後悔當時老師的話我沒有錄音（做證據）。」在媽媽看來，小今對老師徹底失去了信任。老師對他苦口婆心，做解釋，但他認為假；老師說他、訓他，他就會對抗。學習成績急遽下降，幾次出現考試不及格的情況。臨近期末，老師找媽媽道歉，說他當時是由於衝動才說出這些話的。小今的班導師是三十歲出頭的男老師，師範大學碩士畢業，在媽媽看來，老師性格外向，也很敬業，只是脾氣急。媽媽幾次與老師溝通、聯繫的結果都不好，事情發展到這一步，小今更加不信任媽媽解決問題的能力，對媽媽也逐漸失去了信心。

國二開學，小今常今天肚子疼，明天頭疼，不想上學。小今說爸爸老氣他，氣得他沒法上學，老師和同學的幾句話也能讓他幾天不上學。他想轉學，但又轉不過去其他以課業為主的學校，就這樣拖了三個月，斷斷續續地上了不到一個月學。小今終於徹底不上學，源於姑姑和爸爸跟他的一次談話，他認為爸爸跟姑姑不但不了解他，還故意氣他。原來小今還要惦記著去醫院開假條（請假單），以免挨學校的處分，現在他已經不再考慮這些問題了，他乾脆就決定不再上學了。

來就診時，正值國二第一學期的期末，小今已經二十幾天沒有上學。他目前一心一意要轉學到一所體育學校，態度很堅決。家長不同意小今轉到體校，認為孩子遇到點困難就逃避，其實是不想刻苦學習了，在為自己找理由。多次和他談過，小今不肯改變主意。家長也找過幾個心理醫生和小今談過，沒有改變。

家庭背景

小今的父親技校畢業，母親高中畢業，都是工人。爸爸在家排行居中，上面的哥哥和下面的妹妹事業上都非常有成就，在小今的媽媽看來，小今的爸爸很不受奶奶的重視。

小今在三歲之前，住在姥姥家，姥姥和一直未出嫁的大姨帶他，管他不嚴，小今與她們結下了深厚的感情。三歲之後，小今上幼稚園，因為離奶奶家近，小今有時住在奶奶家，有時住自己家。六歲時，因為奶奶家拆遷，小今又轉到離姥姥家近的幼稚園，住在姥姥家。小學一年級時，小今住在自己家。二年級時，自己家拆遷，而小今的奶奶家離學校很近，父母安排小今去奶奶家住。當時，老師曾經告訴過媽媽，小今下學後寧可在學校，也不願回奶奶家。一直到五年級，爺爺去世了，奶奶提出讓小今的父母把他接回家。於是，父母在學校附近租房子，一家人一起住。國中一年級開學之後一個多月，因為孩子的問題，媽媽與爸爸發生爭執。一氣之下，媽媽帶小今回到姥姥家。後來媽媽回自己家了，但是小今一直不肯回去，直到現在還和大姨一起住在姥姥家。

父母對小今的安排，從來沒有想到要徵求小今的意見。小今不喜歡住奶奶家，因為爺爺奶奶和一直未出嫁的姑姑經常過於嚴厲地批評他。小今說：「從小對奶奶家的人沒有喜歡的，找茬兒（挑毛病）似的，挺討厭他們的。」奶奶偏向孫女，很多時候奶奶責備小今，也是這個妹妹引起的，所以小今和奶奶全家人的關係都不好。

過去，不管在奶奶家住還是在自己家住的時候，一到週末，小今就去姥姥家，小今就像盼望過節一樣盼週末的到來。目前姥姥和姥爺都已相繼去世，小今還是喜歡去姥姥家，與仍然住在那裡的大姨在一起。直到現在，小今說，他記憶中最高興的事就是每週五回大姨家的路上。大姨家仍然是小今情感的落腳點。小今認為大姨對他態度好，關心他，能閒聊天，所以他願意在大姨家住。如今，父親要小今回自己家住，可是小今已經不再肯聽從爸爸的安排，「這麼多年一直聽他們的安排，現在我想我太冤了，我不能再壓抑自己了，讓自己受罪。我不愛跟家人溝通，我就想在大姨家住。」

小今上小學時學習成績不錯，家長也沒有注意到小今與同學的關係有明顯的問題，只是發現他沒有多少好朋友。小今在小學時不主動參與集體活動，性格比較倔強，喜歡較真兒。看不慣有的同學當著老師的面演戲，也就是當面一套，背後一套；也有被老師誤解、自己生悶氣的時候。在學校受了委屈，媽媽沒有能力幫助他，讓他向能力比較強的姑姑尋求幫助時，姑姑一般一口斷定「這就是你自己的原因造成的」，小今為此常耿耿於懷，卻又無可奈何。

小今父母之間的婚姻存在很大的問題，家裡沒有和諧的氣氛。在小今不到一歲的時候，媽媽經常住在姥姥家照顧孩子，在這個期間爸爸有了外遇。媽媽認為這是天大的事，是不可原諒的。但爸爸認為是媽媽沒有回家導致他的出軌，雙方分歧很大。媽媽擔心同事議論自己，為了照顧面子，由於小今爺爺和奶奶的強烈干涉，爸爸最終他們勉強生活在一起，一直沒有離婚。但是，爸爸和媽媽的矛盾不斷，媽媽說離婚的想法已經不止一百多次了，爸爸說是為了孩子才沒有離婚。奶奶和姥姥兩家的分歧也很大，小今姑姑抱怨說，姥姥家是孩子的避風港，小今不上學是姥姥家慣的。現在父母都意識到，小今的問題與家庭是有關係的，特別是父親和母親兩個人之間、奶奶和姥姥兩家之間的不一致，對孩子有著長期不良的影響。

對於父母之間的關係，小今認為：「他們老吵架，挺煩他們的。有的事兒我都能看出來，這點小事不值得吵，他們怎麼能吵得那麼激烈呢？所以，覺得他們水平挺低的。我沒能力改變他們的情況，他們也別插手我的事。」

說起自己的問題，小今說：「我不怎麼會跟人交流，有時沒什麼禮貌。家人嫌我不叫別人，其實我沒有惡意，就是到時候叫不出口。適應能力不好。比如剛到爺爺奶奶家，或者到新租的房子去住，在換新的環境時總是睡不著覺，最近一段時間也經常失眠。我應變能力差，這些我家人沒怎麼注意到，我也是吃了很多虧才注意到的。我媽只想到學習，沒想到其他方面，沒了解我的感受。其實，人活著，各方面都得好。只為了學習，不怎麼關心學習以外的事情，這是很大的錯誤。」

治療過程

已經會談了八次，還在繼續治療中。在此做各次會談的簡要報告。頭一次只有父母來談，第二次小今跟母親一起來，治療者有機會跟小今頭次單獨會談，也就做會談進行的詳細樣本報告。

第一次會談

是爸爸和媽媽一起來的（孩子還沒帶來），介紹了基本情況。治療者對小今的情況表示理解，建議父母抓住小今目前尚有肯於求癒的治療動機而把握時機幫助孩子。指出小今的苦惱和困惑表明他是一個上進的孩子，作為治療者，看到有治療的希望，願意幫助這個家庭，包括父母和孩子。

媽媽在會談中，對於治療者的理解和支持很感動，加上心疼自己的孩子，後悔自己沒有早一點求助於專業人員來幫助孩子，導致好時機一再錯過，因而多次流下眼淚。但是，媽媽擔心孩子不肯來治療。治療者建議媽媽要理解孩子的痛苦，並且向孩子表達出來，告訴孩子治療者表明能理解他的痛苦，並且願意幫助他。約好下次帶孩子一起來，即使孩子帶不來，父母也有必要來治療。

第二次會談

媽媽高興地打電話說：孩子願意來。可是到時候，小今一個人來到診室，皺著眉頭，一副很倔強的樣子。我問家長呢？他說不知道，可能在後面。碰巧那天我正好有非常重要的公事，無法推辭，我誠懇地向小今做了解釋，小今的治療時間將延後半個小時開始。我當時真的非常著急，因為我知道，這頭一次和孩子的會談至關重要。好在小今還是很通情達理的，對於我遇到的突發情況表示理解，說誰都有急事的時候。我們以這樣意想不到的方式開了頭，沒想到卻因為治療者和來訪者雙方的相互體諒，我們彼此反而一下子拉近了距離。

到了會談要開始的時間，還是沒有看到媽媽，我又好奇地問小今。小今氣哼哼地說：「她在樓下呢，我不讓她上來，我不想看見她。如果她上來，我就只能走。」小今所說的「她」指的就是「媽媽」，但是他卻始終不肯說出這兩個字。

下面的會談過程是跟小今單獨會談的頭一次。

會談過程

治療者：我聽媽媽說，你自己要求找心理醫生的，是嗎？

小　今：是。

治療者：（讚賞、好奇的口氣）為什麼呢？像你有這樣想法的孩子不多啊。

小　今：凡是心理醫生我都願意聊。

治療者：是嗎？為什麼願意和心理醫生聊？聊什麼呢？

小　今：聊我生活中的煩惱。

治療者：你真是很不簡單的一個孩子！現在，連大人能夠主動尋求心理醫生幫助的都沒有多少人，你還真了不起啊。聊了之後對你有幫助嗎？

小　今：煩惱能少一點。但是之前找的幾個心理醫生不是我想要的結果，不是我最需要的。

治療者：我不太理解，什麼意思？

小　今：我家人特讓我生氣，他們不想讓我去體校，可能不想給我掏學費。有個心理醫生說，我選擇逃避嘗到甜頭了，說我把學校問題放大了，回到學校好好學習才能過上高品質生活，說選體校沒有出路。他說的我都明白，但是，我心裡還是挺彆扭，好像我選的一點價值也沒有。還有一個心理醫生說的我也不愛聽，說假如我特別想不開，可以幫我勸我父母同意我轉體校。什麼叫特別想不開啊？我喜歡體育，我才選擇去體校，他們根本不理解我對體育的熱愛。

治療者：我聽出來了，你是個很有思想的孩子。你有很多想法，一般像你這樣年齡的孩子沒有這麼多想法。因為想法多，想去做自己想做的事，所以，你的困擾和煩惱也比一般孩子多。

小　今：我有想法，但沒人幫我。主要煩的是去不了體校，家裡不同意。我一直擔心，體校也要考文化課。家裡不給我出錢，我還得想辦法。

治療者：你認為爸爸媽媽就是因為不想出錢，才不同意的嗎？

小　今：應該是吧。

治療者：為什麼這麼說呢？

小　今：因為他們去打聽了，說要交一萬多塊錢，後來就沒下文了。

治療者：我倒認為這應該不是最主要的原因，爸爸媽媽只有你這一個孩子，除非他們實在拿不出錢來，否則他們怎麼會不捨得給你花呢？你還比較幸運，家裡條件還不錯，是吧？

小　今：只能說還對付（差可）吧。

治療者：你想想還有沒有其他的原因，爸爸媽媽不同意你上體校？

小　今：體校學習教得淺，體育不大可能有出路，幹低等職業，這是他們的想法。

治療者：你認為他們說的有道理嗎？

小　今：我想到體校的目的是：想轉到其他學校，但人家都不要我。我認為到體校，人際關係好，我喜歡體育，文化課也能輕鬆點。因為我離開不喜歡的環境了，我會盡百分之百的力。

治療者：我聽媽媽說過，在現在的學校，你有很多煩惱，是嗎？

小　今：主要是我遇到的人不好，大部分原因是他們主動招惹我，他們不善良，他們影響我的情緒、學習。

治療者：怎麼不善良？

小　今：他們經常編瞎話去老師那兒告狀，老師也不核實，就告家長。

治療者：我能理解，當一個人心情不好的時候，很難安下心來學習。

小　今：即使我想學，但是環境不允許我學。至少換一個別的環境，我會盡百分之百的力氣去學，而且這個環境也牽制我。但我家人都不理解我，他們老說不讓我理那些招我的人，讓我好好學習。

治療者：說著容易，做起來難！別說一個孩子，就是大人，面對老是主動招惹自己的人，要做到情緒和學習不受任何影響，也不容易。

小　今：我覺得這種環境大人都受不了！雖然他們（指父母）也是好心為我好，但他們根本不理解我。

治療者：爸爸媽媽只是著急，卻沒有辦法。媽媽當著我的面哭了好幾次，媽媽不是搞兒童青少年心理專業的，她確實不知道該怎麼辦。

小　今：全家人都在著急，但他們真的用錯勁兒了。如果換一種適合我的方式，我能有很大的成就。我希望他們的好心能用到適合我的方式。最近在家待著，特沒勁。有時看會兒電視，上會兒網。

治療者：你不喜歡看電視、上網嗎？

小　今：雖然這些都是娛樂，但我一點兒不高興，最近過得一直不快樂。自從不上學以來，我最近一直過得不好。

治療者：怎麼不好呢？

小　今：天天過得都一樣，沒什麼值得高興的。現在我只想讓我家人同意我上體校，我的最終目的只是想學習。唉！

治療者：你和一般的孩子還真的很不一樣。很多像你這麼大的孩子如果能夠每天看電視、上網會很開心，而你想的卻是學習。

小　今：我比同齡孩子懂得都多，明白得多。好多人以為我不想學，實際我比誰都想學。

治療者：我能理解你的煩惱。你是個懂事的孩子，本想盡力好好學習，但是，現在的學校環境中有太多的因素影響著你，使你難以百分之百地盡力學習。然而，你又想好好學習，所以，現在不得已，你才想轉到體校的，是嗎？

小　今：也可以這麼說吧。體育我不想當成職業，但想過過癮，而且如果能優秀的話，中考還能加加分。

治療者：你想參加中考？

小　今：我還是想上大學。

治療者：我真沒想到，你有這麼遠大的志向！看來我確實沒有看錯，你是個很有頭腦的孩子。

但是，如果你初中上了體校的話，將來考大學可能就比較困難了。

小　今：這我知道，我打聽過體校的老師，從體校考上大學的很少，但我相信事在人為，我會努力的。我非常喜歡體育，小學時乒乓球、羽毛球就打得特別好，但家裡人沒重視，沒有往這個方向培養我。

治療者：在我看來，往體育方面發展，也是為了圓你多年來內心深處的一個夢想？

小　今：我不能讓自己這麼濃厚的興趣就這樣了，我想看看自己是否有出路，如果體育確實沒有出路，或者發現這條路確實走不通，那麼，在目前的情況下，就只有學習這一條路了，我也就死心塌地走這一條路了。我也不知道我這樣想對不對？

治療者：你很有主見，有想法。早為自己的未來做打算，雖然會給你帶來困擾，但早想總比晚想好，有些人大學畢業了還不知道自己要做什麼，到那時候再想，付出的代價會更大。

能夠選擇自己喜歡又擅長的方向作為自己的職業，這是人生的一件幸事，在這方面我深有體會。作為一名兒童青少年心理醫生，我熱愛這個職業，我願意為孩子和家長分憂解愁，就像你熱愛體育一樣。但是，僅有熱愛是不夠的，還要有這方面的天賦才行。我比較容易理解別人，溝通和交流能力比較強，孩子和家長都很信任我，所以，我不僅熱愛，還適合從事這個職業，工作起來一點不感覺累。你覺得我做得怎麼樣？

小　今：我覺得您做得挺好，挺願意和您談的。我太渴望了，只是嘴上沒有表達，他們不理解我的熱愛程度。我沒有表達能力，不會說，只會用行動表達，但他們又不給我這個機會。

治療者：你的心情我能理解，你很熱愛體育。但是我認為，僅有熱愛是不夠的，你認為你有體育的天賦嗎？

小　今：不管我有沒有體育的天賦，我就要上體校。

治療者：有了天賦才會事半功倍，其實每個人都有適合自己做的事，有智慧的人，他的智慧就在於善於發現自己的天賦。

小　今：我知道，天賦還是很重要的，有天分的人短時間就會超過我。我也不知道自己是不是有體育的天分，但我總要試一試。萬一浪費了某方面的能力就可惜了。天分差點兒我就離開，就是有天分，我也不一定留下，到時再根據情況決定。

治療者：我明白你的意思了。你的理想是將來上大學，然而，你心中還有一個兒時的夢沒有圓，就是對體育的熱愛。你現在要確定自己是否有體育的天賦，是否適合向這個方向發展。如果不適合，就死心塌地走學習這一條路了。但是即使適合，你也不一定就走體育這條路。但是，不管怎麼樣，你要搞清楚這件事。是嗎？

小　今：是。

治療者：其實，在人的成長過程中，肯花些時間去思考自己的人生，雖然暫時看來好像耽誤了一些時間，但是，從整個的人生旅程來看，這個時間花得值！可以借助爸爸媽媽的力量，找體育界內的權威人士幫助判斷一下，你是否有體育的天賦，盡可能給你更多的資訊，有助於你做決定。

小　今：好的。

治療者：雖然你現在會比別人多一些矛盾和痛苦，不過，這都是暫時的。我相信，一旦你自己做出了適合自己的決定，你的情緒很快就會調整好，學習對你來說也不是太困難的事。

小　今：我剛上初中時，考上重點中學的實驗班，學習成績中等。後來，有一段時間比較平穩，沒有多少分心的事，每次考試我的成績都不斷提高，全年級像我這樣的也不多。當時想好好學，考個好高中。初二開學三週之後就沒怎麼聽課了。家裡和學校老有一堆煩心事，讓我心情不好。什麼事都幹不好，效率不高，後來乾脆不幹了。

治療者：所以，我建議你暫時先不要太著急回到學校去學習，而是要好好

理理思路。你的理想是上大學，怎樣才能實現這個理想？怎樣做才能離自己的理想越來越接近？不管將來是轉到體校、轉到另外的中學，或者回到現在的學校，你同樣還要面臨與同學的關係、與老師的關係、與家長的關係。同學、老師和家長固然有他們的問題，但是，我想我們也要從自身找找原因，有哪些是我們自己也要改變的，這樣才能從根本上解決問題。

小　今：我班有許多品質不好的人，他們和老師都找我茬（找我麻煩）和我作對，他們是會演戲的人，我在這個環境待不下去。有時他們說我一句，我一天都上不下去課。他們經常編瞎話去老師那兒告狀，老師也不核實，就告家長。

治療者：看得出來，來自同學和老師的因素確實不少。你認為有你自己的原因嗎？

小　今：主要是他們的原因，當然，我也有我的原因。

治療者：真為你高興，你看待問題還是很全面的。看得出來，你是一個表裡如一的好孩子，阿姨希望好人能過上好日子。害人之心不可有，你也沒有害人之心，但是防人之心不可無。怎樣最大限度地保護好自己，也是我們要學習的。今天非常高興，我們談了這麼多，基本了解了你的情況，阿姨覺得你非常值得我幫助，而且我也相信我有能力幫助你。但是，心理治療需要一段時間的幫助才可以，這點你有心理準備嗎？

小　今：我知道，肯定不是一次就可以的。如果當時家裡早點帶我來就好了。

治療者：沒關係，什麼時候開始治療都不晚，關鍵是要堅持治療。你也談過這麼多心理醫生了，心理治療是要雙向選擇的。治療師認為你適合他來幫助，來訪者也要自己選擇一個自己認為合適的治療師。並不一定就要選擇我，你有你的自由，選擇一個自己能談到一起的。但是確定下來之後，一定要堅持治療一段時間。

第三次到第八次的會談

從上次會談以後，小今選擇了我做他的治療者。接下來的六次會談中，除了全家會談一次，父母會談一次之外，其他時間都是主要與小今會談。每次都是媽媽和他一起來，但媽媽只能遠遠地在樓下等候。有時小今在會談的過程中，會出去呵斥媽媽，「你坐遠點兒！」告訴治療者：「不愛讓她聽，我煩她。我的事兒不愛讓她知道。」小今開始堅決不同意讓父親來會談，「他來我就不來了，他來也沒用，對於他改變，我也不抱什麼希望了。」

從小今的煩躁和痛苦中，我感覺得到小今內心的傷痛。說起媽媽，小今帶著痛苦的表情說：「我媽想幫我解決問題，但是都失敗了，而且結局變得更糟。她沒那能力，她唯一的用處是需要錢時找她。從六年級開始，我不愛讓我媽在公共場合和我在一起。越說他們越煩。」說起爸爸，小今說：「我爸就一直在旁邊說風涼話，他沒管過我，我不愛理他，想他就生氣。」

治療者意識到，在爸爸和媽媽的身上應該下更大的工夫，也逐漸跟小今做好了要跟父母會談的準備工作，他同意治療者與爸爸和媽媽一起談。但他不想在樓廊裡看見他們，要求只可以在辦公室裡與爸爸見面，因為這裡是談正經事兒的地方。而且要小今先進來之後，爸爸和媽媽才可以進來。從對父母徹底失望，根本不與他們對話，到同意父母參與進來，治療者採用的技巧是讓小今認識到，他才是治療者關注的，與父母進行會談也是為了對他有好處。

對小今的輔導

小今說由於和爸爸及姑姑生氣，導致衝突激化才不再上學的。小今說：「我的最終目的還是學習，我想轉學，可是他們（父母、奶奶、姑姑等家人）說是逃避。最開始我想找以文化課為主的學校，但沒人要；後來發現所有學校中就體育學校可以去，我這麼喜歡體育，我又燃起了希望。但是他們又不讓我去，我就跟他們較勁，非要去。現在我發現自己喜歡上了體校，最重要的是對體育的熱愛程度，想體育上有成就。」

在治療者看來，小今自身成長的力量還是非常強大的。他一再想辦法學習，儘管與同學、老師和家長的衝突不斷，他還是一次次燃起希望。小今開始

對體校充滿了不切實際的幻想，甚至認為在體校，人際關係也會好相處。我建議小今花時間去體校體驗生活，以便確定體校是否適合他。小今也表示：「到了體校，也不一定留下，體校這碗飯也不一定就想吃它一輩子，到時再根據情況決定。」本來治療到這一步我看到了希望，但是，由於體校不允許體驗，要求學生必須把學籍轉過去，而一旦轉過去學籍，如果小今感覺體校不合適，卻很難再轉回普通學校了。所以，儘管小今懷著滿腔的熱情要改變現狀，卻沒想到再一次如冷水澆頭，面臨著困境。無奈之下，小今堅持開學後把學籍轉過去。他說：「都已經這樣了，學籍就遷過去吧。體校也是一個正規的學校，不是斷送人前途的地方。」

對於父母的態度，小今是這樣看的：「一般的父母都是希望孩子好，但他們的方式不對，所以我不能理解他們。他們覺得我是在由著自己的性子，家長不能由著自己的孩子。這方面他們真不了解，我和一般人不一樣，不知道為什麼那麼喜歡體育。他們就覺得我和正常人不一樣，好像我錯了。他們老不停地說，說我就是當了冠軍，將來退役後也是沒事幹。我想證明體校給我帶來好處，可是他們卻不給我這樣的機會。環境把我逼成這樣，我只能去那兒。」當治療者勸說小今與父母溝通時，小今憤憤地說：「說了也白說，他們裝聾子。他們就是想找個心理醫生說服我別去體校。」我告訴小今，是否去體校是他自己的事情，我不會替他做決定。他已經是國二的學生了，追逐自己的夢想，並沒有錯，父母也應該更多地學習尊重孩子自己的決定，我會幫助父母逐漸認識到這個問題。但是我提醒小今，我注意到，他現在馬上要將學籍遷到體校的決定還為時尚早。轉過去容易，但轉出來難。對於轉到體校之後會怎樣這個至關重要的問題，小今的回答是：「等我到了這個學校之後再判斷」。另外，我指出小今急於做出這一決定好像是在與家長較勁兒，而並非冷靜、全面分析之後的結果。小今認可我的分析，他說，「我爸不斷氣我，他明顯帶著感情色彩。本來我還在猶豫，他們一氣我，我就特煩，不願想了。」治療者建議小今全面分析體校的利和弊，做出客觀、符合自身情況的決定，將不良後果減到最小程度。

在剛向治療者求助時，小今明顯帶著情緒。他認為父母並沒有真正在幫他，只是在拖延、在敷衍他。治療師建議小今全面了解體校，再做決定。慢慢地，小今情緒逐漸穩定，媽媽也高興地發現，他發脾氣少了。小今表示，自己現在已經沒有什麼情緒了，他還是決定選擇體校。小今說：「我對體育感興趣。有人喜歡唱歌、跳舞，我就喜歡這個。這是我的興趣，我覺得離不開，對我太重要了。體校每天訓練兩個半小時，挺過癮的。大量運動完了，對於挺生氣的事，也不計較了。練的時候也快樂，心情放鬆。體校不重視文化課，重視體育，意味著考大學不太容易，意味著可能有新的生活方式也會讓我快樂、舒服。」

對父母的輔導

在治療者看來，小今堅持一定要去體育學校，是處於青春期的他渴望得到父母尊重和理解的象徵。小今認為：我看她（媽媽）還是不願意（我去體校），她老說得想想。她要想做，就利索（很乾脆）；她要不想幹，就磨蹭。我不想讓她做的事利索著呢，經常不和我商量。他們（父母）不喜歡體育，把他們的思想強加給我，不理解我。他們也是關心，但是方式失敗了。我值得為體育冒險。可見，選擇學校的問題背後是誰說了算的問題，是父母對他的不理解，使他在反抗，小今要自己說了算。

因此，在父母的治療策略上，輔導父母理解孩子的渴望，怎樣真正做到尊重小今，把決定權交還給孩子。治療者相信，在這樣的基礎上，小今會做出符合自身情況的正確決定。

指導家長給孩子一段緩衝的時間，小今一直在積極尋找解決問題的辦法，這是值得鼓勵和肯定的。父母要客觀地面對現實，理解孩子心中的夢想，從內心裡理解和支持孩子的決定。更重要的是，家長要真心實意幫助孩子，為孩子提供體校的相關資訊，供孩子做決定參考。關鍵要使孩子感受到父母的真誠，而不僅僅是拖延和敷衍。只有這樣，小今的情緒才會逐漸恢復，也有助於小今做出正確的決定。

好在父母都有比較強烈的求助動機，也願意聽從治療者的指導。小今已經注意到爸爸和媽媽的變化，「我爸態度對我好了一些，至少我能體會到他還是挺想幫我的。可能對於他，也挺不容易的。以前總是打電話罵我，現在說耐心等著，不太著急了。我媽現在開始拿我這事當個問題了。如果從小他們就注意

到，可能我現在也不會有這麼多問題了。」儘管有了一些變化，小今也注意到父母仍然存在的問題：「他們的想法還是沒變化，現在還是想讓我回原來的學校，或其他學校。我媽自己都說不出來她的想法。他們光想著學習了，也不考慮我的情況。說我能把這一年半（國中一共三年，還剩下一年半）忍了，就會取得很大成功。」

小今的父母對孩子的期望還是很高的。在假期裡，小今報名參加了一個文化知識補習班，但是，他去了一天就不去了。他說因為自己落後的功課太多，聽不懂，早上還有點起不來。小今難過地說：「我現在是全區最低的檔次了，坐那兒一點兒都聽不懂。」而爸爸氣憤地責怪兒子做事半途而廢。

治療者的困惑

小今確實具有很強的學習潛力，只要幫助他解決了情緒問題，理順和周圍人的關係，使小今能夠把心思放在學習上，學習對他沒有太大的問題。由於體育學校對小今未來的發展確實沒有好處，一旦現在上了這所體育中專，他將來再上大學的希望就很渺茫了。所以，父母不想讓小今去體校。治療者現在也難以判斷，體育學校是否真正是他所熱愛的？小今也說，他真正的目的是想放棄一個不適合他的環境，尋找一個新環境。

小今為什麼一而再、再而三地被同學、老師和家長誤解？在接下來的治療中，如何最大限度地幫助小今提高與人相處的能力，更好地保護自己？

在第六次治療中，媽媽說，無意中聽到小今過去的同學打電話給小今，提到學校的留言板上有很多對小今不利的言論。媽媽上了留言板，確實發現有同學的留言，時間是在國二開學之後一週，說打了他兩巴掌，他屁也沒敢放。還有一個用小今的名字發的帖子，說他自己暗戀班裡某某女同學。媽媽覺得事態嚴重。因為如果真是小今自己公開寫出他暗戀某一女同學，他就是拿自己當靶子讓別人射擊；如果是別人有意陷害，那麼媽媽認為家長有必要出面去搞清楚，不能讓孩子背黑鍋。但是，媽媽每次提到留言板，小今就不讓提，說這是丟人的事，不讓說。在治療的時候，小今說現在最重要的是學校的事兒，沒有什麼比學校的事兒更重要的。當治療者提起媽媽說到留言板的事，媽媽很擔心和著急時，小今情緒一下子激動起來：「她是吃飽撐的，我不是對這件事一點準備也沒有，我需要的她沒給我幹，不需要的她亂摻和。從前發生過類似的事，她都白來摻和了，最後結果都是我想到的。我的事兒她不該知道，她知道太多也不好，知道了對她來說也沒用，原來多少次出現過管了也沒用的情況。她老想打探我的情況，想起這些讓我心情不好。再說我的事兒她不該知道這麼多，她沒權力！她每次都是管得理直氣壯，自以為是，管砸了，殘局還要我來收拾。我明白她都是好心，好心是可以原諒的，但她把我惹急了。情況我比她了解，但她總是滿嘴瞎說，我煩了，跟她說沒用。」小今的媽媽確實長期以來一直沒有給孩子必要的幫助，而且幾乎總是弄巧成拙，越幫越亂。所以，小今不肯和媽媽談也在情理之中。但是，小今也堅持不和治療者談，令治療者感到有些意外。治療者鼓勵小今在適當時機表達出來，只有敢於表達出來才可能有勇氣戰勝它。小今還是很有悟性的孩子，面對治療者的理解、寬容和鼓勵，他說：「現在說不出來，隨著時間長了，也許以後就能說了。現在我心裡想說的話，對全世界任何一個人都不會說。也許時間長了，慢慢不在乎了，我對任何人都能說了。」小今一直和我溝通得很好，為什麼這個話題對他如此敏感？老師一直認為他「思想有點黃」，小今確實也有撩女廁所簾子，跳起來偷看女廁所等問題，怎樣看待這些問題，怎樣更有成效地幫助他？我感到有一定的困難。

第二節　全程操作上的各項討論

病人主訴問題的了解與病情的解析

整個情況說來，此個案的病情複雜，需要很用心去進行整體性的了解。根據會談的內容，我們可以體會到，到了青春期的小今，對異性開始感到興趣。比如，看有女人裸體的雜誌、動畫片光碟，或者想偷窺女生廁所等。可是這樣對異性感到興趣的行為，不被（學校）環境所接受，同學去告訴老師，老師又以傳播「壞事情」為理由，而對待病人，並沒有以這是青春期對異性感到興趣的通常心理與行為來了解與對待。結果感到老師對他不了解，只會責怪他，而

同學又喜歡告黑狀，而感到灰心，覺得無法待在這樣的學校，就產生想轉學校的念頭；也開始偶爾鬧情緒、不上學的問題。

後來為了在網上留言板批評老師，也批評同學，跟同學們發生衝突，互相攻擊對方，鬧到同學集體要打他，還得被老師與父母來解救，也被校長要求寫「悔過書」，不准再上網等，表現小今跟同學們也不懂得如何相處，有社會行為上的困難。

至於小今的年輕男性班導師，對待小今這樣的學生，並不理想。不但不會理解年輕人的心理，以長者循循善誘晚輩年幼學生的方式教導（只猶如同輩之間的爭執與鬥氣似的），還叫全班同學都不要去理小今此學生，採取對抗的行為，發生老師與學生的爭鬥局勢。

可是，小今為什麼會發生這些行為上的問題，讓我們探討一下他的家庭背景與個人的發展史。最顯著的事情是，小今在幼兒的階段裡，為了上幼稚園或學校的緣故，還有為了房子拆遷、為了父母鬧情感，常在姥姥、奶奶、父母家不同地方到處「轉換」居住，並沒有固定居住自己家的習慣與經驗；而有問題就得轉換，以解決問題（是目前想轉換學校是同樣的適應方式與機制）。小今認為，他幼小時，父母對他居住的安排，從來沒有想到要徵求小今本人的意見，憑大人自己安排與決定。但是他現在是青春期的青少年，想表現自主自立；現在覺得：「這麼多年一直聽他們的安排，現在我想我太冤了，我不能再壓抑自己了，讓自己受罪（要自己決定）」，因此，目前關於轉換學校的事，他想堅持自己的意見。

我們可以體會，他的父母有長期的婚姻問題，父母常有不同的意見。小今的問題與家庭是有關係的，特別是父親和母親兩個人之間、奶奶和姥姥兩家之間的不一致，對孩子有著長期不良的影響。即：養成「你對我錯」的兩端性看法，沒有折中或妥協的思考模式。

小今對於常為了小事而爭吵的父母很煩，而且沒有認同感（也不尊敬他們）。小今對權威者（老師）的不滿、爭執、不尊敬與反抗心理，跟自己對自己父親的不滿（覺得：「我爸就一直在旁邊說風涼話，他沒管過我，我不愛理他，想他就生氣」）有連帶的關係（是轉移關係的表現）。小今覺得跟他長年親近的大姨對他態度好，關心他，能閒聊天，所以他願意在大姨家住。相對的，對自己的母親總覺得不了解他，而且只要母親一插手，事情就搞壞了。在小今的心裡，對自己的父母沒有信心，無法溝通，也不能依賴。

總之，仔細看來，冰凍三尺非一日之寒，是過去長久的情況所醞釀出來的。只是小今目前到了青春期，很想表現自己的意見，跟老師、同學、家長都發生了相處困難的問題。而無法在此重點學校待下去，就要求轉學校，依靠「轉換」來解決問題。因此，只針對「要想轉學」的問題上去盤旋的話，不太妥當。小今說得好：「我媽只想到學習，沒想到其他方面，沒了解我的感受。只為了學習，不怎麼關心學習以外的事情，這是很大的錯誤。」

治療者與病人關係上的建立

小今過去曾經看過幾個心理輔導者，都感到不滿意。主要的是，覺得他們（跟父親或姑姑一樣的）只會批評他，說他對「選擇逃避嘗到甜頭了」，不會站在他的立場而理解他，並替他著想。因此，治療者很費心想跟病人建立好的關係，顯出對他的了解，並體會他的內心困難。這是輔導青少年時很需要注意的關鍵，要讓年輕人覺得治療者是站在他這一邊，來了解他，幫助他的。特別是像小今這樣，滿心都不滿他人（包括父母與老師）都不了解他的時候，是很要緊的事情。這點，治療者進行得很好，能馬上得到小今的信任與喜歡，是難得的結果。

治療個案的選擇與適合性

一開始時，治療者可能擔心病人是否會選上她為治療者，而對病人特別想下工夫；變成有點是：病人選治療者，而非治療者選病人的局面。但客觀說來，此病人頭腦好，可以討論自己的內心煩惱，面對著許多現實上的困難，很需要幫忙，而且有求醫治的動機，值得提供輔導。唯一的困難是，就如病人所說的：父母想依靠治療者來說服病人，叫病人恢復上本來的學校，繼續學習，而不要轉到比較差的體育學校。因此，治療者要弄清楚自己的輔導課題與任務是什麼，也要向病人及其父母有所交代，不要以轉學與否為輔導的主要目標，否則容易

陷入於非輔導可決定的課題。

會談的進行與技術

一般說來，會談不要過早鼓勵與支持病人，還得先仔細了解病人的核心問題是什麼。同時，不要僅在「理智上」的討論，還得探討「情感上」的問題何在！包括病人覺得哪些事讓他覺得很尷尬而不願意談，氣同學怎樣誤告他，老師怎樣沒道理地批評他，還那麼氣母親，都不要她上樓來一起會談等等……病人有許多情感上的問題！

病人的個性很強，有自己的特別意見，因此，如何在會談上跟他談話，表達意見，是技術上要很小心處理的問題。病人跟父母（以及老師）形成了「你對、我錯」、「聽你的，或聽我的」局面。治療者要避免跟病人發生這樣兩極端的相對局勢，要站在中間立場，幫助考慮各種情況，思考各種處理的方法，才能幫助病人心理上的成長。這是比選擇念哪個學校都還重要的基本問題。

病人對自己敏感的問題（暗戀女同學）不願意說，也避免談自己對異性感到興趣的問題。不知是因為治療者是女性，不好談這些跟異性有關的話題，或者擔心被批評有這些「壞」的念頭，而不敢開口，就不得而知。因此，治療者要考慮，是否尊重病人意見而暫時不去探討，或者是處理阻抗作用，而進行探討，是技術上的判斷與決定。

（樣本）會談的評論

治療者很充分、很小心地不跟病人爭論，也不負性地批判；並且處處褒揚病人自己能思考，能替自己著想，時時表達能了解病人的內心思考與痛苦，是很好的會談進行。可是治療者也不只是在支持而討好病人而已，有機會就讓病人去體會現實的因素，好幫助他能做比較客觀的決定。譬如：治療者向病人說：「我真沒想到，你有這麼遠大的志向！看來我確實沒有看錯，你是個很有頭腦的孩子。但是，如果你國中上了體校的話，將來考大學可能就比較困難了」，把現實上的要點（很中立但也很實在的）提出來，是很有技術的處理方式。

等到治療者跟病人建立了好的關係，治療者還能很客觀而實在地提出基本的要點，即：「不管將來是轉到體校、轉到另外的中學，或者回到現在的學校，你同樣還要面臨與同學的關係、與老師的關係、與家長的關係。同學、老師和家長固然有他們的問題，但是，我想我們也要從自身找找原因，有哪些是我們自己也要改變的，這樣才能從根本上解決問題。」治療者能這麼說，是把輔導拉到最要緊的方向去，是很好的會談措施。

治療操作上的策略與進行

是否站在孩子的立場幫助他爭取轉學校的事情，或者站在父母的立場來勸導病人，是治療策略上的要點性決定。過去的治療者曾經站在後者立場，批評了孩子，結果孩子不滿意。治療者要避免站在任何一方，以第三者的立場去分析問題的各種情況，提供意見。

最重要的，還得判斷並決定，要把輔導的焦點只放在「轉換」學校的問題，或者是放在他跟老師與同學相處的問題，跟自己父母的關係，或者自己的性格特點等，需要跟病人本身商討，決定輔導的課題。要考慮到需要決定轉學的時間上的因素。假如還可以往後做決定的話，就可以把輔導的中心先放在幫助病人去體會自己的性格、處理事情的方式、與人來往方面需要改進的問題。

在治療上，治療者要扮演是個比較中立，能提供對事情客觀考慮，幫助病人能自己思索，做自己的決定的角色；而千萬不要替他做任何決定，甚至強迫他做某種決定。這是對病人需要做人生重大決定時的一般性輔導要領。比如：是否上學或就業、是否出國或不出國、是否跟誰結婚、是否要分居或離婚等，都是人生裡重大事情的決定。治療者只幫助病人從各方面了解事情，考慮各種好壞的因素，然後，幫助病人本身能逐漸穩定心思，做他自己的決定。

特殊問題的處理

本個案開頭最棘手的一件事是，雖然治療者意識到在爸爸和媽媽的身上應該下更大的工夫，可是病人卻不喜歡自己的父母，而不願意跟父母一起與治療者會談，無法進行很需要的家庭治療。可是經由治療者的努力，讓小今體會到治療者的立場是以他為主，他才是治療者所關注的；最後，病人才同意父母參

與進來會談，是很費心而得到的結果。

讓治療者困惑的是：關於小今不肯和媽媽談他暗戀女生的事情，是在情理之中；但是，小今也堅持不和治療者談，令治療者感到有些意外。治療者認為小今一直和治療者溝通得很好，為什麼這個話題卻那麼敏感，還要隱私不談？況且，就如老師所指的，（根據一般同年齡的孩子比較起來）小今「思想有點黃」，小今確實也有撩女廁所簾子，跳起來看女廁所等問題，怎樣看待這些問題，怎樣更有成效地幫助他？治療者感到困難。可是治療者要體會，年輕男孩子對性的問題，很不習慣與大人談（只能跟同性的同輩朋友聊），特別是跟女性大人（母親），或者女性治療者，更不容易。治療者頂多能說明，青少年對性開始感到興趣，是很正常的，但有些事情還是跟治療者談談，可以體會如何處理這些對性的興趣。然後，就只好等著病人開口。就如小今自己所說的：「現在說不出來，隨著時間長了，也許以後就能說了。」

會談上還有許多事情要進行輔導。就如治療者所提的問題，即：小今為什麼一而再、再而三地被同學、老師和家長誤解？這可說是很重要的輔導課題。否則到別的學校，還是會發生同樣問題。就我們所得片段資料可以知道，他對自己的養護者到底是誰，要聽從誰，有點混亂。同時，小時可能被大姨等寵護，可是也時時擔心自己是否被好好對待，或者被不公平偏待等問題（如奶奶偏心孫女等）。這些傾向影響了他社會化的發展也說不定，值得繼續探討，並且幫助他矯正。

恐怕最要緊的問題是，治療者難以判斷：體育學校是否真正是他所熱愛的？或者只是對目前環境無法適應，而想找一個新環境來重新適應的情況。還有，治療者（跟父母一樣的）內心裡有個價值觀念，即：認為體育學校是比較差的（專業）學校。因此，不很熱心贊成小今的選擇，感到有點是冒險的決定。也就是說，治療者（跟父母同樣的）陷於價值觀念上的判斷，因此才困惑。可是治療者不能受自己主觀的過分影響，替病人擔心選擇是否妥當。治療者可以向病人表示，這是很難判斷的事情，連治療者也不知道，需要好好考慮。並且向病人說明，治療者只能幫助病人去思考，整理思路，幫助病人自己做最後的決定。這跟輔導成人一樣的，究竟：是否結婚、離婚，是否就職或出國進修等人生重大事情，只幫助來訪者去思考，並從各種方向衡量，好自己對自己的人生做決定；而不管來訪者的決定如何，治療者還是隨著來訪者的決定而繼續護航，提供「幫助」罷了。這樣治療者就不會覺得心理上有許多負擔與壓力，擔心病人的決定是好或錯了。

輔導的結果與結束

病人對治療者好感，願意繼續接受輔導，並且同意跟家長會談，都是輔導有進展的好現象。小今說：「我媽只想到學習，沒想到其他方面，沒了解我的感受。只為了學習，不怎麼關心學習以外的事情」，而治療者透過其所需的「治療性關係」，提供能了解小今，能體會其內心的困擾，能談學習以外的事情，就是很成功的輔導。至於是否轉學，不要用來衡量治療的結果，是來訪者自己要選擇的人生路途之一項決定罷了。

案例四　沉迷於網路世界，難以自拔的高中男生。（林紅）

第一節　個案報告與治療經過

個案報告

小木（假名），十七歲，高中一年級男生。由於自國一以來沉迷於網路世界，難以自拔，影響到學習，近半個月甚至不能上學，終於由父母陪同來就診。他們是外地的，要乘近十個小時的火車來北京治療。小木看來是個非常文靜的男孩，高高的個子，微胖，話不多，習慣低著頭。

小學五年級時，因為老師普遍反映小木注意力不集中，父母帶小木去當地精神衛生中心就診，但當時並沒有得到明確診斷。整個小學期間，小木學習還不錯，基本沒讓父母操多少心。但是，媽媽發現小木不善於交往，沒有要好的朋友，得不到周圍人的理解。現在回想起來，媽媽注意到小木從小就難以抵禦

賭博類的遊戲。他喜歡買能夠刮獎的泡泡糖，會一下子買很多很多，也不吃，只為刮獎。

國一上學期開始，小木上網開始比較頻繁。開學一個多月後，為了上網，被父母訓誡，結果十月份曾離家出走一次，十一月又一次；而且學習成績由班級十幾名逐漸下滑到最後幾名。沒有辦法，在國一的下學期，家長就送小木到一所封閉性的學校。該校每個班級的學生數量少，老師管理得也很細且嚴。小木很快適應了這樣的環境，一年之後，不怎麼上網了，學習成績也不錯。老師普遍反映小木用在學習上的時間有限，上課小動作也多，但是他智力還好，學習並不費勁。小木的一切逐漸上了軌道，家長也慢慢放下了心，不再提心吊膽了。

不巧的是，在小木上國三時，這所學校換了新的主管。新主管的教學理念與原來有很大差別，學校管理一下子鬆懈下來，周圍的同學就開始經常翻牆去校外上網，夜不歸宿也時有發生。抵擋不住上網的誘惑，小木也慢慢地和同學們跑出去上網了。無奈之下，國三下學期，家長又把小木接回本地原來的學校念完國中。

國中畢業後，小木沒有考上重點高中。但是，媽媽認為普通高中風氣不好，擔心對孩子的未來發展不利。因此，安排小木又在原來學校重讀了一年期間的國三。儘管又複習了一年，第二年小木還是沒有考上重點高中。媽媽聽同事說，小木姑姑所在的外地一所城市，高中考試的錄取分數比較低，也容易接著考上大學；可是，需要花非常多的錢在那裡買房子，才能把孩子的戶口遷過去。因此，媽媽託姑姑幫忙找關係，同時，小木的父母也賣掉家裡的房子，才湊足了這筆費用，終於把小木的戶口遷到了這所城市。於是，小木轉學到該外地城市，跟著姑姑住，並上高中。父母則在原地借住姥爺的家。

爸爸有時會埋怨媽媽賣掉了房子，導致小木一家人現在住在小木的姥爺和姥姥空下的房子裡。但是媽媽說，當時也是徵得了爸爸的同意才決定這樣做的。

根據小木說：他自己也想學習，但覺得學習無聊，學不進去。小木主要是玩網路遊戲，一次次地闖關成功，得到升級，配備上高級裝備，令他著迷，有成就感。在學校沒有條件上網的時候，就感到無聊。為了打發時間，小木也看網路上的玄幻小說（玄幻小說中的人物往往能力超凡，可以滿足其誇大的幻想）。目前，小木在玩網路遊戲玩膩了的時候，為了換換口味，也會玩一些娛樂性的遊戲。因為爸爸和媽媽覺得玩遊戲絲毫沒有用，有時會打他，發生比較激烈的衝突，也就如此，小木有幾次跑出去，甚至一個晚上都不回家。

小木第一次出走，並不是因為當時和爸爸媽媽發生了激烈的衝突而憤然出走的。媽媽還清晰地記得，小木第一次出走前曾留給父母一封信，媽媽看了心疼難受，以至於很長時間都不敢再看。在信裡，小木提到：「沒人理解我，我也沒有朋友，你們都把我當小偷一樣防備，在現實中誰理解我呀？我只能在網路中尋找快樂。我也想過自殺，但我下不了手。」媽媽說信寫得很淒慘，最後的落款是「小男孩的絕筆」。媽媽說，透過治療才認識到當時孩子應該是挺迷茫的，也挺熱愛學校。因為在這封信裡，已經決定要離家出走的小木還要媽媽跟老師請個假，他說：「我不願離開我念的學校。」

在會談裡，對於父母為了小木所做的「一次次費心的安排」（如買房子，以便轉地就讀），治療者曾經問父母是否事前和孩子商量過，才做決定；父母含笑說沒有，怕小木不同意。小木生氣地說，自己的事情父母從沒有和他商量過，包括這次來北京看病，父母也是自做主張，買好了火車票才告訴自己的，小木覺得很煩；但是，最後還是聽從了父母的安排，跟著來北京就診。媽媽說，從小只要是大人發脾氣要他堅持去做的事情，小木最後都能執行。

但是，媽媽也發現，從國三重讀這一年，即小木十五歲開始，小木的個性變強，與父母的衝突越來越多，脾氣也越來越大。到了高中，經由父母的特別安排，小木轉到外地去住在姑姑家，以便上當地的高中，但剛開始時，小木特別不願意去異地的學校。勉強去了以後，上軍訓時，與教官發生衝突；小木強烈向父母要求回家，但父母沒答應。接著，也跟體育老師發生衝突。小木在跑步的休息時間，把他自己的腳擺放在體育老師的汽車上。老師看了很不高興，對小木說：「這不是你的車，你不心疼。你怎麼不把你的眼鏡扔地上踩兩腳啊。」小木聽了，覺得老師說話不好聽，就憤而把自己的眼鏡當場扔地上，踩了幾腳。

就這樣，在異地念高中，開學沒經過一個多月，小木就開始出現頭暈、眼

睛看不清東西、嘔吐等症狀。這些症狀一般在上學之前或上課過程中發生，放學之後很少發作。看了醫師，也做了各種檢查，都沒有發現軀體性的問題。十一月中旬，媽媽只好去小木所在的城市陪伴了小木半個多月，期間小木一直在上學，沒有過頭暈等症狀的發作。十二月初，媽媽回家了，小木又開始生病不上學。因小木請病假太多，老師終於提出不再准許他休病假，無奈，小木因此與老師發生了衝突。小木覺得老師不理解他，心裡很難受，故意與老師槓上。老師不允許休假，他也休，每週五天他只上兩、三天課，功課越來越跟不上。就這樣，到十二月底，小木徹底不去上學了，媽媽只好把他從外地接回家裡。

回到家之後，小木很懶散，不愛活動，哪兒也不去，自己一個人也不願意去上網，有幾個小木過去的同學，現在也不再上學的，來找他一起去上網。

從學習方面說來，小木的數理化成績向來不錯，但是英文就特別差；他不願背，不願學英語。知道英語有用，但是學不進去，一看英語書就頭暈。

治療經過

面談了三次，接著電話會談兩次，目前還在治療中。

第一次會談

是父母帶小木一起來的。了解了基本情況之後，我問小木打算怎麼辦？小木說：「覺得還是得上學，不上學沒有出路，但是又學不進去。」因此很煩惱。當治療者問他：「為什麼覺得還是得上學」時，小木回答：「找一個好工作。」治療者問：在他看來好工作的標準是什麼，小木有點怯生生地說：「起碼能養活自己，不是太苦。」爸爸媽媽希望能夠繼續治療，問到小木的態度，小木也表示願意來接受我的治療，因為「說到我心裡去了」。治療者建議小木回去做兩件事。首先，運動起來，以改善情緒，並且逐漸減少上網的時間；其次，自己規劃自己的未來，思考該怎麼辦？

第二次會談

一週後，父母帶小木一起來進行第二次會談。父母很著急的樣子，而小木在一旁無動於衷，幾乎不說話。我（治療者）要小木做決定，與父母一起會談，還是我倆單獨談。小木說：「無所謂，反正你也會告訴他們。告訴他們也無所謂，反正他們也都是為我好。」看得出，小木對於與治療者會談保密的問題還是心存顧慮的。當著父母的面，我（治療者）向小木做出了「保密」承諾，也希望父母能夠理解。父母主動離開了診室，結果感覺到小木稍稍放鬆了一些。

說到父母，小木說：「我覺得他們（指父母）挺自以為是的。他們認為非常了解我，但實際上他們根本不了解我，差距挺大的。」談到自己，小木說：「我自己沒有主見，容易受周圍同學和環境的影響。比如有同學叫我去網咖，我本來可以不去。就是去了，如果自己有自制力，能夠克制自己，也可以不沉溺。但是，我不僅去了，還克制不住自己，沉溺進去了。我們學校附近有許多網咖，也給我上網提供了方便條件。」關於自己的上網歷程，小木說：「一開始父母沒在意，不怎麼教育我；後來，他們知道了，都打過我。最厲害的一次，爸爸打得我流鼻血了；媽媽拿笤帚打過我。有時打得厲害，我想不去了，但克制不住自己，又去了。

「到了國二，上封閉性的學校，管理嚴，出不去了，加上學習挺好的，我就沒去。後來，學校管理鬆了，同宿舍六個人，有四個人出去上網，有時就剩我自己，沒人說話，又和同學去網咖了。剛開始陷得不深，那時候上網還不是很厲害。國三下學期，轉學回來。剛回來時，沒見到幾個上網的，有時和同學出去打籃球。後來，見到很多上網的，特別是班裡有同一個小區住的同學上網很厲害，放學後叫我也去上網。打籃球沒有上網誘惑大，我也不住校，在家有時間，所以上網就厲害了。開始上網的時間不長，也沒有覺得對自己有什麼影響。後來影響到了學習，當成績下降很快時，我意識到了，但克制不住自己了。高一剛開學，成績挺好，可是不習慣在外地跟姑媽家住。後來身體病了，上課跟不上，老師講的聽不懂，覺得上課沒意思，就又上網了。」

看得出來，小木非常容易受周圍環境的影響，不管是周圍的人還是生活環境，對他的影響都很大。治療者認為他這樣的特點，固然與他天生的個性有關係。但是，長期以來，父母過多的包辦代替，使得小木始終難以有機會鍛鍊和提高自我管理能力，從而養成了消極被動的習慣。

問到小木的打算，小木說打算開學後上高中，以後考大學，找個不要太辛苦、差不多的工作。討論目前面臨的困難，小木說最大的困難是英語課跟不上。從國中開始，小木英語一直非常差，沒怎麼學。找家教補課他也聽不進去，沒興趣。媽媽說，從小就花錢給小木補習英語，不知為什麼還這麼差。小木說在小學四年級，媽媽給他報的英語學習班，大部分是比自己小很多的小孩兒在學，全班只有自己年齡最大，個子又高，小木一直感覺很彆扭，上課聽不進去，也很少參與課堂的活動。經歷這樣的彆扭經驗以後，後來即使在學校上英語課，小木也已經養成了不參與的習慣，多年來一直對英語比較牴觸，難以激發起學習英語的興趣。

對小木的打算治療者表示肯定，建議小木還是要運動起來，嘗試去體會運動對自己情緒的影響，還可以藉此逐漸減少上網的時間。在逐漸調整好情緒的基礎上，思考如何解決英語課跟不上的問題，為回學校上學做準備。同時，請父母學習把決定權和管理權逐漸交還給孩子，逐漸讓孩子學習為自己的行為負起責任。

在討論如何解決小木英語課跟不上的問題時，媽媽說為小木請過家庭教師，但是他聽不進去，最後小木自己不同意請了。因為他英語基礎太差，國中的程度都不會，所以，上課時聽不懂，也聽不進去，導致現在差距越來越大。治療者建議小木花時間好好補習英語，想辦法突破這一最大的瓶頸問題。建議可以聯繫口碑比較好的英語學習班，學習經典的英語教材，從基礎補起。但是，小木對治療者的建議無動於衷，他說自己對英語學習「沒興趣」。看起來小木沒有動力要改變目前英語學習的現狀。

第三次會談

一週後進行，媽媽帶小木一起來的。由於當天在會談之前剛好有一個我（治療者）負責主講的公益講座，在所裡舉辦，題目是：「心理諮詢，您做好準備了嗎？」小木的媽媽知道了，就進來聽講座；而小木自己卻趁機去附近的網咖玩去了。媽媽聽完講座之後，小木還沒有回來，媽媽特別去外面網咖找小木。媽媽一個人先回來的，一臉無奈，滿身的疲憊掩飾不住。終於有這樣一個機會單獨和我會談，媽媽急不可耐地一下子倒出了她的心裡話，然而話未出口，兩行清淚留下臉頰。

與母親的會談

媽　媽：我看不到希望。您講的那個不能上學的孩子還知道怕別人看見，而我這個孩子沒有恥辱感。

治療者：怎麼沒有恥辱感？

媽　媽：每天不去上學，他一點也不覺得不好意思。

治療者：你和孩子談過嗎？你覺得不能上學，現在他的心情是怎樣的？

媽　媽：和他沒法溝通，刀槍不入，不容易敞開心扉。

治療者：你認為他的心情怎樣？

媽　媽：我看他也不著急。眼看就要開學了……

治療者：你覺得他的心情會很好嗎？

媽　媽：應該不會吧，他有時候也主動和我說想上學。

治療者：在我看來，他是一個很想上進的孩子。他渴望上大學，渴望有好的工作，他也不願意一直這樣在家裡待下去。但是，他現在上課聽不懂，想克制自己不去上網又克制不住，所以，他很痛苦，他的煩惱一點兒不比父母少。

媽　媽：也許是吧。我想起來了，我抄了他在姑姑那裡上學期間，在網上聊天時的一段話：「眺望眼前，前途是一片迷茫，空曠的一片漆黑，找不到我的路在哪裡，更看不到所謂的可笑的希望。我到底該幹些什麼呢？世界這麼大，哪裡有我的舞台呢？又一次離家出走，只想讓自己靜一靜，找一找自己的路。」

治療者：他真的很有文采，我都被他的語言打動了，挺心疼他的。

媽　媽：他姑姑看到，也就掉眼淚了，說孩子心裡多苦啊。

治療者：我能理解，孩子的痛苦是真實的，他看不到希望。換成我們大人，在無路可走的時候，也是很痛苦和無奈的。

媽　媽：我覺得他有點玩世不恭，還說「所謂的可笑的希望」。對這孩子

我有一種陌生感，越來越陌生了，好像不是我了解的孩子。我還發現他抽菸。原來討厭爸爸抽菸、喝酒，原來說過這輩子絕對不會抽菸、喝酒的，他怎麼會抽菸呢？特別追求物質的享受，不管是怎麼來的，也不管將來會怎樣，只要現在擁有，就要去享受它。可能也是我們從小嬌慣的，沒有肉就不吃飯。國三時，開始懂得追求名牌，但沒有發現交女朋友。聊天記錄中勸朋友別忘戴安全套，又讓我吃一驚。

治療者：孩子大了，不管我們願不願意，父母只能逐漸放手。外面的世界很精彩，外面的世界也很無奈，孩子只能獨自去面對這些誘惑和陷阱，這是父母無法替代的。有智慧的父母，並不是強求孩子無條件地完全服從家長的要求，而是培養孩子應對這些挑戰的能力。這樣的話，即使我們不在孩子的身邊，孩子也有能力應對這些生活中的挑戰。

媽　媽：孩子常說，人來到這個世界就是受苦的。翻看他小時的照片，那麼開心。從上學之後，就一直沒有那麼放開過。想想這個孩子也很可憐的（說到這裡，媽媽眼圈紅了）。班級特別大，一個班八、九十人。老師一向家長告狀，我們家長就著急，不分青紅皂白地說孩子，孩子也受了不少委屈。在他上小學的時候，我對他挺嚴的，有時我還打他。主要是輔導他寫作業時，看他寫得不好，我順手就給他一個耳光；或者打一下，把作業撕了，讓他重寫。打得最厲害的一次是小學四年級，為了能和我一起去姥姥家找表妹玩，他騙我說作業寫完了。被我發現，狠狠打了他一頓。拿著高跟鞋砸他，結果把我自己氣得都暈了，躺在床上不能動了。小木小時，我們三口人和我的奶奶一起住，他爸爸經常不回家。

治療者：你和他爸爸之間感情有問題嗎？

媽　媽：感情上沒有問題。他好像不願對家庭負什麼責任，一聽他自己的父母打電話找他，他爸爸說頭都疼，不願管，嫌麻煩。公公婆婆對我特別信任，有什麼事情都只好找我。

治療者：看得出來，你是個好媳婦。他爸爸不回家，你是什麼心情？

媽　媽：回家一看到他不在家，就發火，把火撒到孩子身上。現在想起來對孩子有愧疚，不想讓孩子就這樣「混」下去，盡量想把孩子拉回來。但是我知道，太難了（說到這裡，媽媽已經泣不成聲）。昨天晚上，爸爸喝了點兒酒，爸爸和孩子都動搖了，說今天不來了。

治療者：男孩子大了，爸爸要更多地影響他。爸爸和孩子關係怎麼樣？

媽　媽：從小爸爸工作就很忙，不怎麼管孩子。但他看到了就要管，特別囉嗦，管得還特別細。爸爸一管就發脾氣，挺嚇人的。爸爸態度不好，不冷靜，常說些過頭的話。比如，衝著孩子吼：「走吧，滾！」所以孩子經常摔門就走。爸爸平時不善於溝通，不喝酒時不談，一喝酒就非要和兒子談。對兒子談的不滿意，就動火。喝了酒之後就發牢騷，發脾氣，脾氣特別急。

治療者：爸爸發什麼牢騷？

媽　媽：把他（指兒子）趕出去算了。他是誰呀？我爸小時候怎麼對待我的？當時我多怕我爸，都不敢和他說話……就是這些話。

治療者：孩子和爸爸關係怎麼樣？

媽　媽：從小孩子就不喜歡爸爸回來。我和他爸爸也談不到一塊兒，在家庭中得不到幫助，很無助的感覺，所以，我一直想尋求專業的幫助。我都想和他分開了，不知道該怎麼辦？

治療者：為什麼要和小木爸爸分開？因為孩子的緣故？

媽　媽：我實在太累了，我感覺自己都要撐不住了。有時候我覺得，他（丈夫）比孩子還讓我費心，和他說不通，想分開算了。

治療者：如果是你們夫妻之間感情的問題，可以考慮分開的問題。如果是因為孩子，大可不必，你們夫妻還要達成同盟，共同來幫助孩子呢。其實在幫助孩子的過程中，整個家庭都會受益的，包括你們夫妻的關係。

媽　媽：我知道。其實我也很需要幫助，我一直想找個心理醫生幫幫我。我想了，就是他們倆都不來，我也要來。

治療者：你很有智慧，我願意幫助你！看得出來，在你們的家庭中，你是起著關鍵作用的重要人物。你的改變會帶動孩子和爸爸的改變。我也知道，現在是咱們全家最艱難的一段時光。孩子對未來看不到希望，爸爸也看不到希望。可是，如果我們放棄了，就是百分之百徹底沒有希望了，付出的很可能是孩子一生的代價；如果我們堅持，就可能有希望，就可能有奇蹟發生。所以，我認為沒有其他選擇，事已至此，只有咬緊牙關堅持住，不放棄最後一線希望。

媽　媽：我也這樣想。就是掙再多的家產也不能替代他自己的發展。寧可我自己不工作了，只要能幫助他，我也願意。今天是最關鍵的，怎麼啟發起他自己要求幫助的想法？林大夫，就靠您了，您一定得幫我。如果他自己不想來，我一點辦法也沒有。他爸爸那邊我還能說得了，孩子這裡我只能靠您了。

治療者：我注意到孩子的求助動機不很強烈。在治療的早期階段，加強來訪者的求治動機是最重要的課題，是治療的基礎，我會盡力的。

媽　媽：我還有一個問題。孩子一直是我帶，和我關係還不錯。現在大了，嫌我囉嗦，有一次問我：「你囉嗦得想讓我發瘋，你害不害怕有一天急眼時我會打你呀？」

治療者：你怎麼回答的？

媽　媽：我也不知道該怎麼回答。我說：「媽媽知道你是好孩子，不會打媽媽的。」

治療者：你認為他為什麼這麼說？

媽　媽：我也很奇怪，可能我太囉嗦了？

治療者：他是個好孩子，他和媽媽感情很深。但是，媽媽囉嗦得讓他發瘋，他擔心自己有一天會控制不住自己，真的動手打了媽媽，這是他害怕發生的。

媽　媽：我覺得有道理。這個孩子太了解我了，總是磨我答應他的一些條件，但是他得到了之後，他答應了的卻不做，最後不了了之。他爸爸為這也老生我的氣，說我給他慣壞了。

治療者：很多網路成癮孩子的家庭都有這樣的特點。所以說，不僅孩子需要改變，父母也需要改變。父母要學習如何做父母，怎樣主動滿足孩子的合理要求，狠下心來堅決約束孩子的不合理要求，並且說到做到，公平合理，讓孩子心服口服。當然，你不要太著急，咱們慢慢來。我已經有過很多次成功的經驗了。有的媽媽比你嚴重多了，剛來我這裡說自己不想活了，被孩子折磨得生不如死。經過一段時間的治療，有能力拒絕孩子，敢於和孩子說「不」了，和孩子的關係反而更親近了。我對你有信心，關鍵在堅持治療。

孩子已經在外面等了一會兒了，咱們先談到這兒吧。今天要多花些時間和孩子談，給孩子情感的支持，使孩子看到希望，他才會有信心努力走出困境。

與小木的會談

治療者：小木，快請進。抱歉，讓你久等了。

小　木：（有禮貌地說）沒關係。

治療者：今天媽媽心情不太好，和我多說了一會兒。媽媽特別著急，覺得治療進展不大，開學的日子越來越近，不知道該怎麼辦了。你怎麼看待心理治療？剛才我主持的講座「心理諮詢，您做好準備了嗎？」你怎麼沒聽啊？太遺憾了，大家普遍反映特別好，可惜你沒來聽。

小　木：我以為是媽媽聽的，沒有我的事兒。

治療者：也怪我，沒特別囑咐你。沒關係，咱們開個小灶，最重要的內容我願意和你一起分享。關於心理治療的誤區，有人說心理治療應該「一次見效，一勞永逸」。有的來訪者來了之後，我說需要一

段時間的治療，當時就問我，怎麼還需要來啊？你怎麼想？

小　木：一次不可能解決。

治療者：為什麼？

小　木：問題是很長時間積累形成的，怎麼可能一次就解決？

治療者：小木，你真是很有思想。這麼多年積累下來的問題，怎麼可能談一次就全部解決呢？如果有人這樣承諾你，反而要小心。但是要談多久呢？你有沒有過這樣的疑問，我都已經談過兩次了，怎麼還沒好啊？

小　木：（不好意思地）有過。

治療者：說到這裡，我們要探討一下心理治療的目的是什麼？你為什麼跋山涉水這麼遠來尋求我的幫助？你期待怎樣的一個結果？

小　木：慢慢快樂起來，對學習慢慢有興趣。

治療者：你的標準還很高啊，給我壓力了。

小　木：（笑了）是嗎？

治療者：快樂起來，這是非常高的境界了。

小　木：（難以置信地，又有點興奮）是嗎？

治療者：是的！因為大多數人還沒有意識到要追求快樂。我發現你還真是很有智慧。記得咱們第一次見面，我就告訴你，我認為只要你能調整好情緒，對學習有了興趣，把心思用在學習上，學習對你不成問題，因為我判斷你的智力水平還很高呢，至少不低。

小　木：我現在很不快樂，覺得學習無聊，學不進去，很煩。

治療者：你的情況確實很適合心理治療。心理治療的目的在早期就是解除來訪者的症狀與痛苦，後期是幫助來訪者促進人格的成熟和完善。從這個意義來說，在你這樣的年齡，遇到一些困難，從而有機會尋求專業人員的幫助，學習如何認識問題和處理問題，不僅不是一件壞事，反而可能是一件好事。

小　木：（表示質疑）怎麼會呢？

治療者：我給你舉一個例子。有一個孩子，兩年不能上學，經過我十幾次的治療後重返校園了。我問她的感受，她說在別人眼裡，自己這兩年是一個坎兒，經歷了那麼多磨難。但在她自己看來，她因此而學習了很多，學會愛護自己的心靈了，她認為這些對她將來一生都有意義。她學會站在別人的角度看問題，她學會處理和同學、老師、父母的關係了，現在她的生活充滿了陽光。但是，確實不能著急，要允許自己和家長慢慢改變。你的用詞還是很講究的，你說：「慢慢快樂起來，對學習慢慢有興趣。」你感受到了痛苦，有改變的願望。而且你還很聰明，有很強的領悟能力，我能夠看到治療的希望，所以，我才願意幫助你。我可不是對什麼人都會答應繼續治療的。你願意繼續治療嗎？

小　木：（笑了）願意。

治療者：為什麼？

小　木：因為我想度過一個完整的人生，起碼經歷大學，經歷創業的辛苦，經歷自己創業收穫的果實。

治療者：小木，你很有想法，而且你也很有文采，我都被你感動了。我要好好回味你剛才說的話，「我想度過一個完整的人生，起碼經歷大學，經歷創業的辛苦，經歷自己創業收穫的果實。」你不僅僅要收穫果實，你還願意經歷創業的艱辛，因為你想度過一個完整的人生，完整的人生並非只有成功，也要經歷失敗；並非只有順利，也要經歷磨難。我更願意幫助你了。還有一點，有人認為心理治療就是一切交給心理醫生。有的來訪者到我這裡，大夫，這回就指著您了，您說怎麼辦就怎麼辦。你認為這樣的想法有什麼問題嗎？

小　木：不能光靠心理醫生，自己也得努力。

治療者：說得太好了！你最多每週能來我這裡一次，我們討論對一些問題的看法和如何處理，我會提出一些建議，你要思考，回去要做。在做的過程中發現新的問題，不斷進步。所以，來訪者自己的努力必不可少，而且是至關重要的。

小　木：好。

治療者：一言為定，我們共同努力吧。

在這一次的治療中，小木告訴我：「國一剛上網成癮的時候，爸爸讓我跪洗衣板，做飯時專挑我不愛吃的做，不吃還不行。那時我挺不高興的，覺得自己受虐待似的。上國三之後，爸爸不打我罵我了。他在清醒的時候，不那麼愛發脾氣了。能說說笑笑，有時還能和我（小木）友好地鬧一鬧。只要是在他（爸爸）高興的時候就行。他不高興的時候，我就不和他說話。爸爸晚上沒在家吃過飯，一週有多半時間晚上是（酒醉）不大清醒的，我一般不搭理他（爸爸）。他喝多了回到家，一般我就睡了，他高興和不高興的時候都要把我弄起來。不高興的時候，要訓我，我不理他，他就生氣地摔門走了；有時高興的時候，弄起來找我說話。我睏了，要睡覺，反抗他，他就生氣了，摔門走了。而在我小的時候，他不大和我說過話。表面上看來（我對他）沒有多少感情，但在他受到傷害的時候，比如他喝醉酒而頭疼難受的時候，我會心疼他。」

談到媽媽，小木還是很動感情的，他說：「從小和媽媽在一起時間多，感情也非常深。這兩年我表現得有點冷漠了，不知道為什麼。」說到這裡，小木的眼淚一下子湧了出來，這是小木第一次動情，我（治療者）彷彿看到了治療的一剎那希望。輕輕遞給小木一張紙巾，我說：「媽媽也很苦惱，不知道該怎麼辦。媽媽說有一次你問她，說她囉嗦得想讓你發瘋，你問媽媽害不害怕有一天急眼時你會打她。你是怎麼想的？」小木回答說：「有好幾次，她嘮叨得一說話我就急。我原來脾氣沒有那麼暴躁，她對我也沒有那麼好。現在對我說話太柔了，一點兒脾氣也沒有，不知道怎麼回事兒。可是，她越這樣說話我越火。特別容易著急、上火，控制不住。她老是對我低聲下氣的，好像求我似的，我特別生氣，好像發自內心煩她似的。從內心感覺特別討厭，討厭她可憐巴巴的感覺。」我向小木解釋，正是由於他愛媽媽，心疼媽媽，才不喜歡看到媽媽一點兒脾氣也沒有的樣子。徵得小木的同意，我告訴了媽媽孩子的感受。鼓勵媽媽把握好分寸，既要理解孩子，也要有能力行使父母管理孩子的職能。這樣的話，不僅有利於孩子的成長，也有利於自身的健康。同時指出，處於青春期的男孩子更需要爸爸的鼓勵和引導，而小木的爸爸不僅自身有很多問題，在與孩子相處上也存在非常多的問題，是這個家庭中特別需要幫助的對象，要媽媽能夠正確認識並引起足夠重視。

電話會談

由於路途比較遠，又趕上過春節，接下來安排了兩次電話會談，代替面談。

第一次電話會談——

小木沒有按照事先約好的時間在家裡等著通電話。爸爸那晚喝酒了，快九點了回到家，看到小木不在家，爸爸非常生氣。爸爸埋怨媽媽，沒有給孩子立好規矩，這麼晚了，孩子還沒有回來。爸爸還埋怨媽媽總是聽她家裡人的話（小木的姥爺在小木國一剛出現問題的時候，就建議父母帶孩子接受治療，但是，爸爸不肯接受），說：「你家人說的都是對的，折騰著給他看病，怎麼不見成效啊？」爸爸把家的門鎖住了，而且不允許媽媽給孩子（小木）開門進來。一個多小時後，小木回來了，推不開門，小木也沒有說話，掉頭就走掉了，沒有回家。孩子走了之後，爸爸更加來氣了，說：「你不用管我了，我也走了。我身體狀況這麼不好（爸爸近兩年發現有腰椎間盤突出，血壓高，血糖高，而且工作的環境有放射線。原本一向身體健康、不知道勞累的爸爸，現在經常感覺乏力），得照顧照顧自己了。身體就是好，也就十幾年的好時光。我就是這樣，我就是這麼個人。」媽媽攔不住，爸爸也離開了家。孩子走了，丈夫也走了，媽媽感覺很無奈。她說：「我處理問題也有欠缺，容易情緒化。他（指丈夫）態度不好，一鬧騰，我就忍不住。他鬧著要走，我就生氣說他：『你看我肅靜，我心情好啊？你還鬧騰！』在孩子身上，我也控制不住自己的情緒。其實我的脾氣也很暴躁，孩子小的時候，也經常打孩子。現在，孩子不滿意，老公也不滿意。我覺得自己真是太失敗了。」

第二次電話會談——

由於我（治療者）的原因，電話打晚了；電話打去，小木已經先睡了，沒跟小木本人談，只跟母親談話。媽媽說孩子網癮越來越大，很少在家，同學一

叫就走了，回家就想睡覺。媽媽說他確實玩得太累，只要回來得早，就早休息。現在每天上網七、八個小時，有時玩得都頭疼。過年親戚朋友給的幾百元壓歲錢全都要走了，全用在上網。現在媽媽已經不再像原來那樣，小木一要就給他錢了，而是要他去找爸爸要。但是，媽媽又擔心小木沒有錢會想別的辦法，比如偷錢等辦法怎麼辦？媽媽說小木求助的願望不強烈，但也沒有說以後不談了。媽媽在嘗試和孩子表達情感，但是媽媽有顧慮，「一到要表達感情的時候，就怕過了頭，他又覺得我低三下四了。」我要媽媽舉個例子。媽媽就舉例說：「我說：『媽媽理解你的痛苦，你自己也不願意老去上網，你也是把握不住自己。我也不是求著你，我是為了幫助你，為你的未來著想。』我有時也發點小脾氣，他向我要錢時，我說：『不行，絕對不行！我是為了幫助你才這樣做，對你不好的事我不能允許。』」治療者問媽媽，效果如何呢？媽媽笑著說：「我強硬了，我一看他，他表現得嘻皮笑臉的，好像在和我開玩笑似的。」聽來，媽媽企圖改變她對待小木的態度，媽媽在成長。治療者問到爸爸對治療的態度，媽媽說爸爸不是十分反對，還在催著媽媽與治療者聯繫確定是否還要繼續治療的問題。爸爸一方面催著媽媽：「你得給大夫一個回話呀？」一方面埋怨說：「怎麼不見成效啊？都是你折騰的，繼續折騰吧。你到底要他（小木）咋著？」

媽媽說：小木提出要家長給他轉回當地的普通學校上高中，但是，爸爸暫時沒有答應，很有顧慮。一方面擔心學校風氣不好，小木會學壞；另一方面擔心小木目前還難以適應學校的正常學習。

治療者的感觸與問題

說實話，對小木的治療，治療者心裡不是很有信心。路途遙遠是客觀的制約因素，更關鍵的是，小木已經十七歲了，在媽媽和爸爸又都難以發揮引導和約束孩子作用的情況下，如何激發起小木改變的動機，並採取切實有效的行動，如何更卓有成效地幫助爸爸和媽媽？治療者有著太多的困惑。

在治療者看來，小木並沒有太多的壞毛病。他性格溫和，做事有理智，希望回到學校。然而，他確實面臨著很多現實的困難，導致他回學校的路注定並不平坦。例如，他英語基礎太差，聽不懂；不會和同學打交道，夥伴關係有問題；不會與老師打交道，師生關係有問題；與父母關係的問題，嚴重影響小木的情緒，以及他處理問題的方式。最關鍵的是，小木缺乏生活的激情。在他看來，學習是極其無聊的，他只是在打發時間。目前，他尚且沒有真正要改變的動機，更不要談到切實有效的行動。比如，在討論如何解決英語學習的困境時，小木採取的是放棄的態度，根本不想辦法。治療者建議小木開始運動，小木要麼說沒有人陪著，不願意去；要麼說有同齡人打球，但是不想去。所以，如何激發起小木要改變的願望，我認為是最大的困難。

小木的爸爸也是我治療的難點。在前兩次的會談中，儘管他父母都來了，但是基本上一直都是媽媽在發言，爸爸幾乎沒有開口說話。有時對於媽媽的話，治療者會徵求爸爸的意見，爸爸對妻子的話總是謙和地點點頭，好像非常認同的樣子。因此，在前兩次的治療中，儘管爸爸來了，治療者卻沒有意識到爸爸的問題。由於第三次治療爸爸沒有來，媽媽終於有機會說出她自己的心裡話，使得爸爸的問題終於得以浮出枱面。而這位爸爸不僅自身的問題多，與孩子和妻子的關係都存在非常大的問題。在爸爸治療動機不足的前提下，如何幫助爸爸，我感到困難。

小木的媽媽幾乎是支撐我能夠堅持繼續治療下去的唯一的希望，不僅因為小木的媽媽自身需要幫助，而且因為她還肩負著影響小木和爸爸的重任。但是，怎樣做到最大限度地幫助媽媽？我仍然心存疑惑。

第二節　全程操作上的各項討論

病情的了解與解析

為了討論此個案的治療操作，首先需要說明與討論此個案的病情，做個比較徹底的解析與了解。而病情的解析，可從幾個方面來逐步進行，包括：早期經驗、父母對個案的養育與關係、個案的性格傾向、病情的發展，以及目前的問題。

早期經驗——小木小時，父母跟小木三口和奶奶一起住，但爸爸經常不回

家；而小孩從小就不喜歡爸爸回來。母親在外工作，回家一看到父親不在家，就發火，把火撒到孩子身上。表現父親的行為影響全家的氣氛，也影響小孩的情緒發展。

小木從小就喜歡刮獎的泡泡糖，會一下子買很多很多，也不吃，只為刮獎；難以抵禦賭博類的遊戲。

父母對個案的養育與關係——由於父親常不在家，母親就把全副精神放在兒子身上，「從小嬌慣，沒有肉就不吃飯」。

爸爸工作很忙，不怎麼管孩子。但他看到了就要管，特別囉嗦，管得還特別細。「平時不善於溝通，不喝酒時不談，一喝酒就非要和兒子談。對兒子談得不滿意，就動火。喝了酒之後就發牢騷，發脾氣。」很顯然，父親的酒癮、跟孩子的溝通、來往與管教都發生問題，沒有定型的關係來往。

個案的性格傾向——母親描述：「不善於交往，沒有要好的朋友，得不到周圍人的理解。」小木自述：「我自己沒有主見，容易受周圍同學和環境的影響。」治療者也指出：「父母過多的包辦代替，使得小木始終難以有機會鍛鍊和提高自我管理能力，從而養成了消極被動的習慣。」值得一提的是：父親的好酒與兒子好上網是同樣的迷惑與依賴問題的表現，是同工異曲的性格上問題。

病情的發展——小木小學畢業，上國一以後（可能學校的管教程度改變，或者是年歲的因素），上網開始比較頻繁。被父母訓誡後還曾離家出走；而且學習成績逐漸下滑。送到一所封閉性的學校，受嚴格管制，一年期間不怎麼上網了；可是學校管理一鬆懈下來，就又跟隨同學開始經常翻牆去校外上網，重現問題。

國中畢業，沒有考上重點高中，被父母特意安排到外地城市，跟姑媽住，念高中，可是適應不好，跟老師發生衝突，自己也生病，呈現心身症的問題；只好又回家，停止上學至今。

目前的問題——他自己說想上學，也想學習，但覺得學習無聊，學不進去，只好迷於上網。自己覺得：「前途是一片迷茫，空曠的一片漆黑，找不到路在哪裡，更看不到希望。」

治療個案的選擇與適合性

客觀條件的困難——長途而來就診，需要搭近十個小時的火車來接受治療。有客觀上的極大困難。

病人本身求醫的動機——雖然小兒心裡上想改變自己的情況，能恢復上學，口頭上也偶爾這麼提起，希望能接受治療，但是在實際的行動上，卻沒有好的表現。譬如：母親去聽講座，他自己卻趁機去上網；治療者按約打電話到家裡聯繫，準備會談，但小木卻沒在家。

父親的問題不容易更正——青年期的男孩子，很需要父親的支援與協助，但小木的父親自己本身有酒癮的問題，不可靠，不能依靠其幫忙。

長期性的性格問題，表現在網癮——病人有被動、攻擊性的性格，依賴性很大，缺乏自我獨立的習慣。從國中以後，就發生網癮，而且越來越厲害，嚴重影響學業，也損害了情緒生活。只有在封閉性的環境裡長期性的管制，還會有點效果。

總之，其可治療性的希望不大，治療者內心裡的疑惑有其道理，要有心理上的準備。

治療者與病人關係上的建立

治療者企圖跟病人（及母親）建立好的治療關係，跟母親的關係可說建立了良好的基礎，和病人也有個初步的開始；可是時日不長，還沒有穩固。

跟小木這樣的病人要建立的「治療性關係」，是要讓病人感到：治療者了解他、自己被尊重、被支持與鼓勵。最好保持跟病人單獨會談的習慣。這不僅是考慮病人已經是十七歲的年輕人，而且跟他單獨會談本身就是表示並強調對他的尊重，也是訓練他自我獨立的習慣。

唯一要注意的是，治療者是女性，要注意跟十幾歲的年輕男性病人保持如何適當的治療關係。當然，不能（像母親那樣）過分關照與「囉嗦」，但也不能太「親切」且「柔軟」或「溫情」，讓此病人感到很受不了。記得，病人說過：「她（母親）老是對我低聲下氣的，好像求我似的，我特別生氣，好像發

自內心煩她似的。從內心感覺特別討厭，討厭她可憐巴巴的感覺。」女性治療者不要重演跟母親一樣的態度跟病人接觸，發生「轉移關係」上的負性反應問題。有時是病人不想繼續接受輔導的隱藏性理由。

會談的進行與技術

澄清與說明輔導的性質與目的——第三次會談裡，跟病人談話中可以看出，治療者費心說明治療的性質與目的，企圖加強鞏固病人的求治動機，能「跋山涉水這麼遠來尋求輔導上的幫助」；而且把治療的目標設定為：「慢慢快樂起來，對學習慢慢有興趣」。這是很好的措施。

能傾聽，能鼓勵，但還得能隨時提出比較具體性且可實現性的建議——治療者向病人與母親會談時，多注重鼓勵性的反應。如：「如果我們堅持，就可能有希望，就可能有奇蹟發生。所以，我認為沒有其他選擇，事已至此，只有咬緊牙關堅持住，不放棄最後一線希望。」病人所需要的，除了這些鼓勵以外，還需要比較具體性的建議，要去改善什麼、嘗試什麼，從行為治療的立場提供可實現性的行為改變。譬如：要求病人自己決定，在治療開頭第一個星期裡，每天要去上網幾個小時，假如超過了，自己要給自己怎樣的「處罰」；而每天要花幾個小時時間準備功課，幾個小時做娛樂活動，而達到目標，就如何自己「獎勵」自己。根據每週的情況而改進行為上的改善條件與作業。

除了支援以外，要適當地提供解釋、指點與建議——對於病人或家屬的某行為，需要指點或解釋時，要適當進行，並同時提供建議。譬如：母親敘述兒子最近威脅會向母親動手打她時，治療者除了安慰母親而說：「他是個好孩子，他和媽媽感情很深。但是，媽媽囉嗦得讓他發瘋，他擔心自己有一天會控制不住自己，真的動手打了媽媽，這是他害怕發生的」，還得趕緊利用（心性發展）學理上的知識，向母親指點與解釋：青春期發育後，到了青少年階段的兒子，對母親過分的親近會有反感與懼怕的感覺，有時會以軀體性的反抗（甚至暴行），來防禦母親對兒子過分的（近倫性）接近。因此，作為母親的，要學習如何跟自己的青春期兒子保持適當的情感與體膚的親近，免得兒子真的對母親發生軀體暴行的行為結果。

要提出特殊性的建議，並要求具體的檢點工作——譬如：治療者對於小木對將來的打算「表示肯定，還建議小木還是要運動起來，嘗試去體會運動對自己情緒的影響，還可以藉此逐漸減少上網的時間」，可是這只是很籠統性的肯定與建議。對於有依賴性而患癮的青少年，要提供比較更具體性的要求，並且以一套實際的方法去檢討是否做了。要跟（年輕）病人商量，請病人自己（自動的）提出具體性計畫（如每天要運動幾個小時，上網幾個小時），並且請病人自己做記錄，評定自己是否按計畫執行，也請病人自己執行處罰與獎賞的職責，由治療者擔任監督性的角色。如此，可以訓練自己管理自己的習慣，督促獨立的性格。具體的操作與條件化，是行為治療的基本原則與策略。

是否忽略了父親？或者父親不存在？——雖然個案報告的開頭裡，說是：「由父母陪同來就診」，但在整個個案報告裡，少提到父親的事情。事實上，父親雖然來了，但很被動，沒參與會談。在此個案裡，父親所扮演的是隱藏性的角色，治療者可以研究與注意，如何在會談裡幫助父親能參與會談，表現他的意見與貢獻，提高他做父親的地位與角色，間接性地幫助父親發生在家裡的功用。

治療操作上的策略與進行

治療模式上的考慮

從治療操作上的角度來說，我們首先要討論與決定的是：治療的進行方式。由於病人跟家長每次要搭十個多小時的火車才能來，來回不容易，因此每次來就診，就考慮給予多的時間。可以考慮與採用的辦法，就是請病人辦理「雙掛號」，由母親與個案分別掛號就診。這樣，治療者可以花一個小時時間看母親，另外一個小時看個案，必要時，跟他們會合會談，做家庭會談。除了交通因素以外，此母親本人焦慮很多，本身也需要心理輔導的關係。而且，將來兒子上學不能按時來就診，還可以透過母親來繼續且長期性的輔導。

為了遠地而來的病人，治療者雖然嘗試了「電話會談」，企圖彌補每週遠途來接受「當面會談」的困難問題，但受時間上的因素，效果並不理想。因此，治療者是否可以考慮創造性地嘗試「電子信箱會談」，要求病人經由電子郵件

跟治療者按期聯繫、做報告並溝通。當然，基本上還得考慮病人家裡是否有電腦設備。但其好處是，病人平時就習慣喜歡上網，而且文筆好，可利用這些特點嘗試看看。

治療程序上的進行

針對兒子個案本身而講，其治療要有個先後的程序，依序而逐步進行（請參閱第十章：「如何決定治療的策略與方向」）。

建立適當的「病情解析」，動態性、概念性地了解病人的主要問題：這是首先要做的課題。根據獲得的臨床資料，我們已經在上段完成了可了解性的病情解析。

從病人目前最關心的迫切問題著手：如何幫助病人復學，是病人跟家屬都最關心的問題，要花費精神趕緊討論此問題。最主要的，是要幫助他解決念書沒有興趣的問題，特別是英文的學習。小木說得很清楚：「目前最大的困難是英語課跟不上。」治療者要根據這一點跟病人及家長討論應對的辦法，在開學之前，有個補救的對策才可以。

根據小木的自述：「國中時，媽媽給他報的英語學習班，大部分是比自己小很多的小孩兒在學，讓小木一直感覺很彆扭，上課聽不進去」。經歷這樣的彆扭經驗以後，後來即使在學校上英語課，小木也已經養成了不參與的習慣，多年來一直對英語比較排斥，難以激發起學習英語的興趣。因此，不要重複同樣的負性經驗，把問題更惡化。要想辦法怎樣才能幫助小木能感到有興趣地去學習。是否找個人性的補習比較好？這些都是即刻可以討論的輔導上的課題。

幫助減除病人關心的症狀與問題：很清楚的，這是關於迷於上網的習慣。是家長最擔心，本人也關心的問題，但需要很具體性的建議與操作來進行。要一下子完全斷根，不上網，是不太可能，只能訂下一個改善的程序表，按期逐漸減少上網的時間。要求病人本身自己每天做報告，到底用多少時間上網、多少時間做哪些別的活動，做每日活動的報告表，寄來給治療者批閱。主要的，還得增加別的活動，以取代上網的時間，最好是病人本身喜歡的活動。除了打籃球以外，可請病人每天寫一篇文章（利用其優秀的文筆）做有用的活動。每天規定一個時間（開頭不要太長）去念學校的功課，包括英文的學習，但要給予適當的獎勵。也要規定每天有多少時間是（上網以外的）娛樂活動（包括看電影等）。這樣，病人就比較不會覺得生活無聊，而只好把全部精神與時間都投注於上網的活動。

要研究小木上網到底是迷於怎樣的節目內容：是遊戲性的節目、賭博性的節目、是跟朋友聯繫性的交往、是讀小說或故事，是哪類？或者偷看與性有關的節目等等。等到了解其節目內容以後，還可以討論是否還可經由別的途徑可以代替與滿足等問題。

逐漸把治療重心放在關鍵性的問題與癥結：接著，或同時，可以進行家庭有關的心理輔導。特別是關於：母親跟兒子的關係，父母跟兒子的三角關係，父親跟兒子的關係。小木曾生氣地說：「自己的事情，父母從沒有和他商量過」，要幫助父母如何開始尊重兒子的存在、兒子自己的意見，而不要替兒子做任何重要事情的決定。

關心並幫助病人更改應付困難或處理問題的模式：這是比較長期性的課題，但能隨時注意開始討論，如何能自己決定並控制自己的行為與生活方式，包括學習的目的與動機。與此相連接的是：如何調整病人基本性格上的問題，即改善「被動—攻擊性」的性格，練習能自己比較積極地處理問題。

總之，要能按問題的性質與需要，按先後順序著手，進行輔導工作。

特殊問題的處理

除了治療小木個人以外，此個案還得花費時間去幫助父母，透過父母來協助兒子的心理與行為問題。但是父母本身有許多問題，需要一一去幫助更改諸類問題，是個負擔重的課題。

家長的共同問題

過分期待孩子學業的表現（為了孩子，寧可把房子都賣了），要求考上重點學校，跟孩子本身的期待有差距。孩子只希望將來能上學念完高中，以後考（普通的）大學，找個「不要太辛苦的、差不多的」工作。父母要學習如何尊

重孩子本身的希望，而不要把父母自己的期待加在孩子身上。

家長養育子女的問題

父母無法懂得如何隨孩子年歲的增長，而做階段性的調節養育與管訓方式。媽媽自己說的：「小時，只要是『大人發脾氣』要他堅持去做的事情，小木最後都能執行。」但是父母不了解與體會（從小木十五歲開始，進入第二反抗期以後），小木已經不吃這一套，被父母加壓力，就與父母的衝突越來越多，脾氣也越來越大。父母要學習如何跟年輕人經由商量與循循善誘，提供可模仿的行為而幫助認同。

母親的問題

母親過去很（可能）溺愛這個孩子，讓孩子現在還可以「磨她而答應一些條件，但是他得到了之後，他答應了的卻不做，最後不了了之」，母親無法建立適當的管訓規約，讓爸爸說慣壞了孩子，讓父親老生他的氣（這些是「隱藏著」的資料，母親並沒有很清楚地說明出來，父親也沒有機會向治療者表白過）。

還有，需要特別注意的是：母親對（青春期以後的）兒子過分親近與囉嗦的危險性。

「你囉嗦得想讓我發瘋，你害不害怕有一天急眼時我會打你呀？」小木已經提出他的警告。

小木說：「她（母親）老是對我低聲下氣的，好像求我似的，我特別生氣，好像發自內心煩她似的。從內心感覺特別討厭，討厭她可憐巴巴的感覺。」在某種層次上來說，母親好似（潛意識地）向他（猶如情人似的）求情，讓兒子受不了。從自己丈夫那裡得不到感情的，往往不知不覺地想從自己的兒子那裡得到感情上的滿足，會讓兒子害怕，是不妥當的現象。

父親的問題

很明顯的，父親本身有他自己性格上的問題。就如母親敘述的：「他好像不願對家庭負什麼責任，一聽他（自己）父母打電話找他，他就說頭都疼，不願管，嫌麻煩。」根據小木說：「爸爸晚上沒在家吃過飯，一週有多半時間晚上是（酒醉）不大清醒的，我一般不搭理他（爸爸）。表面上看來（我對他）沒有多少感情，但在他受到傷害的時候，會心疼他。」

我們不太知道父親內心有何煩惱，是否煩惱自己在家裡沒有地位，妻子只照顧與溺愛兒子，而對他不關心等等，但我們的確知道，父親的行為問題嚴重影響小木的心理發展，也影響夫妻的感情生活。

父母的夫妻關係

小木的母親對丈夫很不滿意，口頭上還說：「我都想和他分開了，不知道該怎麼辦？」很清楚有夫妻關係上的問題。我們絲毫沒有父親方面提供的資料，無法進一步推測。可是我們知道，母親本身很想接受心理醫生的幫助。治療者要從各方面去考慮，是否只注重小木的問題，或者還要擴充到母親的本人心情問題，或者牽涉到父母的夫婦情感與關係上的問題。這是策略上的判斷與決定。

就如治療者所說的，透過兒子的心理治療，可以間接（且同時）幫助父母的問題，也可改善父母的關係問題也說不定。最好，把治療的精力主要放在兒子的行為問題就可。

輔導的結果與結束

這是個很難治療的個案。除了病人居住很遠，無法常來就診的問題以外，病人的家庭本身有複雜性的問題。父親不管有何心理問題，本身就有酒癮的問題，而兒子也患了同樣的成癮問題，只是不同性質的「癮」而已，都是性格上的問題，難以醫治；單靠門診普通的心理治療，極有限度。最好的辦法就是讓小木在封閉性的學校或拘禁性的治療機構長期住院，接受生活習慣上的訓練。可是，是否有這樣專門為治療成癮而設立的拘禁性醫療機構，還是個現實上的問題。

治療者為了同情病人、母親，而極想幫助此個案，是可了解的。但是在醫療工作裡，治療者還得認識，有些情況是不容易幫助，是有限度的。有了比較客觀性的認識與接受，治療者本身就不會過分心裡難受。

第20章

成人心理問題的治療操作

成人患心理問題時，其心理治療的操作，跟針對兒童與青少年的心理治療的進行有顯然的不同。成人在心理發展上來說已經比較成熟，性格也比較穩定，雖然患了心理上的困難，可以比較就心理本身的情況而進行溝通、分析、探討、指點與討論，包括潛意識性的精神資料。同時，許多成人病人比較能自己做內省工作，自己檢討自己的心理與行為，並且比較能體會治療者的治療意圖，按其意想而進行自我的檢討與改善。這些好處是治療比較人格穩定的普通病人的好處，跟患精神病或神經官能症病人有所不同的地方。總之，治療者可以比較放心地進行有深度的心理輔導工作，而且其效果也比較良好。

跟兩任男朋友交往都有困難的年輕女性。（黃韋欽）

第一節　個案報告與治療經過

個案簡介

王小姐（假名），二十四歲，未婚女性，是某學校老師。自己來門診就診，主訴：因感情遭遇挫折，長期心情低落，想接受心理治療。病人表示自己受心理創傷最大的事件是：幾年前，還在念大學時，與交往的男友分手時，被對方「強暴」。當時在學校曾找過系裡的老師及學校的輔導老師談過幾次，但覺得心理的痛苦一直存在，心情的困擾仍未解決。

治療師（醫師）為了解病人的身家背景，請病人適當地說明她的家庭情況，及家裡成員間的相互關係。病人敘說：她的父母皆為大學畢業，父親在某公司做事，母親也在某單位工作，弟弟目前出國，在國外念大學。病人表示，因為從小她左耳有聽力障礙，心理上一直覺得很自卑。雖然家裡父母姊弟四人間的相處關係大致還好，但病人自己總覺得從小父母較少給她心理上的關心、肯定與鼓勵，而只要求學校成績的表現，結果讓她常覺得自己不夠好。雖然近年來，已可就此點跟父母討論與溝通，親子關係有點改善，但是病人內心裡，還是多少帶著自卑的情結。

根據這些大致的資料，治療師評估病人的病情，初步的臨床印象是病人患了心因性憂鬱症，有自卑的心理趨向，是適合心理治療的案例，乃決定接受，並施予心理輔導。治療師向病人解釋在本院提供的心理治療的一般原則，包括收費、請假等治療上需要遵守的規則。病人表示願意接受，並與治療師約定每週來接受會談，預定接受治療期間為兩個月到三個月（總共十次左右會談）的短期心理治療。

會談經過

第一次會談

病人首先敘述她自己第一位交往的男友（敏雄，假名），是她從小學就認識的同學。病人從小就喜歡並暗戀對方。雙方開始交往是在病人剛進大學念一年級的時候。病人自己主動去接近敏雄。敏雄當時高中畢業，按當時（台灣）社會的規定，進大學之前，先要入伍當兵兩年。敏雄的外型好、帥氣、有魅力，並會唱歌，曾在民歌餐廳駐唱，懂得向女人調情。雖然剛開始交往時，病人發現敏雄同時還跟另一女生交往，病人覺得有點被騙，本想不要再繼續跟敏雄來往；但經由敏雄的解釋與安撫後，結果彼此繼續交往一年多。雖然敏雄已經當

兵，但還可以偶爾休假外出，跟病人見面來往。在這段期間，兩人關係還可以，但並沒有發生性關係。後來敏雄完成一年的軍事訓練，就從台灣本島被調到外島服務，結果由於交通的關係，他們倆的交往就變得比較疏遠，令病人感到痛苦。因此，病人就主動向敏雄提議分手，結束男女朋友的關係，而對方也答應。病人曾寫了封信給敏雄，感謝一年來的交往。可是，實際上在她的內心裡，卻覺得敏雄常表現他自己很好，而相對地讓她自己感到很卑微，不被重視，被踐踏，心裡總是不舒服；而這是她想跟他分手的主要理由。

跟敏雄說好分手後，她開始跟第二任男友（柏文，假名）來往。可是病人跟柏文開始交往後，敏雄又來找病人。病人告訴敏雄，她自己已經有新的男友，而且已經交往一段時間時，內心感到她這麼向敏雄坦白，可能：「刺傷對方（敏雄）的心，而感到愧疚。」可是敏雄卻不在乎，繼續跟病人偶爾來往，打電話聊天，或彈吉他、唱歌給病人聽，讓病人覺得敏雄對她矯情造作，但也不敢狠心拒絕他。

病人說：以前跟敏雄交往時，自己很努力想表現好，想得到對方的肯定。病人內心裡覺得敏雄是很理想而沒有缺點的男人（治療師給病人提醒敏雄並非完美，有其缺點，如：腳踏兩條船，同時交兩個女朋友，不是很專情的男人）。病人接著說出：後來自己在跟柏文來往後，決定跟柏文分手，要回去跟敏雄復合時，卻被柏文「強暴」。跟敏雄恢復關係後，病人也跟敏雄發生他們雙方的第一次性關係，而當時病人心中覺得「這才是自己情願的第一次性關係」。可是當時敏雄卻批評她說：「我原來還以為你仍是處女。」病人向敏雄解釋說，她是曾被將分手的柏文所「強暴」的。敏雄聽了，反而質問病人：「你為何（當時）不反抗？以前你都能拒絕我！」而敏雄這些話，使病人感到內心受傷。

病人說明，她後來慢慢體會並覺得她自己跟敏雄的個性、價值觀大大不同。在很自傲的敏雄面前，總覺得被對方低貶，而不想再迷戀於富情感但自大的敏雄。病人自己解釋說，開頭當她跟很自信的敏雄交往時，不懂如何有信心地「表達」自己的想法與內心的需要，只感到自卑；因此後來才跟敏雄分手，換了個男友，選擇跟比較沒那麼自傲的柏文交往，自己好像有點是「補償」性的反作用，無意中選了不同性格的男人。

病人說明，柏文是她就讀夜間部學校時認識的同學。柏文會聊天搞笑，但不會批評她。從開頭相處時，讓病人覺得很自在，沒有心理上的壓力，不用特意在他面前表現自己。柏文常約病人一起去看舞台劇、電影等，並很會順從與討好個案。可是如此雙方交往半年以後，病人慢慢發覺柏文的缺點。譬如：個性比較懦弱且粗魯，沒有自己的個性，也沒有男人的信心。病人不喜歡自己常被柏文用來向他的朋友們炫耀：是他交往的女友，好提高他的男人自信心。況且病人覺得柏文不太了解她，也不尊重她心裡的需要。

第二次會談

會談一開始，病人敘說她昨晚夢到敏雄，心裡仍覺得敏雄有男人的魅力。可是醒過來後，又感到生氣，想起從前敏雄欺騙了自己，背後還去交另外的女朋友。病人說，最後一次跟敏雄接觸是在三個月前。當時她準備搬家，翻到當年想寫給對方的心情日誌，因此，就打電話問敏雄要不要那些曾寫給他的東西；敏雄答應要，但病人反而沒寄出。病人說：自己心中感到此時已經是跟敏雄真正結束來往關係的時候。

可是病人到現在仍不很滿意柏文，稱他是「王八」、「人渣」。覺得柏文不懂自己內心裡的話，彼此不能深談，而且覺悟到她自己不能改變柏文被嬌慣、依賴的個性。譬如：柏文自行開門進入病人住的地方，自己坐著看電視，把電視聲音放得很大很吵，根本就不在乎病人在床上休息，毫不尊重病人。

病人還回述說：第一次性關係是跟柏文。當時柏文去當兵，放假回來時，來找她，並要求發生的。當時病人可說是答應的，至少沒有反對，但事後很後悔，並且失落了什麼，跟對方說，再也不要跟她發生性的關係，對方也答應了。

病人還總覺得柏文個性軟弱，吃不了苦，在軍中要求個案想辦法幫他忙，調單位（到比較輕鬆的單位去工作）。而且柏文還對病人說：以後他們結婚生活，他只想一個月負責賺多少錢，要求病人也要賺多少，由雙方共同負擔家庭的經濟。當時病人聽了，很失望。她發覺到，他們兩人的家庭背景與教養不同。她自己的父親向來很負責養育全家，從沒有開口要求妻子也要一起賺錢，共同負責家計。她後悔交上了這樣沒有男人氣概的男朋友。

正當這樣情況下，敏雄打電話來跟病人聯繫；而在電話談論中，病人頓然感覺敏雄與柏文兩個男人的差距很大。於是她就決定跟柏文分手，趕緊打電話給在軍中服務的柏文表示，指明他的缺點，說明自己內心裡仍喜歡敏雄，要求跟柏文斷離關係。柏文聽了很難過，要求兩人再見面一次，就答應正式分手。

按約，柏文及時從軍中請了假，來找病人。雙方見面，到外面餐廳聚餐後，晚上一起回到病人住處過夜。原本說好柏文要打地鋪睡，但半夜卻爬到病人的床上要求發生性關係。雖然病人以命令式語氣喝止，但柏文卻不理會，繼續進行其行動，把病人的衣服脫掉，並且發生了性行為。事情發生後，隔天雙方仍一起逛街；但在路上病人指責柏文，說他昨夜並沒有遵守約定，「強姦」了她。

聽完病人描述這些情況後，治療師心中覺得驚訝，並向病人點出，所謂柏文跟她的性關係的發生，並不是一般人所想的「強暴」的情況，病人自己可以控制與拒絕，可是病人卻沒有堅決拒絕，是病人自己內心裡矛盾與猶豫的表現，請病人重新考慮所說的「被強姦」的事情，並且了解為何要說是被男人「強暴」的心理上理由。

第三次會談

病人下週藉口沒來，等到兩個星期以後，才來會談。會談一開始，病人表示這兩星期來，自己內心裡有許多矛盾的感覺，以及衝擊性的體驗與想法，體會到治療者上次會談所指點的，說她原來自己有主控權，並沒有堅持拒絕柏文對性的要求，而對方（柏文）並非是「可惡的強暴犯！」病人想，當時她沒有極力去反抗，也許是希望給對方留一個美好的回憶吧；或者是自己看柏文很可憐，被她「兵變」，所以可憐他，想給他補償一些。

談到此，病人提到從前在火車上曾被一變態男子性騷擾而不知怎麼辦的經驗，而懷疑自己是否有不懂得向別人堅持拒絕，來保護自己的困難。病人回想那次被柏文「強姦」後，隔天感到很生氣。事後曾找學校的輔導員或同學們抱怨訴苦，可是病人發覺有些人居然還比較袒護男人，不體會她是（被強暴）的受害者，讓病人感到生氣。

病人自從向柏文提出不再來往，要分手以後，卻發現自己變得很害怕柏文，讓病人心裡不了解為何。病人自己分析說，她自己內心裡有矛盾的感想，心中一方面想：「不應該跟他交往」，但又感謝（不輕視她的）柏文，在交往半年中，「無形中減輕了她的自卑心」。治療師鼓勵病人把這種兩極且矛盾的看法中和，能去接納及肯定。

第四次會談

病人仍想不出自己為何變得怕柏文，覺得自己還是討厭他，覺得他很爛，希望他過得不好。病人表示經由治療者會談裡的提示以後，對（被強暴）那件事有了些新的想法感受。她認識到：「原來自己是有能力保護自己」；「是我自己選擇沒拒抗，而歸罪對方強暴的」。她體會到自己說是「強暴」，是滿足自己內心裡的需要，對自己有所交代。經由這樣的體會後，就比較不那麼恨柏文了。

病人還敘述，當時想離開柏文，原是想跟敏雄復合，可是發現敏雄已有新的女友。雖然後來敏雄知道她跟柏文已經分手，又藉故來病人住處找她，又嘗試跟病人發生性關係，但病人覺得敏雄既然有了女朋友，還想跟她要好，是不很忠實的男人，對敏雄已無好感而拒絕。病人強調，目前覺得她跟敏雄雙方已經緣盡情了，也不似從前那麼會崇拜對方，現在可以平常心看待彼此。治療師給病人肯定她目前能比較客觀地去認識對方（敏雄）。

第五次會談

病人報告前一陣子去參加小學同學婚禮，心中覺很焦慮，假如敏雄（也是同一個小學的同學）也碰巧來參加婚禮，兩人見面將會如何，對方不知會怎麼看待自己。還好敏雄沒有去，沒碰到。但病人意識到，自己仍很在意自己在對方面前是否會被瞧不起。病人體會自己還是不夠自信；而內心裡希望自己在對方面前是很有自信，狀況很好。病人說，她有時心中也想像：假如是對方的狀況變得不好，她自己也不知道該如何對他反應，因為印象中他一向是很有自信的男人。

此時治療師點出病人跟敏雄之間關係的奧妙。即把對方看成是很驕傲，而自己是很自卑，而且唯恐會傷害對方而感到自己非自我犧牲不可。譬如，自己交上了柏文，向敏雄說明要斷絕關係，內心裡還感到：「刺傷對方（敏雄）的心，而感到愧疚」，無法跟男人以平等對待的關係而相處，只能放低自己的身分。針對此，病人回應說：是不是她自己從小就沒有自信的關係。是不是對方（敏雄）太過自信，很耀眼，無形中讓她自卑。病人自我分析說：她面對別的男生，好像不會如此自卑。治療者解釋說：她過去總覺得父親很能幹，而她自己（在父親眼光裡是）很差的孩子，因此，很可能就找認為是很能幹（且驕傲）的男人來交往，重複她自己幼小時的親子關係。病人對治療師表示欽佩，表示心理醫師不簡單，頭腦思路很清晰，能幫助自己理清內心的情結。

第六次會談

病人一開始，就主動表示想討論柏文的事情。她說：最近夢到國中同學把她自己的電話號碼擅自給對方（柏文），結果在夢中覺得很害怕被對方找到，而且也很擔心對方會向自己的同學炫耀「上」過自己（即跟她發生過性關係）。

病人表示，即使現在走路經過從前跟柏文認識的夜間學校，仍害怕對方會突然出現。在發生「強暴」的事後，個案原本是很生氣，曾到處投訴想控告，但不知為何目前轉變成害怕。病人描述柏文在她責備下，原先會口頭說抱歉以對，後來卻漸變成無所謂的態度。治療師請病人澄清其中的轉變，但病人表示不知道，而且也不記得對方是否曾有攻擊或恐嚇她的記錄。

治療師請病人想像如果遇到柏文時，會害怕發生什麼情形？病人解釋說：不管他現在的態度如何，自己還都害怕對方提起當年的事。病人回想自己其實只有跟（柏文）對方發生兩次性關係，第一次就很後悔，後來柏文再有幾次的企圖，都曾被病人拒絕。病人不明白最後那次（已經決定跟他分手時），自己為何不用行動堅持抗拒。治療師的詢問下，病人反思：「百分之八十是希望他自己會停止企圖，百分之二十是賭一下，看情形會怎樣發展。」她說，當時想：「假如對方停下來，會表示肯定了我的自主權」，也是在賭著探試自己有多少能力能掌握對方。

第七次會談

病人提到又夢到柏文。是在看診前兩天做的夢。這次在夢中看到他的臉，當場自己就奔逃離開。病人自己反省她自己過去跟異性關係的經過，現在覺得自己過早陷入男女的感情關係；都是自己的大意決定，才造成這種不愉快的關係。病人敘述目前已經比較不會恨柏文（認為他占了她的便宜），但在夢中還是害怕見到他，而且很焦慮。其實對方（柏文）剛開始對她自己還滿好的。此時病人還回想起：以前在大學一年級時，曾被一位別的科系的男同學迷戀，對病人單相思，還總是跟蹤她導致害怕的經驗。病人自我解釋說，他可能在夢裡把這兩個男人混淆在一起吧。治療師也同意有此可能。

治療師請個案想像如果真的遇到柏文時，病人希望自己會如何反應？病人希望自己能鎮靜地跟對方打招呼。若對方想談，會陪對方談一段；若對方表示想再交往，會跟對方說不行。治療師請病人想像體會一下柏文被病人拋棄以後的心境，以及可能的內心感受。病人提到他們分離後，對方曾有一次打電話來，以悲傷的語氣說：他回學校時，曾看到了她，但不敢出現跟她打招呼。病人說：自己就是從那時覺得被監視而開始感到害怕。此時治療師向個案說明：「看來柏文被你拋棄後，還很想念你；而且，你在最後一天分手時，曾指責他（不守規約而侵犯她），他應該是認同了你的指責，所以可能感到難過；而希望有機會再見面，應該想誠心跟你道歉；而非對你有何不良企圖，你不用擔心害怕。」

病人聽完治療師的說明後，陷入一段時間的沉思，回神後，病人表情表現輕鬆，猶如如釋重負地說：「自己此時覺得很感動，我覺得腦子清楚多了，心情也好多了。」治療師提示短期治療將到期，治療將進尾聲；建議下次可回顧整個治療經驗，並好做治療的結束。

第八次會談

病人知道這次是最後一次的會談。按治療者的建議，病人回顧治療所發生的經過，並表示透過治療會談後，自覺不像以前常多愁善感且傷心，可以看電影，也可以單純的心情去享受生活的快樂；而且最重要的是，自己獲得了對自己的信心。治療師向病人做解釋，病人可能受早期父親的影響，自己信心缺乏；

現在成人後，對男朋友的選擇發生了挫折，並發生矛盾的心態。其實，病人是能夠以自信的態度去選擇，並交往比較適當的異性伴侶。病人回顧整個治療的經驗而說：「每次會談，都能拿掉一些（困擾她心情的）東西，讓她能逐漸穩定下來」，很感謝治療師的幫助。病人還問自己經過這些輔導而處理了這些心結後，以後跟異性來往是否就會感情順利。治療師表示，人生不能保證一定會一帆風順，但至少心理比較穩定與成熟，就不會在相同的地方跌倒。最後病人表示感謝治療師，並說假如有類似困擾的朋友，會給他們介紹，也來找心理醫師幫助。

第二節　全程操作上的各項討論

治療個案的選擇與適合性

病人大學畢業，是有知識的年輕人；而其主訴是：「感情遭遇挫折，心情低落」而自動求醫，想接受心理治療，是很好的輔導對象。病人表示自己受心理創傷是：幾年前，還在念大學時，與交往的男友決定將分手時，被對方「強暴」；表面上看來，有明顯且具體的心理性壓力因素，好做心理上的輔導。

病人當時（所謂被強暴）事情發生後，曾在學校接受過學校心理輔導老師的會談，但並沒有滿意的結果，仍覺得心理的痛苦仍存在。因此，最好打聽一下當時的輔導是怎樣進行的，為何沒有滿意的效果，好作為這次輔導的參考。

病人主訴問題的了解：病情解析

根據病人的描述，她結交了兩種不同性格的男朋友，但心理一直有矛盾，周旋於兩個男人之間，可見跟異性朋友的交往上有混亂的心理問題。頭一個男人是令病人嚮往傾慕的，富於情感，會調情的男人，但其性格傲慢，讓病人相對感到自卑，還得特別努力去表現自己才可以，有心理上的壓抑；而且男人不專情，讓病人覺得被欺騙或利用。第二個男人是相反的性格，比較軟弱，沒有個性，配合自己自卑的性格，讓病人感到不用費力去表現自己，可是，不妙的是，病人卻不滿意此男人的依賴、沒有男人氣概的性格。

從病情解析的立場，我們可以推測，病人早期跟自己父親的關係裡，沒有充分得到（父親的）欣賞與鼓勵（從母親那裡也可能沒得到支援與認同），沒得到身為女人的基本信心，還特別讓她感到自卑。因此，長大要交異性朋友時，就傾慕自傲的男人，但又懼怕；而反作用的跟性格懦弱的男人交往，但又不滿意。結果在極不同個性的兩個男人間徘徊、周轉，不知如何是好。

治療者與病人的關係：治療性關係的建立

治療者從頭就能跟病人建立穩定良好的關係，而病人也能放心跟治療者保持接近而被輔導的關係，對此病人來說，是輔導很成功的要素與條件。

從會談的過程裡，我們發現，此女病人能跟男性治療者談論自己內心裡的煩事，包括男女間的感情與性關係，是難能可貴的。從會談的情況看來，我們體會到治療者並沒有（受個人性的興趣或所需而）特意要病人去談這些情感與性有關的話題；而病人也沒（像一些癔症型性格或戲劇化性格病人似的）特別談這些誘惑性的話題，來討男性醫師的注意與關心。這是很重要的心理診斷上的要點與判斷。否則，治療者要懂得適當地施予控制，不要把會談的內容太「性」化。

此病人不知是治療者的督促與鼓勵，或者病人自己的關心與自發的習慣，在會談裡能屢次談自己所做的夢的事情，能揭露自己心裡的深思資料，能放心跟治療者談論自己的潛意識精神材料，是很難得的情況。病人曾申述：「覺得柏文不懂自己內心裡的話，彼此不能深談」；而相對的比較，治療者能傾聽，並幫助她去談內心裡的話，是個很好的對照，也是治療者能提供「治療性」關係的好例子。

對此病人來說，治療者能扮演不是很傲慢、總是批評她（像父親或敏雄）的男人，讓她感到自卑；也不能扮演過分被動、沒有意見（如柏文似）的男人。而要能處於其中、支持病人、鼓勵病人，幫助她成長的男人，才是扮演了「治療性的」關係，並且，透過其治療性關係而無形中提供治療的效果。

會談的進行與技術：指點的要領

從會談裡採取的各種技術上表現，倒有幾個地方可以提供評論，並提醒要注意的地方。

在第二次會談後段，治療者聽取病人描述所謂被男朋友「強暴」以後，（由於治療師本身心中覺得驚訝）就不由自主直率性地向病人點出：「根據她所敘述，柏文跟她發生的性關係，不是一般人所說的『強暴』的情況，是病人自己內心裡矛盾與猶豫的表現」，請病人重新考慮所說的「被強姦」的事情，並且了解為何要說是被男人「強暴」的心理上理由。

這個提示性的解釋與指點，內容是很對的；可是從時機上說來，（在醫患關係剛開始，還沒穩定時）就病人所提的關鍵語而做個指點與解釋，可能早了些。特別要記得，此病人內心裡很自卑，很怕被自己（傲慢）的父親跟男朋友（敏雄）評判，說她不對。況且，她過去跟學校的輔導員接受會談時，曾覺得輔導員居然還比較袒護男人，不體會她是（被強暴）的受害者，讓病人感到生氣。因此，要很小心進行對強暴這個關鍵性問題的分析與解釋。治療者要比較柔和且緩慢地進行。譬如，可以幫助病人去考慮，為何她的朋友或別人不認為是被強暴的理由，或者病人心中所指的「強暴」是何種意思。經由這樣漸漸探索而逐步澄清與解釋，就比較保險。對於過早或太直率的指點，雖然內容與意向很對，可是有時病人無法一時接受，會發生阻抗作用，以停止會談或請假不來會談等情況而表現其「阻抗現象」。

病人雖然第二次會談後，下週藉口沒來（可被解釋是阻抗現象的表現），等到兩個星期以後，才來會談。可是一來後，就自動談起第二次會談裡被治療者指點後的反應，表示上次的會談裡，治療者的指點解釋，對病人的確發生了作用，而且蘊然發生了效果，並且能應對阻抗作用而來恢復接受會談，是好現象。

在第五次會談裡，治療者對病人跟敏雄的關係做了解釋與澄清後，病人心裡有所收穫，對治療師表示欽佩，能幫助她去「理清內心的情結」；然後，在接著下次（第六次會談）裡，一開始，病人就主動表示想討論她另外交往過的男友（柏文）的事情。表示病人在逐步清理她的內心情結，是會談順利進展的表現。

至於病人敘說，她最近夢到國中同學把自己的電話號碼給對方（柏文），在夢中覺得很害怕被對方找到，而且也很擔心對方會向自己的同學炫耀他跟她發生過性關係。這段資料，治療者沒有向病人做分析與解釋。但我們可以推測，她跟柏文的關係，很可能以不同的層次反射她早期的親子三角情結上的問題（即：唯恐被母親知道自己跟父親有特別的感情與關係）。在另外一個層次裡，我們可以猜測，病人向治療者透露了許多心裡的私人性事情，包括性行為，擔心治療者會不會替病人保守祕密，或會向他人報告她的內心事，而把這些擔心表露在自己的夢裡；這是需要治療者說明並保證會替病人保密的時候。其實，在治療過程裡，治療者並不需要針對病人所提出的原本性資料都一一做分析與解釋，使其意識化，而需要做適當的判斷與選擇進行指點與解釋。

在第七次的會談裡，治療者採取比較現實上的適應課題，幫助病人心裡有所準備，假如萬一面遇到柏文後，如何處理的實際要領；是針對現實的處理問題。有了事先的準備，並且能以同感心去體會對方的心理，有不同角度的看法，心裡也就安心，比較能應對心裡的不安。

治療操作上的策略與進行

跟病人建立良好的關係，並提供適當的指點與解釋，是幫助此病人解決內心情結的一個途徑。

可是不管技術上如何進行治療，針對此病人最重要的，還是利用治療者跟病人所建立的「治療性」關係，來醫治病人對自己自卑的看法與態度，間接地幫助人格的成熟，讓她也能適當地跟異性朋友交往。換句話說，是根據「轉移關係」的糾正性治療效果，即：由治療者扮演跟病人父親或敏雄全然不同的男性角色，始終提供支援，不批判或看低病人，讓病人能得到自我的信心，從而放心跟別人相處，包括跟男人的關係。

可是，時時要注意跟此病人保持職業性的關係，不能發生深入的轉移關係，讓病人喜歡上能幹、權威、有知識的（父親似）的男人，發生治療上糾纏

性的問題。因此，短期心理治療有其防備這種毛病發生的功效。

特殊問題的處理：關鍵字的運用與分析

在此個案的會談裡，病人屢次使用被對方「強暴」的「關鍵性詞句」，來說明她跟男人的整體性關係。此詞也可以用來讓我們了解，病人心裡所了解的跟男人的關係，是個所謂「反照性的風景」詞句。 從病情解析的立場，我們可以了解，此女性病人對自己沒有信心，跟男人發生性的關係，也不敢自己負責，也就用被（對方）「強暴」的措詞與觀念來安撫自己，好似自己沒有責任，是要怪對方的。這是一種心理防禦機制的表現，是心性發展幼稚的表現。

可是，從臨床上來說，這也就是要幫助病人更改的看法與態度，也是治療要入手進行的關鍵地區。因此，不能錯過此關鍵字，要好好利用此「反照性風景」詞句來體會她的心境，同時給予修正。

輔導的結果與結束

在治療將結束前，跟病人一起回顧治療的過程與作用，是個很好的措施，可以利用結尾的階段，來鞏固所進行的治療企圖與結果（詳細請參閱第十六章：「**如何準備輔導的結束**」）。病人對治療滿意，還說要介紹朋友來給治療者治療，是個很好的現象，是可令治療者滿意的恭維話。

對此病人，雖然治療告一段落，但治療者倒可以提議，病人將來認識新的男朋友的時候，最好再回來就診，會談幾次，討論所選擇的對象是何種男人，是否有什麼地方需要注意，好避免重複同樣的問題，可說是進行預防性的輔導工作。

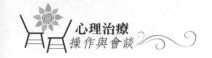

案例二　擔心自己有心臟病而常跑急診處的年輕男子。

第一節　個案報告與治療經過

個案報告

辛秉（假名）是三十歲、單身的男人。病人在兩歲多時，父親因病去世，日後由守寡的母親一手帶大。辛秉雖然性格比較溫順，但很聽母親的話，用功念書、做事都很認真。大學畢業後，在某單位做事，但還沒有對象；平時母子兩人過平淡的生活。由於母親一生辛苦過勞，幾年來身體不太好，豈知年紀才五十多歲的母親，有一天忽然患了冠心病，沒來得及送醫院急救就去世，只留下孤單的病人一人過活。

從母親去世後，辛秉開始有個現象，就是很擔心自己是否也有心臟病，會像母親那樣突然死亡。他開始常自己按脈搏，而稍微有點心跳，就緊張，而因緊張而更覺心跳，他就很著急，趕緊打電話叫救護車，要求送急診處醫救。就這樣，沒過一個月，就跑急診處好幾次。結果被急診處醫師建議，要去看內科醫師好好做檢查與治療。內科醫師檢查結果，包括心電圖都很正常，醫師認為他的心臟很好。可是病人仍是不放心，隨時要打電話找內科醫師看。由於這樣的結果，病人就以患疑病症的診斷下，被建議來看精神科醫師，做心理治療。

首次會談內容

治療者：內科醫師建議你來看精神科醫師，到底是怎麼一回事？

病　人：我常害怕是否患了心臟病，常跑急診處，醫師說我的檢查結果很好，我患的是疑病症，是心理的問題，因此，叫我來看你們精神科的醫師，接受心理治療。

治療者：哦！你怎樣擔心患了心臟病？

病　人：我常常自己按脈，數脈搏，看看心臟是否跳得過多；總是很擔心

是否會患冠心病。

治療者：從什麼時候開始這樣的習慣？

病　人：兩個月前。

治療者：兩個月前發生了什麼事情？

病　人：我母親突然去世了。

治療者：哦？母親怎麼突然去世的？

病　人：那一天剛好是週末，我母親上菜市場去買菜，提了許多菜回來。可是她回到家，還沒踏進門口，就把兩手提的菜都摔到地上，用手去抓她的胸前，滿臉蒼白，出汗，表情好痛苦似的。我剛好在家，看到她的情況，嚇壞了，趕緊打電話，叫救護車，送急診處。可是救護車還沒到，她就斷了氣。（病人眼紅，哭泣起來）

治療者：（把衛生紙遞給病人，擦眼淚）那是很可怕的事情，突然發生了。你一定很難過！

你母親過去有沒有生過病？知道不知道她自己心臟不好？

病　人：沒有。只是幾個月來，總說她身體不好。有時我看到她自己在量脈搏，好似在擔心她的脈搏或心跳不正常的樣子；我勸她去看醫師，她都沒去看。

治療者：你母親這樣去世，對你怎樣影響的？

病　人：我忙於奔走一、兩個禮拜，安排事後的事情，很累。而且晚上總是睡得不好，做噩夢，夢見我母親滿臉蒼白，出汗，表情很痛苦的樣子；我驚叫醒過來，再睡也睡不下去。這樣我就開始常覺得我的胸前總是不舒服，唯恐自己是否也要患了心臟病，常要用手去摸摸胸前，也量自己的脈搏，好緊張。可是一緊張，我的心就跳得快，我就更緊張，趕緊打電話叫救護車，往急診處跑。可是一到急診處，醫師說我心臟很好，只是心情焦慮罷了，就送我回家。可是我心裡總是擔心，唯恐醫師沒有查出我的毛病……哪一天……我……

治療者：就像你母親那樣突然去世，來不及救了。

病　人：是呀！我就是那麼擔心。

治療者：你這樣擔心自己會得到心臟病而會突然去世，是可以了解的。特別是自己親近的母親的確是這樣突然患了心臟病而去世，受到其心理創傷以後，就會這樣特別警戒與小心。可是你有沒有想到：你的警戒與小心，是否過分了些？

病　人：急診處的醫師跟我的內科醫師都這麼說。

治療者：你有沒有聽過「狼來了」的寓言故事？

病　人：我聽過。

治療者：這個故事提醒我們什麼事？

病　人：平時沒有要緊的事情，不要太大驚小怪地去喊狼來了；否則，真的狼來了，沒人會去理會你。

治療者：你說得很對。你目前是否有這樣的傾向，總是跑急診處？

病　人：我有點知道。但自己很害怕，緊張就往急診處跑……

治療者：你這樣自己常去按自己的脈搏，好緊張；而且還大驚小怪地跑急診處，你有沒想到有何心理上的意義與作用？

病　人：我不懂你的意思？

治療者：你會不會是內心裡想替母親補償沒給母親做的事情，把她趕緊送到急診處去醫救？

病　人：可是我母親已經去世了。

治療者：是呀！可是你會不會內心裡有點內疚，當時沒堅持叫母親去看醫師；而當母親發作時，沒趕緊叫救護車送急診處？

病　人：嗯？

治療者：還有？你可能不可能在模仿去世的母親，自己量脈搏？

病　人：怎麼說？

治療者：有些人喪失了自己重要的親人，就去模仿。你母親自己量脈搏，你也學著量量脈搏。我們心理醫師叫這樣的現象是「跟喪失者模仿認同」，模仿去世的人。

病　人：為什麼要模仿？

治療者：因為失掉了自己重要的親人，捨不得，就模仿去世親人的某動作。

病　人：這樣幹什麼？

治療者：就好似去世的人還在，還在表現其動作。

病　人：真的？

治療者：是真的。這種現象常發生在一個人失掉了對自己很重要的親人時，會發生的現象。你的母親是否對你很重要的親人？

病　人：她是我唯一的親人，是最重要的人。

治療者：你父親呢？

病　人：我很小時，父親就去世。

治療者：那是你母親一手帶你大的？

病　人：是的。

治療者：那難怪你對母親的去世，反應很大！母親去世以後，你哭了沒有？

病　人：沒有！

治療者：沒有？為什麼？

病　人：我覺得我變成是舉目無親的人，要自己強壯起來，不能傷心地哭。

治療者：那是相反。要好好的傷心，哭一哭，把悲傷表現出來，才好。否則，沒有把哀悼的心理過程經歷完成，還是內心裡悲傷，捨不掉死亡的親人的。你最近去看過你母親的墳墓沒有？

病　人：沒有。我怕到了墳墓，就會感到母親已經去世的事實，會難過，沒有去。

治療者：假如我可以建議的話，你還是去看看你母親的墳墓，在墳墓面前大大哭一頓，跟母親話離別，並且答應你自己將會獨立照顧自己，請母親放心。這樣才能完結哀悼的過程，才不會還是想念母親，還學母親按脈搏，還跑急診處。

病　人：真的？

治療者：是的。這是我的建議。假如你覺得還有道理，就去嘗試看看。假如你還是覺得舉目無親，空虛，可以來看我，我可以繼續看你一段時期，直到你不再感到空虛孤單為止，等到你感到可以自己獨立，一人照顧自己為止，才停止治療。我看你只要三個月左右，就會很放心的。

病　人：那太好了。

治療者：可是你要記得：自己去量脈搏，去跑急診處，懷疑自己有心臟病，只是在做沒有幫助的事情，在演「狼來了」的故事似的，對你的適應不太有幫助。要按醫師的吩咐，定期看醫師，做檢查是需要的。但醫師說你的心臟沒有問題，就要信任醫師檢查的結果與判斷，這樣才像是個有勇氣的大丈夫，是你母親會喜歡的大男人。

病　人：嗯！

治療者：就這樣決定罷，請你下週再回來，看情況進行得如何？

病　人：好的。

治療經過

在下次的會談裡，病人向治療者報告，雖然他有時還想去量脈搏，也有點恐慌而想叫救護車的時候，但他就想起治療者跟他談的話，而忍著不去做。而且，不久，他還竟然帶著一大把花，去拜訪母親的墳墓，在墳墓前哭泣了一會兒，跟母親談他將要勇敢過日子，自己照顧自己，請母親放心。在治療者鼓勵之下，他開始跟自己的朋友來往，也恢復認真工作。病人繼續每週都來看治療者，報告他的情況，也跟治療者討論他內心裡的心思。

三個月後，情況比較穩定，病人就同意把會談的次數減少，每兩週來一次，而且後來就改為每月來一次。半年後，病人報告他開始交了一位女朋友，覺得自己找到了人生的伴侶，而心情很好。也就在這樣的情形下，治療者跟病人相互討論，決定把治療告一段落而結束。

第二節　全程操作上的各項討論

治療個案的選擇與適合性

病人遭遇母親去世的情況，有顯著的心情問題，需要輔導來度過哀悼的過程。年紀輕，知識高，能理會自己的心理情況，也能聽取治療者的解釋，是很適合心理輔導的對象。

病人主訴問題的了解

病人喪失了自己唯一的親人以後，無法接受其喪失的痛苦與創傷，就表現跟喪失者認同的現象，模仿喪失者，好在內心裡好似保持著喪失者似的。並且補償性地重演急救喪失的行為，跑到急診處，好似在急救喪失的母親，也在保護自己。

治療者與病人關係上的建立

治療者不但扮演病人所缺有的「父親」的角色，提供領悟性的指點，鼓勵並引導病人往成熟的方式處理哀悼的過程，還提供親切關懷的「母親」的角色，彌補喪失的重要人物。經由這樣的適當扮演治療性的角色，來幫助病人。

會談的進行與技術

採用假設性或疑問式的方式，幫助病人思索並探討他自己的內心情況與處理困難的心理機制，逐漸幫助他了解自己的非適應性處理模式，並引導往健康的方式去應對喪失創傷。

治療操作上的策略與進行

病人所患的是心情上的難過、悲傷與恐懼感。因此，要提供情感上的支持與同感心，幫助恢復其情感上的問題。不要太拘泥於理智性的解釋，而要淡然地進行對病理的指點。主要的是在充分支持下，幫助病人順利通過哀悼的過程，解除喪失的情結，而能早日恢復自己的生活功能。

特殊問題的處理

由於自己一輩子由守寡的母親帶大，身邊沒有可模仿認同的父親，因此，如何幫助他找到可以依賴而模仿的男性對象是輔導課題之一。除了（男性）治療者提供其「父親」角色，讓其學習與模仿以外，也要注意病人能在自己生活圈或工作場合裡，注意能跟可以引導他的年長者保持良好的關係，而得到其益處。

病人一輩子只跟母親一起長大，如何找女朋友，並且如何與異性來往結交，也是要關注的事情。病人找到的女朋友是怎樣的女人，是否是母親的代替人物，或者是適當的人生伴侶，也是要注意的事項。

輔導的結果與結束

把治療的目標擺放在如何幫助病人盡早度過其哀悼的心理階段而恢復其本來的生活，是短期性治療的課題。假如病人有濃厚的依賴性心理，或者對異性的關係需要輔導與輔助的話，就要考慮比較長期性的輔導工作。

結語與建議

本書的重點放在如何進行心理治療的操作。從會談的進行到整體治療上的操作，做了全盤性的說明與討論。主要焦點擺放在實際性的操作，好跟理論與知識相配而進行使用於實際的臨床工作。從基本的每次會談也好，或全體性的治療操作也好，治療者在腦子裡要時時考慮：如何一方面進行心理的診斷，另一方面同時進行輔導的工作，達到治療的效果。可說是從頭開始就是要「診斷」與「治療」並行。

在每次的會談裡，治療者要專心注意：如何應對坐在面前的病人或其家屬，跟他們建立好的治療性關係，讓病人願意跟治療者合作；同時給他們培養接受治療的動機，讓他們感到治療有用。更重要的是：治療者在自己的腦子裡要時刻盤旋與思考，到底要採用何種方式的會談，往哪個方向進行會談，還得時時判斷與決定治療的目的要擺放在哪裡，採用什麼策略與措施，可說是要目不轉睛積極地判斷如何進行會談與治療。

要學習如何能施予適當而有效的心理治療，基本上要從幾個方向同時著手進行。即：要具備基礎性的學理，能了解人的心理，以及有關病情與治療的各種學說，好有知識上的依據；要懂得如何實際操作，熟悉治療的具體技術與各種要領；要累積足夠的臨床經驗，學習如何治療各種各樣病情的病人，具備豐富的實際體驗；要能接受適當而有用的督導，避免錯誤，並改善治療上的知識與運作能力。

本書的主要重點，就是針對其中的一個方向，如何提高臨床上的知識與要領而能施予適當的會談，並進行有效的治療操作。可說是針對實際的操作而做系統性的介紹與說明。但是，還得依靠實際的臨床經驗才能提高其效果。因此，在盡可能的範圍裡，列出各種案例，以提示文章裡所討論的主題與要點，但也無形中幫助大家推廣臨床上的經驗，以便能舉一反三地處理各種臨床上的情況，懂得如何機動性地應對各種各樣的病人。

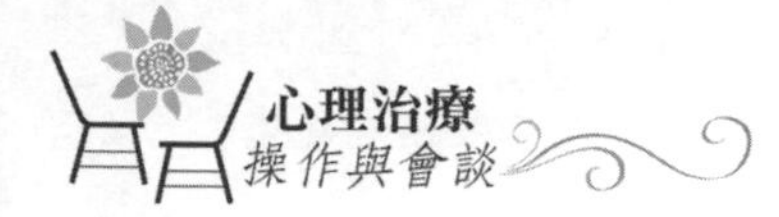

總結來說，治療者要有基本的精神醫學與心理學各方面的臨床知識，要具備跟治療有關的各種學理知識，要能了解心理診斷的要領而進行病理解析，也要有臨床上的實際經驗，再加上適當地接受督導，改進自己的實踐能力。本書是針對其中的一個要求，而提供實踐性操作有關的知識、原則與技術；而正在學習中的治療者還得補足其他的條件，即：如何充足與心理治療有關的學理知識，培養對病情解析的臨床能力，同時也能得到有經驗的督導者的時時督導，從知識、操作、經驗、督導這幾個方向並行學習與發展。

可是，最後說來，最要緊的，莫過於依靠實際的臨床經驗來鍛鍊自己心理治療的能力，依靠經驗而改善自己的臨床實力。多聽取病人與家屬的反饋意見，自己再加以思考與評審，自我督導，時時求更進。

心理治療的操作可說是科學性的運作，但也可是個藝術性的發揮。要能充分發揮治療者本身的長處與特點，而就自己熟悉而善於施用的模式進行操作。至於是否操作得適當，就要從病人復癒、改善與進步的反饋結果來做判斷。好的治療就是能幫助病人比較適應性地面對與處理困難，過比較積極與富於正性的生活，得到人格上的成長與成熟。

按類索引

〔注〕：號碼表示章數，次號碼表示該章裡的個案號碼

心理學上的觀念、定義與學說

國家圖書館出版品預行編目資料

心理治療——操作與會談／曾文星編著. --初版. --臺北市：心理, 2009.04
面； 公分. --（心理治療系列；22117）
含索引

ISBN 978-986-191-263-9（平裝）

1. 心理治療　2. 心理諮商　3. 個案研究

178.8　　98005434

心理治療系列 22117

心理治療——操作與會談

編 著 者：曾文星
執行編輯：林汝穎
總 編 輯：林敬堯
發 行 人：洪有義
出 版 者：心理出版社股份有限公司
地　　址：231 新北市新店區光明街 288 號 7 樓
電　　話：(02) 29150566
傳　　真：(02) 29152928
郵撥帳號：19293172　心理出版社股份有限公司
網　　址：http://www.psy.com.tw
電子信箱：psychoco@ms15.hinet.net
駐美代表：Lisa Wu（lisawu99@optonline.net）
排 版 者：龍虎電腦排版股份有限公司
印 刷 者：正恒實業有限公司
初版一刷：2009 年 4 月
初版二刷：2016 年 4 月
I S B N：978-986-191-263-9
定　　價：新台幣 450 元